SPIRITUALITY OF THE PRESIDENT OF USA

미국 대통령의 영성

증보판

| 안재도 지음 |

쿰란출판사

추천사_

금번, 한국교회의 정통 개혁주의 신학과 보수 신앙을 파수하기 위하여 순교적인 사명을 가지고 옥중 투쟁까지 하시며 수원제일교회에서 목양하시며 한국교회의 성장 모델로 부흥시킨 고 안중섭 목사님의 자제이며, 그리고 나의 제자로서 미주 한인교계 지도자와 신학자, 부흥사로 사역하시고, 지난 40년 동안 벧엘장로교회를 성공적으로 이민목회 사역하신 후 현재 지구촌 벧엘신학대학(BTS) 총장으로 제자 사역을 하시는 안재도 목사님께서 《증보판: 미국 대통령의 영성》이라는 한 권의 책을 또다시 펴낸다니 정말 기뻐하는 마음으로 축하를 드린다.

이 책은 역대 미국 대통령의 영성과 발자취를 기록한 것이다. 1789년 4월 30일, 미국의 국부라고 불리는 조지 워싱턴(George Washington) 대통령은 성 바울 교회(St. Paul Church)에서 성경, "여호와께서 집을 세우지 아니하시면 세우는 자의 수고가 헛되며 여호와께서 성을 지키지 아니하시면 파수꾼의 깨어 있음이 헛되도다"(시 127:1)라는 말씀 위에 손을 얹고 미합중국의 대통령 선서를 하였다.

머리말_

　미국은 어떠한 나라인가? 이 나라의 건국 이념은 기독교의 성경 말씀에 뿌리를 기초하여 세워진 국가이다. 미국 독립 선언문과 미국 헌법이 서명된 독립 기념관 중앙에 가면 '자유의 종'(Liberty Bell)이 있다. '자유의 종' 머리에 "이 땅에 있는 모든 거민에게 자유를 선포하라"(레 25:10)는 성경 말씀이 새겨져 있다. 이것은 미국과 전 세계를 향하여 '자유의 상징'을 선언하는 것이다. 일설에 의하면 1776년 7월 4일 미국 독립 선언문이 최종 승인되자 종탑에서 기다리고 있던 한 할아버지가 달려가서 종을 힘차게 울렸다고 한다.

　그런데 오늘날 미국은 반기독교적인 운동이 곳곳에서 일어나고 있다. 학문의 보금자리인 학교에서는 창조론보다 진화론을 가르치며 공적으로 성경을 교육하고 기도하는 일이 금지당하고, 다문화권 사회에서는 마약과 총기사건, 십자가 착용 금지와 반기독교 웹사이트 출현, 인종 분쟁과 불법총기 사건, 성탄절(Merry Christmas)보다 해피 휴일(Happy Holiday) 용어 사용, 성전환과 동성 결혼을 통하여 남녀의 거룩성이 파괴되는 일로 말미암아 살아계신 하나님을 향하여 그것도 한곳에서 40년이라는 긴 세월 성공적으로 이민교회 목회사역을 마치고, 그리고 예수 그리스도의 전도 대위임 명령(Jesus Great Commission, 마 28:18-20)을 수행하면서 지구촌 벧엘신학대학을 세워서 제자양육 사역에 힘쓰는 가운데《증보판 : 미국 대통령의 영성》을 출간하여 하나님께 크신 영광을 돌리심에 기쁘게 축하를 드린다.

앞으로, 이 책에 나오는 역대 미국 대통령의 성경과 영성, 기도와 믿음, 겸손과 감사, 그리고 용기와 리더십을 통하여 한국교회 영적 지도자와 평신도 지도자, 그리고 미래를 향하여 비전을 가지고 꿈을 꾸고 있는 청소년들에게 삶의 길잡이(Guider)가 되며, 필독서가 되길 간절히 바라면서 이 책을 적극 추천한다.

주후 2025년 6월 1일
경외교회 담임
박재근 목사(신학박사, Hon.Th.D)

추천사_

오직 하나님께 영광!(Soli Deo Gloria!)

역사(History)란 희랍어 "히스토리아"(Historia, 탐구 조사, 배움)에서 유래된 말이다. 진정한 역사관이란 바로 지난 과거를 배우며 조사하고 탐구하여 더 바르고 가치 있게 정통성 있게 만들어 내는 것이다. 이러한 사람은 어제와 오늘과 내일, 그리고 과거와 현재와 미래를 향한 역사관과 통찰력을 가진 진정한 영적인 지도자라고 부를 수 있다.

한 사람의 리더십은 지구촌의 역사를 변화시키고 또한 흥하게 할 수도 망하게 할 수도 있다. 성경은 "한 사람의 범죄로 말미암아 사망이…왕 노릇 하였은즉…한 의로운 행위로 말미암아 많은 사람이 의롭다 하심을 받아 생명에 이르렀느니라"(롬 5:17-18)라고 교훈하고 있다.

이 책의 저자이자 영적 선배가 되시는 안재도 목사님은 "10년이면 강산도 변한다"는 말처럼 오늘도 변하고 내일도 변하는 미주 땅

제1대 조지 워싱턴 대통령부터 시작하여 현재 제47대 도날드 트럼프(Donald John Trump) 대통령까지 약 236년이란 긴 세월 속에서 미국 대통령의 영성과 그들의 삶을 역사적, 도덕적, 영적으로 분석하고 조명하여 45명의 미국 대통령의 영성을 한곳에 모아 나열했다.

《증보판 : 미국 대통령의 영성》을 지구촌에 살고 있는 모든 교회의 목회자들과 평신도 지도자들과 한인 동포들, 그리고 특별히 청소년들과 한인 2세들에게 기쁜 마음으로 적극 추천한다.

주후 2025년 6월 1일
전 총신대학교 총장
박아론 박사(Ph.D)

거침없이 도전하며 현대판 바벨탑을 쌓고 있다. 이로 인하여 오늘날 아메리카 대륙에 사는 수많은 사람들이 도덕적, 정신적, 영적으로 수난을 당하며 몸살을 앓고 있다.

이러한 상황을 20세기가 낳은 영성의 거장인 프랜시스 쉐퍼(Francis A. Schaeffer)의 후계자이며 미국 커버넌트 신학교(Covenant Theological Seminary) 프랜시스 쉐피 연구 소장과 필사의 스승이신 제람 바즈(Jerram Barrs) 교수는 '방어되어 있는 지성'(The Neglected Mind)이라는 글에서 말하기를, "기독교의 진리는 방치되어 있고, 현대 크리스천들은 그 진리로부터 도피하여 문화적인 고립지역으로 후퇴하고 있다"고 분석하며 지적하였다.

'한 사람'(One Man)이 생각하고 판단하여 결정한다는 것은 매우 중대한 역사적인 결과를 가져올 수가 있다. 앞으로 전 세계의 평화와 공존을 위하여, 그리고 미국이라는 거대한 영역의 모든 부분에서 엄청난 영향을 끼치며 잘, 잘못을 결정하는 열쇠를 쥐고 있는 미국 대통령이란 직책은 그야말로 그 어느 때보다 막중하다.

2014년에 《미국 대통령의 영성》을 처음 출간했다. 이후 11년이란 세월이 지난 후 다시 하나님의 크신 은혜로 증보판을 출간하게 되었다. 증보판에서는 제46대 조 바이든(Joseph R. Biden) 대통령의 영성과 제45대, 제47대 도날드 트럼프(Donald John Trump) 대통령의 영성과 삶을 역사적, 종교적, 영적으로 분석하고 통찰하여 추가, 수록하였다.

미국 건국의 아버지 워싱턴 대통령이 "성경이 아니면 세계를 지배할 수 없다"라고 한 말처럼 미국이 다시 성경으로 돌아가서 새로운 영적 부흥운동이 일어나야 할 것이다. 그리고 "투표는 미국이 하고 개표는 세계가 한다"는 말처럼 미국 민주주의의 주춧돌을 다시 한 번 굳게 다져서 세계 평화와 미국의 부흥과 발전에 공헌해야 할 것이다.

더 나아가서 지구촌 땅위에 세계 평화의 꽃이 피고, 예수 그리스도의 복음 진리가 전파되어 지구촌 복음화가 하루속히 이루어질 뿐만 아니라 하나님의 나라가 더욱더 확장되어 하나님께 크신 영광을 돌려야 한다.

앞으로 이 책이 모든 교회 목회자와 평신도 지도자들과 모든 크리스천들의 영성이 날마다 새롭고 건강하게 성장하는 데 영적 보약이 될 것임을 확신한다. 그리고 이 책을 출간하도록 필자에게 항상 뜨거운 기도와 사랑, 물심양면으로 적극 협력하신 경외교회 당회장 박재근 목사님과 변강희 사모님을 비롯한 당회원들과 교우들에게도 감사드린다. 아울러 이 책을 출간할 수 있도록 배려해주신 쿰란출판사 대표 이형규 장로님과 여러 직원들에게도 감사를 드린다.

주후 2025년 6월 1일
미국 벧엘신학대학(BCS) 총장
안재도 박사(Ph.D)

● CONTENTS

추천사 _ 전 총신대학교 총장 박아론 박사 ·· 2
　　　　 경외교회 담임목사 박재근 박사 ·· 4

머리말 ·· 6

제1대 대통령 국부 조지 워싱턴(Geroge Washington)의 영성 ················ 14
　　　　　　 성경의 권위/믿음/정직/결단력/추수감사절 제정

제2대 대통령 존 애덤스(John Adams)의 영성 ································ 33
　　　　　　 주기도문/강한 개성/금식과 기도의 날 선언문

제3대 대통령 토마스 제퍼슨(Thomas Jefferson)의 영성 ····················· 45
　　　　　　 성경의 기초/다재다능

제4대 대통령 제임스 매디슨(James Madison)의 영성 ······················· 54
　　　　　　 하나님의 능력과 축복/원리원칙의 삶/기도와 겸비

제5대 대통령 제임스 먼로(James Monroe)의 영성 ··························· 62
　　　　　　 성경의 권위/정직/리더십

제6대 대통령 존 퀸시 애덤스(John Quincy Adams)의 영성 ················ 68
　　　　　　 하나님의 축복/말씀 생활화

제7대 대통령 앤드루 잭슨(Andrew Jackson)의 영성 ························· 76
　　　　　　 신앙 유산/강직함

제8대 대통령 마틴 밴 뷰런(Martin Van Buren)의 영성 ····················· 85
　　　　　　 오직 아내 사랑/소망

제9대 대통령 윌리엄 헨리 해리슨(William Henry Harrison)의 영성 ········ 91
　　　　　　 강직함/친절과 관용

제10대 대통령 존 타일러(John Tyler)의 영성 ················· 96
　　　　　　　하나님의 보호와 겸손/원리원칙의 삶

제11대 대통령 제임스 녹스 포크(James Knox Polk)의 영성 ············· 104
　　　　　　　하나님의 축복/예배 출석/청결/추진력

제12대 대통령 재커리 테일러(Zachary Taylor)의 영성 ············· 115
　　　　　　　주일 성수/목표의식

제13대 대통령 밀라드 필모어(Millard Fillmore)의 영성 ············· 122
　　　　　　　감사/강한 신념

제14대 대통령 프랭클린 피어스(Franklin Pierce)의 영성 ············· 129
　　　　　　　슬픔, 고독/의리, 우정

제15대 대통령 제임스 뷰캐넌(James Buchanan)의 영성 ············· 135
　　　　　　　하나님의 인도와 보호/의무 수행

제16대 대통령 에이브러햄 링컨(Abraham Lincoln)의 영성 ············· 143
　　　　　　　오직 성경/기도/정직/유머/인권 : 노예 해방

제17대 대통령 앤드루 존슨(Andrew Johnson)의 영성 ············· 168
　　　　　　　비전/자상함

제18대 대통령 율리시스 심슨 그랜트(Ulysses Simpson Grant)의 영성 · 177
　　　　　　　칠전팔기/조용함

제19대 대통령 러더퍼드 버처드 헤이스(Rutherford Birchard Hayes)의 영성 · 184
　　　　　　　아침 기도회/청결

제20대 대통령 제임스 아브라함 가필드(James Abram Garfield)의 영성 · 193
　　　　　　　약속/설교

제21대 대통령 체스터 앨런 아서(Chester Alan Arthur)의 영성 ············· 201
　　　　　　　오직 아내 사랑/사교성/추수감사절 선언문

제22, 24대 대통령 그로버 클리블랜드(Grover Cleveland)의 영성 ········· 209
　　　　　　　　　회개/강한 믿음/추수감사절 선언문

제23대 대통령 벤자민 해리슨(Benjamin Harrison)의 영성 ················ 222
　　　　　　　직분 충성/신중함

제25대 대통령 윌리엄 매킨리(William McKinley)의 영성 ················ 230
　　　　　　　인사 임명/강한 리더십

제26대 대통령 시어도어 루스벨트(Theodore Roosevelt)의 영성 ········· 236
　　　　　　　예배와 감사/말씀 생활화/체력훈련

제27대 대통령 윌리엄 하워드 태프트(William Howard Taft)의 영성······ 249
　　　　　　　조정자/관용

제28대 대통령 우드로 윌슨(Woodrow Wilson)의 영성 ················ 256
　　　　　　　성경/기도

제29대 대통령 워런 가말리엘 하딩(Warren Gamaliel Harding)의 영성 264
　　　　　　　언어 구사력

제30대 대통령 존 캘빈 쿨리지(John Calvin Coolidge)의 영성 ············ 271
　　　　　　　하나님의 뜻/과묵함/인내

제31대 대통령 허버트 클라크 후버(Herbert Clark Hoover)의 영성········ 281
　　　　　　　성경공부/신앙/크리스마스 신앙/편지 쓰기

제32대 대통령 프랭클린 델라노 루스벨트(Franklin Delano Roosevelt)의 영성 · 293
　　　　　　　소망/절망하지 않는다/기도

제33대 대통령 해리 에스 트루먼(Harry S. Truman)의 영성 ················ 305
　　　　　　　성경 읽기/기도/겸손/결단력

제34대 대통령 드와이트 데이비드 아이젠하워(Dwight David Eisenhower)의 영성 · 319
　　　　　　　가정 예배/성경과 기도/성내지 않음/주일 성수

제35대 대통령　존 피츠제럴드 케네디(John Fitzgerald Kennedy)의 영성 · 334
　　　　　　　　비전/위기 극복

제36대 대통령　린든 베인스 존슨(Lyndon Baines Johnson)의 영성 …… 346
　　　　　　　　예배 출석/믿음/편지 쓰기

제37대 대통령　리처드 밀하우스 닉슨 (Richard Milhous Nixon)의 영성 · 357
　　　　　　　　언변/화해

제38대 대통령　제럴드 루돌프 포드(Gerald Rudolph Ford)의 영성……… 366
　　　　　　　　성내지 않음/정직

제39대 대통령　지미 얼 카터(Jimmy Earl Carter)의 영성…………………… 375
　　　　　　　　거듭남/직분 충성/섬김/기도/인권

제40대 대통령　로널드 윌슨 레이건(Ronald Wilson Reagan)의 영성 …… 391
　　　　　　　　성경/믿음/십일조와 구제/유머

제41대 대통령　조지 허버트 워커 부시(George Herbert Walker Bush)의 영성 · 407
　　　　　　　　믿음/정의/주언 듣기/추수감사절 선언문

제42대 대통령　빌 클린턴(Bill Clinton)의 영성 ……………………………… 420
　　　　　　　　비전/뉘우침

제43대 대통령　조지 워커 부시(Geroge Walker Bush)의 영성 …………… 431
　　　　　　　　다혈질/예수님 영접/주일 예배/유머

제44대 대통령　버락 후세인 오바마(Barack Hussein Obama)의 영성 … 453
　　　　　　　　신념/화합

제46대 대통령　조세프 바이든(Joseph R. Biden)의 영성 ………………… 465
　　　　　　　　끈기와 인내/치매

제45대, 제47대 대통령 도날드 트럼프(Donald John Trump)의 영성 …… 476
　　　　　　　　하나님을 신뢰하는 믿음/강직함
　　　　　　　　절대금연/절대금주/미국교회와 대통령 선거

● 참고문헌(Bibliography) ………………………………………………………… 491

■ 제1대 미국 대통령

국부 조지 워싱턴의 영성
Geroge Washington 1732.2.22-1799.12.14(67세)

대통령 재임기간 1789.4.30-1797.3.4

조지 워싱턴은 미국 동부에 위치한 버지니아 주 웨스트모어랜드 카운티(Westmoreland County, Virginia)의 코로니얼 비치(Colonial Beach)라는 지역에서 영국 출신 아버지 어거스틴 워싱턴[1](Augustine Washington)과 어머니 메리 볼(Mary Ball) 사이에 장남으로 태어났다.

버지니아 웨스트모어랜드의 부유한 지주의 장남으로 태어난 워싱턴은 17세에 독학으로 공부하여 토지 측량관이 되었다. 1749년에 그는 컬

---

1) 워싱턴의 아버지인 어거스틴 워싱턴(Augustine Washington)은 영국에서 미국 버지니아로 이주한 사람으로서 그의 첫 번째 부인 제인 버틀러(Jean Butler)로부터 두 자녀 로렌스(Lawrence)와 어거스틴(Augustine)을 낳았다. 그리고 둘째 부인 메리 볼(Mary Ball)로부터 1732년 2월 22일 조지 워싱턴(George Washington)을 낳았다. 그래서 조지 워싱턴은 둘째 부인 메리 볼의 네 자녀 가운데 장남이었다.

페퍼 카운티(Culpeper County)에서 처음으로 공식적인 측량 기사로 임명받아 일하였다. 워싱턴은 청소년 시절부터 군인이 되는 것이 꿈이었다. 그러던 중에 1752년 배다른 형제인 로렌스 워싱턴(Lawrence Washington)이 식민지군의 부관으로 임무를 수행하다가 사망하자 그의 부동산 일부를 상속받았다. 그리고 같은 해에 워싱턴은 버지니아 군대의 네 지역 가운데 한 지역을 담당하는 지역 책임자가 되어 열정적으로 일하였다.

조지 워싱턴은 버지니아 민병대에 입대하였고, 그 뒤 영국 군대의 정규군으로 편성되었다. 그는 버지니아 군인을 이끌고 프랑스 군대와 싸워서 큰 공을 세웠다. 그래서 당시 프랑스가 차지한 북아메리카의 모든 영토를 차지하게 되었다.

1763년, 워싱턴은 영국과 프랑스의 전쟁 이후 군인생활을 그만두고 고향 땅 마운트 버넌(Mount Vernon)으로 돌아왔다. 그리고 그는 돈 많고 부유한 미망인 마사 댄드리지 커티스(Marthda Dandridge Curtis)와 결혼하였으나 그들 사이에는 자녀가 없었다. 워싱턴은 마사와의 결혼을 통하여 3,000명이 넘는 노예와 17,000에이커의 땅과 그의 땅을 합쳐 22,000에이커의 토지를 소유한 버지니아 지역의 부자가 되었다.

조지 워싱턴은 젊은 21세 나이에 소령으로 임명받아 버지니아 군대의 부관 지도자로서 첫 출발하였다. 1765년, 영국은 7년 전쟁의 결과로 어려운 경제를 회복하고자 미국 식민지 지역에 과도한 세금 정책인 '인지

조례'²(Stamp Act)를 부과하였다. 이에 북미 대륙의 지도자들은 영국의 부당한 식민지 정책에 반대하면서 1776년 드디어 미국의 독립을 선언하게 되었다. 이때 영국은 군대를 보내어 미국 대륙의 식민지 군대와 싸우게 되었다. 이 전쟁은 전통과 조직이 잘 짜여지고 훈련된 영국의 정예군대와 북아메리카 식민지 가운데 동부 해안에 있는 13개 주의 식민지 군대의 싸움이었다. 이것을 '미국 독립전쟁'³(American War of Independence) 혹은 '미국 혁명전쟁'(American Revolution)이라고 부르고 있다.

---

2) '인지조례'(Stamp Act)는 '인지세법'이라고도 불린다. 1765년 영국이 미국 식민지에 부과한 인지세를 정한 법이다. 당시 영국은 프랑스와의 7년 전쟁에서 승리하였지만 엄청난 부채를 감당하기 위하여 미국 식민지에 과도한 세금을 부과하였던 것이다. 그리하여 각종 신문을 비롯한 팸플릿, 출판물, 법적인 모든 서류, 허가증과 트럼프 카드 등에 인지세를 부과하였다. 결과적으로 이것을 통하여 인지세 반대 운동이 일어났고, 이후 미국 독립전쟁을 일으키는 결정적인 요인이 되었다.
3) 미국 독립전쟁은 미 동부 해안 13개 주의 식민지 군대가 영군 군대와 싸운 전쟁이다. 이 전쟁의 원인은 역사학적으로 세 가지로 평가하고 있다. ① 영국이 미국 식민지에 부과한 과도한 조세정책이다. 1763년 영국은 파리 강화회담에서 식민지에 대하여 조세정책을 실시하기로 결의하였다. 수입품에 대해서는 반발이 없었으나 인지세법, 즉 모든 도서 출판물에 대한 과세로 크게 반발을 사 전쟁의 중요한 원인을 제공하였다. ② 영국은 인디언 보호 구역을 위하여 미국 식민지 군대에게 '병참법'을 만들어 재정적인 부담을 주었다. ③ 1770년 3월, 보스턴 학살사건이다. 미국 식민지인들이 보스턴 시내에서 시가행진을 하던 중에 영국군과 충돌이 발생하여 시민 5명이 사망하였다. 이러한 세 가지 원인으로 인하여 미국 독립전쟁이 일어나게 되었다. 결과적으로 프랑스와 네덜란드, 스페인은 미국 독립전쟁을 지지하였다. 특히 프랑스는 육군과 해군을 파병하여 군사 지원으로 미국 식민지 군대를 도왔는데, 이로 말미암아 프랑스는 재정적인 위기를 겪게 되어 프랑스 혁명의 중요한 원인이 되었다. 1774년 제1차, 2차 미국 식민지 대륙회의에서는 존 아담스(John Adams), 벤자민 프랭클린(Benjamin Franklin), 토마스 제퍼슨(Thomas Jefferson), 로저 셔먼(Roger Sherman), 로버트 리빙스턴(Robert Livingston)을 미국 독립선언서 위원으로, 조지 워싱턴(Geroge Washington)을 미국 식민지 대륙군 사령관으로 임명하였다. 그리고 1778년 대륙군과 민병대로 구성된 약 2만 명과 프랑스의 육해군의 지원을 받은 미국 식민지 군대는 영국 정예군대 4만 명과 독일 용병 3만 명으로 구성된 영국 군대의 분열의 틈을 최대한 이용하여 요크(York Town)의 싸움에서 영군 군대 전체를 패배시켰다.

미국 독립전쟁이 진행되던 가운데 미국 대륙회의에서는 영국 군대의 지도자 경험이 있고 185센티미터의 키에 당당한 체구와 리더십을 가진 조지 워싱턴을 미국 대륙군의 초대 사령관으로 임명하였다.

당시 워싱턴 사령관은 미국 독립전쟁 중에 훈련도 잘 받지 못하고 수적으로도 열세인 미국 대륙군(Continental Army)을 이끌며 무려 다섯 차례의 싸움에서 패배하였다. 그러나 어떤 면에서 본다면, 훈련이 부족하고 장비가 미흡하였던 오합지졸의 대륙군 군인들이 대항하다가 죽지 않고 살았다는 그 자체만으로도 큰 승리였다.

명실공히 조지 워싱턴 사령관은 오합지졸의 미국 식민지 대륙군을 잘 이끌었다. 그리고 그의 명석한 판단력과 탁월한 리더십을 통하여 최정예 영국 군대와 싸워서 승리하였다. 마침내 워싱턴은 미국 독립 전쟁을 승리로 이끌어 미국을 독립시키는 데 크게 공헌하였다.

1789년 미국 연방 헌법[4]에 따라서 미국의 첫 번째 대통령 선거를 치

---

4) 미국의 역사적인 연방 헌법을 제정하기 위해 1787년 5월 25일 12개 주 대표로 파견된 대학교 총장 2명, 대학교수 3명, 영국 런던법학원 출신 법학자 4명, 대륙회의 의원, 주의회 의원과 외국 출생자 등 55명이 필라델피아 정부청사에 모였다. 연방 헌법의 기본 원칙은 다음과 같다: ① 연합 헌법을 폐기하고 새 헌법을 제정한다. ② 정부는 삼권분립에 입각하여 입법, 사법, 행정의 3부를 둔다. ③ 상하 양원으로 구성된 입법부는 세금의 징수, 무역, 국방, 외교 그리고 국민복지에 있어서 각 주들이 처리하기 어려운 국가 차원의 문제들에 관하여 입법권을 가진다. ④ 연합회의가 부담하기로 되어 있던 모든 부채는 새 정부가 인수한다. ⑤ 앞으로 각 주의 주권은 제한받는다. 연방 헌법 제정위원들은 40세로 시작하여 81세까지 다양하였고, 최연장자는 81세의 벤자민 프랭클린이었고, 의장은 55세의 워싱턴이었다.

르게 되었다. 당시 주위에서는 '누가 미국 초대 대통령이 될 것인가?'에 대하여 많은 관심을 가졌다. 워싱턴은 어느 정당에도 소속되지 않은 무소속 후보로 출마하여 대통령 선거인단의 압도적인 지지를 받았다. 조지 워싱턴은 미국 역사상 처음으로 유일하게 만장일치로 미국 국부 대통령(President, Father of His Country)으로 추대되었다.

성경의 권위

미국 국부 대통령 조지 워싱턴 대통령은 감독교회[5]('개신교 감독교회', '성공회', Protestant Episcopal Church)의 교인이었다. 그는 1732년 4월 5일 세례를 받았다. 그의 첫 번째 영성은 하나님의 살아 계신 '성경 말씀의 권위'(authority of Bible)를 절대적으로 믿은 것이다.

워싱턴 대통령은 매일 새벽 4시에 서재에 들어가서 성경을 읽고 무릎을 꿇고 기도를 드린 후 하루의 일과를 시작했다.[6]

---

5) 감독교회('개신교 감독교회' 혹은 '성공회', Protestant Episcopal Chruch)는 1607년 영국인들이 버지니아 제임스 타운(James Town, Virginia)에 정착하면서부터 시작되었다. 감독교회의 세력이 확장되어 몇몇 식민지에서는 감독교회가 국교가 되었다. 1979년 미국 필라델피아(Philadelphia, Pennsylvania)에서 아메리카 식민지 영국 성공회의 후신으로 공식적으로 조직되어 세계 공회의 일부가 되었다. 미국 감독교회는 영국 성공회의 교리, 예배, 행정조직을 그대로 물려받았다. 그러나 미국 감독교회의 중요한 교리는 사도신경을 비롯한 기독교 정통 삼위일체 신앙을 믿는 니케아 신조(Nicea Creed)와 미국 감독교회의 자체 기도문이다.
6) Peter A. Lillback, *George Washington's Sacred Fire* (Bryn Mawr, Pennsylvania: Providence Forum Press, 2006), pp. 96-99.

조지 워싱턴 대통령은 취임식 때부터 살아 계신 하나님의 말씀인 신구약 성경의 권위를 인정하면서, "하나님과 성경 없이는 세계를 바르게 통치하는 것은 불가능하다"[7]라고 역설하였다.

1789년 4월 30일 오전 9시, 뉴욕 시에 있는 모든 교회의 종이 울려 퍼졌다. 그리고 워싱턴은 모든 국민들이 예배당에 모여서 살아 계신 하나님께 기도드리는 가운데 성 바울 교회(St. Paul church)에서 뉴욕시 대법관 로버트 리빙스턴(Robert Livingston) 앞에서 "여호와께서 집을 세우지 아니하시면 세우는 자의 수고가 헛되며 여호와께서 성을 지키지 아니하시면 파수꾼의 깨어 있음이 헛되도다"(시 127:1)라는 말씀 위에 손을 얹고 다음과 같이 대통령 취임 선서를 엄숙하게 하였다.

"나는 미국 합중국의 대통령으로서 그 직부를 충실히 이행함은 물론 능력이 미치는 한 우리가 제정한 미합중국의 헌법을 보존하고 수호할 것을 엄숙하게 선서합니다."[8]

이후부터 미국 역대 대통령들은 취임식 때마다 성경책 위에 손을 얹고 선서하는 전례가 생기게 되었고, 이 전례가 오늘날까지 미국 대통령 취임식 때마다 행해지고 있다.

---

7) Larry Keefauver, editor, *From the Oval office Prayers of the Presidents* (Gainesville, Florida: Bridge-Logos, 2003), p. 5.
8) Victoria Zworykin, *Encyclopedia of World Biography 16*, Second Edition, (Detroit, Gale Research, 1998), p.128 ; 이구한, (이야기 미국사), (서울: 청아출판사, 1994) p.152:

조지 워싱턴이 대륙군 장교 시절, 모논가헬라 전투(battle of Monongahela)에서 에드워드 브레독(Edward Braddock) 장군이 전사하였고, 군목도 심하게 부상을 당하여 장례예배를 인도할 사람이 없었다. 그때 워싱턴 장교는 군목을 대신하여 장례 예배를 인도하며 성경을 읽고 기도를 드린 후 브레독 장군의 시신을 매장하였다.

워싱턴 대통령은 누구보다 성경의 권위를 인정하고 성경을 사랑하였다. 돈이 없어서 성경책을 사지 못한 불쌍한 시골 어린아이에게 성경책을 선물로 보내 주기도 하였다. 그래서 이후에 워싱턴 대통령은 《성경과 어린이》라는 위인전에서 주인공으로 나오기도 하였다.

어느 날, 워싱턴이 대통령직을 수행하고 있던 중 어느 시골 길가에 있는 초라한 식당에서 식사할 기회가 있었다. 수행원 한 사람만을 대동한 워싱턴은 테이블에 앉아서 식사를 시키고 음식을 기다리면서 창 밖에 멀리 펼쳐지는 눈 덮인 산의 정경을 바라보고 있었다. 그때 갑자기 주방 쪽에서부터 어린아이 목소리가 크게 들려왔다. "엄마! 성경책을 언제 사 줄 거야!" "시끄럽다! 엄마는 지금 식사 준비 중이니 밖에 나가서 놀아라!" 그러나 그 어린아이는 계속하여 "난 성경을 갖고 싶어. 성경이 없으면 교회도 못 간단 말이야. 성경책이 없는 사람은 나 혼자 뿐이야!" 어린아이는 엄마의 치마자락을 붙잡고 계속 졸라댔다. 사실 그 당시에는 성경뿐만 아니라 책이란 것은 전부 귀한 것이었고 값도 비쌌다. 엄마는 난처해하면서 "너는 왜 그렇게 철이 없어? 성경은 못 사주지만 조금 이따가 우리 마을에 워싱턴 대통령이 오신다고 했으니 같이 구경이나 가 보자!" "싫어! 나는 대통령보다 성경책을 더 갖고 싶은걸!" 어린아이는 그만 울음을 터뜨렸다. 그때 워싱턴은 어린아이를 불렀다. "너, 이름이 뭐지?" "네, 제 이름은 톰이에요." "나이는?" "열한 살이에요." "착한 아이로구나. 아저씨도 부탁이지만 어머니를 너무 괴롭히면 못 쓴다.' '……'. 어린아이는 부끄러운 듯이 고개를 숙이고 안으로 들어갔다. 다음 날, 이 초라한 식당 앞으로 소포가 하나 배달되었다. 톰에게 보낸다고 씌어져 있었으나 보낸 사람의 이름이 없었다. "누구지? 누가 보낸 것일까?" 어머니와 톰은 소포를 풀었다. 바로 성경이었다. 그런데 누가 보낸 것인지 도무지 짐작이 가지 않았다. 톰은 급히 책 표지를 펼쳐 보았다. 그 순간 톰과 어머니는 "어머!" 하면서 놀랐다. 거기에는 "조지 워싱턴으로부터"라는 글이 씌어 있었다.[9]

초대 대통령 워싱턴은 살아 계신 하나님의 계시 말씀인 신구약 성경의 권위를 절대적으로 인정하는 영성을 지녔다. 그리고 그는 성경을 생활화하였던 인물이었다.

그런데 오늘날 아메리카 대륙에 살고 있는 많은 미국인들은 날이 갈수록 성경에서 점점 멀어져 가고 있다. 지난 2005-2012년까지 미국 성서공회(ABS)와 바나 리서치 그룹[10](Barna Research Group)의 보고서에 의하

---

9) 이구한, 《이야기 미국사》, pp. 153-154.
10) 2005-2012년, 미국 성서공회와 바나 리서치 그룹의 리포트에 의하면, 먼저 성경에 대

면, "미국인들의 대다수가 성경을 멀리하고, 미 전국 96개 도시 가운데 91개 도시가 성경에 무관심하다"[11]는 것이다. 충격적이라 하지 않을 수 없다. 이제 하루속히 초대 대통령 워싱턴이 신봉하고 믿었던 성경으로 돌아가야 할 것이다.

믿음

워싱턴 대통령의 두 번째 영성은 '믿음'(faith)이다. 로버트 데일 오웬(Robert Dale Owen)을 비롯한 많은 역사학자들은 조지 워싱턴은 '이신론'[12](Deism)의 신앙을 가진 자라고 규정하고 있다. 이신론자는 최고의

한 관심도가 가장 낮은 미국의 10대 도시들은, ① Providence, RD 9% ② Albany, NY 9% ③ Burlington, VA 16% ④ Fortland, ME 16% ⑤ New Haven, MA 16% ⑥ Hartford, MA 16% ⑦ San Francisco, CA 16% ⑧ Phoenix, AR 17% ⑨ New York City, NY 18% ⑩ Las Vegas, NE 18%로 나타났다. 그리고 성경에 대한 관심도가 가장 높은 미국의 10대 도시들은, ① Knoxville, TN 52% ② Shrereport, LA 52% ③ Chatanooga, TN 52% ④ Birmingham, AL 50% ⑤ Jackson, MI 50% ⑥ Springfield, MO 49% ⑦ Charlotte, NC 48% ⑧ Lynchburg, VA 48% ⑨ Huntsville, AL 48% ⑩ Charleston, WV 47%였다.
11) *Ibid*.
12) 이신론(deism)은 '자연신론' 혹은 '자연신교'라고도 부른다. 이신론은 17세기 영국의 계몽주의에서 발생한 철학(신학)으로서, 세계를 창조한 하나님은 자연과 피조물 위에 초월해 계신다고 믿고 있다. 자연은 자연법칙에 의해서 운영되고 있으며, 그 법칙은 이성으로 이해될 수 없다고 보고 있다. 이신론은 하나님의 계시, 예언과 예수 그리스도의 신적 사역과 기적에 대하여 부인한다. 왜냐하면 이러한 것들은 자연법칙을 깨뜨리기 때문이다. 이신론의 핵심인 신앙은 "하나님은 존재한다"로부터 출발하여, "인간은 하나님을 경배해야 한다", "하나님을 경배하는 최상의 길은 선행이다"로 이어진다. 이신론자들은 전능하신 창조주 삼위일체 하나님을 믿는 것이 아니라 그들이 믿는 '신' 즉 이성과 우주와 자연 신을 신봉한다. 당시 이신론 사상은 미국의 상류계급에 많이 퍼져 있었으며, 대표적 이신론자들로는 루소(Rousseau), 볼테르(Voltair), 토마스 제퍼슨(Thomas Jefferson) 등을 들 수 있다.

신이 세상을 창조하였으나 이후로부터는 신이 자연과 접촉하지 않는다고 믿고 있다. 자연법이 다른 것으로 대체될 수 없으며 따라서 기적은 불가능하다고 주장한다. 모든 역사는 천지창조 때에 이미 결정되었고, 인간은 우주의 한 부분이라는 것이다. 그러므로 하나님의 계시와 예언과 예수 그리스도의 신적사역과 기적을 부인한다.

그러나 워싱턴 대통령의 믿음은 이신론의 교리를 부정한다. 그는 국가와 개인의 운명을 결정하고 인도하시는 전능하신 하나님을 믿었다. 그는 신학적인 교리는 잘 모르지만 전능자 하나님은 국가의 운명과 개인의 삶을 인도하고 계신다는 사실을 믿는 유신론자였다. 워싱턴 대통령은 하나님의 섭리와 인도하심 가운데 미합중국이 여기까지 왔다고 주장했으며, 앞으로도 국가의 운명과 개인의 행복은 우주 통치자 하나님께 있기 때문에 기도해야 할 것을 상소하였다. 1796년 조지 워싱턴 대통령은 의회(Congress)에서 다음과 같이 연설하였다.

"미 국민의 대표자 가운데 본인이 지금 서 있는 상황은 자연스럽게 현재 정부형태의 경영이 시작된 기간을 떠올리게 합니다. 그리고 실험에 성공한 여러분과 내 조국에게 축하했던 때를 빼놓을 수 없습니다. 또 우주 통치자이시며 나라의 최고 중재자께서 그분의 섭리적인 돌보심을 미국에 확대시켜서 국민의 행복이 보호되고 자유의 보존을 위해 설립된 정부가 영속되도록 그분께 간절히 기도하는 것도 빼놓을 수 없습

니다."¹³

1783년, 조지 워싱턴 대통령은 미국의 각 주지사(Governors of the States)들에게 하나님의 섭리가 계속되기를 바라면서 다음과 같이 편지를 보냈다.

"여러분과 여러분이 다스리는 주(state)가 하나님의 거룩한 보호하심을 입기를 바라는 것이 나의 간절한 기도입니다. 또 그분께서 시민의 마음을 움직여 정부에 순종하고 예속하는 정신을 개발하도록 해달라고 하며, 미국 동료 시민 일반과 전쟁터에서 섬긴 형제를 형제의 사랑과 서로에 대한 사랑으로 만족하도록 마음을 움직이며, 마지막으로 그분께서 우리 모두가 정의를 행하고, 긍휼을 사랑하며 복된 종교의 신적 저자이신 분의 특징인 자비와 겸손 그리고 마음의 평화로 행동하며, 이 모든 일이 그분에 대한 겸손한 순종 없이 결코 행복한 나라가 될 수 없음을 알기를 바라는 것이 내 기도입니다."¹⁴

1789년, 워싱턴 대통령은 하나님께서 역사의 사건을 인도하실 뿐만 아니라 모든 인간사를 이끌어 기적으로 승리케 하신다는 믿음을 가지고 필라델피아 시장과 시의원 총회(General Assembly of Common Council of Philadelphia)에 다음과 같이 편지를 보냈다.

---

13) Daniel J. Mount, *The Faith of America's Presidents* (Chattanooga, Tennessee: AMG Publishers, 2007), pp. 424-425.
14) *Ibid.*, p. 423.

"미국 독립전쟁 기간에 우리를 인도하실 때 드러났고, 일반 정부를 수용하도록 준비시키시고 미국민의 선한 뜻을 모아 그것을 채택한 섭리의 간섭을 생각할 때 하나님께서 아낌없이 주셨다는 생각에 나 스스로 압도당합니다."[15]

1789년, 워싱턴 대통령은 승리하게 하신 하나님께 영광과 찬양을 돌려야 한다고 코네티컷 주의회(Connecticut Legislature)에 다음과 같이 편지를 보냈다.

"나는 다만 호의를 베푸시는 하늘의 보잘것없는 대행자이며, 그분의 자애로운 간섭은 너무나 자주 우리를 위해 나타났고, 오직 승리의 찬양은 그분에게 마땅히 돌려야 합니다."[16]

정직

워싱턴 대통령의 세 번째 영성은 '정직'(honest)이다. 어렸을 때부터 아버지 어거스틴 워싱턴은 아들 조지 워싱턴에게 '정직성'을 강조하고 가르쳤다. 그의 아버지는 거짓말쟁이 아들을 키우는 것보다 차라리 아들을 포기하는 것이 낫다고 생각하면서 철저하게 정직과 진실을 강조하였다.

---

15) *Ibid.*, p. 422.
16) *Ibid.*, p. 421.

워싱턴의 위인전에는 그의 어린 시절의 일화가 다음과 같이 소개되어 있다.

워싱턴이 한창 장난을 좋아하던 나이 여섯 살 때에 자기도 인디언처럼 도끼를 마구 휘둘러 무언가를 한번 찍어 보고 싶은 충동을 느꼈다. 창고에서 아버지의 손도끼를 가지고 나온 워싱턴은 "야호!" 하면서 도끼를 머리 위로 휘둘러 인디언 흉내를 내었다. 그리고 뜰에 심겨진 체리나무 앞으로 가서 "얏!" 하면서 힘껏 내리쳤다. 몇 번이고 내리찍자 드디어 기분 좋게 나무가 쓰러졌다. 그런데 그 나무는 워싱턴의 아버지가 가장 아끼던 나무였다. 아버지가 그 사실을 알고는 매우 분노하면서 누구의 소행인지 물었다. 이때 어린 워싱턴은 두려운 마음도 있었지만 이를 아버지께 고백하고 용서를 빌었다. 그때 아버지는 오히려 그의 정직성을 칭찬해 주시면서 매우 기뻐하였다. 이 일로 워싱턴은 평생 거짓말을 하지 않기로 결심하였고, 그는 실제로 그렇게 살았다.[17]

훗날, 조지 워싱턴은 대통령이 된 후에 다음과 같이 술회하였다.

"나는 남이 나를 정직한 사람이라고 불러 주는 성품을 죽도록 유지하기 원합니다. 나는 정직한 사람이라는 말을 다른 어떤 칭호보다도 귀하게 생각합니다."[18]

---

17) 염성철, 《미국 대통령의 신앙과 리더십》 (서울: 생명의 말씀사, 2007), p. 12.
18) Ibid.

하나님은 거짓을 싫어하시고 정직한 자를 기뻐하신다. 참으로 세상에서 가장 고귀한 것은 정직이다. 그리고 이 정직은 가장 위대한 사람으로부터 나온다.

"거짓 입술은 여호와께 미움을 받아도 진실하게 행하는 자는 그의 기뻐하심을 받느니라"(잠 12:22).

결단력

워싱턴의 네 번째 영성은 위대한 '결단력'(decision)이다. 워싱턴은 초대 대통령으로서 성공적인 임기를 모두 마쳤다. 그때 주위에서는 워싱턴을 3선 대통령으로 추대하려고 움직였다. 그리고 그 당시는 헌법에 대통령의 임기를 제한하는 조항도 없었다. 그럼에도 불구하고 워싱턴은 아메리칸 합중국이라는 거대한 나라에 민주주의의 기초와 전통을 세워야 한다는 이유로 단호하게 거절하였다.

그리고 워싱턴은 다음과 같은 고별사로 미국 국민들에게 간곡한 당부를 남기고 시골 농장으로 조용히 내려갔다.

"새로이 출범한 연방은 반드시 유지되어야 하며 기존의 헌법과 정부는 존중되고 복종되어야 합니다. 특별히 정치적인 파벌의 위험성과 북부와 남부의 지역감정을 잘 다스려야 합니다. 또한 중요한 것은 미국이 어떤 나라와 영구성을 띤 동맹 관계에 빠지지 말아야 한다는 것입니다. 국제사회에서는 영원한 친구도, 영원한 적도 없습니다. 그래서 미국은 가능한 다른 나라의 정치적 문제에 개입해서는 안 되며 단지 통상을 대외정책의 기본 원리로 삼아야 합니다."[19]

마침내 워싱턴 대통령의 위대한 결단은, "투표는 미국이 하고 개표는 전 세계가 한다"는 말처럼 미국의 민주주의의 주춧돌이 되었다. 정말 국부이자 초대 미국 대통령이었던 조지 워싱턴은 명실공히 세계적인 위대한 지도자로서 추앙받게 되었다.

미국 역사가들에 의하면, 역대 미국 대통령들의 지도력, 업적 및 위기관리 능력, 정치력, 인사력, 성격과 도덕성에 대한 《대통령 평가서》[20](Rating the Presidents)에서 워싱턴 대통령은 링컨 대통령 다음으로 제2위를 차지하였다. 그리고 미국 역사상 가장 성공한 대통령 가운데 한 사람이 되었다.

국부 조지 워싱턴은 1789년 미합중국이 독립되어 만든 미국 헌법으로 초대 대통령으로 당선되었고, 최초의 미국의 수도인 뉴욕에서 1789년 4월 30일 대통령으로 취임하였다. 그리고 그는 마지막 생애를 고향 땅 마

---

19) 이구한, 《이야기 미국사》, p. 166.
20) William J. Ridings, Jr., *Rating The Presidents* (New York: Kensington Publishing Corp, 2000) p. 1.

운트 버넌(Mount Vernon)에서 지내다가 67세의 나이로 세상을 떠났다.

추수감사절(Thanksgiving Day) 제정

미국의 추수감사절은 1621년 11월 미국 동북부 지역에 위치한 플리머스(Plymouth) 식민지에서 거행된 행사에서 시작되었다. 1620년 영국의 국교에 반기를 든 102명의 청교도[21](Puritan)들이 메이플라워(May Flower) 호를 타고 신앙의 자유를 찾아 아메리카 신대륙에 건너왔다. 그들은 플리머스에 도착하여 첫 겨울을 지내면서 44명의 사람들이 죽었다. 그때 아메리카 원주민들은 청교도들에게 사냥을 하고 물고기 낚는 것과 농사 짓는 방법을 가르쳐 주었다. 청교도들은 이듬해 봄에 농경지에 씨를 뿌리고 가을철에 첫 추수를 하게 되있다. 그 당시 그들의 최고 행정관 윌리엄 브래드포드(William Bradford)의 허락 아래 3일간 미국 최초의 추수감사축제(America's First Thanksgiving Day)를 드렸다.

그 이후, 1633년 6월 19일과 10월 16일 매사추세츠(Massachusetts) 식민

---

21) 1625년 영국의 왕 제임스(James) 1세가 사망하자 그의 아들 찰스(Charles) 1세가 왕위를 계승하여 제왕신권설을 신봉하고 독재정치를 하면서 종교 박해를 하였다. 그때 찰스 1세와 반칼빈주의자인 캔터베리(Canterbury)의 대감독인 윌리엄 로드(William Laud)는 "주교 없이는 참 교회가 있을 수 없다"라고 선언하면서 청교도의 가정들을 군인의 숙영 장소로 사용하였고, 또한 그들에게 가혹한 형벌을 가하고 강제적으로 투옥시켰다. 이로 말미암아 청교도 존 화이트(John White) 목사를 비롯한 102명의 청교도들은 신앙의 자유를 찾기 위하여 메이플라워를 타고 아메리카 신대륙인 플리머스 지역으로 이주하였다.

지역에서 두 차례의 감사절을 지켰다. 그때부터 주지사의 결정에 따라서 6월에서 10월, 11월에 걸쳐서 여러 날짜에 맞추어 추수감사절[22](Thanksgiving Day)을 지켜 오게 되었다.

1789년, 미국 의회는 조지 워싱턴 대통령에게 추수감사절을 국경일로 선포해 주도록 요청하였다. 이에 10월 3일 워싱턴 대통령은 다음과 같이 '추수감사절 선언문'(The First Presidential Thanksgiving Proclamation)을 처음으로 공포하며 제정하였다.

"전능하신 하나님의 섭리를 인정하고 그의 뜻에 순종하며, 그의 모든 은택에 감사하며, 겸손히 하나님의 보호하심과 자비를 구하는 것은 모든 나라들이 마땅히 해야 할 일입니다. 이에 미 상하원 공동회의를 통하여 저로 하여금 '전능하신 하나님께서 우리에게 베푸신 한결같은 은혜를 미국 국민들이 감사한 마음으로 기억하며, 특별히 자신들의 안전과 행복을 위해 일할 정부의 평화로운 설립을 허락하신 주님께 감사와 기도를 드릴 공식적인 날을 갖도록 권고할 것'을 요청하였습니다.

그러므로 저는 오는 11월 26일 목요일을 기하여 미합중국 국민들이 전에도 계셨고, 지금도 계시며, 앞으로도 계실 은혜로운 창조주 하나님께 예배를 드릴 것을 권고합니다. 그렇게 함으로써 우리가 나라를 세

---

22) 1789년 초대 대통령인 워싱턴 대통령이 처음으로 11월 26일을 추수감사절로 제정하였고, 1863년 링컨(Lincoln) 대통령이 11월 마지막 목요일로, 1939년 루스벨트(Roosevelt) 대통령이 11월 셋째 목요일로 개정하여 오늘날 미국의 가장 중요한 절기인 추수감사절로 지켜오고 있다.

우기 이전부터 이곳의 거주민들을 돌보며 보호해 주셨고, 특별한 자비를 베풀어 주심에 대하여, 우리가 지난 전쟁의 과정과 결과에서 경험했듯이 하나님께서 당신의 섭리와 예정하심 가운데 우리 편이 되어 주셨음에 대하여, 지금까지 우리가 누려 온 넉넉한 평안과 연합 그리고 풍성함을 허락하셨고, 우리의 안녕과 행복을 도모하는 정부 헌법을 평화적이고 합리적인 방법으로 구성할 수 있도록 도와주심에 대하여 무엇보다도 최근 연방헌법의 제정을 허락하셔서 우리로 말미암아 국민으로서의 자유과 종교적인 자유를 누리고, 유용한 지식들을 얻고 그것들을 함께 나누게 하셨음에 대하여, 그리고 그가 우리에게 허락하기를 기뻐하신 그 거대하면서도 다양한 모든 은총들로 인하여, 우리가 하나로 연합하여 하나님께 우리의 진지하고 겸손한 감사를 드릴 수 있도록 할 것입니다.

또한 열방의 통치자이신 위대한 주님께 우리가 저지른 다양한 범죄들을 용서하시고, 우리가 공적으로든지 사적으로든지 여러 관련된 의무들을 바르고 정확하게 완수해내며, 우리 정부가 늘 지혜롭게 정의로운 정부가 되어 모든 국민들에게 복이 되게 하시기를, 또한 헌법이 신중하고 신실하게 집행되며 국민들에 의해 지켜지고, 주님께서 모든 통치권자들과 국가들을 보호하고 인도하셔서 훌륭한 정부와 평화로 우리 국민들을 축복하기를 겸허한 마음으로 기도하며 간구해야 하겠습니다. 진정한 종교와 덕에 대한 지식과 실천을 향상시키고, 그로 더불어 신앙을 키워 나가며, 마침내 모든 인류에게 하나님만이 아시는 가장 좋은 것으로 현세의 번영을 허락하시기를 기도드립시다."[23]

"맥추절을 지키라 이는 네가 수고하여 밭에 뿌린 것의 첫 열매를 거둠이니라 수장절을 지키라 이는 네가 수고하여 이룬 것을 연말에 밭에서부터 거두어 저장함이니라"(출 23:16).

---

23) Joseph Nathan Kane, *Facts About the Presidents: A Compilation of Biographical and Historical Information*, eighth edition (New York: The H.W. Wilson Company, 2009), pp. 19-20; Lillback, *op. cit.*, pp. 369-370.

■ 제2대 미국 대통령

존 애덤스의 영성
John Adams 1735.10.30-1826.7.4(91세)

대통령 재임기간 1797.3.4-1801.3.4

존 애덤스[24](John Adams)는 영국의 식민지였던 매사추세츠 퀸시(Quincy Massachusetts)에서 태어났다. 그는 어린 시절부터 학문과 독서에 관심을 많이 가지고 있었으며, 학업에 열중하여 하버드 대학교(Harvard University)에 입학하여 법학을 공부하였다.

그리고 그는 젊은 나이에 매사추세츠 주의 변호사가 되어, 하버드 대학교 출신 최초의 변호사가 되었다. 존 애덤스는 토마스 제퍼슨(Thomas Jefferson)과 벤자민 프랭클린(Benjamin Franklin) 등과 함께 미국 독립선언

---

24) 존 애덤스(John Adams)는 1735년 10월 30일, 아버지 존 애덤스(John Adams)와 어머니 수잔나(Susanna) 사이에 3형제 중 장남으로 태어났다. 그는 아메리카 대륙 정착 초기의 순례자인 존(John)과 프리스실라 알던(Priscilla Alden)의 5대 손자이다.

문의 기초를 만들었다.

존 애덤스는 할아버지와 아버지가 목사인 애비게일 스미스(Abigail Smith)를 향하여 오랫동안 구애한 끝에 마침내 결혼하게 되었다. 애비게일은 그의 아내이면서 믿음의 동반자요 정치 조언자였다. 그리고 애비게일은 역대 미국의 존경받는 퍼스트레이디에 대한 여론조사에서 루스벨트 대통령의 부인이었던 엘리너(Eleanor)에 이어서 2위를 차지하였다.

초기 미국은 어떠하였는가? 그동안 살아 계신 하나님의 주권을 절대적으로 믿고, 신구약 성경말씀을 생활화하여 청결하고 검소하게 살았던 청교도들의 신앙[25]은 점점 퇴색되어 갔다.

그 이후 유럽을 떠나 신대륙에 건너온 계몽주의 사상[26]은 미국의 종교, 정치, 사회와 전 분야에 걸쳐 많은 영향을 끼쳤다. 이러한 가운데 애

---

25) 청교도(Puritan)는 영국의 종교개혁자들과 그 후예들을 가리킨다. 그들은 칼빈의 종교개혁 정신을 따라, '오직 성경으로'(Sola Scriptura), '오직 믿음으로'(Sola Fide), '오직 하나님의 영광을 위하여'(Soli Deo Gloria), '오직 그리스도'(Sola Christo)를 위하여 삶을 개혁하고 실천하며 살아가는 사람들이다. Ref. Richard Baxter, *Gildas Salvianus: The Reformed Pastor*, *Baxter's Practical Works vol 4.*, 1990; 이완재,《청교도 신앙의 뿌리: 영성신학탐구》, (한국: 성광문화사, 2001), pp. 93-134.

26) 계몽주의(Enlightenment)는 18세기 유럽에서 일어났던 합리주의 운동이다. 이 계몽사상은 인간이 이룩한 문화와 문명에 고취되어 인간의 지성 혹은 이성을 바탕으로 문화와 문명을 발달시키려는 사상과 적극적인 행동이다. 그리고 이 정신은 인간의 존엄과 평등, 자유권을 강조하여 유럽의 중세시대를 지배하던 전제주의와 종교, 신학에서 벗어나 국가와 교회를 비판하여 그 권위를 낮추었다. 마치 신학자들이 신정을 수정한 것같이 정치가들도 국민과 정부의 관계를 바꾸었다. 즉, 정부는 목적이 아니라 국민의 권리를 보장하는 민중의 수단이 되어야 한다. 이를 주장하는 대표적인 인물이 영국의 경험론 철학자인 존 로크(John Locke)이다.

덤스의 신앙사상도 변하였다.

　원래 애덤스는 청교도적인 칼빈주의[27](Calvinism) 신앙 아래 성장하여 기독교 전통적인 삶을 가졌다. 한때 그는 앞으로 목회자가 되기 위하여 신학을 공부할 것인가, 혹은 정치계에 나가기 위하여 법학을 공부할 것인가를 고민하기도 하였다.

　그런데 애덤스는 기독교의 정통적인 칼빈주의 신앙을 버리고 삼위일체를 부인하는 유니테리언[28](Unitarianism)의 신앙을 가졌다. 그 이유에 대해서는 역사적인 기록이 없다. 애덤스는 추상적이고 논리적이고 이성적인 하나님을 믿었다. 그는 일종의 범신론자와 이신론자이다. 그래서 그는 삼위일체 하나님의 신성을 믿지 않고, 예수 그리스도의 능력과 기

---

27)　칼빈주의(Calvinism)는 종교개혁자 존 칼빈(John Calvin)의 신학 사상에 뿌리를 두고 있다. 칼빈의 저서인 《기독교 강요》(*Institutes of the Christian Religion*)에서 칼빈주의 신학사상을 찾아볼 수 있다. 종교개혁 당시 칼빈주의는 개혁교회(Reformed Church)를 통하여 유럽 전역에 큰 영향을 미쳤다. 칼빈주의 사상의 핵심은 하나님의 절대적 주권을 강조하면서 '오직 성경'(Sola Scriptura), '오직 그리스도'((Sola Christo), '오직 은혜'(Sola Gratia), '오직 믿음'(Sola Fide), '오직 하나님께만 영광'(Sola Deo Gloria)이다. 칼빈주의 5대 강령은 튜립(TULIP), 즉 ① 인간의 전적 타락(Total depravity), ② 무조건적 선택(Unconditional election), ③ 제한적 속죄(Limited atonement), ④ 불가항력적인 은혜(Irresistable grace), ⑤ 성도의 견인(Persverance of saints)이다.

28)　유니테리언주의(Unitarianism)는 18세기에 등장한 이신론(Deism)의 영향을 받아 삼위일체 교리를 거부하고 하나님의 단일적 인격성을 주장하며 예수 그리스도의 신성을 부정하는 계통의 기독교 교회이다. 그러나 '오직 성경'(Sola Scriptura)의 원칙과 영감을 믿고 있다. 유니테리언주의를 반 삼위일체론자(An-Trinitarians)라고 부른다. Ref. Van A. Harvey, *A Handbook of Theological Terms* (New York: Collier Books Macmillan Publishing Company, 1964); Kenneth Scott Latourette, *A History of Christianity* Vol. 3, 윤두혁 역 (서울: 생명의 말씀사, 1980), pp. 365-367.

적을 부인하였다.

종종 애덤스는 유니테리언 교회를 비롯하여 감독교회와 장로교회, 감리교회, 침례교회, 퀘이커교, 모라비안 교회를 다양하게 출석하였다. 그리고 그는 심지어는 로마 가톨릭 교회에도 참여하였다.

애덤스는 토마스 제퍼슨(Thomas Jefferson)에게 하나님의 말씀과 능력을 거부하고 유니테리언적인 하나님을 믿으라고 강조하면서 다음과 같이 편지를 보냈다.

만약 당신과 내가 시내 산에서 모세와 40일 동안 함께 있으며 신적 임재를 보고 하나가 셋이며 셋이 하나라는 말을 거기서 들었다면, 그것을 부인할 수 없겠지만, 그래도 믿지는 못했을 것입니다. 천둥과 번개와 지진 그리고 초월적 광채와 영광으로 인해 공포와 놀라움을 수반해 우리를 압도했을 것이지만, 그 교리는 믿을 수 없을 것입니다. 입술로 무슨 말을 한다 해도 마음으로는 '이것은 우연이다'라고 말했을 것입니다. 하나님은 없고 진리는 없습니다. 이 모두가 환상이고 가공이며 거짓입니다. 아니면 우연입니다. 그러나 우연이 무엇입니까? 이것은 움직임이며, 행동, 사건입니다. 이유 없는 현상입니다. 우연은 아무런 이유가 없습니다. 비존재입니다. 무(nothing)가 이 모든 허식과 광채를 만들었으며 우리가 아는 지옥과 유황 불꽃에 있는 영원한 저주를 만

들었고, 공포와 거짓의 끔찍한 모습을 만들어 냈습니다.[29]

주기도문

존 애덤스 대통령의 첫 번째 영성은 '주기도문'[30](Lord's Prayer)이다. 비록 그는 유니테리언 신앙을 가졌지만 그의 영성은 주기도문을 생활화하였다. 그 이유는 그의 어머니 수잔나 애덤스(Susanna Adams)가 아들 애덤스에게 어렸을 때부터 항상 주기도문을 암송하도록 철저하게 가르쳤기 때문이다.

"하늘에 계신 우리 아버지여 이름이 거룩히 여김을 받으시오며 나라가 임하시오며 뜻이 하늘에서 이루어진 것같이 땅에서도 이루어지이다 오늘 우리에게 일용할 양식을 주시옵고 우리가 우리에게 죄지은 자를 사하여 준 것같이 우리 죄를 사하여 주시옵고 우리를 시험에 들게 하지 마시옵고 다만 악에서 구하시옵소서 (나라와 권세와 영광이 아버지께 영원히 있사옵나이다 아멘)"(마 6:9-13).

---

29) Mount, op. cit., pp. 394-395.
30) 주기도문(The Lord's Prayer)은 산상수훈의 문맥 중에서 중앙의 가장자리에 위치하도록 짜여져 있는 팔복의 핵심적인 교훈이다. 이것은 주님께서 가르쳐 주신 기도를 요약한 것으로서 '주기도문'이라는 말보다 '주께서 가르쳐 주신 기도'(The prayer that the Lord Jesus taught us)라는 말이 더 정확한 표현이다. 마태복음판 주기도문(마 6:9-13)이 예수님께서 제자들에게 보여주신 모범적 기도(the model prayer)라면, 누가복음판 주기도문(눅 11:2-4)은 제자들의 요청에 의하여 예수님이 가르치신 기도이다. Ref. 안재도, 《주기도문 해설》 (서울: 쿰란출판사, 2012), pp. 14-35.

존 애덤스 대통령은 백악관에 들어가기 전이나 들어간 후나 그리고 백악관을 떠난 후에도 항상 주기도문을 그의 삶에 생활화하였다. 애덤스가 상원의원 시절에 몇 사람의 동료 의원들과 함께 한 호텔 방에서 잠을 자게 되었다. 그때도 애덤스는 잠자리에 들기 전에 무릎을 꿇고 큰 소리를 내어 주기도문을 암송하였다.

주위에 있던 동료 상원의원들이 애덤스를 바라보면서 웃기도 하고 의아해하기도 하고 놀라기도 하였다. 그러자 애덤스는 그들을 향하여 "이것은 내 어머니의 기도입니다. 내가 어렸을 때 하루도 빠지지 않고 나와 함께 기도해 주신 나의 어머니의 기도입니다. 그러므로 나는 지금까지 이 주기도를 하지 않을 수 없습니다"라고 말하였다.

애덤스 대통령의 아내인 애비게일(Abigail)은 남편 애덤스가 대통령에 당선될 때에 몸이 아파서 서로 떨어져 있었다. 그때 아내 애비게일은 서로 편지를 주고받는 가운데 다음과 같은 성경 말씀과 기도문을 기록하였다.

"누가 주의 이 많은 백성을 재판할 수 있사오리이까 듣는 마음을 종에게 주사 주의 백성을 재판하여 선악을 분별하게 하옵소서"(왕상 3:9). 그리고 제가 없더라도 평화에 관한 일이 숨겨지지 않게 되기를 기도합니다.[31]

---
31) 염성철, op. cit., p. 24.

1800년 11월 1일, 애덤스 대통령이 백악관에서 업무를 시작하기 위하여 수도 워싱턴에 도착하였다. 아직 정리가 끝나지 않은 집에서 보낸 둘째 날 밤에 애덤스는 아내 애비게일에게 다음과 같은 편지를 썼다.

> 이 편지를 맺기 전 나는 하늘에 계신 우리 아버지께서 이 백악관과 앞으로 이 집에 머물 모든 이들에게 복에 복을 더하여 주시기를 간구하겠소. 정직하고 지혜로운 사람만이 이 집에서 대통령직을 수행하게 되기를 말이오.[32]

이후 100년이 지난 후, 제32대 미국 대통령 프랭클린 델라노 루스벨트(Franklin Delano Roosevelt)가 백악관의 주인이 되었을 때 전임 애덤스 대통령의 기도문을 읽고 감동을 받아 백악관과 식당 벽에 그 기도문을 기록해 놓았다. 지금도 백악관 식당에는 애덤스 대통령의 기도문인 "미래의 대통령을 위한 축복 기도문"이 그대로 기록되어 있다.

강한 개성

존 애덤스 대통령의 두 번째 영성은 '강한 개성'(strong personality)이다. 그는 성품이 매우 강하고 거칠고 역동적인 개성을 가진 사람 가운데 한

---
32) Keefauver, *op. cit.*, p. 9.

사람이다. 애덤스 대통령에 대한 묘사와 비판은 각양각색이다. 애덤스는 완고한, 개성이 강한, 무모한, 야심이 강한, 냉정한, 엄격한, 편협한, 고집이 센, 뽐내는 사람으로 불렸다. 그리고 그의 살찐 모습을 바라보고는 "뚱보 애덤스는 강한 군주제적인 견해를 비판하는 브레인트리 공작(Duke of Braintree)과 같다"라고 비꼬는 이들도 있었다.

애덤스 대통령은 강하고 엉뚱하며 공격적인 개성으로 인해 주위에 있는 정적들로부터 저항을 받거나 혹은 전혀 관계없는 사람들에게까지 나쁜 영향을 주었다. 이 점에 대하여 애덤스가 직접 임명한 전쟁장관 제임스 맥헨리(James McHenry)는 그의 상관인 애덤스 대통령을 향하여, "그가 짓궂든, 놀기를 좋아하든, 재치가 있든, 친절하든, 냉정하든, 술에 취하든, 화를 내든, 엄격하든, 신중하든, 독단적이든, 폐쇄적이든, 개방적이든 그것은 문제가 안 된다. 진정한 문제는 그의 다양한 모습들이 늘 전혀 어울리지 않는 상황에서, 전혀 다른 장소와 전혀 다른 사람들에게 표현되었다는 것이다"[33]라고 말하였다.

긍정적인 면에서 애덤스의 강한 개성과 고집은 그의 업무에 도움을 주며 방패 역할을 담당하는 경우도 있었다. 그는 163센티미터의 작은 키에 푸른 눈을 가진 고집이 센 사람이었다. 애덤스가 초대 대통령 워싱턴의 수하에서 부통령을 역임할 때 워싱턴 대통령이 종종 정적들로부

---

33) Ridings, *op. cit.*, p. 14.

터 심한 공격을 받았다. 그때마다 고집이 세고 개성이 강한 애덤스 부통령은 종종 워싱턴 대통령의 든든한 방패막이 되곤 하였다.

결과적으로, 존 애덤스 대통령의 인격과 성품에 대해서는 서로 다른 두 가지 평가가 나오고 있다. 첫째는 부정적인 평가이다. 토마스 제퍼슨(Thomas Jefferson)은 애덤스에 대하여 "그는 무모하며 성미가 급하여 권력에 대하여 타산적인 사람이다. 그는 오직 사람을 지배하는 데만 관심이 있다. 한마디로 그는 인간 자체에 대해서는 별로 관심이 없다"[34]라고 평가하였다.

둘째는 긍정적인 평가이다. 미국의 애국자이며 친구인 벤자민 프랭클린(Benjamin Franklin)은 "애덤스는 늘 정직한 사람이었다. 그는 많은 부분에서 현명한 판단을 하는 사람이었다. 그러나 때때로 어떤 것에 대해서는 완전히 자신의 감각에서 벗어나 있었다"[35]라고 평가하였다.

금식과 기도의 날 선언문

1799년, 황열병[36](plague of yellow)이 미국 대륙을 휩쓸고 있었다. 그때

---

34) Ibid., p. 12.
35) Ibid.
36) '황열병'은 액체성 병원체를 통하여 발생하는 열대성 전염병 중 하나이다. 황열병에 걸린 환자는 검은 빛의 것을 토하며 갑작스러운 오한, 전율, 발열이 생기며 2, 3일 후에 열이 내렸다

애덤스 대통령은 모든 미국 국민들이 1799년 4월 25일을 엄숙한 겸비와 금식 그리고 기도의 날로 따로 구별하여 지킬 것을 요청하였다.

"성경과 전 세대의 경험을 통하여 온전히 입증된 모든 진리 중에, 하나님께서 역사를 섭리하고 계신다는 진리만큼 확실한 진리는 어디에도 없습니다. 따라서 하나님을 의지하고 순종하는 것은 당연합니다. 또한 이처럼 매우 긴급하고 급박한 위험에 직면한 시기에는, 살리기도 하시고 죽이기도 하시는 전능하신 하나님께 진실하고 간절한 기도를 올리는 것이 무엇보다 중요합니다. 따라서 대중의 종교의식을 위해 특별한 절기를 지키는 것은, 우리가 여러 악들을 피하고 의무들을 수행하는 데 긍정적인 영향을 미친다고 생각합니다. 이렇게 함으로써 우리는 이미 열거된 중요한 진리들에 대해 국민들의 관심을 집중시키고 이 일을 향한 헌신과 더불어 국가적 행위로서의 성격을 부여해서 국민들을 가르치며 깨우칠 기회를 제공하게 됩니다.

이러한 이유들로 인해 저는 오는 4월 25일 목요일을 미합중국 전역에서 엄숙한 겸비와 금식 그리고 기도의 날로 지킬 것을 권고합니다. 이 날 국민들은 가능한 한 세속적인 활동들을 피하고, 공적으로나 개인적으로 경건한 시간을 가지시길 바랍니다. 존귀하신 하나님 앞에 우리가 저지른 수많은 잘못들을 기억하고, 진지한 회개 가운데 이 모든 죄

가 다시 발열하며, 황달과 토혈을 가져오며, 사망률이 매우 높다. 중앙 아메리카와 멕시코, 아프리카 등지에서 유행한다.

악을 그분 앞에 자복하며 하나님의 용서하심을 간구하고, 위대한 중재자이며 구속자이신 우리 주 예수 그리스도를 통하여 그리고 성령의 은혜로 우리가 앞으로 하나님의 의로운 명령에 더욱 잘 순종할 수 있는 능력을 덧입기를 원합니다. 또한 하나님께서 우리를 죄악된 길에서 돌려 세우시고, 우리에게 향하셨던 진노를 거두시기를 원합니다. 하나님께서 우리를 근거 없는 불만족과 분열, 내분과 소란 그리고 폭동으로부터 지켜 주시기를 원합니다. 그리고 하나님께서 우리 국민들의 전반적인 건강을 귀하게 여겨 주시기를 원합니다. 소출이 풍성한 계절을 주시고, 농부들의 수고에 복을 주셔서 사람과 짐승을 위한 음식이 풍부하게 하시고, 우리의 산업과 제조업, 어업 그리고 모든 이들의 합법적인 산업과 기업이 성공하게 하시기를 기원합니다. 우리의 대학과 학원, 학교 그리고 신학교를 기뻐하셔서 이들이 건전한 과학과 도덕 그리고 종교의 못자리가 되게 하시기를 원합니다. 주께서 직위가 낮고 높은 모든 공무원들에게 복을 주셔서, 그들이 자기 위치에 맞는 바른 의식을 갖게 하시고, 악인들에게는 두려움의 대상이, 선을 행하는 자들에게는 영광의 대상이 되게 하소서.

이 어려운 시기에 주께서 이 나라의 의회를 관장하사, 의원들이 공공적인 유익을 위하여 바른 분별력을 갖게 하셔서 실수와 분열로부터 구해 주시기를 원합니다. 이 나라를 지키기 위한 우리의 다양한 준비들이 성공적으로 이루어지게 하시고, 땅과 바다를 지키는 우리의 군대를 축복하시기 원합니다. 사람들의 피를 흘리는 일과, 이 땅의 나라들이 서로 경쟁하는 가운데 인류의 비극이 늘어나는 일을 끝내게 하시고 그들에게 정의와 평등, 자비와 평화를 베푸시기 원합니다. 그리고 또 저는 하나님께서 미합중국 국민들에게 여전히 부어 주시는 셀 수 없는 축복과 이 나라를 다른 어떤 나라들의 상황보다 더 특별히 행복하게 하신 그 은혜를 인해, 모든 선의 근원이신 하나님께 우리 모두가 함께 연합하며 회개하고 기도와 열정적인 감사를 올려드리기를 권고합니다."[37]

일평생 동안 주기도문의 영성을 가졌던 존 애덤스 대통령은 건국의 아버지(Founding Fathers of America) 중에 한 사람이요 애국자이다. 비록 그는 한 번의 임기로 대통령직을 수행하였고, 그의 부통령이었던 제퍼슨에게 패배하여 대통령에 재선되지 못하였다. 이것은 미국 역사상 정치 권력이 한 정파에서 다른 정파로 넘어간 최초의 사례였다. 그리고 혁명이나 쿠데타 없이 애덤스는 나라의 통치권을 제퍼슨에게 물려주었다.

그러나 애덤스 대통령은 89세에 아들 애덤스가 제6대 미국 대통령에 취임하는 영광스러운 장면을 보았다. 그리고 이후 미국 독립선언서에 함께 서명하고 나란히 대통령이 된 존 애덤스 대통령과 토마스 제퍼슨 대통령은 미국 건국의 서류에 서명한 지 50주년이 되던 1826년 7월 4일, 똑같이 눈을 감고 세상을 떠났다.

---

37) Keefauver, op. cit., pp. 11-13.

■ 제3대 미국 대통령

토마스 제퍼슨의 영성
Thomas Jefferson 1743.4.13-1826.7.4(83세)

대통령 재임기간 1801.3.4-1809.3.4

토마스 제퍼슨[38](Thomas Jefferson)은 버지니아 주에 위치한 알베말레 카운티(Albemarle County, Virginia)에서 부유한 아버지 피터 제퍼슨[39](Peter Jefferson)과 어머니 제인 랜돌프(Jane Randolph) 사이에 장남으로 태어났다.

토마스 제퍼슨은 윌리엄 앤드 메리 대학[40](College of William & Mary)을 수

---

38) 토마스 제퍼슨(Thomas Jefferson)은 1743년 4월 13일, 아버지 피터 제퍼슨(Peter Jefferson)과 어머니 제인 랜돌프(Jane Randolph) 사이에 8명의 자녀들 중에 장남으로 태어났다.
39) 토마스 제퍼슨의 아버지 피터 제퍼슨(Peter Jefferson)은 영국 웨일스(Wales)의 후손으로서 버지니아 알베말레 카운티(Albemarle County)의 대 농장주이며 측량 기사였다. 그리고 그는 치안판사와 터카호(Tuckahoe) 지역에서 군수로 일하였고, 버지니아 주 주의원으로 활동하였다.
40) 토마스 제퍼슨은 16세 나이에 윌리엄 앤드 메리 대학에 입학하여 그리스어를 비롯한 철학과 수학, 형이상학, 존 로크(John Locke)의 경험주의와 아이작 뉴턴(Isaac Newton)의 이론을 배웠고 수석 졸업하였다.

석으로 졸업하고 변호사가 되었다. 그는 미망인 마사 웨일스 스켈턴(Martha Wales Skelton)과 결혼하였다. 그들 부부[41]는 여섯 명의 자녀들을 두었다.

1769년부터 토마스 제퍼슨은 정치적인 첫 발걸음을 내딛었다. 버지니아 주 자치의회 의원으로부터 시작하여 버지니아 주 하원과 상원의원, 버지니아 주지사, 프랑스 대사, 국무장관과 부통령을 거쳐서 마침내 1801년 3월 4일 제3대 미국 대통령으로 취임하여 재선 대통령이 되었다.

그러나 제퍼슨 대통령의 백악관 생활은 불행하였다. 왜냐하면 그의 아내 마사(Martha)가 계속되는 임신과 여섯 명의 자녀 출산으로 인하여 몸이 심히 쇠약해져서 백악관에 입성하지 못하고 일찍이 세상을 떠나고 만 것이다. 그래서 토마스 제퍼슨은 홀아비 신분으로 대통령 취임 선서를 하였고, 그는 백악관에서 8년 동안 홀아비로서 대통령직을 수행하였다.

성경의 기초

토마스 제퍼슨 대통령은 미국 건국의 아버지(Founding Fathers of Ameri-

---

[41] 제퍼슨은 23세의 젊은 과부 마사(Martha)와 결혼하여 6명의 자녀를 두었다. 그들은 마사(Martha), 제인(Jane), 메리 웨일스(Mary Wales), 루시 엘리자벳(Lucy Elizabeth), 엘리자벳(Elizabeth)과 사망한 한 아들이다(1777). 그런데 제퍼슨은 자신의 노예 샐리 해밍스(Sally Hemings)를 통해 자식들을 낳았다는 설이 있었다. 1998년 유전자(DAN)검사 결과, 그 아들의 아버지가 제퍼슨 혹은 제퍼슨의 남자 친척 중 한 사람이라고 밝혀졌다.

ca) 중에 한 사람이며 미국 독립선언서의 기초자이다. 그는 미국의 역대 대통령들 가운데 가장 존경받는 세 사람에 꼽혀, 조지 워싱턴과 에이브러햄 링컨 다음이다. 그런데 이들 세 사람들의 공통된 특징은 하나같이 살아 계신 하나님의 말씀인 신구약 성경을 가까이한 성서적 인물이라는 것이다.

미합중국의 대통령이 되기 위한 조건 가운데 하나는 자신의 분명한 종교관이 있어야 한다. 그것도 개신교 교회와 신앙을 가져야 한다. 왜냐하면 미국 국민들이 대부분 개신교 교인이기 때문이다. 그 예외는 존 케네디 대통령(John F. Kennedy)의 경우이다. 그는 가톨릭 신자였지만 그 외 대부분의 대통령은 거의 다 개신교 교회의 교인이었다.

그러면 토마스 제퍼슨 대통령의 종교관은 무엇인가? 이 점에 대하여 주위 역사가들은 말하기를 "제퍼슨 대통령은 종교가 없었던 사람이다"라고 평가한다. 그러나 이것은 잘못된 평가이다.

토마스 제퍼슨 대통령은 감독교회('개신교 감독교회', '성공회', Protestant Episcopal Church)의 적극적인 신자였다. 그는 다섯 살 때 성경을 다 읽었다. 아버지가 가지고 있는 책들까지 모두 읽었다. 그리고 그는 2년 동안 감독교회의 사제인 제임스 메리(James Mary)의 집에서 라틴어와 헬라어를 배우면서 신앙적으로 성장하였다.
그런데 이후 제퍼슨은 당시 계몽주의 사상가들로부터 기인된 이신론

(Desim, 혹은 자연신론) 사상에 크게 영향을 받았다. 그렇다고 그가 철저한 이신론자였던 것도 아니다. 그는 "나는 결코 무신론자가 될 수 없습니다"[42]라고 하였다. 제퍼슨은 삼위일체 하나님과 그리스도의 신성을 믿는 기독교의 전통적인 신앙인은 아니었지만 하나님과 그리스도를 참되시고 선하신 분으로 믿었다. 그는 그리스도의 동정녀 탄생을 부인하였지만 예수 그리스도의 교훈을 위대하게 보았다. 그래서 그는 예수 그리스도는 훌륭한 선생이요 위대한 철학자라고 하였다.

그러면 토마스 제퍼슨 대통령의 신앙관은 무엇인가? 그는 "예수 그리스도의 교리는 단순하며 모든 사람의 행복을 향해 나아간다. 첫째, 오직 하나님이 있으며 그분은 전적으로 완전하다. 둘째, 보상과 심판이라는 미래 상태가 있다. 셋째, 마음을 다하여 하나님을 사랑하고 이웃을 제 자신처럼 사랑하는 것이 종교 전체이다"[43]라고 말하였다.

그러므로 토마스 제퍼슨 대통령은 구속사적인 면에서의 진정한 크리스천이라기보다는 종교적인 신념에서의 신자이다. 풀러(Fuller)는 《백악관에서의 하나님》(*God in the White House*)이라는 책에서 말하기를, "토마스 제퍼슨은 성경을 앙상한 뼈만 남기고 모든 초자연적인 진술과 기적, 신성에 대한 주장을 빼버렸다. 수난 이야기도 포함되었으나 매장되었

---

42) Mount, *op. cit.*, p. 381.
43) *Ibid.*, p. 375.

다"[44]라고 묘사하였다.

이러한 신앙적인 배경 속에서 토마스 제퍼슨 대통령의 첫 번째 영성은 '성경의 기초'(basics of Bible)이다. 제퍼슨은 이신론의 영향을 받았다. 이신론 사상은 신의 존재를 부인하지는 않지만, 신은 창조 이후부터 인간에 대하여 관여하지 않고 멀리 떨어진 존재로 인식한다. 그렇지만 제퍼슨은 하나님의 말씀인 성경에 기초하는 삶을 살았다.

특별히 제퍼슨 대통령이 성경의 말씀에 기초하게 된 배경은 당시 버지니아 주지사 패트릭 헨리(Patrick Henry)의 신앙적인 영향을 크게 받았기 때문이다.

어느 날, 헨리 주지사는 "자유가 아니면 죽음을 달라!"[45]는 주제로 대중에게 연설을 하였다. "서 애굽 땅에서 고난과 박해를 당하던 이스라엘 백성들이 독립하여 해방될 수 있었던 것은 결코 어떤 외부적인 조건과 환경 때문에 이루어진 것이 아니라 그들이 오직 살아 계신 하나님의 말씀에 꿈과 소망을 두고 그 말씀을 믿고 바라보며 나왔기 때문입니다. 앞으로 우리는 홀로 싸우지 않을 것입니다. 열방을 다스리시는 공의의 하나님이 계십니다. 하나님이 우리를 위하여 싸울 동지를 모아 주십니다. 그때 제퍼슨은 영적인 감동과 믿음의 결단을 가지게 되었다.

---

44) *Ibid.*, p. 370.
45) Timothy Crater and Ranelda Hunsicker, *In God We Trust: Stories of Faith in American History* (Colorado: Chariot Victor Publishing, 1997, pp. 87-90.

1776년, 대륙회의는 독립선언 결의와 함께 5명의 위원에 벤자민 프랭클린(Benjamin Franklin), 존 애덤스(John Adams), 토마스 제퍼슨(Thomas Jefferson), 로저 셔먼(Roger Sherman), 로버트 리빙스턴(Robert Livingston)을 임명하였다. 그리고 헌법위원회에서는 제퍼슨을 헌법 초안의 작성자로 결정하였다. 이후 1776년 7월 4일, 필라델피아 인디펜덴스 홀에서 미국 독립선언서[46](Declaration of Independence, Independence Hall, Philadelphia)가 선포되었다.

　이때부터 제퍼슨은 3일 동안 살아 계신 하나님께 기도하면서 미국 독립선언서를 기초하였다. 그리고 그는 다음과 같이 미국 독립선언서의 서두를 기록하였다.

---

46) 미국 독립선언서(Declaration of Independence)는 영국의 통치로부터 13개 식민지의 독립을 선포한 미국의 역사적인 문서이다. 이 문서를 통하여 최초로 국민의 정부 선택권이 조직체를 통하여 공포되었다. 1776년 7월 2일 필라델피아에서 열린 제2차 대륙회의는 리처드 헨리 리(Richard Henry Lee)가 요구한 독립 제안을 받아들이고(뉴욕 기권), 7월 4일 미국의 독립선언서를 승인하였다. 그리하여 8월 2일부터 시작하여 여러 달 동안에 56명이 서명하였다. 미국의 독립선언서는 주로 존 로크(John Locke)의 이론에 바탕을 두고 토마스 제퍼슨(Thomas Jefferson)이 초안을 잡았다. 미국 독립선언서의 제1장에서는 독립의 정당성에 대한 사상과 이념, 제2장에서는 모든 인간은 동등한 평등과 권리가 부여되었으며, 그 권리 속에서 생명과 자유, 행복을 추구하기 위해서는 새로운 정부 조직의 필요성을 강조, 제3장에서는 영국 국왕의 압정에 대한 것을 구체적으로 언급하고, 왜 사법권과 식민지 의회를 인정하지 않은 영국 정부로부터 벗어나려 하는지에 대한 논증, 제4장에서는 영국의 압제에서부터 벗어나기 위하여 독립을 선언한다는 내용, 주의를 환기시키고 경고하고 호소와 사정을 하였는데도 불구하고 영국은 그 모든 시도를 묵살하였으므로 독립을 하겠다는 내용을 담고 있다. 이 독립선언서는 발표 당시에는 별로 큰 관심을 얻지 못했지만 19세기에 와서 큰 영향력을 미쳤다. 미국에서는 미국 연방헌법 다음으로 법적인 권위를 인정하고 존중히 여기고 있다. 현재 워싱턴 디시(Washington D.C.)의 국립문서국에 원본이 전시되어 있다. Ref. Stephen Ambrose, Editor, *Witness to America* (New York: Harper Collins Publishers, 1999), pp. 16-17.

"우리들은 다음과 같은 것을 분명한 진리라고 생각한다. 즉 모든 사람은 평등하게 태어났으며, 조물주는 몇 개의 양도할 수 없는 권리를 부여했으며, 그 권리 중에는 생명과 자유와 행복의 추구가 있다. 이 권리를 확보하기 위하여 인류는 정부를 조직했으며, 이 정부의 정당한 권력은 국민의 동의로부터 유래하고 있는 것이다. 또 어떠한 형태의 정부이든 이러한 목적을 파괴할 때에는 언제든지 정부를 변혁 내지 폐지하여 국민의 안전과 행복을 가장 효과적으로 가져올 수 있는, 그러한 원칙에 기초를 두고 그러한 형태로 기구를 갖춘 새로운 정부를 조직하는 것은 국민의 권리인 것이다."[47]

그리고 토마스 제퍼슨은 신구약 성경 말씀의 위대성을 다음과 같이 극찬하였다. "나는 지금까지 성경을 정독하면 더 좋은 국민, 더 좋은 아버지, 더 좋은 남편이 된다고 말해 왔고, 앞으로도 언제나 그렇게 말할 것이다. 성경은 세상에서 가장 훌륭한 국민을 만든다."[48]

다재다능

토마스 제퍼슨 대통령의 두 번째 영성은 '다재다능'(versatile ability)이다.

---

47) Paul Finkelman, Editor, *Milestone Documents in American History Volume One: Exploring the Primary Sources That Shaped America* (Dallas: Schlager Group, 2008) p. 167; Peter B. Levy, Editor, *100 Key Documents in American Democracy* (Westport: Greenwood Press, 1994), p. 461.
48) Keefauver, *op. cit.*, p. 16.

제퍼슨은 키가 190센티미터로 훌쭉하고 매우 날씬하였다. 공적인 명성과는 달리 그의 성품은 수줍음을 많이 타서 사람들 앞에 나서기를 삼갔다. 그는 조용하고 겸손한 성격이었다. 제퍼슨과 동시대의 인물이었던 연방 하원의원 새무엘 미첼(Samuel Mitchell)은 제퍼슨에 대하여 다음과 같이 설명하였다.

"제퍼슨의 옷차림과 태도는 너무나 평범하다. 그는 정말 수수하고 점잖다. 그에게서는 허영과 허식 그리고 자만의 기미를 좀처럼 찾아볼 수 없다. 그는 때때로 할 수 있다는 긍정의 미소를 보이고, 다른 사람들의 생각은 물론 해학적인 이야기도 진지하게 경청하고, 그것에 대하여 토론하기도 한다. 그는 자신의 적이나 자신을 욕하는 사람에게 신경을 쓰기보다, 인간의 본성과 지식에 더 깊은 관심을 가지고 있다."[49]

토마스 제퍼슨은 다재다능한 인간(Renaissance man)이었다. 그는 법률가로부터 시작하여 작가, 철학자, 건축자, 과학자, 원예가, 고고학 자, 고생물학자, 농장주, 음악가, 외교관, 대학교 창립자일 뿐만 아니라 직접 농사를 지었고, 자신의 정원을 실험 장소로 삼아 많은 것들을 연구였고, 기상관찰 기록까지 남겼다.

제퍼슨 대통령의 후임으로 백악관에 입성한 제4대 제임스 매디슨(James Madison) 대통령은 전임 제퍼슨 대통령을 향하여, "그는 걸어 다니

---

49) *Ibid.*, p. 19.

는 도서관"⁵⁰(walking library)이라고 비유하며 칭찬하였다. 이후 제35대 케네디 대통령은 "나는 토마스 제퍼슨이 지금까지 백악관에 들어온 사람들 중에 가장 비범한 재능을 가지고 있으며, 인간의 지식을 집대성한 사람이라고 생각한다"⁵¹라고 하면서, "그는 어떤 철학의 천재들과 어깨를 나란히 할 수 있는 좀처럼 보기 힘든 천재성을 가진 자"라고 극찬하였다.

1826년 대통령을 퇴임한 토마스 제퍼슨 대통령은 미국 독립기념일이 임박할 때 그의 생명이 위독한 상태가 되었다. 그는 7월 4일 미국 독립기념일을 맞이하여 소망과 기쁜 마음으로 시므온의 찬송 "주재여 이제는 말씀하신 대로 종을 평안히 놓아 주시는도다……이는 만민 앞에 예비하신 것이요 이방을 비추는 빛이요 주의 백성 이스라엘의 영광이니이다"(눅 2:29-32)라고 부르며 숨을 거두기를 소망하였다.

이날은 토마스 제퍼슨이 건국 서류에 서명한 지 50주년이 되는 날이었다. 그리고 그는 죽음을 앞두고 다음과 같은 비문을 준비하였다.
"여기에 토마스 제퍼슨이 안장되어 있다. 미국 독립선언서의 기초자이며, 버지니아 종교자유법안의 기초자이고, 버지니아 대학교의 건립자이다."⁵²

---

50) *Ibid.*
51) *Ibid.*, p. 17.
52) *Ibid.*, p. 24.

제4대 미국 대통령

제임스 매디슨의 영성
James Madison 1751.3.16-1836.6.28(85세)

대통령 재임기간 1809.3.4-1817.3.4

제임스 매디슨[53](James Madison)은 버지니아 주 킹 조지 카운티(King George County, Virginia)에서 출생하였다. 매디슨의 가족들은 그가 태어나자마자 버지니아 주 오렌지 카운티의 몬트펠리어(Montpelier)에 있는 대농장으로 이사하였다. 이후 그는 이곳에서 그의 여생의 대부분을 보냈다. 이후 매디슨은 뉴저지 프린스턴 대학교(Princeton University)에서 법학을 공부하였다. 그리고 돌리 토드(Dolley Todd)와 결혼하여 자녀는 존(John) 한 명을 두었다.

---

53) 제임스 매디슨(James Madison)은 1751년 3월 16일, 아버지 제임스 매디슨 시니어(James Madison Senior)와 어머니 엘리너 로즈(Eleanor Rose) 사이에서 12명의 자녀 중에 장남으로 태어났다.

▇제임스 매디슨은 미국 독립전쟁에 참여하였고, 제퍼슨이 대통령이었던 시절에 부통령으로 일하다가 그의 뒤를 이어 제4대 대통령이 되었다. 그는 미국 건국의 아버지(Founding Fathers of America) 중에 한 사람이요, 버지니아인으로서 백악관의 주인이 되었던 워싱턴과 제퍼슨에 이어 소위 '버지니아 왕조'(Virginia dynasty) 가문의 한 사람이 되었다.

특별히 제임스 매디슨은 세밀하고 분명하게 미국의 헌법을 이해하는 미국의 대통령이었다. 그는 '권리장전'[54](Bill of Rights)을 작성하였다. 그래서 주위에서는 매디슨을 가리켜 '헌법의 아버지'[55](Father of the Constitution)라고 부르고 있다.

하나님의 능력과 축복

제임스 매디슨 대통령은 감독교회('개신교 감독교회', '성공회', Protestant Episcopal Church)의 교인이다. 그의 첫 번째 영성은 '하나님의 능력과 축복'(God's power and His blessing)을 믿는 것이다.

---

54) 권리장전(Bill of Rights)은 인간의 권리를 천명한 헌정 및 법률을 말한다. 이것은 1789년 매디슨이 주도하여 연방의회에서 통과되었고, 1791년에서 각 주의 비준을 얻었다. 이것의 주요 내용은 종교, 언론 및 출판의 자유와 집회 및 청원의 권리, 무기 소지의 권리, 군대의 사명, 수색 및 체포영장, 형사 및 민사 사건의 제권리, 공정한 재판을 받을 권리, 보석금, 벌금 및 형벌, 각 주와 국민이 보유하는 권한 등이다.
55) Neil A. Hamilton, *Presidents: A Biographical Dictionary*, Third Edition (New York: Facts On File, Inc., 2010), p. 38.

매디슨 대통령의 아버지 제임스 매디슨(James Madison)과 어머니 몰리 콘웨이(Molly Conway)는 감독교회의 경건하고 독실한 교인이었다. 그의 아버지는 성 도마(St. Thomas)의 교구위원이었다. 매디슨은 부모의 신앙 인도로 유아 세례를 받았고, 이후 그는 존 애덤스처럼 어렸을 때부터 물려받은 기독교 신앙의 전통을 버리는 사람이 아니라, 부모의 신앙 유산을 잘 보존하여 지켰다.

매디슨은 프린스턴 대학교(Princeton University) 시절에 장로교의 영향을 많이 받았다. 그는 대학 시절에 함께 공부하였던 기독교 전통 출신의 경건한 친구들로부터 큰 감명을 받았다. 그곳에서 기독교의 깊은 진리를 받아들였고, 자신의 영적인 삶을 새롭게 정립하는 계기가 되었다. 그는 한때 성경을 비롯한 신학과 법학을 열심히 공부하여 목사가 될 것인가, 변호사가 될 것인가를 생각하면서 갈등을 가졌다.

1809년 제임스 매디슨은 대통령 취임식 때에 살아 계신 하나님의 능력과 축복으로 장차 미합중국의 미래의 운명이 좌우된다고 하면서 다음과 같이 연설하였다.

"본인이 의지해야 할 근원은 혹은 부족함을 채울 유일한 도움은 잘 사용된 지성과 동료 시민 그리고 국가의 이익을 돌보는 일에 관련된 다른 부처를 대표하는 사람들의 조언입니다. 다음으로는 전능하신 분의 능력이 국가의 운명을 좌우하고, 그분의 축복이 발흥하고 있는 공화국에 얼마나 많이 주어졌으며 지난날에 대해 경건한 감사를 드려야 할 전능하신 분의 후원과 인도하심을 우리 모두가 느껴야 하는 것입니다."[56]

"여호와는 네게 복을 주시고 너를 지키시기를 원하며 여호와는 그의 얼굴을 네게 비추사 은혜 베푸시기를 원하며 여호와는 그 얼굴을 네게로 향하여 드사 평강 주시기를 원하노라 할지니라 하라"(민 6:24-26).

원리원칙의 삶

제임스 매디슨 대통령의 두 번째 영성은 '원리원칙의 삶'(principle life)이다.

1776년, 어느 날 매디슨은 프린스턴 대학을 졸업하고 버지니아로 돌아와서 아버지와 함께 길을 걸어가고 있었다. 그때 감옥 안에서 크게 외치는 소리가 들려왔다. 매디슨은 "창살 안에 갇혀 있는 죄수들이 좀 특이한 사람들인 것 같았다"라고 감옥 바깥에 있는 사람들에게 말을 걸었다. "감옥 안에 있는 사람들은 누구죠? 그리고 무슨 죄목으로 잡혀 있는 것입니까?"라고 할 때, "침례교 설교자들 한 떼거리가 들어 있지요"라

---
56) Mount, *op. cit.*, pp. 355-356.

면서 한 남자가 말하였다. "집회를 열거나 설교를 적은 종이를 나눠 주는 것이 불법이라는 것을 알면서도 그 짓을 했거든요." 매디슨이 "하지만 대체로 침례교 신자들도 다른 크리스천들과 마찬가지로 하나님을 믿지 않습니까? 왜 그들이 자기 믿음을 자유롭게 실천해서는 안 되는 겁니까?"라고 묻자, "아마 젊은이는 잊었나 보군"이라고 곁에 있는 신사가 말하였다. 그리고 계속하여 그는, "버지니아 식민지는 설립 초기부터 감독교회에 충성했다네"라고 말하였다. 그때 매디슨은 "사제들이 나태하고 교만하며 부정직해지고 있는데도 말입니까?"라고 물었다. 그리고 이어서 "사람들은 어쩔 수 없이 감독교회를 지지함으로써 더 선한 시민이 되지 못하고 있습니다. 오히려 더 악하게 되고 있지요!"라고 말하였다.[57]

이 광경을 본 제임스 매디슨은 버지니아 식민지의 잘못된 법을 보고 크게 실망하였다. 그리고 그는 식민지 정부로부터 강요받아 신앙의 자유와 권리를 침해받은 사람들에 대한 관심을 가지게 되었다. 이후부터 매디슨은 종교와 신앙의 자유에 대한 글들을 기고하였고, 서슴지 않고 발언하면서 외쳤다. 1776년에 매디슨은 버지니아 주 헌법의 제정에 참여하였다. 이것을 계기로 그는 버지니아 정치계에 뛰어들었다.

매디슨 대통령의 신장은 163센티미터로 역대 미국 대통령들 가운데 최단신이었다. 심지어 그의 영부인 돌리 매디슨(Dolley Madison)보다 작

---

57) Timothy Crater and Ranelda Hunsicker, *In God We Trust: Stories of Faith in American History* (Colorado Springs, Colorado: Chariot Victor Publishing, 1997), pp. 107-108.

았다고 한다. 이뿐인가? 그는 신체적으로 병약한 편이었다. 그러나 그는 매우 대담했으며 용기 있는 원리원칙주의자였다.

종종 제임스 매디슨은 그의 대통령직을 수행할 때에 외교문제로 매우 큰 어려움과 시련을 겪었다. 그는 전쟁 때에도 헌법을 위배하지 않고 원리 원칙대로 직무를 수행한 몇 명 안 되는 대통령 중에 한 사람이었다. 일반적으로 많은 대통령들은 국가의 생존이 걸려 있는 위기에 처하게 되면 편법을 사용해서라도 지름길을 선택하는 경우가 많았다. 그러나 그는 그렇게 하지 않았다.

1812-1815년, 영미전쟁(America War) 이후 당시 미국 경제에 절실하게 필요한 운송 체계의 개선을 위하여 연방정부가 재정 지원을 해야 할지, 지원하지 말아야 할시 오랫동안 논쟁 중에 있었다.

그때 매디슨 대통령은 영리적 이익 단체로부터 강력한 압박을 받았고, 연방정부가 운하와 도로를 건설하는 데 돕자는 법안이 통과되었다. 그러나 매디슨 대통령은 원리원칙대로 거부권을 행사하여 그 일을 멈추게 하였다. 그 이유는 이것은 연방정부가 아니라 주정부의 문제이며, 주정부가 동의를 해야 한다고 확신했기 때문이었다.[58]

---

58) *Ibid.*, pp. 36-37.

기도와 겸비

제임스 매디슨 대통령의 세 번째 영성은 '기도와 겸비'(prayer and humility)이다. 1812년 7월 9일, 계속되는 영미전쟁 속에서 매디슨 대통령은 공적인 선언문을 내렸다.

매디슨 대통령은 모든 국민들은 전능하신 하나님을 향하여 자신들의 죄와 허물을 고백하고 회개하도록 요구하였다. 그리고 하나님께로부터 용서를 받아 사랑과 기쁨을 누릴 수 있도록 '범국민적인 겸비와 기도의 날'(Day of Public Humiliation and Prayer)[59]을 다음과 같이 선언문을 만들어 공포하였다.

"미합중국 의회는 상하원의 일치된 결의로 한 날을 정해 미합중국 국민들이 종교적인 엄숙함으로 범국민적인 겸비와 기도의 날을 갖도록 권고할 것을 요청해 왔습니다. 그러므로 저는 적합한 날을 따로 정해서 만물을 다스리시며 인류에게 은총을 베푸시는 그분께 감사를 드리고, 그의 거룩하신 성품에 합당한 존경을 표하며, 그의 신성한 진노를 불러일으킨 우리의 죄악들을 인정하고, 하나님의 자비로운 용서하심을 구하며, 우리가 회개하고 새롭게 되는 중요한 일들에 그의 도우심

---

59) "영미전쟁(America War)은 1812년 6월 18일 미국이 영국을 향하여 선전포고를 함으로써 전쟁이 시작되었다. 영미전쟁은 미국과 영국이 2년 8개월 동안 싸웠다. 영미전쟁의 중요한 원인은 첫째는, 당시 미국 대총령인 제임스 메디슨(James Madison)과 그의 지지 세력들이 영국에 대하여 적재적 관계로 인하여 싸움이 시작되었다. 둘째는, 영국이 프랑스로 가던 미국 선박들을 나포하여 미국의 수출에 큰 타격을 주었기 때문에 전쟁이 발발하였다. 결과적으로 영미전쟁은 미국과 영국 중 어느 나라도 승리하지 못하고 끝났다.

을 기다리며, 특별한 간절한 기도와 간구를 드릴 것을 여러분께 권고합니다. 재앙과 전쟁을 겪고 있는 이 시기에, 하나님께서 미합중국 국민들을 특별히 돌보며 보호하시기를 원합니다. 그가 이 나라의 의회를 인도하시고, 그들의 애국심을 고양시키시며, 그들을 더욱 힘있게 하시기를 간구합니다. 하나님께서 이 땅의 모든 이들에게 정의와 화합과 사랑하는 마음을 주셔서, 우리의 거룩한 종교의 가르침대로 다른 사람들이 우리에게 해주시기를 원합니다. 그리고 마지막으로 하나님께서 우리 대적들의 마음을 폭력과 불의로부터 돌이키셔서 평화의 복을 속히 회복시키시기를 간구합니다."[60]

이후 제임스 매디슨 대통령은 의회와 국민들로부터 큰 인기를 누려서 3선 대통령으로 추대를 받았다. 그러나 그는 원리원칙대로 단호하게 거절히고 고향 땅 버지니아로 내려갔다. 훗날 그가 죽은 뒤에 공개된 한 통의 편지 속에는 이렇게 기록되어 있었다.

"나의 가슴속에 가장 와 닿고 내 신념의 가장 깊숙한 곳에 있는 말은 바로 미국 연방이 사랑받고 영속하게 되리라는 것이다."[61]

그는 제2대 존 애덤스와 제31대 후버 그리고 제40대 레이건 대통령에 이어 네 번째로 오래 살다가 85세에 세상을 떠났다.

---

60) Keefauver, *op. cit.*, pp. 19-20.
61) 염성철, *op. cit.*, p. 42.

제5대 미국 대통령

제임스 먼로의 영성
James Monroe 1758.4.23-1831.7.4(73세)

대통령 재임기간 1817.3.4-1825.3.4

제임스 먼로[62](James Monroe)는 버지니아 주 웨스트모어랜드 카운티(Westmoreland County, Virginia)에서 출생하였다. 그는 윌리엄 메리 대학(College of William & Mary)에 재학 중에 대륙군에 입대하여 전투에서 큰 공을 세워 대령까지 진급하였다. 제임스 먼로는 미국 독립전쟁 이후 제퍼슨 밑에서 법학을 공부하여 변호사가 되었다. 그는 엘리자베스 코트라이트(Elizabeth Kortright)와 결혼하여 1남 2녀를 낳았으나 불행하게도 아들은 유아 때 사망하였다.

---

62) 제임스 먼로(James Monroe)는 1758년 4월 23일, 가난한 농부인 아버지 스펜스 먼로(Spence Monroe)와 어머니 엘리자베스(Elizabeth Jones Monroe)의 5명의 자녀 중 장남으로 태어났다.

1817년 제5대 미국 대통령으로 취임한 제임스 먼로는 소위 '버지니아 왕조'[63](Virginia dynasty)라고 불리는 국부 대통령 워싱턴을 비롯한 제퍼슨, 매디슨에 이어 미국 건국의 기초를 놓은 마지막 대통령이 되었다.

성경의 권위

제임스 먼로 대통령은 감독교회('개신교 감독교회', '성공회', Protestant Episcopal Church)의 교인으로서 그의 첫 번째 영성은 '성경의 권위'(authority of Bible)를 믿고 인정한 것이다.

그의 부모인 스펜스 먼로(Spence Monroe)와 엘리자베스(Elizabeth)는 스코틀랜드의 전통적인 장로교 신앙인이었다. 먼로는 대통령 재임기간 중에는 워싱턴에 있는 성 요한교회(St. John's Church, Washington D.C.)의 예배에 규칙적으로 적극 참여하였다.

제임스 먼로 대통령은 오늘날 미합중국이 세계 최고의 강대국이 될 수 있었던 중요한 요인 중에 하나는, 미국 건국의 대통령들이 하나님의 말씀인 성경을 믿고 그 권위를 인정하였기 때문이라고 했다.

---

63) 버지니아 왕조(Virginia dynasty)는 미국 건국의 아버지들 중에 초대 워싱턴(Washington), 제3대 제퍼슨(Jefferson), 제4대 매디슨(Madison), 제5대 먼로(Monroe)이다. 이후 버지니아 출신 대통령은 제9대 윌리엄 해리슨(William H. Harrison), 제10대 존 타일러(John Tyler), 제12대 재커리 테일러(Zachary Taylor) 그리고 제28대 우드로 윌슨(Woodrow Wilson)이다.

1817년 12월 12일, 대통령에 취임한 제임스 먼로는 의회에 문서로 제출한 첫 연두교서에서 성경의 권위에 대하여 다음과 같이 역설하였다.

"볼테르(Voltaire)는 성경이 '단명한 책'이라고 말했습니다. 그는 100년 이내에 사람들이 성경을 더 이상 일상생활에서 사용하지 않게 될 것이라고 예견하였습니다. 그러나 오늘날 그리 많지 않은 사람들만이 볼테르의 책을 읽지만 그의 집은 성경공회의 창고로 변하여 성경책으로 가득 차 있습니다. 성경이 지금처럼 귀한 자리에 놓이게 된 것은 성경이 그 자리에 놓일 만한 가치가 있기 때문이지 하나님께서 성경의 신적 권위를 입증할 지식을 잔뜩 가진 누군가를 보내셨기 때문이 아닙니다. 하나님께서 우리에게 주신 유익이 매우 많고 가장 중요하기 때문에 이 모든 것을 허락하신 하나님을 감사한 마음으로 인정하고, 끊임없이 기도로 그가 우리에게 주신 이 모든 것들을 보존하고 우리의 다음 세대에 가장 청결한 모습으로 물려줄 수 있도록 우리에게 지혜와 능력을 주시기를 힘 모아 간구하는 것이 우리의 임무입니다."[64]

정직

제임스 먼로 대통령의 두 번째 영성은 '정직'(honest)이다. 먼로는 동시

---
64) Keefauver, *op. cit.*, p. 29.

대 사람들로부터 대단히 정직한 사람이라는 평판을 받았다. 그는 정직하고 성실하며 예의바르고 자신의 감정을 자제할 줄 아는 인물이었다.

토마스 제퍼슨 대통령은 제임스 먼로를 평가하기를 "그는 잘못된 외부 모습에 대하여 반성을 할 줄 아는 영혼을 가졌으며, 그곳에 작은 얼룩 하나도 남기지 않았다"[65]라고 극찬하였다.

제임스 먼로의 후임 대통령 존 퀸시 애덤스(John Quincy Adams)는 전임 대통령인 먼로 대통령의 지성과 영성에 대하여 말하기를 "그는 진리와 정당함을 추구하는 데 있어서 지성적이며 열심이며 싫증을 내지 않는다. 어떤 의문 상황에 대하여, 또는 논박을 받는 반대 의견에 대해서도 인내심으로 대처하며, 심지어 의견이 충돌할 때도 예의바르다. 궁극적인 판단을 하는 데 있어서 충분히 숙고하고, 마지막 결론을 낼 때 확실함을 더한다"[66]라고 찬사를 보냈다.

이러한 먼로 대통령의 인품과 정직성은 그의 정치적인 요인으로 작용하였다. 그의 정직하고 예의바른 자세는 그의 지지자들뿐만 아니라 반대하는 다른 세력들까지 수용할 수 있었다. 그래서 먼로 대통령은 어떠한 정책이나 의견을 이끌어 낼 때 너무나 성공적으로 잘 이루어 갔으며, 오히려 반대파인 공화당원들도 그의 대통령 임기 동안에는 거의 소멸되

---
65) Hamilton, op. cit., p. 41.
66) Ridings, op. cit., pp. 34-35.

다시피 하였다.

이뿐인가? 먼로 대통령은 아메리칸 인디언들을 배격하는 대상으로 보지 않고 그들에게 진보적인 관대함을 보여주었다. 그는 아메리칸 인디언의 문제에 대하여 언급하여 말하기를 "아메리카 인디언들은 우리가 마땅히 이룩해야 할 이 나라의 관대함과 이 나라의 정의를 요구한다. 우리는 그들의 실질적인 보호자가 되어야 한다. 우리는 그들이 연방 대통령에게 애정을 나타내는 칭호로 부른 '위대한 보호자'로서의 업무를 수행해야 한다"[67]라고 역설하였다.

결과적으로 제임스 먼로 대통령의 재임 기간 동안에는 미국 역사상 헌법이 채택된 이래 유일하게 반대하는 정당이나 당파가 없었다. 이것은 바로 먼로의 정직한 영성의 결과였을 것이다.

리더십

제임스 먼로 대통령의 세 번째 영성은 '리더십'(leadership)이다. 그는 키가 크고 보기에 좋았고, 그의 옷은 유행이 지난 스타일로서 평범하였으며, 차분한 몸가짐을 가졌다. 특별히 그는 어떤 문제에 대하여 해결책을 찾아내고, 그것에 대하여 성급하거나 혹은 잘못됨 없이 정확하게 판단

---

67) *Ibid.*

하여, 그 문제점을 찾고 추진하는 리더십이 그 누구보다 월등하였다.

이러한 제임스 먼로 대통령의 강력한 리더십은 그의 중요한 정치 업적 가운데 유감없이 발휘되었다. 이것이 바로 그 유명한 '먼로 독트린 선언'[68](Monroe Doctrine)이었다. 그는 총 한 방 쏘지 않고 유럽의 간섭을 받지 않을 것이며 식민지화할 수 없다고 선언하였다. 즉 이 선언의 핵심은 유럽 세력들을 향하여 앞으로 서반구에 대한 어떠한 음모와 간섭도 하지 말 것을 경고하는 동시에, 미국도 유럽의 전쟁과 분쟁에 개입하지 않을 것을 약속하는 내용이다. 이 선언은 신대륙에 대한 유럽 제국의 간섭과 섭정을 물리치고 미합중국의 강력한 외교 정책을 수립하는 시금석이 되었다. 그리고 앞으로 지구촌을 향한 미합중국의 외교 정책의 비전을 제시하였다.

오늘날 미국 국민들은 미국 독립기념일인 7월 4일에 생일을 가지기를 원하며, 또한 7월 4일에 죽기를 바란다. 미국 대통령들 가운데 세 사람인 존 애덤스와 제퍼슨과 먼로는 7월 4일에 세상을 떠났다. 이를 두고 미국 국민들은 '미국이 하나님의 축복을 받은 징후'[69]라고 믿고 있다.

---

68) 먼로 독트린(Monroe Doctrine)은 1823년 12월 2일 제임스 먼로(James Monroe) 대통령에 의하여 선언된 것이다. 이것은 미국의 외교 방침으로서 유럽 열강으로 하여금 더 이상 미국 대륙을 식민지화하거나 혹은 미국이나 멕시코 등 미 대륙에 있는 주권 국가에 대한 간섭을 거부하는 내용이다. 이에는 다음과 같은 중요한 4가지 내용들이 있다. ① 미국은 유럽 열강의 국내 문제나 열강 사이의 세력 다툼에 개입하지 않는다. ② 미국은 아메리카 대륙의 기존 식민지와 보호령을 인정하고 간섭하지 않는다. ③ 장차 아메리카 대륙에서의 식민지 건설을 엄금한다. ④ 유럽 열강이 아메리카 대륙의 어떠한 나라라도 억압하고 통제하려고 한다면 이는 미국에 대한 적대 행위로 간주될 것이다. Ref. Kane, *op. cit.*, pp. 74-75.

69) Ridings, *op. cit.*, p. 39.

■ 제6대 미국 대통령

존 퀸시 애덤스의 영성
John Quincy Adams 1767.7.11-1848.2.23(80세)

대통령 재임기간 1825.3.4-1829.3.4

존 퀸시 애덤스[70](John Quincy Adams)는 매사추세츠 주에 있는 브레인트리(Braintree, Massachusetts)에서 태어났다. 그는 제2대 미국 대통령 존 애덤스(John Adams)의 아들이며, 하버드 대학교(Harvard University)를 졸업하고 변호사가 된 후 루이사 존슨(Louisa Johnson)과 결혼하여 네 명의 자녀들[71]을 낳았다.

애덤스는 아버지 대통령의 자녀로서 정치적으로 승승장구하였다. 그

---

70) 존 퀸시 애덤스(John Quincy Adams)는 1767년 7월 11일, 아버지인 제2대 미국 대통령 존 애덤스(John Adams)와 어머니 애비게일 스미스(Abigail Smith) 사이에 다섯 자녀들 중 장남으로 태어났다.
71) 애덤스(Adams)와 루이사(Louisa) 부부의 네 자녀들은 조지 애덤스(George Admas), 존 애덤스(John Adams), 찰스 애덤스(Charles Adams)와 딸인 루이사 캐서린(Louisa Catherine)이다.

는 일찍이 14세에 러시아 주재 공사의 비밀 서기를 지냈고, 28세부터 노련한 외교관으로서 활동하는 중 네덜란드 주재공사로 첫 출발하여 포르투칼과 러시아 주재공사, 영국 주재대사를 역임한 후 매사추세츠 주 상원의원으로 당선되었다. 이후 먼로 대통령에 의하여 국무장관으로 임명받아 정치 일선에서 활동하다가 먼로와 같이 부통령을 거치지 않고 대통령이 되었다.

특별히 그의 정치적인 중요한 업적 중 하나는 전임자 먼로 대통령이 '먼로 독트린'을 선언한 사람이라면, 후임자 애덤스 대통령은 그것을 실질적으로 잘 주도한 것으로 더 유명하다. 그리고 그는 대통령 아들로서 대통령이 된 최초의 인물이며, 대통령 퇴임 후에도 더 많은 활동을 하였고, 정치적인 큰 성과도 거두었다.

하나님의 축복

존 퀸시 애덤스 대통령은 그의 아버지 존 애덤스처럼 유니테리언(Unitarianism) 신앙을 소유하였다. 존 퀸시 애덤스 대통령의 첫 번째 영성은 '하나님의 축복'(God's blessing)을 믿는 것이다. 그는 유니테리언 교회를 비롯하여 감독교회와 장로교회를 각각 주일 오전과 오후, 저녁으로 나누어서 다녔다.

어떤 역사학자들은 애덤스 대통령이 하나님의 신성을 부인하는 유니테리언에 소속된 사람이기 때문에 이신론자(deist)라고 주장한다. 그러나 그의 일기 속에서 이신론자가 전혀 아니라는 사실을 발견할 수 있다. 그는 국가와 국민을 축복하는 길로 인도하시는 분은 전능자 하나님이시며, 그분의 축복과 섭리 속에 모든 것이 이루어진다는 사실을 분명히 믿고 있다.

1812년 12월 3일, 존 퀸시 애덤스의 일기 속에는 이렇게 기록되어 있다.

"올해의 마지막에 긍휼하신 하나님께서 나를 사랑한 모두에게 호의를 베푸심으로 복을 주신 하나님께 감사드리며, 그분의 선하심이 계속되기를 기도한다. 무엇보다도 내 안에 그런 뜻과 행동을 하도록 역사하신 분께서, 기쁘나 슬프나 모든 섭리의 경륜을 수용하는 일에 매일같이 가장 잘 적응되도록 마음의 기질과 영혼의 확고함을 허락해 주시기를 기도한다."[72]

1814년 4월 22일, 애덤스는 영미전쟁을 종식시키기 위하여 영국과 협상하는 일에 선출되었다. 그때 그는 이렇게 일기를 기록하였다.

"내게 맡겨진 신뢰는 부분적으로는 어려움이기는 하나, 사람의 보기에는 정복할 수 없으며, 성공의 희망을 막고 내 앞에 보이는 보편적인 어

---

72) Mount, *op. cit.*, p. 343.

두운 전망은 나보다도 밝고 복잡한 정신을 가진 사람조차 중압감을 느낀다. 하나님의 섭리만이 내가 의존할 곳이다. 오직 하늘에게만 이것을 맡겨야 한다."[73]

1825년, 애덤스 대통령은 그의 첫 번째 연두교서(1st annual message to Congress)에서 앞으로 미합중국과 모든 국민들에게 하나님의 축복이 넘치기를 소망하면서 '하나님의 축복에 대하여'(On the Blessings of Providence)라는 주제로 다음과 같이 연설하였다.

"우리가 사랑하는 이 나라의 관심사를, 일반적인 복지에 관한 주제들을 참고하면서 전체적으로 살펴보면, 가장 먼저 마음에 떠오르는 것은 모든 선을 베푸시는 전능하신 하나님에 대한 감사입니다. 하나님께서는 이 땅에 사는 우리들에게 특별한 복을 계속해서 부어 주셨습니다. 계절의 변화에 따라 생겨난 풍성한 복이 이 땅에 가득합니다. 우리는 하나님께서 국내적인 평화뿐만 아니라 다른 모든 나라와도 평화와 평안을 누릴 수 있도록 해주신 은혜에 대해 충분한 감사를 드려야 합니다. 지금까지 문명 이후의 인류 역사상 기독교 국가가 우리처럼 큰 평화와 번영을 누릴 수 있었던 시기는 거의 없었습니다. 하나님의 손으로 말미암은 인생을 살면서 받은 이 수많은 축복들에 대해 감사하기를 그치지 않고, 그가 허락하지 않으신 것들에 대해 결코 불평하지 않으며, 하나님의 섭리와 통치에 투덜거리지 않고, 내 인생의 모든 실수와

---

73) *Ibid.*, p. 344.

죄에 대한 그의 용서하심을 간구하기를!"[74]

"주 여호와여 오직 주는 하나님이시며 주의 말씀들이 참되시나이다 주께서 이 좋은 것을 주의 종에게 말씀하셨사오니 이제 청하건대 종의 집에 복을 주사 주 앞에 영원히 있게 하옵소서 주 여호와께서 말씀하셨사오니 주의 종의 집이 영원히 복을 받게 하옵소서 하니라"(삼하 7:28-29).

말씀 생활화

애덤스 대통령의 두 번째 영성은 '말씀 생활화'(word centered life)이다. 그는 일찍이 어려서부터 아버지의 엄격한 신앙교육과 어머니의 철저한 신앙주의 교육을 받으며 자랐다. 그는 어린 시절부터 매일 성경읽기를 시작하였다. 매일 오전 6시쯤 혹은 더 일찍 일어나서 성경을 하루에 10-15장씩 읽었다. 매년 1년 1독하였다. 때로는 외국 성경도 읽었다. 그래서 그의 삶은 어렸을 때부터 성경 말씀 읽는 것이 생활화되었다.

애덤스가 러시아 대사로 일할 때에 두 아들을 할아버지 집에 남겨두고 떠났다. 그는 아들에게 편지를 보내면서 "성경을 꼭 읽어라. 성경은 너를 덕망이 있는 사람으로 만들고 너를 똑똑하게 만든다"라고 당부

---

74) Hamilton, *op. cit.*, p. 49.

하였다.

1812년 3월 13일, 45세 때에 애덤스의 일기장에는 이렇게 기록되었다.

"오늘 아침, 독일 성경을 정독하였는데 지난 6월 20일부터 시작한 것이었다. 영어나 불어, 독일어 성경 사이에 번역의 차이가 있는데 세 가지 번역의 일부를 비교해 보았다. 영어 번역에서는 모호하고 심하게는 알 수 없었던 많은 구절이 독일어와 불어에서는 더 명백하였다. 내가 생각하기는 셋 중에서 모호한 부분이 가장 적은 것은 독일 성경이다. 그러나 사도 바울의 능변이 다른 두 번역보다 영어 번역에서 더 고양되고 숭고한 인상을 받았다."[75]

존 퀸시 애덤스는 대통령의 바쁜 일정 속에서도 매일 아침 5시에 일어나서 스콧 성경(Scott's Bible and Commentary)을 두 장씩 읽고, 이것과 유사한 휴렛 주석(Commentary of Hewlett)을 날마다 읽으면서 말씀을 생활화하였다.

애덤스 대통령은 백악관에 들어온 지 이틀밖에 안 되었을 때에 그의 일기장에는 다음과 같은 글이 기록되어 있다.

"하나님께서 이 백악관과 앞으로 이곳에서 지내게 될 모든 이에게 큰

---
75) Mount, *op. cit.*, p. 347.

은혜를 내려주시기를 빕니다. 정직하며 지혜로운 이들만이 이 지붕 아래서 이 나라를 다스릴 수 있도록 해주옵소서."[76]

그리고 존 퀸시 애덤스 대통령은 성경 말씀을 생활화해야 할 것을 다음과 같이 구체적으로 설명하였다.

"성경을 읽는 것은 하루를 시작하는 데 유익한 습관이다. 성경은 지식과 덕의 무한한 금광이다. 성경은 인간 생활의 모든 상황에서, 모든 시대에 읽는, 모든 사람의 책이다. 성경은 한 번, 두 번, 세 번 읽고 접어두는 것이 아니라 하루에 1, 2장을 정해서 읽어야 할 책이다. 결코 강압적인 필요에 의해 읽어서는 안 된다."[77]

"또 어려서부터 성경을 알았나니 성경은 능히 너로 하여금 그리스도 예수 안에 있는 믿음으로 말미암아 구원에 이르는 지혜가 있게 하느니라 모든 성경은 하나님의 감동으로 된 것으로 교훈과 책망과 바르게 함과 의로 교육하기에 유익하니 이는 하나님의 사람으로 온전하게 하며 모든 선한 일을 행할 능력을 갖추게 하려 함이라"(딤후 3:15-17).

특별히 존 퀸시 애덤스 대통령은 미국의 어떤 대통령도 부러워할 만큼 훌륭한 성격과 도덕성, 독립심, 정직, 용기를 가진 것으로 유명하다.

---

76) *Ibid.*
77) 염성철, *op. cit.*, pp. 53-54.

이것은 바로 말씀의 생활화로부터 오는 결과였다. 애덤스는 인생의 말년이 되어 몸이 점점 쇠약해질 때에, 시편 71편 18절의 말씀을 붙잡고 기도하면서 용기와 힘을 얻고 스스로 위로를 받았다.

"하나님이여 내가 늙어 백발이 될 때에도 나를 버리지 마시며 내가 주의 힘을 후대에 전하고 주의 능력을 장래의 모든 사람에게 전하기까지 나를 버리지 마소서"(시 71:18).

그리고 "나는 우리의 기도를 들으시는 하나님이 살아 계시며 그가 정직한 기도에 반드시 응답하신다는 사실을 믿습니다"[78]라고 고백했다.

---

78) Keefauver, *op. cit.*, p. 31.

제7대 미국 대통령

앤드루 잭슨의 영성
Andrew Jackson 1767.3.15-1845.6.8(78세)

대통령 재임기간 1829.3.4-1837.3.4

앤드루 잭슨[79](Andrew Jackson)은 사우스 캐롤라이나 주 왁스하우스(Waxhaws, South Carolina) 지방에 있는 작은 개척지 외딴 통나무집에서 출생하였다. 잭슨은 테네시 주 내슈빌(Nashville, Tennessee)에 살고 있는 레이첼 도넬슨 로바즈(Rachel Donelson Robads)와 결혼하였다.

그런데 이 두 사람의 결혼은 주위 사람들에게 파문을 일으키게 되었다. 잭슨은 레이첼이 전 남편과 이혼 수속을 마친 줄 알았는데 남편과

---

79) 앤드루 잭슨(Andrew Jackson)은 1767년 3월 15일, 아일랜드(Ireland) 계통의 아버지 앤드루 잭슨 시니어(Andre Jackson Sr.)와 어머니 엘리자베스 허친슨(Elizabeth Hutchinson) 부부 사이에 출생한 3명의 아들들 가운데 세 번째로 태어났다. 이후 첫째 형 휴(Hugh)는 전쟁에서 전사하였고, 둘째 형 로버트(Robert)는 영국군의 포로가 되어 천연두에 걸려 사망하였다.

별거 중이었기 때문이었다. 그러나 그들은 2년 뒤에 레이첼의 이혼 수속이 완전히 끝난 후 합법적인 정식 부부가 되었다. 그러나 잭슨과 레이첼 부부[80]는 결혼을 하였으나 자녀를 가지지 못하였다.

이후 앤드루 잭슨은 독학으로 법률을 공부하여 테네시에서 저명한 변호사가 되어 테네시 주 판사와 상원의원으로 활동하였다. 그러던 중에 1801년 잭슨은 테네시 주 민병대 사령관으로 임명받았다. 그 후 '영미전쟁'[81]의 뉴올리언스(New Orleans) 전투에서 영국군과 싸워서 승리를 이끌어 내어 마침내 전쟁 영웅이 되었다. 이후 잭슨은 대통령에 첫 출마하였으나 존 퀸시 애덤스(John Quincy Adams)에게 고배를 마셨다. 그 후 1828년에 재도전하여 현직 존 애덤스 대통령을 물리치고 미국 대통령에 당선되었다.

신앙 유산

---

80) 잭슨(Jackson)과 레이첼(Rachel) 부부는 결혼을 하였지만 자녀가 없었다. 그런데 그들 부부는 레이첼의 조카를 입양하여 아들로 삼고 교육시켰다. 그 아들의 이름은 앤드루 잭슨 주니어(Andrew Jackson Jr.)라 불렸다.
81) '영미전쟁'은 미국에서는 'War of 1812'라고 부르고, 영국에서는 'America War of 1815'라고 부른다. 이 전쟁은 미국이 영국에 선전포고를 하면서부터 시작되었다. 이 전쟁의 원인은 ① 당시 미국 대통령 제임스 매디슨(James Madison)과 그의 지지자들이 영국에 적대적이었기 때문이다. ② 영국이 프랑스로 가던 미국 선박들을 나포하여 미국의 수출에 타격을 주었다. 그런데 이 전쟁은 누구의 승리도 없이 끝났다. 전쟁 당시에 미국의 백악관이 불에 타 잿더미가 되었다. 이 불타 버린 백악관을 매디슨 대통령이 하얗게 칠하였다. 이것이 오늘날까지 이어져 오고 있다. 그리고 영미전쟁 가운데 가장 치열했던 싸움은 뉴올리언스 전투였다. 그때 영국군은 2,037명이 사망하고 미국군은 단 21명의 전사자를 내어 지휘관 앤드루 잭슨은 전쟁 영웅이 되었다.

앤드루 잭슨 대통령은 장로교회[82](Presbyterian)의 교인으로서 그의 첫 번째 영성은 어머니에게 물려받은 '신앙 유산'(legacy of faith)이다.

어머니 엘리자베스 허친슨(Elizabeth Hutchinson)은 어렸을 때부터 아들 잭슨을 장로교회의 교리로 양육하였다. 그녀는 개혁주의 장로교회의 기본 교리인 웨스트민스터 소요리문답[83](Westminster Catechism)으로 교육하였다. 그리고 아들 잭슨이 앞으로 장로교 목사가 되기를 간절히 소원하였다.

---

82) 장로교(Presbyterian)는 존 칼빈(John Calvin)의 신학사상과 개혁주의 신앙을 교리로 채택한 교회이다. 칼빈 신학의 5대 교리는 전적 타락, 무조건 선택, 제한적 구속, 불가항력적인 은혜, 성도의 견인이다. 그리고 개혁주의 신앙은 '오직 믿음(Sola Fide)으로 의롭다 함을 받는다. 오직 은혜(Sola Gratia)로 구원을 받는다. 오직 성경(Solo Scriptura)으로 교회의 기준을 삼는다. 오직 그리스도(Sola Christo)만이 중보자이다. 오직 하나님께만 영광(Sola Deo Gloria)을 돌린다'는 것이다. 장로교회의 중요한 교리는 웨스트민스터 신앙고백서와 대소요리문답에 기록된 것으로, 즉 하나님의 영감된 말씀으로서의 성경, 예수 그리스도의 신성과 인성, 부활, 승천, 재림과 성령의 인격과 능력, 죽은 자의 부활, 최후의 심판, 지옥과 천국을 믿는다. 그리고 중생과 신앙, 의인 성화, 양자가 되는 것을 믿고 고백한다. Ref. G. I. Williams, *The Westminster Confession of Faith for Study Classes* (Philadelphia: The Presbyterian and Reformed Publishing Company, 1964);《대한예수교장로회 헌법:개정판》(서울: 대한예수교 장로회 총회 출판국, 1995).
83) 웨스트민스터 신앙고백(The Westminster of Faith)과 대소요리문답은 1634년 7월 1일, 영국 웨스트민스터 예배당에서 목사 126명과 평신도 33명 합계 159명이 모여서 만든 가장 권위 있는 기독교 교리 표준문서이다. 이곳에 모인 사람들은 대부분 칼빈 신학을 전수받은 청교도 장로교회의 지도자들이었다. 개신교에서 가장 많이 사용되는 교리 문답서는, ① 웨스트민스터 대소요리문답서, ② 하이델베르크 대소요리문답서(Heidelberg Catechism), ③ 마틴 루터(Martin Luther) 문답서이다. 이 중에서 웨스트민스터 대소요리문답서는 개혁주의 장로교 신앙의 기본 교리로서, 대요리문답은 196개의 문답으로 성직자들과 목회자 후보생을 위하여 작성되었다. 그리고 소요리문답은 107개의 문답으로 평신도와 어린아이들을 위하여 작성되었다. 영국의 청교도 리처드 백스터(Richard Baxter)는 "웨스트민스터 대소요리문답서는 기독교 교리와 신앙을 가장 훌륭하게 요약한 것으로 최고의 교리 교육문답서이다"라고 극찬하였다.

일반적으로 부모가 임종 시에는 자녀들에게 주는 유언이 있다. 또한 돈도 주고 재산도 물려준다. 그런데 그중에 가장 소중한 것은 바로 신앙의 유산이다. 미국 독립혁명의 지도자 패트릭 헨리(Patrick Henry)는 "모든 재산을 가족들에게 나누어 주었는데, 그 위에 무엇보다도 하나를 더 주고 싶은 것이 있다. 그것이 바로 기독교의 신앙이다"[84]라고 했다.

그런데 부모에게 유언을 물려받은 자녀들이 그것이 아무리 좋은 말과 재산이라 할지라도 그것들을 마음속에 깊이 새기고 간직하든가, 또한 행하고 잘 보존하지 못한다면 아무런 가치가 없고 쓸모가 없어 마침내 무용지물에 지나지 않게 된다. 그런데 아들 앤드루 잭슨은 어머니 엘리자베스에게 물려받은 고귀한 신앙의 유산을 그의 일평생 동안 삶의 좌우명으로 삼고 살아갔다.

어머니 엘리자베스 허친슨 잭슨(Elizabeth Hutchinson Jackson)이 아들 앤드루 잭슨에게 물려준 세 가지 중요한 신앙의 유산은 다음과 같다.

"첫째, 날마다 규칙적으로 성경을 읽어라. 둘째, 밤마다 잠자리에 들기 전에 기도하라. 셋째, 때를 따라 자녀들을 무릎에 앉혀 놓고 머리 위에 손을 얹고 간절히 축복하라."[85]

---

84) Yung Je Has, Editor, *The Encylopedia of Sermon Illustration* Volume 12 (Seoul, KOREA: The Chritian Literature Press, 1993), p. 459.
85) Keefauver, *op. cit.*, p. 36.

그 이후, 잭슨은 어머님이 주신 세 가지 신앙의 교훈들을 평생 잊지 않고 살아갔다.

그런데 잭슨은 성장 과정부터 순탄하지 못하였다. 미국 독립전쟁 당시 잭슨은 불과 13세의 청소년이었다. 어느 날, 그는 영국군 장교의 구두 닦기를 거절한 이유로 감옥까지 들어가기도 했다. 그리고 아메리칸 인디언들의 공격으로 인해 그의 친구들 중에 다수가 살해당하는 아픔도 겪었다.

특별히 잭슨은 남편과 별거 중인 레이첼(Rachel)과 결혼함으로써 마음속에 큰 상처와 고통을 받았다. 이로 말미암아 주위에서는 말이 많았다. 잭슨은 자신의 결혼에 대하여 조금이라도 부당성을 지적하면 참지 못하고 분노하였다. 어느 날, 잭슨은 테네시 주지사가 자신의 부인 레이첼에 대하여 노골적이고 경멸적인 말을 하자 너무나 분노하여 그에게 목숨을 건 결투를 신청하였다. 그는 사격 결투에서 상대방 주지사를 쏴 죽였다. 잭슨은 총에 맞았지만 다행스럽게도 생명을 건졌다. 그때 그 총알은 잭슨의 심장 가까운 곳에 박혀서 일평생 동안 총알을 지니고 살아갔다.

잭슨이 이러한 파란만장한 삶을 극복하고 이길 수 있었던 비결은 바로 어머님이 물려주신 성경 말씀 때문이었다.

"주께서 그 사랑하시는 자를 징계하시고 그가 받아들이시는 아들마다 채찍질하심이라"(히 12:6).

잭슨은 이 말씀을 근거로 하여 자신에게 주어진 고통과 시련을 하나님이 주시는 사랑의 채찍으로 받아들였다. 그리고 그 말씀을 붙잡고 기도하며 극복하며 이겨 나갔다. 이후에 그는 이 말씀의 교훈들이 바로 자기 자신을 미국 대통령으로 만드는 데 큰 힘이 되었다고 고백하였다. 결과적으로 잭슨이 대통령의 자리에까지 오르게 된 것은, 어떤 정치적인 힘으로 된 것이 아니라 전적으로 어머니의 성경 말씀의 교훈을 잊어버리지 않고 순종하고 실천하며 살아왔기 때문이었다.

강직함

앤드루 잭슨 대통령의 두 번째 영성은 그의 '강직함'(stiffness)이다. '강직하다'는 말은 '마음이 강하다. 성격이 곧다. 생각이 똑바르다'는 의미를 가지고 있다. 주위의 많은 사람들은 잭슨 대통령에게 "히코리"(Hickory)라고 별명을 붙여 주었다. 이것은 단단하고 곧은 히코리 나무를 비유하면서 잭슨은 강하고 곧은 성격을 가지고 적극적인 행동을 보여준다는 뜻이다.

역사적으로 살펴보면 미국의 초대 대통령 워싱턴을 비롯하여 2대, 3대, 4대, 5대, 6대 애덤스 대통령까지는 간접선거로 선출되었다. 그들은 상원과 하원 중심의 선거인단을 통하여 대통령으로 선출되었다. 그래서 많은 정치인들은 귀족풍 의회를 비롯한 유명한 정치가, 장군, 엘리트 지식인들의 비위를 잘 맞추고 그들과 좋은 관계를 유지하려고 힘썼다.

그런데 잭슨은 그러지 못하였다. 그는 어느 시골 한구석에서 아주 가난한 '통나무집에서 태어난 대통령'(log cabin president)이었다. 그는 엘리트 대통령도 아니었다. 본인 스스로 지칭하듯이 그는 '평민의 대통령' (people's president)에 불과하였다. 그리고 자기 자신의 성격을 빗대어 "용기 있는 자만이 큰 일을 한다"[86]라는 유명한 말을 남겼다.

정말 평민 출신의 앤드루 잭슨이 이 거대한 미합중국이라는 나라의 대통령이 되어 국가와 국민을 비롯한 전 세계를 다스린다는 것은 결코 쉬운 일이 아니었다. 그러나 그는 "용기 있는 자만이 큰 일을 한다"라는 말처럼 항상 무슨 일을 하든지 신념과 용기를 가지고 강한 사람으로서 살아왔고 그렇게 달려왔다. 한 손에는 하나님의 말씀을 붙잡고 또다른 한 손에는 강한 믿음과 신념을 지닌, 이러한 그의 영성이 미합중국의 대통령직을 수행하는 데 큰 원동력이 되었다.

앤드루 잭슨 대통령의 강한 정치적 목적과 신념은 다음과 같이 기록되었다.

---

86) Ridings, *op. cit.*, p. 51.

"나는 정당한 법은 부자와 가난한 자의 특권적 구분이 없게 만들 수 있다고 믿는다. 높은 지위에 있는 사람들이 약한 사람의 권리를 무시하고 짓밟고자 할 때 그들은 경고 처벌의 대상이 되지 않을 수가 없다. 일반적으로 힘 있는 사람들은 스스로를 보호할 수 있지만 가난하고 나약한 사람들은 법의 보호를 필요로 한다고 믿는다."[87]

1829년 이전, 즉 제6대 존 퀸시 애덤스 대통령까지는 최고 학문을 공부한 정통 엘리트 출신으로서 '국민을 위한 대통령'이었을지 몰라도 결코 '국민의 대통령'은 아니었다.

그러나 제7대 앤드루 잭슨 대통령 때부터는 새로운 민주주의 바람이 불어와서 대중적인 선거로 변천되었다. 이에 잭슨은 자수성가하여 서민적인 분위기를 풍기면서 민중의 대변자가 되었다. 미국 군대를 이끌고 적지에 뛰어 들어가서 불리한 여건 속에서도 악전고투하여 마침내 승리하여 전쟁 영웅이 되었다.

이로 말미암아 마침내 앤드루 잭슨은 '통나무집 대통령'에서 출발하여 '자수성가한 대통령', '전쟁 영웅 대통령', '민중의 대통령' 그리고 미국을 이끌어 갈 '국민의 대통령'으로 추대되었다. 결과적으로 앤드루 잭슨은 어머니로부터 물려받은 '신앙 유산'과 그의 '강직함'이 그를 진정한

---

87) *Ibid.*

'국민의 대통령'으로 만든 것이다.

예수 그리스도에 대한 적극적인 믿음을 가진 앤드루 잭슨 대통령은 퇴임 후 그의 친구 랄프 얼(Ralph Earl)의 임종이 가까워졌다는 소식을 듣고 이렇게 말하였다.

"나도 곧 그를 따를 것이고, 사랑하는 구속자이신 예수 그리스도의 복된 곳으로 나보다 먼저 간 친구를 만날 것이다."[88]

그리고 1845년 6월 18일, 그는 78세 나이로 세상을 떠났다. 그의 마지막 유언은 이렇게 기록되었다.

"첫째, 때가 오면 내 몸은 땅에 주고 영혼은 세상의 구주이신 예수 그리스도의 대속의 공로로 얻는 행복한 불멸성을 희망하여 이를 주신 하나님께로 돌려 드린다."[89]

---

88) Mount, *op. cit.*, p. 340.
89) *Ibid.*

■ 제8대 미국 대통령

마틴 밴 뷰런의 영성
Martin Van Buren 1782.12.5-1862.7.24(79세)

대통령 재임기간 1837.3.4-1841.3.4

마틴 밴 뷰런[90](Martin Van Buren)은 뉴욕 주에 있는 킨더훅(Kinderhook, New York State)에서 출생하였다. 그는 뉴욕 킨더훅 대학(Kinderhook Academy)을 졸업하였다. 뷰런은 농부이자 선술집 주인의 아들로서 어린 시절을 보내면서 보잘것없는 가정환경과 여건 속에서도 열심히 공부하였다. 그래서 마침내 그는 독학으로 변호사가 되었다. 뷰런은 한나 호즈[91](Hannah Hose)와 결혼하여 네 명의 자녀들을 두었다. 이후 뷰런은 뉴욕

---

90) 마틴 밴 뷰런(Martin Van Buren)은 1782년 12월 5일 네덜란드(Netherlands)계 농부 출신의 아버지 에이브러햄 밴 뷰런(Abraham Van Buren)과 어머니 메리(Mary) 사이에 5명의 자녀 중 셋째 자녀로 태어났다.
91) Michael Nelson, Editor, *The Presidency A to Z* (Washington D.C.: A Division of Congressional Quarterly Inc., 2003), pp. 504-505; 뷰런과 메리 부부는 네 명의 아들들을 낳았다. 에이브러햄(Abraham), 존(John), 마틴(Martin), 스미스(Smith)이다. 장남 에이브러햄은 아버지의 백악관 비서를 지냈고, 둘째 존은 뉴욕의 법무장관이 되었다.

주 검찰총장과 상원의원, 국무장관과 부통령을 거쳐 미국 대통령으로 당선되었다.

마틴 밴 뷰런은 미국 시민으로 태어난 최초의 미국 대통령이었다. 그리고 뉴욕에 정착한 네덜란드 이민자의 후손 중 26대 데어도르 루스벨트와 32대 프랭클린 루스벨트와 함께 네덜란드계 출신의 대통령이었다.

오직 아내 사랑

마틴 밴 뷰런은 네덜란드 개혁교회[92](Dutch Reformed Church)의 교인으로서 그의 첫 번째 영성은 '오직 아내 사랑'(marital fidelity)이었다.

화란 개혁교회는 신구약 성경을 하나님의 계시의 말씀으로 철저히 믿고, 그 말씀대로 살아가야 할 것을 강조하는 교회이다. 그는 킨더훅 개혁교회(Kinderhook Reformed Church)에 오랫동안 출석한 교인으로서 평생

---

92) 네덜란드 개혁교회는 16세기 종교개혁 시대에 생겨난 것으로 네덜란드의 국교인 '네덜란드 개혁교회'를 계승하였다. 1571년 네덜란드 개혁교회는 첫 번째 회의(Synod)를 열어 장로교 형태의 교회행정과 교리를 채택하였다. 하이델베르크 교리문답(Heidelberg Catechism)은 신구약 성경말씀의 진리와 교회의 전통과 종교개혁자들의 신앙고백이 담겨 있는 것으로서 네덜란드 개혁교회의 중요한 교리이다. 이 문답서는 1563년 독일 남부 하이델베르크에서 열린 총회에서 채택된 129개 항목의 문답과 52개 소절을 나눠 매주 한 절씩 읽으면 1년에 전체를 다 읽을 수 있다. 이 문답서는 개혁주의 교리의 문답식 신앙고백서라고 부르며, 웨스트민스터 신앙고백서(Westminster Confession)와 더불어 영향력 있는 개혁주의 신앙고백서이다.

토록 이 교회를 다녔다. 그리고 그는 대통령 재직 중에는 워싱턴 지역에 화란 개혁교회가 없어서 성 요한교회(St. John's Church, Washington D.C.)에 다녔다.

블리스 이슬리(Bliss Isley)는 《대통령 : 믿음의 사람》(The Presidents: Men of Faith)이라는 책에서 밴 뷰런 대통령의 모범적인 교회생활에 대하여 이렇게 기록하였다.

> "밴 뷰런 대통령은 화란 개혁교회의 멤버였으며 평생토록 규칙적으로 예배에 참여하였다. 그는 성경을 배우는 사람이었다. 그는 필요하면 언제든지 참고할 수 있도록 언제나 성경책을 자신의 방에 있는 캐비넷에 비치한 것으로 알려져 있다."[93]

이러한 신앙적인 배경에서 살아온 마틴 뷰런 대통령은 1807년 한나 호즈(Hannah Hose)와 결혼하여 네 명의 자녀들을 낳고 행복하게 살아왔다. 그러나 불행하게도 결혼한 지 12년 만에 아내 한나가 먼저 세상을 떠나고 말았다. 뷰런은 아내가 세상을 떠난 후에도 그녀를 못 잊어 평생 동안 독신으로 살았다.

비록 아내는 세상을 떠나 하늘나라로 갔지만 남편 마틴 밴 뷰런 대통

---

93) Mount, *op. cit.*, p. 331.

령은 오직 사랑하는 한 아내만 생각하고 그리워하며, 소망하면서 살아
갔다.

"한 아내의 남편이 되어"(딤전 3:12).

"그런즉 이제 둘이 아니요 한 몸이니 그러므로 하나님이 짝지어 주신 것
을 사람이 나누지 못할지니라"(마 19:6).

마틴 밴 뷰런 대통령은 일편단심 지조형 남편이었다. 그리고 그는 3대 토마스 제퍼슨(Thomas Jefferson) 대통령과 7대 앤드루 잭슨(Andrew Jackson) 대통령에 이어 아내도 없이, 여주인도 없는 쓸쓸한 백악관의 홀아비 대통령으로서 직무를 수행하였다. 그리고 그는 자신의 저택에서 향년 80세로 사망한 뒤에 그의 아내 한나의 무덤 옆에 나란히 안장되었다.

소망

마틴 밴 뷰런 대통령의 두 번째 영성은 '소망'(hope)이다. 그는 직전 대통령인 잭슨의 정책에 대하여 국민들의 비난과 불만이 터져 나오기 시작할 당시에 대통령의 자리를 물려받았다. 그래서 그가 대통령에 취임한 지 두 달도 못 되어 모든 은행들이 어음지불을 거부하였고, 면화 수요의 붕괴와 흉작이 이어졌다. 그리고 영국인의 투자 저하와 신용 위기

로 인하여 미국의 경제에는 먹구름이 덮이면서 불경기가 시작되었다.

이로 말미암아 마틴 밴 뷰런 대통령은 경제 활성화를 위하여 어떠한 계획과 조치도 취하지 못하였다. 그 당시 미국 경제의 상태가 매우 악화되어 대통령의 경제 통제력을 잃어버리고 말았다. 결과적으로 이것이 악재가 되어 뷰런은 재선 대통령으로 당선되지 못하였다.

1837년 3월 4일, 마틴 밴 뷰런 대통령은 자신의 취임식 때 미국의 정치 불안과 경제 악화와 위기 속에서 미합중국과 모든 국민들은 살아 계신 하나님을 향하여 소망 가운데 살아가야 할 것을 다음과 같이 연설하였다.

"거룩하신 하나님께서 우리를 지켜 주시기를 간구할 뿐입니다. 힘을 주시고 위로하시는 하나님의 능력으로 우리를 긍휼히 여기시고 돌아보시길 간절히 기도합니다. 하나님의 섭리와 예정 가운데 사랑하는 이 나라가 영광스럽고 오래 지속되기를 간구합니다. 이 나라의 앞날에 항상 기쁨이 넘치고 그 길에 평화가 깃들기를 소망합니다."[94]

직전 대통령인 앤드루 잭슨(Andrew Jackson) 대통령은 카리스마가 있었으며 대중적인 인기를 누렸다. 그런데 후임인 뷰런 대통령은 그렇지 못

---

94) Keefauver, *op. cit.*, p. 39; Applewood Books, *Inaugural Addresses of the Presidents of the United States* Volume One (Bedford, Massachusetts, 2001), pp. 67-74.

하였다. '홀아비 대통령'이라고 불렸던 마틴 밴 뷰런 대통령은 미국 메인 주(Maine State)와 캐나다의 국경분쟁과 미국 남쪽 텍사스(Texas)의 합병 논쟁으로 말미암아 미국의 경제를 살리지 못하였다.

그러나 그는 미국 국민들에게 확실한 믿음을 심어 주었고, 미래를 향한 새로운 소망과 비전을 제시하였다. 한때 그는 세련된 정치 스타일을 보여준 '정치의 달인' 혹은 '원칙주의자'라고 불리는 평가를 받았다. 그리고 대통령 퇴임 후 그 누구보다 일평생을 열정적으로 살았던 정치의 명수였다. 마틴 밴 뷰런 대통령은 병마와 싸우며 투병생활을 하던 중 세상을 떠났다.

제9대 미국 대통령

윌리엄 헨리 해리슨의 영성
William Henry Harrison 1773.2.9-1841.4.4(68세)

대통령 재임기간 1841.3.4-1841.4.4

윌리엄 헨리 해리슨[95](William Henry Harrison)은 버지니아 찰스 시티 카운티(Charles City County, Virginia)에서 미국 독립선언문의 서명자 가운데 한 사람인 벤자민 해리슨(Benjamin Harrison)의 일곱 자녀 중 막내로 태어났다. 그는 햄프댄 시드니 대학(Hampden Sydney College)을 졸업한 후 펜실베이니아 대학교(University of Pennsylvania)에서 의학을 공부하였다.

---

95) 윌리엄 헨리 해리슨(William Henry Harrison)은 1773년 2월 9일에 미국 독립선언문의 서명자인 아버지 벤자민 해리슨(Benjamin Haarison)과 어머니 엘리자베스(Elizabeth) 사이에 일곱 자녀 중 막내로 태어났다. 그는 안나 심스(Anna Symmes)와 결혼하여 열 명의 자녀들을 낳았다. 열 명의 자녀들의 이름은 엘리자베스(Elizabeth), 존(John), 루시(Lucy), 윌리엄(William), 존 스콧(John Scott), 벤자민(Benjamin), 메리(Mary), 카터(Carter), 안나(Anna), 제임스(James) 이다.

그러나 윌리엄 해리슨은 18세 때 그의 부친이 사망하자 그의 진로를 바꾸어 미국 육군에 입대하였다. 이후 그는 부유한 집안 출신인 안나 심스(Anna T. Symmes)와 결혼하여 열 명의 자녀들을 낳았다. 그중에 네 번째 아들인 벤자민 해리슨(Benjamin Harrison)은 제23대 미국 대통령이 되어 정치적인 명문 가정이 되었다.

강직함

윌리엄 해리슨 대통령은 감독교회('개신교감독교회', '성공회', Protestant Episcopal Church)의 교인이다. 그의 첫 번째 영성은 '강직함'(stiffness)이다.

해리슨 대통령은 그의 아내인 안나(Anna)의 영향으로 말미암아 신앙을 가지게 되었다. 안나는 해리슨의 영적 안내자와 같았다. 아내는 남편을 교회로 인도하여 신실한 믿음을 가지기를 원하였다. 안나의 기도의 결과로 남편의 믿음이 자라게 되었다. 이후부터 남편 해리슨은 교회에서 열정적으로 헌신하였다. 그는 44세에 신시내티에 머물 때에 그리스도 감독교회(Christ Episcopal Church, Cincinnati)의 창립 후원자가 되었다. 그는 자신의 집을 공적인 예배를 위하여 항상 개방하였다. 모든 방문객들을 위하여 빈 탁자를 항상 비치해 두었다. 또한 그는 오하이오 클리브즈(Cleves, Ohio) 지역에 있는 어느 교회를 건축할 때에 1,500피트(feet)의 건축자재를 헌납하여 교회를 완공하는 데 크게 공헌하였다.

몽고메리(Montgomery)는 그의 책 《해리슨의 생애》(*Life of Harrison*)에서 윌리엄 해리슨 대통령의 교회생활에 대하여 이렇게 기록하였다.

"11시 반이 지나자 성 요한 교회의 홀리 목사(Rev. Hawley)는 일어나서 앞의 테이블에 놓인 검정색 실크벨벳(Black silk velvet) 성경을 보면서 관련된 일화에 대하여 말하였다. '이 성경은 3월 5일 대통령이 구입한 것입니다. 그 이후로 매일 규칙적으로 성경을 읽었습니다. 단지 교회에 출석하는 것만 아니라 진지하게 예배 시간에 말을 들었으며, 창조주 앞에 겸손히 무릎을 꿇는 일에도 익숙하게 되었습니다. 만일 대통령이 살아 있어서 건강했더라면 다음 주일에는 주님의 성만찬에 참여하는 자가 되려고 했을 것입니다.'"[96]

원래 해리슨은 군인 출신으로서 독립심과 강직한 성품의 소유자였다. 1811년 11월, 그의 강한 성품과 리더십이 드러났다. 당시 해리슨은 육군 소장으로 미국 정예 원정대를 이끌고 티피커누 전투[97](battle of Tippecanoe)에서 인디언 동맹군을 격파하고 지도자 테쿰세(Tecumsh)를 죽였다. 이로 말미암아 해리슨은 전쟁 영웅이 되어 백악관에 들어가는 디딤돌을 마련하였고, 마침내 미국 대통령이 되었다.

---

96) Mount, *op. cit.*, p. 324.
97) 티피커누(Tippecanoe) 전투는 테쿰세(Tecumsh)의 형제이자 '예언자'라고 불리는 텐스콰타와(Tenskwatawa)가 이끄는 쇼니(Shawnee) 인디언과 미국 육군 소장 윌리엄 해리슨(William Harrison)이 이끄는 미국 정예 원정대가 벌인 전투이다. 이 전투에서 해리슨 장군은 인디언 동맹군을 격파하고 전쟁 영웅이 되었다. 윌리엄 해리슨은 1840년 대통령 선거에서 '티피커누'(Tippecanoe: 해리슨의 별명)를 표어로 걸고 나가 승리하였다.

또한 해리슨 대통령은 자신의 강직함과 기운이 넘치는 모습을 그의 대통령 취임식 때에 잘 보여주었다. 그의 대통령 취임식 때 비와 돌풍이 휘몰아쳤다. 그는 외투를 입지 않고 모자도 쓰지 않고 오랫동안 취임 연설을 하였다. 역대 대통령 가운데 대통령 취임사를 가장 짧게 한 대통령은 제2기 대통령 취임식 때에 조지 워싱턴이 135개의 단어들을 사용한 것이다. 그런데 해리슨 대통령은 자그마치 1만 개 이상의 단어들을 사용하여 장장 1시간 40분 동안 열변을 토하였다. 이것은 아이러니컬하게도 미국 대통령 취임사 가운데 가장 긴 기록을 세웠고, 그의 생명을 단축시키는 결과를 가져왔다. 그는 대통령 취임식이 끝난 2개월 후 대통령 연설의 결과로 급성 폐렴에 걸려 최초로 대통령 임기 중에 사망하는 불운을 겪었다.

친절과 관용

윌리엄 해리슨 대통령의 두 번째 영성은 '친절과 관용'(kind and forbearance)이다. 특히 그의 영성은 짧은 대통령 시절보다는 평소에 그의 삶을 통하여 잘 나타났다.

해리슨은 장군 시절 인디언과의 전투에서 대학살과 고문을 직접 목격하였다. 그리고 수많은 장병들을 사지로 내몰아야 했다. 한때 그는 인디언 보호구역의 책임자로 있을 때 인디언들을 향하여 지나치게 친절과 관용을 베풀었다. 결국 이것이 화근이 되어 암살 표적이 되기도 하였다. 해리슨은 대통령 시절에는 과거에 수많은 사선을 넘어 싸우고 전투하던 장면을 떠올리며 전쟁고아들이나 과부들을 위하여 특별 지원책을 마련하려고 더욱 애썼다.[98]

윌리엄 해리슨은 레이건 대통령 다음으로 나이가 많은 68세에 대통령이 되어 '불운의 대통령', '단명의 대통령', '특별한 30일이라는 기록을 세운 대통령'으로 불렸다. 또한 이뿐인가? 해리슨 대통령의 아내 심스는 질병으로 인하여 남편의 대통령 취임식에도 가 보지 못하는 불운의 퍼스트 레이디(first lady)가 되었다. 그리고 그는 대통령으로 당선될 때까지 그의 자녀 열 명 중 세 명의 자녀를 잃었다.

그러나 하나님의 축복과 그의 친절과 관용의 영성을 통하여 그의 손자 벤자민 해리슨이 미국 23대 대통령으로 당선되어, 그의 가문이 다시 일어나 회복되는 영광과 축복을 누리게 되었다.

"내 집이 하나님 앞에 이같지 아니하냐 하나님이 나와 더불어 영원한 언약을 세우사 만사에 구비하고 견고하게 하셨으니 나의 모든 구원과 나의 모든 소원을 어찌 이루지 아니하시랴"(삼하 23:5).

---

98) Hamilton, *op. cit.*, pp. 78-79.

제10대 미국 대통령

존 타일러의 영성
John Tyler 1790.3.29-1862.1.18(72세)

대통령 재임기간 1841.4.4-1845.3.4

존 타일러[99](John Tyler)는 버지니아 주에 위치한 찰스 시티 카운티(Charles City County, Virginia)에서 부유한 대농장주 아들로 태어났다. 그는 직전 대통령 해리슨과 같은 고향 사람으로서 윌리엄 메리 대학(College of William & Mary)을 졸업하여 변호사가 되었다. 그는 레티샤 크리스티안(Letitia Christian)과 결혼하였으나 불행하게도 백악관 시절 그의 아내가 죽어 30세 연하인 줄리아 가드너(Julia Gardner)와 재혼하였다.

존 타일러 대통령은 직전 대통령인 윌리엄 해리슨 대통령이 30일간의

---

99) 존 타일러(John Tyler)는 1790년 3월 2일, 버지니아 주지사와 연방하원을 지낸 아버지 존 타일러 1세(John Tyler Sr.)와 메리(Mary) 사이에서 태어났다. 존 타일러는 첫 번째 아내 레티샤(Letitia)와 그녀의 죽음으로 두 번째 아내 줄리아(Julia) 사이에 15명의 자녀들을 두었다.

96 미국 대통령의 영성

단명 대통령으로 끝나자 그는 대통령직을 승계받아 미국 최초로 선거를 치르지 않고 대통령이 된 인물이다. 당시 주위 사람들은 그를 향하여 '운 좋은 각하'(His accidency)라고 불렀다.

하나님의 보호와 겸손

존 타일러 대통령은 감독교회('개신교 감독교회', '성공회', Protestant Church) 신자이다. 그의 첫 번째 영성은 '겸손과 자상함'(God's protection and humility)이다. 타일러 대통령은 기독교 크리스천이다. 그리고 그의 믿음도 굳건하였다. 그는 대통령 재임 기간 중에는 워싱턴에 있는 성 요한 교회(St. John's Church, Washington D.C.)에 출석하였다.

1841년 4월, 존 타일러는 직전 윌리엄 해리슨 대통령의 사망으로 대통령직을 승계받아 남은 임기를 채우게 되었다. 그는 직전 대통령의 죽음을 애도하면서 그리스도인들은 겸손한 자세로 전능하신 하나님께 나아가 그의 보호와 인도하심을 받아야 한다는 내용의 선언문을 발표하였다.

"그리스도인들은 큰 재앙에 사로잡혀 있다는 생각이 든다면, 신적 섭리로 사람의 자녀 위에 역사하시는 그분의 통치를 인정하고, 그들 자신의 무가치함과 과거에 그분의 선하심을 인정하고 미래에 그분의 긍휼하신 보호를 구하기 위해 겸손해야 됩니다. 고인이 된 대통령 윌리엄 해리슨이 높은 지위에 오른 직후 사망한 것은 큰 고통으로 여겨지는 상실이며, 개인뿐만 아니라 하늘의 아버지께 국가를 의존하고 인간의 삶의 불확실성을 지각하는 마음을 가진 이에게 깊은 인상을 남길 상실입니다. 따라서 지금도 그렇지만 본인을 추천한 공동체의 정사와 큰 기대에 부합하도록 행동해야 한다는 것을 생각하며 다양한 종교 분파를 가진 미국민에게 다양한 예배 방식과 양식을 따라 그러한 상황에 맞는 예배를 통해 금식과 기도하는 날을 준수하기 위해 다음 5월 4일 금요일을 이 목적에 사용되도록 제안합니다. 그날에 우리 모두가 한마음으로 겸손히, 경건한 마음으로 그분께 나아가 바른 영혼과 마음과 정신의 침착함을 우리에게 주시도록 간구하며, 우리 정부와 나라에 그분의 은혜로운 복을 내려 달라고 기도합시다."[100]

계속하여 존 타일러 대통령은 그의 네 번의 연두연설(four annualmessages)에서 미국 국민들은 전능하신 하나님께 영광과 감사를 돌려야 한다고 역설하였다.

"첫 번째 연두연설에서는 하나님의 섭리에 감사드려야 한다는 것과 미 상하원들이 하나님을 향하여 새로운 믿음을 가지도록 요청하였다.
두 번째 연두연설에서는 창조주 하나님은 우리를 만드시고, 국가와 민족을 보호하시는 위대한 존재로 인정하고 높여야 한다는 것을 강조하였다.

---

100) Mount, *op. cit.*, pp. 317-318.

세 번째 연두연설에서는 미국 국민들은 '최고의 존재'(Supreme Being)에게 감사하도록 요청하였다.

마지막 연두연설에서는 우리는 '우주 통치자'(Supreme Ruler of the Universe)께 감사드릴 이유가 있다고 하였다."[101]

또한 타일러 대통령은 겸손과 예의범절을 지킬 것을 가정에서 자녀들에게 가르쳤다. 그는 두 번의 결혼으로 말미암아 15명의 많은 자녀들을 두었다. 이것은 역대 대통령 가운데 가장 많은 자녀들을 둔 것이다. 그러나 그는 자녀들 하나하나를 향하여 항상 자상하게 대하였다. 그는 자녀들에게 무도회나 파티, 사교 활동에 참여하라고 권하면서 필요한 돈까지 주었다. 그리고 그들과 멀리 떨어져 있을 때에는 편지로 그들의 고민거리들을 상담해 주었다.

존 타일러 대통령은 여러 자녀들에게 다음과 같은 편지를 보냈다.

"예의범절을 갖추어라. 네 인생의 절반 이상이 그것으로 좌우된다. 단지 올바른 예의범절을 갖춘 덕분에 보통 정도의 능력을 가졌다 해도 월등한 지적 능력을 가진 사람보다 더 성공하는 경우를 많이 보았다."[102]

---

101) *Ibid.*
102) 염성철, *op. cit.*, pp. 74-75.

그리고 타일러 대통령은 사랑하는 딸 엘리자베스(Elizabeth)에게 다음과 같은 편지의 답장을 보냈다.

"엘리자베스에게. 예쁜 편지 고맙다. 참 잘 썼더구나. 너와 레티샤(Letitia)는 좀 더 자주 편지를 썼으면 한다. 책을 읽어야 훌륭한 숙녀가 된단다. 엄마에게 꾸지람 들을 일은 하지 말아라."[103]

원리원칙의 삶

존 타일러 대통령의 두 번째 영성은 '원리원칙의 삶'(principle life)이다. 타일러는 실제적으로 매우 고집스럽기도 하고, 종종 자신의 원리를 강하게 주장하는 인물이었다. 그래서 그의 성품이 어떤 정치적인 측면에서는 도움이 되기도 하였으나, 또 다른 측면에서는 자기 자신의 고집스러움 때문에 주위에 많은 정치 지지자들을 잃어버리는 요인이 되기도 하였다.

존 타일러 대통령은 앤드루 잭슨(Andrew Jackson) 대통령처럼 대중적인 '국민의 대통령'도 아니고, 그렇다고 직전 윌리엄 헨리 해리슨(William

---

103) Stanley Weintraub and Rodelle Weintraub, *Dear Young Friend: The Letters of American Presidents to Children* (Mechanicsburg, Pennsylvania: Stackpole Books, 2000), p. 62.

Henry Harrison) 대통령처럼 '전쟁 영웅의 대통령'도 결코 아니었다. 왜냐하면 그는 그렇게 인기가 좋은 인물도 아니었고, 자신의 표를 얻어서 대통령이 된 것도 아니었기 때문이다. 그저 운이 좋아서 부통령에서 대통령으로 승계된 최초의 미국 대통령이었다.

그러나 182센티미터의 키를 지닌 존 타일러 대통령은 이러한 정치적인 배경 속에서도 불구하고 그의 영성은 원리원칙주의자였다. 당시 강력한 정치 지도자였던 헨리 클레이(Henry Clay)를 비롯한 주위의 많은 정치인들은 타일러 대통령을 향하여 '직무대행 대통령'(acting president)으로만 대통령의 직무를 수행할 수 있다고 평가하였다.

그런데 대통령에 취임한 지 5개월이 지난 타일러 대통령은 비록 직무대행 대통령이라는 꼬리가 붙어 있있지만, 그는 원리원칙대로 대통령의 직무와 인사권을 강력하게 수행하였다. 그때 그의 각료들 중에 한 사람의 각료만 제외하고는 스스로 다 자리를 떠나 버리고 말았다. 이로 말미암아 휘그당[104](Whig Party)에서는 공식적으로 타일러 대통령을 제명시켰고, 그리고 민주당에서는 타일러와 인연을 끊었다. 결과적으로 타일러 대통령은 정당 기반이 없는 대통령이 되고 말았다.

비록 존 타일러는 정당 없는 대통령이 되어 그의 직무를 수행할 때에

---

104) 휘그당(Whig Party)은 1834년부터 1860년까지 존재하였던 미국의 정당이다. 이 정당은 왕권에 대하여 반대해 온 영국의 휘그당과 정치적으로 유사하다. 이 휘그당은 앤드류 잭슨(Andrew Jackson) 대통령의 정책에 반대하였고, 노예제도에 대한 명확한 입장을 취하지 못하였다. 국가발전은 지지하였지만 지역감정의 물결 속에서 침몰되고 말았다.

국내적으로는 큰 영향력을 끼치지 못하였지만 국제적으로는 자신의 정치 스타일대로 일방적으로 정책을 폈다. 그래서 그는 대통령의 마지막 임기를 눈앞에 두고 텍사스 주의 합병을 위하여 힘썼고, 마침내 그의 대통령 퇴임 일주일 전인 1845년 2월에 목표를 성취하였다.

원리원칙주의자인 존 타일러 대통령은 국제 외교적인 면에서는 캐나다와 미국 메인 주(Main State)와의 국경선 문제를 평화적으로 해결하였고, 미 해군을 잘 정비하여 세계적인 최강의 해군으로 만들었다.

가정적으로 존 타일러 대통령은 그의 자녀들에게도 나라의 법을 지키며, 그 법에 따라서 원리원칙대로 살아가야 할 것을 가르쳤다. 어느 날 아버지 타일러는 자녀들에게 다음과 같은 편지를 보냈다.

"영국 역사를 읽을 때는 특히 행동과 양심, 자유의 진보에 주목하여라. 한때 왕은 절대적이었고, 그의 뜻은 곧 법이었다. 국민들은 그의 종이었고, 존(John) 왕이 대헌장(Magna Carta)을 서명할 때까지는 그들에게 자유가 없었다. 그 후에 권리장전이 채택되고 이 두 가지 원천에서 오늘날 우리가 누리고 있는 영국의 자유가 없어졌으며, 그 원리와 법을 결합시킴으로써 또 다른 자유가 나왔다. 의회가 국민을 대표하는 것은 자유주의 정부라는 개념을 깨우쳐 주었다. 너도 알겠지만 왕은 의회를 통과하지 않고 세금을 거둘 수 없기 때문에 국민들은 부당한 세금을 내지 않아도 되는 것이다. 판사에 의한 재판도 영국과 미국의 자유를 대변하는 것이다. 터키(Turkey)에서는 백성의 재산이 술탄(Sultan)에게 달려 있단다. 그러나 영국이나 이곳은 그렇지 않지. 내 이웃들은 내가 법을 어기는지 어기지 않는지를 판단해야 하고, 나는 그들 안에서 안전할 수 있단다."[105]

비록 존 타일러 대통령은 정당의 기반이 없는 대통령으로 출발하였지만 제1기 대통령직을 잘 수행하였고, 다시 재선 대통령으로서의 지명을 받았지만 이를 거절하고 정계에서 은퇴하였다. 이후 그는 모교인 윌리엄 앤드 메리 대학(William & Mary College)에서 총장으로서, 남북전쟁의 기운을 다른 방향으로 돌려보려고 워싱턴 평화회의를 조직하기 위하여 노력하다가 72세에 세상을 떠났다.

---

105) Weintraub, *op. cit.*, p. 59

■ 제11대 미국 대통령

제임스 녹스 포크의 영성
James Knox Polk 1795.11.2-1849.6.15(54세)

대통령 재임기간 1845.3.4-1849.3.4

제임스 녹스 포크[106](James Knox Polk)는 노스 캐롤라이나 주 매클랜버그 카운티(Mecklenburg County, North Carolina)에서 태어났다. 스코틀랜드 종교개혁자 존 녹스[107](John Knox)의 후손이다. 그는 노스 캐롤라이나 대

---

106) 제임스 녹스 포크(James Knox Polk)는 1795년 11월 2일, 아버지 새무얼 포크(Samuel Polk)와 어머니 제인(Jane) 사이에 열 명의 자녀 중 첫째로 태어났다. 그는 노스 캐롤라이나(North Carolina)에서 태어났지만 일생의 대부분을 테네시(Tennessee)에서 보냈다. 이후 이곳에서 아버지 포크는 테네시 주에 있는 콜럼비아 시(Columbia city)를 건설하였다. 뒤에 제임스 포크는 변호사가 되어 이곳에서 사무실을 개업하였다. 1824년 부유 계급의 상인의 딸로서 엄격한 종교적인 교육을 받은 사라 차일드리스(Sarah Childress)와 결혼하였으나 자녀는 없었다. 아내 사라는 남편에게 어려울 때마다 정치적인 용기와 힘을 실어 주었고, 남편의 정치 조언자의 역할을 하였다.

107) 존 녹스(John Knox, 1514-1572)는 종교개혁자이며 스코틀랜드(Scotland)의 장로교 창시자이다. 원래 녹스는 로마 가톨릭 교회의 사제였으나 칼빈(Calvin)주의를 추종하면서 개혁주의 신학을 도입하였다. 스코틀랜드에 있는 세인트 앤드류 대학교(St. Andrew University)에서 신학을 배웠고, 칼빈주의 신학의 영향을 크게 받았다. 그는 스위스 제네바(Geneva)로 건너가

학(North Carolina University)을 우등으로 졸업하여 변호사가 되었고, 사라 차일드리스(Sarah Childress)와 결혼하였다.

제임스 포크는 미국 하원의원에 일곱 번 연속으로 당선되었다. 1825년에 첫 번째로 당선되었고, 이후에는 하원의장을 역임하였다. 계속하여 그는 테네시 주지사를 거쳐서 백악관에 입성하여 마침내 미국 대통령으로 취임하였다. 이로 말미암아 제임스 포크는 미국 역사상 하원의장 출신으로서 처음 대통령이 된 인물이다.

하나님의 축복

제임스 녹스 포크 대통령은 청교도 신앙과 종교개혁자 존 녹스(John Knox)의 자손인 장로교회의 교인이다. 그의 첫 번째 영성은 '하나님의 축복'(God's blessing)이다. 포크는 자신이 하나님의 크신 축복과 은혜로 미국의 대통령이 되었다고 생각했다. 그래서 포크 대통령은 미합중국이라는 거대한 나라는 하나님의 축복 아래 이루어져야 한다고 굳게 믿었고, 하나님의 축복의 전제 아래 대통령직을 수행하려고 힘썼다.

1845년 3월 4일, 제임스 포크 대통령은 그의 취임식 때에 지금까지 보

서 그곳에 있는 영국 피난민 교회의 목사로 봉사하였다. 지금도 스코틀랜드의 국교는 장로교회이다.

호하시고 앞으로 함께하실 '하나님의 은혜로운 축복'(His Gracious Benediction)에 대하여 다음과 같이 연설하였다.

"공무를 집행하는 정부 각 부서들의 협력과 도움을 확신 있게 의지하고, 우리를 감찰하시며 이 나라의 시작부터 지금까지 보호하신 하나님께서 우리에게 계속 은혜로운 축복을 내리시고 우리로 하여금 계속 번영하고 행복한 나라가 되게 하시기를 간구하는 마음으로, 이제 국민들이 제게 부여한 가장 중요한 의무를 시작합니다."[108]

1845년 12월 2일, 제임스 포크 대통령은 첫 번째 연두교서(1st annual message to Congress)에서 '하나님의 축복'(On God's Blessing)에 대하여 다음과 같이 연설하였다.

"이 나라의 지속적인 번영과 발전으로 인하여 여러분들에게 축하 인사를 드릴 수 있어 매우 기쁩니다. 전능하신 하나님의 축복하심과 우리의 자유 민주주의의 자비로운 영향력으로 인하여 우리는 세상에서 가장 행복한 국가의 정점에 서 있습니다."[109]

1846년 12월 8일, 제임스 포크 대통령은 두 번째 연두교서(2nd annual

---

108) Keefauver, *op. cit.*, p. 47; *Inaugural Address of the Presidents of the United States* Volume One, pp. 93-102.
109) *Ibid.*, p. 48.

message to Congress)에서 '하나님의 축복을 인정하며'(On Acknowledging God's Blessing)라는 주제로 다음과 같이 연설하였다.

"우리는 은혜로우시며 좋으신 하나님께서 사랑하는 이 나라에 허락하신 이루 헤아릴 수 없는 많은 복들로 인하여 경건하고 진실된 감사를 드립니다."[110]

1847년 12월 7일, 제임스 포크 대통령은 세 번째 연두교서(3rd annual message to Congress)에서 '하나님의 보호하심'(3rd On Divine Protection)에 대하여 다음과 같이 연설하였다.

"미합중국은 다른 어떤 나라보다도 크신 하나님의 은총을 입었습니다. 그러므로 더 깊은 경외심을 갖고 하나님의 보호하심을 인정해야 합니다. 지혜로운 창조주께서는 자유를 향한 우리의 초창기 노력 가운데서 길을 인도하시며 보호하셨고, 우리가 지구상에서 가장 위대한 나라 중 하나가 될 때까지 놀라운 발전을 계속할 수 있도록 해주셨습니다."[111]

1848년 12월 5일, 제임스 포크 대통령은 네 번째 연두교서(4th annual message to Congress)에서는 '전능하신 하나님의 자비로운 섭리에 대하여'(On the Benign Providence of Almighty God) 다음과 같이 연설하였다.

---

110) *Ibid.*
111) *Ibid.*, p. 49.

"전능하신 하나님의 자비로운 섭리하심 가운데 미연방과 국민의 대표인 여러분들은 다시 한 번 공공의 선에 대한 협의를 위해 한자리에 모였습니다. 모든 인류의 최고 심판자가 되시는 하나님께서 오늘날 우리가 누리고 있는 셀 수 없이 많은 축복들을 내려주신 데 대하여 국가적인 감사가 있어야 할 것입니다."[112]

예배 출석

제임스 포크 대통령의 두 번째 영성은 '예배 출석'(worship attendance)이다. 특별히 포크 대통령은 주일마다 규칙적으로 예배 출석을 하였다. 달리 표현하면, 그는 주일예배의 성공자이다. 그것은 세 가지 이유 때문이었다.

첫 번째 이유는, 그의 어머니 제인(Jane)의 신앙교육 때문이다. 그의 아버지 새무얼 포크(Samuel Polk)는 10명의 자녀들의 신앙교육을 아내 제인에게 모두 일임하였다. 제인은 스코틀랜드 종교개혁자 존 녹스(John Knox)의 증손주 질녀(great-grandniece)이다. 제인의 신앙은 독실하였다. 성경과 신앙고백, 구약 시편과 왓츠(Watts)의 시편 노래들을 즐거워하였다. 제인은 10명의 자녀들을 기독교 전통 신앙으로 잘 교육시켰다. 그때 열

---

112) *Ibid.*

명 중에 첫째가 되는 제임스 포크도 신앙교육을 잘 받으며 성장하였다.

두 번째 이유는, 그의 기독교 정통적인 교육 배경 때문이었다. 제임스 포크는 11세 때에 노스 캐롤라이나에서 테네시 주로 이사를 갔다. 이곳에서 그는 두 학교를 다녔다. 하나는 시온교회(Zion Church)에서 후원하는 기독교 계통의 학교이고, 다른 하나는 전통적인 기독교 계통의 사무엘 블랙 학교(Samuel P. Black's School)이다. 이곳 두 학교의 교사들은 거의 다 청교도 칼빈주의자(Calvinist)들이다. 그들 밑에서 어린 포크는 하나님의 말씀의 권위와 경건한 예배를 중시하는 칼빈주의 신앙을 배웠고 그 영향을 크게 받았다. 그리고 그는 노스 캐롤라이나 대학교(University of North Carolina) 시절에도 담당교수인 조셉 콜드웰(Joseph Coldwell) 박사의 가르침을 받아 기독교의 정통 신앙의 기초를 잘 정립시켰다.

세 번째 이유는, 아내의 신앙 때문이다. 포크의 아내 사라 차일드리스(Sarah Childress)는 경건한 장로교 교인이다. 포크는 아내의 신앙과 삶을 통하여 영향을 받았다. 그는 아내의 인도로 테네시 주 콜럼비아 장로교회(Presbyterian Church of Colombia, Tennessee)의 지정석을 구입하였다. 그는 정기적으로 예배에 열심히 출석하고 헌신하였다.

그리고 제임스 포크 대통령은 재임 중에는 워싱턴 제일장로교회(Washington's First Presbyterian Church)에 정기적으로 주일예배에 참석하였다. 이 교회의 지정석을 얻기 위하여 $6.50를 여러 번 지불하였다. 포크 대통령의 일기에 의하면 그는 대통령 재임기간 중에 183번의 주일예배 중에서 147번을 출석하였다. 이후 그는 독실한 장로교인이 되어서 주일날을 거룩하게 지켰다. 그는 주일날 사람들이 춤을 추고 경마장에 가고, 연극과 음악을 즐기는 일에는 얼굴을 찌푸렸다.

포크 대통령의 주일예배에 대한 일기문은 다음과 같이 기록되었다.

"설교의 주제는 예수 그리스도의 십자가였다. 아주 고상한 주제였다. 목회자는 힘을 많이 쏟았고 열심히 하는 것처럼 보였다. 설교 방식이나 내용에 있어서는 장엄하거나 인상적인 것은 없었다. 설교자는 능변과 학식을 드러내려고 애썼는데, 나는 그가 실패했다는 생각이 들었고 이 생각은 계속해서 남아 있었다."[113]

"아버지께 참되게 예배하는 자들은 영과 진리로 예배할 때가 오나니 곧 이때라 아버지께서는 자기에게 이렇게 예배하는 자들을 찾으시느니라 하나님은 영이시니 예배하는 자가 영과 진리로 예배할지니라"(요 4:23-24).

청결

---

113) Mount, *op. cit.*, p. 314.

제임스 포크 대통령의 세 번째 영성은 '청결'(pureness)이다. 포크 대통령은 그의 4차 연두교서에 언급한 것처럼, 미국이라는 거대한 나라의 부흥과 발전, 그리고 미래를 향한 축복은 인간의 지혜와 어떤 정책과 정치적인 힘으로 되는 것이 아니라, 전적으로 하나님의 축복과 인도하심에 있다고 천명하였다.

이러한 일을 성취하기 위해서 먼저 대통령 자신부터 살아 계신 하나님 앞에 바로 서고, 그의 말씀을 지키려고 힘쓰고 몸부림쳤다. 그리고 미국 최고의 권력자가 살고 있는 백악관(White House)부터 깨끗하고 청결해야 한다고 믿었다. 그것은 종교개혁자이며 청교도 신앙의 전통을 이어 받은 녹스(Knox)의 가문에서 나온 신앙적인 동기 때문이었을 것이다.

미국 최고 권력자인 대통령이 사는 백악관의 청결 작업은 남편 포크 대통령에 의해서라기보다는 아내 사라 차일드리스(Sarah Childress)에 의하여 이루어졌다. 포크 대통령의 아내 사라는 당시 여성과는 달리 셀럼 대학(Salem College)에서 훌륭한 교육을 받은 여성이다. 남편 포크가 정치 현장에서 활동할 때에 사라는 그의 개인적인 비서요 정치 조언자였다.

백악관의 안주인으로서 사라 차일드리스는 대외적으로 주위에 있는 정치적인 동지나 혹은 적들을 향하여 차별하지 않고 똑같이 상냥하게 환대하며 사랑을 베풀어 주었다. 그러나 대내적으로는 백악관의 청결

작업을 위하여 매우 힘썼다. 그녀는 백악관에서 술을 마시거나 카드 게임을 하는 것을 중지시켰다. 또한 어떤 종류의 춤도 허락하지 않았다. 왜냐하면 이러한 종류의 춤과 행위가 미국 최고의 행정 저택인 백악관 내에서 이루어지면 그곳에서 결정되는 최고의 위엄과 고귀한 일들의 품위가 손상되기 때문이다. 이러한 백악관 안주인 사라 차일드리스의 격식 높은 인품과 단호한 행동으로 인해, 그녀는 이후에 가장 훌륭한 미국 퍼스트 레이디 중에 한 사람으로 평가받았다.[114]

종교 개혁자 마틴 루터(Martin Luther)는 말하기를 "우리가 매일 수염을 깎아야 하듯이 그 마음도 매일 다듬지 않으면 안 된다. 한 번 청소했다고 해서 언제까지나 방 안이 깨끗한 것은 아니다. 우리의 마음도 한 번 반성하고 좋은 뜻을 가졌다고 해서 그것이 항상 우리 마음속에 있는 것이 아니다. 어제 품은 뜻을 오늘 새롭게 하지 않으면, 그것은 곧 우리를 떠나고 만다"[115]라고 하였다.

"그들이 그 우상들과 가증한 물건과 그 모든 죄악으로 더 이상 자신들을 더럽히지 아니하리라 내가 그들을 그 범죄한 모든 처소에서 구원하여 정결하게 한즉 그들은 내 백성이 되고 나는 그들의 하나님이 되리라"(겔 37: 23).

---

114) Kane, op. cit. p. 132.
115) 강병훈, 《쉐마(Shema) 주제별 종합자료사전》 제13권 (서울: 성서연구사, 1990), p. 395.

추진력

제임스 포크 대통령의 네 번째 영성은 '추진력'(propulsion)이다. 앤드류 잭슨(Andrew Jackson) 대통령은 어떤 목표를 향하여 굳세고 열정적이며 적극적으로 밀어붙이는 행동을 했다. 그래서 바르고 곧고 단단한 히코리 나무에 비유하여 '늙은 히코리'(old hickory)라고 불렀다. 이와 마찬가지로 제임스 포크 대통령을 향해서는 '젊은 히코리'(young hickory)라고 불렀다.

제임스 포크는 대통령의 권한을 한정시켰다. 포크 대통령은 연방의 권한보다 각 주의 주권을 더 신뢰하였다. 그는 제퍼슨 대통령과 잭슨 대통령이 주장한 정책, 즉 대통령은 국제적인 문제를 이끌고 의회는 국내 문제를 이끄는 것이 옳다고 생각하여 적극 수용하였다. 그리고 대통령의 거부권은 비헌법적 법률안을 차단시키는 가장 중요한 무기로 사용하였다.

이러한 정책적인 견해 속에서 제임스 포크 대통령은 국내적으로는 미국 국립은행과 연방이 주도하는 도로 건설과 운하 건설을 반대하였다. 그러나 그는 국제적으로는 팽창주의(expansionism)를 지지하였다. 그래서 그는 대서양에서 태평양까지 가급적 매입을 통해서라도, 그렇지 않으면 미국 군대를 동원해서라도 확장을 시켜야 한다고 주장하였다. 그래서 그는 멕시코의 관할 지역인 텍사스를 미국의 28번째 주로 합병시켰다. 그리고 영국과 미국이 연합하여 점령한 거대한 영토인 오리건(Oregon) 지역을 합병시켜야 된다고 주장하였다. 결과적으로 포크 대통령의 정치적 목표를 향한 열정과 추진력은 오늘날 미국의 거대한 영토 확장과 막대한 부와 힘을 키워 주는 데 크게 공헌하였다.[116]

그는 미국 대통령으로 당선되었고, 당시 교수였던 우드로 윌슨(Woodrow Wilson)은 제임스 포크 대통령의 영성과 인품에 대하여 다음과 같이 평가하면서 칭찬하였다.

"제임스 포크는 민주당의 원리를 훌륭하게 구체화시켜 왔다. 그는 연방하원에서 하원의장을 지내면서 차별정책을 이용하지 않고 가장 정직하게 일을 한 것으로 잘 알려져 있다. 그는 남쪽 사람이었지만 합병을 적극 추진하였다. 비록 그는 명석한 부분에 대한 감각은 별로 없었지만 강건하고 솔직하고 정직한 당원이며, 자기 당의 확고한 대표가 되었다고 말할 수 있다. 그는 자신의 당이 선언한 정책을 신봉했다. 그리고 대통령으로 당선되어 그것을 정확하게 수행하였다."[117]

제임스 녹스 포크 대통령은 하나님의 축복과 보호하심을 믿는 하나님 제일주의의 믿음과 추진력과 청결한 삶을 보여주었다. 그는 당시 최연소 49세의 대통령이었지만 미합중국을 세계에서 최강국으로 만들었다. 그리고 그가 말한 대로 약속을 지켰던 멋있는 단임 대통령이었다.

---

116) Nelson Michael, *The Presidency A to Z* (Washington D.C.: A Division of Congressional Quarterly, Inc., 2003), pp. 373-373; Hamilton, *op. cit.*, pp. 95-96.
117) Ridings, *op. cit.*, p. 75.

제12대 미국 대통령

재커리 테일러의 영성
Zachary Taylor 1784.11.24-1850.7.9(66세)

대통령 재임기간 1849.3.4-1850.7.9

재커리 테일러[118](Zachary Taylor)는 미국 버지니아 주 오렌지 카운티(Orange County, Virginia)에서 출생하였고, 켄터키 주에 있는 제퍼슨 카운티(Jefferson County, Kentucky State)의 한 농장에서 어린 시절을 보냈다. 당시 그가 살았던 곳은 학교가 전혀 없어서 가정교사의 교육을 받았다. 그래서 그는 무학 출신이다. 이후 테일러는 메릴랜드 주(Maryland State)의 농장주의 고아 딸인 마가렛 스미스(Margaret Smith)와 결혼하여 1남 5녀의 자녀들[119]을 낳았다.

---

118) 재커리 테일러(Zachary Taylor)는 1784년 11월 24일, 아버지 리처드 테일러(Richard Taylor)와 어머니 사라 테일러(Sarah Taylor) 사이에 6남 3녀 중 셋째 아들로 태어났다. 아버지 리처드는 버지니아 농원 지방의 지도자의 가문이며 미국 독립혁명에서 사관으로 복무하였다.
119) 테일러(Taylor)와 마가렛(Margaret) 부부의 자녀는 아들 리처드(Richard)와 딸 앤(Ann), 옥타비아(Octavia), 사라(Sarah), 마가렛(Margaret), 메리(Mary)이다. 아들 리처드는 남부 연

테일러는 40년 동안 전쟁터에서 복무하면서 육군 중장으로 퇴역한 직업군인 출신이다. 그는 영미전쟁을 비롯한 플로리다의 세미놀 전쟁(Seminole Wars)과 멕시코 전쟁 그리고 각종 전투에서 승리를 이끌어 냄으로써 '국가적인 전쟁 영웅'으로 추앙받았다. 이것을 디딤돌로 하여 마침내 그는 제12대 미국 대통령으로 당선되었다. 그는 '전쟁 영웅 대통령' 혹은 '무학 출신 대통령'이라고 불린다.

주일 성수

재커리 테일러 대통령은 성공회 신자로서 그의 첫 번째 영성은 철저한 '주일 성수'(observance of the Lord's day)이다. 그는 감독교회('개신교 감독교회', '성공회', Protestant Episcopal Church)의 경건한 교인이다. 테일러는 항상 성경을 읽었고 성경의 교훈에 따라서 실천하였다. 그는 매 주일마다 아내와 함께 규칙적으로 교회에 출석하였다. 그리고 그의 아내는 남편 테일러보다 더 신앙적이며 열정적으로 헌신하였다. 그는 대통령 재임 기간 중에는 워싱턴에 있는 성 요한교회(St. John's Church, Washington D.C.)에 출석하였다.

1849년 3월 4일, 재커리 테일러는 제12대 대통령에 당선되어 헌법에 의

합군의 중장으로 복무하였고, 딸인 사라는 미국 남부 연합의 대통령이 되는 제퍼슨 테일러(Jefferson Taylor)와 결혼하였으나 3개월 후에 말라리아로 사망하였다.

하여 대통령 취임식을 거행하게 되었다. 그런데 그날이 바로 주일날이었다. 그때 믿음이 독실한 테일러는 대통령 취임을 거절하였다. 그때 주위의 많은 사람들이 대통령 취임은 국가적인 행사이므로 어쩔 수 없지 않느냐고 하면서 취임식에 참여할 것을 간청하였으나 단호하게 거절하면서 주일[120](Lord's Day)을 지켰다.

그런데 미국 헌법은 이미 임기가 완료된 직전 포크 대통령이 하루 더 연장하여 대통령직을 수행하는 것을 허락할 수가 없었다. 그래서 미국

---

[120] 주일(Lord's day)은 한 주간의 마지막 날(안식일)이 아니라 처음 시작되는 첫날(주일날)이다. 창세부터 예수 그리스도 시대까지는 안식일이 마지막 날인 토요일이었으나, 주님께서 부활하심으로 제7일(안식일)에서 첫날(주일)로 바뀌게 되었다. 초대교회와 사도들은 안식일의 주인(막 2:28)이시요 율법의 완성자(마 5:17)이신 주 예수 그리스도를 중심으로 예배를 드렸다. 그들은 안식 후 첫날인 주일날에 모여서 예배를 드렸고 연보도 드렸다. 그리고 사도 요한은 주일 날 하나님의 신령한 계시를 받았다. 그래서 유대인들이 믿고 지키는 안식일이 마감날(쉬는 날)이라면, 그리스도인들이 믿고 지키는 주일은 빛이 있게 된 첫날이다(창 1:3). 안식일이 시내 산에서 받은 옛 언약(율법)이라면, 주일은 은혜로 받은 새 언약(말씀)이다(롬 8:14). 안식일이 사람을 위한 날이라면 주일은 예수 그리스도께서 흑암의 세력과 죽음에서 영광스럽게 부활하신 승리의 날이며 축복의 날, 곧 주님의 날이다(막 2:28). 그러므로 진정한 안식일은 주의 날(Lord's day)이며, 그날을 주일(Sunday), 즉 '거룩한 성일'로 지킴이 마땅하다. 역사적으로 16세기 초 미국 뉴잉글랜드 지역의 청교도들은 '청색법'(Blue Law), 즉 주일에 대한 엄격한 법을 제정하여 주일을 범하는 자와 술주정꾼들을 체포하였고, 주일을 앞두고 여행하는 일을 떳떳하지 못한 일로 여겼으며, 주일에 장례식을 치르는 일은 주일을 모독하는 일이라고 간주하였다. 주일날 길거리에서 빈둥거리는 자에게는 벌금 20실링을 부과하였다. 그리고 펜실베이니아 설립자 윌리엄 펜(William Penn)은 종교적인 관용을 베푸는 경건주의자였으나 주일날 천한 육체적인 노동을 하는 자에게는 벌금 20실링을 부과하도록 했으며, 이외에 주일날에 소매상과 기술자, 직공, 노동자들이 세상적인 노동과 장사하는 일을 하지 못하도록 금지시켰다. 18세기 후반에는 알래스카(Alaska)와 하와이(Hawaii)를 제외한 모든 주에서 '주일 취업금지법'을 실시하였고, 1883년도에 캘리포니아(California) 주에서는 주일법을 결정하여 주일날 권투 게임도 못하게 결정하였고, 네바다(Nevada) 주에서는 주일날 이발업을 행하는 것을 금지시켰다. Ref. 안재도, 《개혁주의 영성과 삶》 (서울: 쿰란출판사, 2006), pp. 135-146.

상원에서는 주일 12시부터 월요일 12시까지의 임시 대통령으로 데이비드 라이스 애치슨(David Rice Atchison) 상원 의장을 선출하였다. 그러나 애치슨은 어떤 이유에도 자신을 깨우지 말라고 숙소 주인에게 특별히 당부하고 잠을 잤다. 그때 숙소의 주인은 그의 말을 따르면서 잠을 깨우지 아니하였다. 이로 인하여 24시간 임시 대통령이었던 애치슨은 잠으로 그의 모든 직무를 대행하였다.[121] 이 일은 미국 역사상 처음 있었던 일이다.

결과적으로 이 사건은 재커리 테일러 대통령이 하나님의 거룩한 날에 대통령으로 취임하는 일을 단호하게 거절함으로 하나님의 법이 인간의 법보다 위에 있다는 것을 보여준 것이다. 그리고 아울러 미국 헌법에 명시한 단 1시간이라도 꼭 지킨다는 미국 국민의 준법정신을 그대로 보여주었다.

목표의식

테일러 대통령의 두 번째 영성은 '목표의식'(goal awareness)이다. 그는 자신이 정치적 경험과 학식이 부족하다는 것을 인식하고 주위의 다른 사람들로부터 조언을 많이 받았다. 그는 매우 평범한 사람이었다. 테일

---

121) Kane, *op. cit.*, p. 148.

러는 군인 시절에 군대의 높은 계급을 나타내는 유니폼도 거의 입지 않았다. 그저 촌스러운 모습으로 지냈다. 그래서 당시 잘 차려입은 장교들이나 혹은 사병들까지도 종종 테일러를 늙은 농부로 오인하였다. 나중에야 비로소 그가 자신들의 대장인 줄 알게 되는 경우가 많았다.

전임자 제임스 포크(James K. Polk) 대통령은 후임자 재커리 테일러 대통령 취임식 날에 테일러의 순진한 성품을 사실 그대로 노골적으로 털어놓기를 "나는 테일러 장군이 마음씨 좋은 노인이라는 사실을 믿어 의심하지 않는다. 그러나 그는 교육을 받지 못했고, 공적인 일에 대해서는 극도로 무지하다. 하다 못해 아주 평범한 능력을 요하는 일에도 무지하다는 것이 내 판단이다. 그는 다른 사람의 손에 놀아날 것이고, 정부를 운영하는 데 있어서도 전적으로 내각에 의존할 것임에 틀림없다"[122]라고 하였다.

그러나 재커리 테일러 대통령은 주위에서 염려하고 걱정하였던 우유부단한 지도자가 결코 아니었다. 오히려 그는 군인들의 일반적인 경향과는 달리 술과 담배를 하지 않고 청결한 사람이었다. 자기 자신이 하고자 하는 일이 생기면 분명한 목적의식을 가지고 그 일을 성취하기 위하여 전심전력을 다하며 단호하게 실천하였다.

---

122) Ridings, *op. cit.*, p. 82.

재커리 테일러는 대통령 선거 때에 말하기를 "만약 내가 백악관에 입성하면 나는 분명히 그 어떤 세력에 의해 방해받지도, 저당잡히지도 않을 것이다. 그리하여 나는 이 나라의 대통령이지 한 정당의 대통령이 아님을 천명할 것이다"[123]라고 외쳤다.

그리고 재커리 테일러 대통령은 재임 중에 남북전쟁의 비극을 피하기 위한 '1850년 타협안'을 대통령의 거부권으로 단호하게 거부하였다. 또한 1850년에 미국과 영국이 중앙 아메리카에 건설될 어떤 운하에서든지 독점적인 통제권을 가진다는 내용을 금지하는 '클레이턴 불워 조약' (Clayton-Bulwer Treaty)을 강력하게 추진하여 체결하였다.

또한 이뿐인가? 재커리 테일러 대통령의 중요한 정치적 업적은 미합중국이 분열되려고 할 때에 그 위기를 잘 극복한 것이다. 당시 미합중국 안에서 남부 뉴멕시코를 비롯한 남부의 여러 주들과 정치 지도자들은 미합중국의 연방에서 탈퇴하려고 하였다. 그때 그는 그들을 향하여 남부 항구의 봉쇄, 각종 세금부과, 물자공급의 중단 그리고 군사행동까지 불사하겠다는 강력한 경고를 함으로써 중대한 위기를 잘 극복하였다.

미국 대통령 평가 여론조사의 한 전문가는 테일러 대통령에 대하여 다음과 같이 평가하면서 극찬하였다. "그는 잠재력을 가진 대통령이었

---

123) *Ibid.*, p. 81.

다. 만약 그가 살아 있었다면 링컨과 같았을 것이다. 거의 전쟁이 발발하려고 하였을 때 그는 세상을 떠나야만 했다."[124]

이후 테일러 대통령은 과중한 대통령 직무를 수행하다가 66세에 급성 위장질환으로 사망하였다. 일설에 의하면 그는 여름철 몹시 무더운 날에 체리와 우유를 과식하여 탈이 났고, 매우 고통을 받다가 5일 뒤에 세상을 떠났다고 한다. 그는 제9대 윌리엄 해리슨(William Harrison) 대통령에 이어 두 번째로 대통령 재임 시절에 사망한 대통령이 되었다.

---

124) *Ibid.*, p. 84.

■ 제13대 미국 대통령

밀라드 필모어의 영성
Millard Fillmore 1800.1.7-1874.3.8(74세)

대통령 재임기간 1850.7.9-1853.3.4

밀라드 필모어[125](Millard Fillmore)는 오늘날 섬머힐(Summerhill)이라고 부르는 뉴욕 주에 있는 로크 타운쉽(Locke, New York State)에 있는 어느 가난한 개척 농부 가정의 통나무집에서 태어나서 나일스(Niles)의 가족 농장에서 일하며 성장하였다.

---

125) 밀라드 필모어(Millard Fillmore)는 1800년 1월 7일, 아주 가난한 개척 농부인 아버지 나다니엘(Nathaniel)과 어머니 포이베(Phoebe)의 6남 2녀 중 둘째 아들로 태어났다. 필모어는 청소년 시절에는 단기적으로 학교를 다니면서 산수와 읽기, 쓰기, 지리를 배웠다. 그리고 그의 아버지 나다니엘은 두 권의 성경책과 찬송가를 가지고 있었다. 밀라드 필모어는 1826년 애비게일(Abigail)과 결혼하여 1남 1녀인 밀라드(Millard)와 메리(Mary)를 두었다.

필모어는 14세 때 양복재단사 견습생으로 도제 교육[126](cloth-making)을 받았다. 그리고 필모어는 그의 선생이며 침례교회 목사의 딸인 애비게일 파워스(Abigail Powers)와 결혼하여 두 자녀를 낳았다.

필모어는 뉴욕 주 변호사 시험에 합격하여 변호사가 되었고, 뉴욕 주 연방 하원의원과 버팔로 대학교(Buffalo University) 총장으로 일하였다. 전임 재커리 테일러(Zachary Taylor) 대통령이 갑작스럽게 재임 중에 사망함으로써 당시 부통령이었던 필모어는 제13대 미국 대통령으로 승계하여 취임하였다. 밀라드 필모어는 제10대 존 타일러(John Tyler) 대통령에 이어 두 번째로 우연히 대통령이 된 사람이 되었다.

감사

밀라드 필모어 대통령의 첫 번째 영성은 '감사'(thanks)이다. 그는 장로교회의 신자였다. 그러나 나중에 유니테리언(Unitarian)으로 바꾸었다.
왜냐하면 젊은 시절에 그의 지성 때문이었다. 필모어는 청년 시절에 하나님의 신성을 믿지 않고 인간의 이성을 강조하는 유니테리언 사상에 빠졌다. 그러나 그는 유니테리언의 정통교리는 부인하였다.

---

126) 도제 교육(cloth-making)은 서양 중세 때에 조합(guild)에서 수공업적 기능의 후계자를 양성하는 제도이다. 이것은 오랫동안 스승의 밑에서 수업과 훈련을 받아 비로소 한 사람의 완전한 수공업자로서 독립하여 영업을 하게 되는 것이다. 그 사람은 도제를 그대로 유지하며 또 다른 사람에게 기능을 전수한다.

필모어 대통령은 버팔로에 있는 제일 유니테리언 교회(Buffalo's First Unitarian Society)의 교인으로 소속되어 있었지만 경우에 따라서는 감독교회도 출석하였다. 또한 그는 장로교회와 침례교회도 번갈아가면서 다녔다. 그리고 그의 마지막 장례예배는 감독교회와 장로교회, 침례교회의 세 명의 목회자가 인도하였다.

밀라드 필모어 대통령은 미합중국이라는 거대한 나라는 사람의 지혜와 힘으로 이루어진 것이 아니라고 하며 지금까지 도우시고 인도하신 에벤에셀의 하나님(Ebenezer's God)께 감사를 드렸다. 그리고 앞으로도 전능자 여호와 하나님께서 미합중국과 국민들을 인도하실 것을 믿었다.

"사무엘이 돌을 취하여 미스바와 센 사이에 세워 우리를 도우셨다 하고 그 이름을 에벤에셀이라 하니라"(삼상 7:12).

1850년 12월 2일, 밀라드 필모어 대통령은 그의 첫 번째 연두교서(1st annual message to Congress)에서 '하나님께 대한 감사를 촉구하며'(on invoking thanks to God)라는 주제로 다음과 같이 연설하였다.

"친애하는 국민 여러분, 이제 저는 우리에게 은혜로 부어 주신 여러 가지 축복들로 인하여 모든 민족을 통치하시는 위대하신 하나님께 겸손하고 신실한 감사를 올려드리기를 촉구합니다. 우리의 삶 속에서 목도했듯이 하나님의 손이 역병을 멈추시고, 외국과의 전쟁과 국내의 혼란 가운데서 우리를 구원하셨으며, 전국 도처에 많은 사람들을 흩으셨습니다. 그리하여 우리의 자유와 종교 그리고 문명이 유지될 수 있었고, 지식의 문이 활짝 열렸으며, 다른 어떤 나라에서보다 행복의 비결들이 널리 알려지고, 일반적으로는 그것을 즐길 수 있게 되었습니다. 그리고 과거에 대한 감사를 마음으로 깊이 새기면서 하나님의 온전한 지혜와 섭리로 우리의 지도자들을 인도하셔서 그들이 이 나라의 국민들에게 참된 만족감을 주고, 이 나라의 평화를 안전하게 지키며, 우리가 살고 있는 이 연방에 새로운 힘을 공급할 수 있기를 소망합니다."[127]

1852년 12월 6일, 밀라드 필모어 대통령은 그의 세 번째 연두교서(3rd annual messages to Congress)에서 '자비로우신 하나님께 감사드리며'(on thanking al all-merciful providence)라는 주제로 다음과 같이 연설하였다.

"우리는 최고로 자비로우신 하나님께 감사해야 마땅합니다. 하나님께서는 다양한 행태로 일부 도시들을 황폐하게 만든 전염병을 멈추게 하셨을 뿐만 아니라 농부들의 수고에 복을 주셔서 풍성한 수확이 있게 하셨고, 이 나라가 여러 측면에서 평화와 번영을 누릴 수 있도록 하셨습니다."[128]

---

127) Keefauver, *op. cit.*, p. 54.
128) *Ibid.*, p. 55.

강한 신념

밀라드 필모어 대통령의 두 번째 영성은 강력한 대통령 승계자로서의 '강한 신념'(strong belief)이다. 필모어 대통령은 제10대 존 타일러(John Tyler) 대통령에 이어 대통령 선거를 하지 않고 대통령직을 계승한 두 번째 인물이다.

미국 역사상 최초의 대통령 승계자였던 존 타일러 대통령은 그래서인지는 모르지만 대통령 서리로 취급을 받았다. 그의 각료들 가운데 단 한 사람의 각료를 제외하고는 모두 내각에서 떠나 사퇴하고 말았다. 또 이뿐인가? 그의 정치 지지자들조차도 그를 멀리하였다. 결과적으로 타일러 대통령은 그의 임기 3년 11개월 동안 정치적인 리더십을 전혀 발휘하지 못하고 큰 타격을 받으면서 대통령직을 수행하였다.

그러나 밀라드 필모어 대통령의 경우는 정반대였다. 그는 대통령이 되자마자 곧장 현직 내각 인사 전원으로부터 사직서를 다 받아 냈다. 그리고 대통령을 계승한 부통령이 내각을 완전히 장악하고 새롭게 구성하였다. 이 일은 미국 정치 역사상 중요한 사건으로 기록되었다.

필모어 대통령은 그의 강한 신념으로 노예제도에 대하여 분명한 결정을 내렸다. 당시 미국 북부에서는 노예제도의 폐지론을 주장하였고, 남부에서는 노예제도의 정당성을 주장하는 대립 상황이었다. 그때 필모어 대통령은 개인적으로는 노예제도를 싫어하고 그것을 '악'(Sin)으로 보았다. 그의 기도문을 통해 노예제도에 대한 그의 확고한 신념을 엿볼 수 있다.

"저는 이 땅의 모든 국가들의 운명을 손에 쥐고 있는 그분께서 제게 업무에 꼭 필요한 힘을 주시고, 지금 이 나라가 닥친 이 거대한 재앙으로 인하여 우려되는 여러 가지 악을 피해 갈 수 있도록 하실 줄 믿고 의지합니다. 하나님께서는 제가 노예제도를 몹시 싫어한다는 사실을 아십니다. 저는 외국인들에 대한 적개심이 없습니다. 그 옛 나라에서 그들이 겪었던 비참한 상태를 목격한 후, 하나님께서는 우리가 그들이 이곳에 은신처를 마련하는 것을 거절함으로 인해 그들에게 고통을 더하는 일을 허락하지 않으셨습니다."[129]

필모어 대통령은 개인적으로는 노예제도를 악으로 보았으나 공식적으로는 연방정부의 관리가 도망간 노예들을 잡아올 수 있는 강력한 '도망노예 송환법'[130](fugitive slave law)을 제정하여 시행하도록 하였다. 결과적

---

129) *Ibid.*, p. 53.
130) '도망 노예 송환법'(fugitive slave law)은 1793년과 1850년 미국 연방회의에서 통과되어 밀라드 필모어 대통령이 처음 집행하였다. 그러나 이 법은 1864년 6월 28일에 폐지되었다. 1793년 제1차 법안의 내용은 연방 지방법원과 순회재판소의 판사 혹은 주 행정관이 도망 노예라고 지목된 사람의 지위에 대해 배심원의 심리를 거치지 않고 최종 판결을 내릴 권한이 부여되었다. 1850년 제2차 법안의 내용은 도망 노예들은 자신을 위해 증언할 수도 없을 뿐 아니라 배심원 재판도 받지 못하게 되었다. 법의 집행을 거부하거나 노예를 놓친 연방 보안관들에게는 무거운 벌금을 부과했으며, 노예 탈주를 도운 사람에게도 벌금이 부과되었다. 그런데 이 법안은 너무나 가혹하게 시행되었고, 원래 목적에서 벗어났으며, 결과적으로 법의 남용을 가져오게 하였다.

으로는 노예제도에 반대하는 북부와 찬성하는 남부와의 갈등과 차이를 극복하는 데 도움을 주진 못하고 오히려 더 큰 갈등의 요인이 되기도 하였다.

당시 필모어 대통령 밑에서 일하였던 내무장관 알렉산더 스튜어트(Alexander Stuart)는 필모어 대통령에 대하여 이렇게 평가하였다.

> "그가 어떠한 안건에 대해 주의 깊게 점검하고 자신이 옳다는 것을 믿고 스스로 만족할 때는 누구라도 그의 의사 결정을 변화시킬 수 있는 상황을 만드는 것이 불가능하다."[131]

밀라드 필모어 대통령의 중요한 정치 업적 중 하나는 일본과의 무역 개방정책이었다. 그리고 이후 그는 대통령직에서 물러난 후 버팔로 역사학회와 예술 아카데미, 고등학교, 종합병원을 건립하며 남은 여생을 보내다가 74세 나이로 세상을 떠났다.

---

131) Ridings, *op. cit.*, p. 87.

■ 제14대 미국 대통령

프랭클린 피어스의 영성
Franklin Pierce 1804.11.23-1869.10.8(65세)

대통령 재임기간 1853.3.4-1857.3.4

프랭클린 피어스[132](Franklin Pierce)는 뉴햄프셔 주에 있는 힐스버러(Hillsboro, New Hampshire state) 지역의 어느 통나무 오두막집에서 태어났다. 그는 메인 주 보든 대학(Bowdoin College, Maine)을 졸업하고 변호사가 되었다. 이후 29세 때에 피어스[133](Pierce)는 어느 목사의 딸인 제인 애플턴(Jane M. Appleton)과 결혼하여 세 명의 자녀를 두었다.

---

132) 프랭클린 피어스(Franklin Pierce)는 1804년 11월 23일, 아버지 벤자민 피어스(Benjamin Pierce)와 어머니 안나 캔드릭(Anna Kendrick) 사이에 아홉 명의 자녀 중 첫째로 태어났다. 그의 아버지 벤자민은 미국 독립전쟁에 복무하였고, 이후에 국민군의 준장이 되었다. 그리고 두 번씩이나 뉴햄프셔 주(New Hampshire state)에서 재선 주지사로 재임하였다.
133) 프랭클린 피어스는 29세에 제인 애플턴(Jane Appleton)과 결혼하고 세 명의 아들들, 프랭클린(Franklin), 프랭크 로버트(Frank Robert), 벤자민(Benjamin)을 낳았다. 그러나 불행하게도 자녀들이 모두 12세를 넘기지 못하고 세상을 떠나고 말았다.

프랭클린 피어스는 뉴햄프셔 주 하원이 되었고, 32세에 최연소 상원의원을 거쳐 49세의 젊은 나이에 민주당 대통령 후보로 출마하여 제14대 미국 대통령으로 당선되었다. 피어스는 뉴햄프셔 주 출신의 유일한 대통령이 되었다.

슬픔, 고독

프랭클린 피어스 대통령은 감독교회('개신교 감독교회', '성공회', Protestant Episcopal Church)의 신자이다. 피어스 대통령의 첫 번째 영성은 '슬픔과 고독'(sadness and solitude)이다.

피어스 대통령은 수십 년 동안 감독교회에 출석하고 종교적인 관심을 많이 가졌다. 그러나 그의 믿음은 확고하지 못했다. 그는 중생을 체험하지 못하고 외적인 신자의 모습을 가졌다. 백악관에서 생활할 때 그는 기도문을 줄줄 읽었고 식사 때에는 기도를 드렸다.

피어스 대통령 부부는 바이런 선더랜드 목사(Rev. Byron Sunderland)가 목회하는 워싱턴 4번가 교회(Half Street Church, Washington D.C.)에 참석하였다. 그런데 목사의 딸인 아내 제인 애플턴(Jane Appleton)은 자기 친척들의 신앙과 삶에 대하여 깊은 관심을 가졌으나 남편 피어스는 신앙에 대해 별로 관심이 없었다. 그리고 그의 아내 제인이 죽고 난 뒤에야 감독교회에서 세례를 받고 등록교인이 되었다.

  1853년 3월 4일, 프랭클린 피어스는 제14대 미국 대통령으로 취임하였다. 이날이야말로 그의 일생에 가장 즐겁고 기쁘고 축복된 순간이어야 하는데, 그 행복은 너무나 짧았다. 한순간이었다.

  그 배경은 이러했다. 피어스는 그의 가족들과 함께 대통령 취임식 2개월 전에 어느 친구의 장례식에 참석하기 위해 기차 여행을 하였다. 그런데 갑작스럽게 그들이 타고 있던 기차가 탈선하면서 큰 사고를 일으켰다. 이 참사로 인하여 자신을 비롯한 아내와 아들 벤자민이 부상을 입었다. 그런데 불행하게도 피어스 부부가 의식을 되찾기 전에 11세의 아들이 먼저 세상을 떠나고 말았다. 이로 인해 피어스는 슬픔과 고통 속에서 대통령 취임식을 하게 되었고, 그의 아내는 이 사건의 충격으로 말미암아 일평생 죽는 날까지 슬픔과 고통, 고독과 침울한 상태에서 벗어나지 못하였다.

  프랭클린 피어스는 슬픔과 아픔 속에서 미국 대통령 취임식에 참석하였다. 역대 미국 대통령 중 그 누구도 이토록 망연자실한 슬픔 속에서 대통령의 자리에 올라간 사람은 아무도 없었다. 정말 피어스는 고통과 슬픔 속에서 대통령 취임식에 참여하여, "심령이 가난한 자는 복이 있나니 천국이 그들의 것임이요 애통하는 자는 복이 있나니 그들이 위로를 받을 것임이요"(마 5:3-4)라는 말씀 위에 손을 얹고 다음과 같이 대통령 취임 연설을 하였다.

"아무도 모르는 내 개인적인 회한과 극한 슬픔 속에도 불구하고 나 자신이 아니라 다른 사람을 위하여 이토록 훌륭한 자리에 오른다는 것은 나에게 정말 위로가 됩니다."[134]

"여호와께서 자기 백성의 상처를 싸매시며 그들의 맞은 자리를 고치시는 날에는 달빛은 햇빛 같겠고 햇빛은 일곱 배가 되어 일곱 날의 빛과 같으리라"(사 30:26).

의리, 우정

프랭클린 피어스 대통령의 두 번째 영성은 '의리와 우정'(obligation and friendliness)이다. 그가 보든 대학을 다닐 때 나다니엘 호손(Nathaniel Hawthorne)을 만나 그와 깊은 우정을 쌓았다. 호손은 뉴 잉글랜드의 전통 있는 청교도 가문에서 태어나 피어스와 함께 보든 대학을 다녔다. 그들은 친구요 신앙의 동지였다.

그 후 나다니엘은 고향으로 돌아와서 독서와 창작하는 일을 하였다.

---

134) Kane, *op. cit.*, pp. 162-163.

그러나 그는 생활고 때문에 우편국장과 수입품 검사관으로 일하였다. 이렇게 일하는 중 그는 유명한 《주홍 글씨》라는 책과 피어스의 대통령 선거용 자서전을 집필하여 출간하였다. 프랭클린 피어스는 대통령에 당선되자 그의 친구 호손을 불렀다. 그를 영국 영사로 임명하고 그와 함께 일하였다.

특별히 프랭클린 피어스 대통령은 친구의 우정과 의리를 중시하였다. 그는 자신이 임명한 내각 인사들을 그의 임기 중에 한 번도 바꾸지 않았다. 전적으로 그들을 믿고 신뢰하였다. 그들과 정치적인 동지로서 함께 일하였다. 이것은 피어스의 성품이며 그의 장점이기도 하였다. 이로 인하여 피어스 행정부는 부정부패와는 거리가 멀었다.[135]

"요나난의 마음이 다윗의 마음과 하나가 되어 요나단이 그를 자기 생명같이 사랑하니라……요나단은 다윗을 자기 생명같이 사랑하여 더불어 언약을 맺었으며 요나단이 자기가 입었던 겉옷을 벗어 다윗에게 주었고 자기의 군복과 칼과 활과 띠도 그리하였더라"(삼상 18:1-4).

"철이 철을 날카롭게 하는 것같이 사람이 그의 친구의 얼굴을 빛나게 하느니라"(잠 27:17).

"우정은 천국이며, 우정의 결여는 지옥이다. 우정은 삶이며, 우정의 결

---
135) *Ibid.*, p. 164.

여는 죽음이다."¹³⁶

피어스 대통령의 중요한 정치 업적은 미국이 북아메리카 대륙으로 확대해 나감에 따라 철도 건설과 일본과의 무역 확대에 박차를 가한 것이다. 또한 그는 쿠바를 미국의 주로 편입하고자 노력하였다. 그리고 유럽과의 개선된 접촉을 위해 대서양 해저 케이블 건설을 촉진시켰다. 그래서 그의 임기 4년 동안은 국가의 빚을 크게 줄이는 업적을 남겼다.¹³⁷

피어스 대통령은 대통령 취임 직전에 어린 아들이 기차 사고로 죽음을 당하여 그 악몽이 죽는 날까지 회복되지 못했다. 그래서 그는 대통령 퇴임 이후에도 거의 술에 만취되어 살았다. 그의 아내 제인도 슬픔과 고통 속에서 은둔 생활을 하였다. 결국 그는 슬픔과 고통, 번뇌와 외로움 속에 살다가 65세에 세상을 떠났다.

---
136) 강병훈, *op. cit.*, 제11권, p. 699.
137) Nelson, *op. cit.*, p. 197.

제15대 미국 대통령

제임스 뷰캐넌의 영성
James Buchanan 1791.4.23-1868.6.19(77세)

대통령 재임기간 1857.3.4-1861.3.4

제임스 뷰캐넌[138](James Buchanan)은 펜실베이니아 주에 위치한 코브 갭(Cove Gap, Pennsylvania state)이라는 지역의 어느 통나무집에서 태어났다. 그런데 그는 불행하게도 태어날 때부터 선천적인 장애인이었다. 그의 머리는 앞으로 약간 기울었고, 한쪽 눈은 멀리 있는 것을 잘 보지 못하는 근시였고, 다른 한 눈은 멀리 있는 것을 잘 볼 수 있는 원시였다.

그는 이러한 신체적인 악조건에도 불구하고 펜실베이니아 동부 지역에 있는 디킨슨 대학(Dickinson College)에 입학하여 법학을 공부한 후 변

---

138) 제임스 뷰캐넌(James Buchanan)은 1791년 4월 23일, 아일랜드(Ireland) 계통의 이주민으로서 창고 관리인이었던 아버지 제임스 뷰캐넌 주니어(James Buchanan Jr.)와 어머니 엘리자베스 스피르(Elizabeth Speer) 사이에 4남 6녀 중 장남으로 태어났다.

호사가 되었다. 그는 27세의 아름다운 앤 콜먼[139](Ann Coleman)이라는 여인과 1년 정도 교제하다가 약혼을 하였다. 그런데 불행하게도 그 여자의 집안과 사소한 갈등과 문제로 인하여 파혼이 되었다. 이후, 그 여자는 세상을 떠나고 말았다. 이로 말미암아 제임스 뷰캐넌은 약혼녀의 죽음을 애도하면서 일평생 동안 결혼하지 않고 혼자 외롭게 살았다.

그 후 제임스 뷰캐넌은 펜실베이니아 주 연방 하원의원으로 첫출발하여 러시아 대사와 영국 공사, 연방 상원의원과 국무장관을 거쳐 제15대 미국 대통령으로 당선되었다. 1856년 민주당 대통령 후보인 뷰캐넌의 당선을 위하여 그의 열렬한 지지자들은, "44년 우리는 그들을 찔렀네!(민주당 후보 포크 대통령 당선을 가리킴) 52년 우리는 그들을 꿰뚫었네!(민주당 후보 피어스 대통령 당선을 가리킴) 그리고 56년 우리는 그들을 들이받을 것이네!(민주당 후보 뷰캐넌 대통령 당선 예상)"[140]이라고 외쳤다.

드디어 제임스 뷰캐넌은 제15대 미국 대통령에 당선되어 백악관에 입성하였다. 그는 미국 역사상 유일한 '미혼 대통령'이요, '장애인 대통령'이요, '독신 대통령'으로 불렸다.

---

139) 앤 콜먼(Ann Coleman)은 제임스 뷰캐넌과 교제하던 중에 약혼을 하였다. 그런데 앤의 집안과의 갈등과 문제가 생겼고 이것이 결정적으로 파혼하는 요인이 되었다. 이 문제의 원인은 이랬다. 앤 콜먼은 뷰캐넌과 깊은 사랑에 빠졌지만 정신적으로 안정이 되지 못하여 불안하였다. 그리고 앤의 아버지는 매우 부유한 사람으로서 뷰캐넌이 자신의 재산을 노리고 탐하여서 앤과 사귀고 있지는 않은가 하는 의심을 가지게 되었다. 이로 인하여 결국 두 사람은 파혼하고 말았다. 이후에 앤은 아마도 자살을 하지 않았나 추정된다.
140) Dole, *op. cit.*, p. 220.

하나님의 인도와 보호

제임스 뷰캐넌 대통령은 장로교회(Presbyterian Church)의 교인이었다. 그의 첫 번째 영성은 '하나님의 인도하심과 보호하심'(God's guidance and protection)이다. 그의 부모는 전통적인 장로교 교인이었다. 그들은 아들 제임스 뷰캐넌을 하나님의 말씀과 믿음으로 잘 교육시켰다.

제임스 뷰캐넌은 청소년 시절에 펜실베이니아 주에 있는 머서스버그 장로교회(Mercersburg, Pennsylvania State)에 다녔다. 그는 이 교회의 담임 존 킹 목사(Rev. John King)에게 신앙적인 큰 영향을 받았다. 훗날, 뷰캐넌 대통령은 킹 목사보다 더 훌륭한 사람을 알지 못한다고 하면서 그를 크게 존경하였다. 킹 목사는 그의 영적 스승이었다. 워싱턴에 있는 교회와 펜실베이니아에 있는 랭카스터 장로교회(Lancaster Presbyterian Church)에는 뷰캐넌 대통령의 지정석이 있었다. 그리고 그는 주위에 있는 어려운 개척교회들에게 헌금과 건축헌금을 보냈다. 그는 전도에도 열심이 있어서 그의 사촌 해리엇 레인(Harriet Lane)에게 복음을 전하여 신실한 교인으로 만들었다.

뷰캐넌 대통령은 선천적으로 장애인 출신이어서 그런지 모르지만 항상 하나님의 인도하심과 보호하심을 믿고 생활하였다. 그리고 당시 정치적인 상황에서는 남과 북이 노예제도로 인하여 지역적인 갈등과 문제가 심화되어 남북전쟁 직전까지 이르게 되었다. 이렇게 어려운 극단적인 정치 상황 속에서 그는 전능하신 하나님의 축복과 은혜에 감사드리며, 장차 하나님의 인도하심과 보호하심을 간구하면서 연설하였다.

뷰캐넌 대통령은 첫 번째 연두교서(1st annual message to Congress)에서 다음과 같이 연설하였다.

"이 백성에게 주신 수많은 축복에 대하여 전능하신 하나님께 감사해야 마땅하며, 함께 드리는 우리의 기도가 그분께 올라가 그분이 계속해서 이 위대한 국가에 복을 주시되 과거에 그러했듯이 장차 올 시간에도 복을 주실 것입니다."

뷰캐넌 대통령은 두 번째 연두교서(2nd annual message to Congress)에서 다음과 같이 연설하였다.

"우리 역사의 가장 위기의 순간에도 섭리하여 근심을 덜어 주신 전능하신 섭리에 대하여 감사할 만한 많은 이유가 있습니다."

뷰캐넌 대통령은 세 번째 연두교서(3rd annual message to Congress)에서 다음과 같이 연설하였다.

"우리 역사의 시작 이후 신적 섭리의 특별한 보호하심을 이 나라가 계속 누려 왔다는 것을 믿을 만한 충분한 이유가 있습니다. 사회가 발전하는 동안 많은 위협과 깜짝 놀랄 만한 어려움에 노출되기도 하였으나 연속되는 문제들이 우리 머리 위에 떨어질 것처럼 보였던 임박한 구름이 순간 사라졌고 정부에 닥친 위기가 사라졌습니다. 앞으로도 우리가 언제나 신적 인도하심과 보호하심 아래 있게 하소서."

그리고 뷰캐넌 대통령은 앞으로 닥쳐올 미합중국의 분령과 남북전쟁의 두려움 속에서 하나님의 보호와 인도하심을 기도하면서 네 번째 연두교서(4th annual message to Congress)에서 다음과 같이 연설하였다.

"자기 보호는 자연의 법칙이며 창조주께서는 최고의 지혜로운 목적을 가지고 인간의 마음속에 자기 보호의식을 심어 주셨습니다. 그러므로 다른 모든 면에서 아무리 축복과 은총을 많이 받았다 할지라도, 거의 절반에 해당하는 이날의 가정들을 상습적이고 절망적인 불안에 노출시키는 정치 연방은 결코 오래 지속될 수 없습니다. 조만간 정치적인 연대는 분리되어야 합니다. 저는 아직 치명적인 상황이 도래하지 않았음을 확신합니다. 하나님께서 이 나라와 연방을 전 세대에 걸쳐 보호하시기를 기도합시다."

"여호와는 네게 복을 주시고 너를 지키시기를 원하며 여호와는 그의 얼굴을 네게 비추사 은혜 베푸시기를 원하며 여호와는 그 얼굴을 네게로 향하여 드사 평강 주시기를 원하노라 할지니라 하라"(민 6:24-26).

의무 수행

제임스 뷰캐넌 대통령의 두 번째 영성은 오직 주어진 일에만 전념하는 '의무 수행'(performance of duty)이다. 그는 미국 헌법의 테두리 안에서 대통령의 의무를 수행하겠다고 강조하였다. 달리 말한다면 그는 대통령의 월권을 하지 않겠다는 것이다.

1857년 3월 4일, 제임스 뷰캐넌 대통령은 취임연설에서 미국 대통령으로서 미국 헌법에 명시된 대통령직을 수행하겠다고 다음과 연설하였다.

"대통령으로서 이 중차대한 직무를 시작하면서 저는 우리 선조들의 하나님께서 저에게 지혜와 확신을 주셔서 고결한 임무를 수행하고 여러 국민들 사이에 조화와 옛 우정을 복원하는 사명을 잘 감당하며 앞으로 올 모든 세대에도 우리의 자유민주주의가 잘 보존될 수 있도록 간구해야 하겠습니다. 우리는 다른 모든 나라들과 평화, 통상 그리고 우정을 개척해 나가야 합니다. 그리고 이것은 우리 자신의 물질적인 부를 축적하는 가장 좋은 방법이기 때문입니다. 미국 국기의 보호 아래서 우리 국민은 국민으로서의 자유과 종교의 자유를 누려 왔습니다. 저는 이 위대한 국민 위에 전능하신 하나님의 축복이 늘 함께하시기를 겸손히 간구하면서 이제 미국 헌법에 명시된 대로 대통령이 된 것을 선언합니다."[141]

---

141) Hamilton, *op. cit.*, p. 120; Keefauver, *op. cit.*, p. 61.

계속하여 제임스 뷰캐넌 대통령은 마지막 의회 연설에서 대통령의 직책에 대하여 다음과 같은 견해를 밝혔다.

"무엇보다도 대통령은 단지 정부의 최고 행정관에 지나지 않는다. 대통령의 직분은 법을 만드는 것이 아니라 집행하는 것이다."[142]

또한 뷰캐넌 대통령은 평소에도 대통령에게 주어진 특권이나 혜택을 누리지 않고, 어긋난 행동을 하지 않았다. 그는 대통령 재임 기간 중에 공짜로 기차 여행하는 일을 거절하였다. 그는 자신이 받은 선물들을 모두 특허국으로 되돌려 보냈다. 그리고 그는 대통령으로서 바르게 법대로 살면서 자기 자신을 하나의 모델로 삼아 보여주기를 원하였다.

"주의 말씀대로 나를 붙들어 살게 하시고 내 소망이 부끄럽지 않게 하소서"(시 119:116).

"주의 말씀은 내 발에 등이요 내 길에 빛이니이다"(시 119:105).

엄격한 헌법의 의무 수행자로서 제임스 뷰캐넌 대통령에 대한 역사적인 평가는 어떠한가?

---

142) 염성철, *op. cit.*, p. 99.

첫째, 긍정적인 측면에서 뷰캐넌은 미국 헌법의 의무 수행자로서 미국의 헌법을 수호하였다. 법을 월권하지 않았고 독재하지 않았다. 그래서 그는 대통령으로서 전쟁과 싸움을 피하기 위하여 노력한 '평화주의 대통령'이라는 평가를 받았다.

둘째, 부정적인 측면에서 뷰캐넌은 국가의 위기 상황에서 우유부단한 대통령으로서 '용기가 없다. 결단력이 부족하다. 포용력이 없다. 리더십이 없다'는 평가를 받았다. 그래서 그는 '실패한 대통령'으로 불렸다.

결과적으로 대통령 임기 중에 남부의 사우스 캐롤라이나 주와 텍사스 주를 비롯한 6개 주가 미국 연방에서 탈퇴하였고, 노예문제를 잘 해결하지 못하여 다음 대통령인 링컨에게 짐을 물려주었다.

제임스 뷰캐넌 대통령은 자신이 대통령이 되었을 당시에는 운좋게 시민 전쟁의 재앙을 잘 피해 갔다. 그러나 그가 대통령직에서 떠난 지 한 달 후에 피로 얼룩진 남북전쟁의 서막이 올랐다. 은퇴 이후 '미혼 대통령' 혹은 '독신 대통령'이라고 불렸던 제임스 뷰캐넌은 고향 땅 펜실베이니아로 내려가 조용히 살다가 77세에 세상을 떠났다. 그는 임종을 앞두고 얼마 전에 대통령 시절을 회고하면서 말하기를 "나는 후회하지 않으면서 미국 대통령으로서의 헌법적 의무를 수행했다"[143]라고 술회하였다.

---

143) Hamilton, op. cit., p. 126.

■ 제16대 미국 대통령

에이브러햄 링컨의 영성
Abraham Lincoln 1809.2.12-1865.4.15(56세)

대통령 재임기간 1861.3.4-1865.4.15

에이브러햄 링컨[144](Abraham Lincoln)은 켄터키 주에 위치한 하딘 카운티에 있는 한 통나무 오두막집에서 문맹자 부모로부터 출생하였다. 그

---

144) 에이브러햄 링컨(Abraham Lincoln)은 1809년 2월 12일, 문맹자 부모인 아버지 토마스 링컨(Thomas Lincoln)과 어머니 낸시(Nancy) 사이에서 2남 1녀 중 장남으로 태어났다. 그가 태어난 집은 켄터키 주 하딘 카운티(Hardin County), 현재는 라루 카운티(LaRue county)라고 불리는 곳에 있는 방이 한 칸뿐인 통나무집이었다. 어머니 낸시는 34세의 젊은 나이로 독초를 먹은 소에서 짠 우유를 마시고 우유 중독병에 걸려 세상을 떠났다. 아내의 죽음으로 집안일을 돌볼 사람이 없어서 아버지 토마스는 링컨이 어린 시절부터 '엄마'라고 불렀던 친구 사라 부시 존스톤(Sarah Bush Johnston)과 재혼하였다. 사라는 집으로 들어오자마 물을 받아서 아이들을 씻어 주며 따뜻하게 돌봐 주었다. 책을 좋아하는 어린 링컨에게는 풍부한 학문을 가르쳤다. 아버지 토마스는 비록 배운 것은 없지만 아들 링컨에게 아주 재미있게 말을 하는 훌륭한 이야기꾼이었다. 그때부터 어린 링컨은 아버지의 이야기를 들면서 연설을 배우기 시작하였다. 이후 링컨의 정식교육은 약 18개월 동안 여러 명의 순회 교사들로부터 수업을 받았던 것이 전부였다. 그는 대부분 스스로 독학을 했으며 열심히 독서를 하였다. 그는 매우 치열한 레슬링 시합을 치르면서 팔힘이 아주 세졌고, 동물을 죽이는 것을 싫어하여 사냥과 낚시하는 일은 하지 않았다.

는 어린 시절부터 항상 가난하게 살았다. 시골 통나무집 태생의 링컨은 자신의 어린 시절의 삶을 다음과 같이 회고하였다.

"나는 1809년 2월 12일 켄터키 주의 하딘 카운티에서 태어났다. 나의 부모님은 두 분 모두 문맹이셨다. 나의 부모들은 두 분 다 버지니아에서 출생하셨는데 두분의 가문이 별로 두드러진 집안이 못 되는 것 같다. 그곳의 숲속은 많은 곰과 들짐승들이 살고 있는 야생 지역이었다. 나는 그런 곳에서 자랐다. 물론 성인이 다 되어서도 별로 아는 게 없었다. 다행히도 읽고 쓰고 간단한 계산 정도는 할 수 있었지만 그게 전부였다."[145]

청소년 시절부터 링컨은 직업의 귀천이 없듯이 닥치는 대로 다양한 일에 종사하였다. 그는 나룻배 사공으로부터 출발하여 울타리용 가로대 만드는 일과 잡화상 점원, 토지측량 기사, 우체국 직원 등의 일을 하였다. 그는 28세 때에 혼자 열심히 공부하여 독학으로 변호사 시험에 합격하여 일리노이 주 스프링필드(Springfield, Illinois state)에서 변호사 개업을 하였다. 그리고 링컨은 켄터키 렉싱턴(Lexington, Kentucky)에서 많은 노예들을 소유하고 있는 부유한 집안의 딸이며 상류층 출신인 세 살 연

---

145) Doris Faber, *The Mothers of American Presidents* (New York: The New American Library, 1968), p. 118.

상의 여인 메리 토드[146](Mary Todd)와 결혼을 하였다.

에이브러햄 링컨은 정치계에 입문해 일리노이 주의 4선 주의원으로 출발하여 연방 하원의원을 거쳐 연방 상원의원에 두 번 출마하여 실패했다. 계속적으로 그는 실패에 실패, 또 실패를 거듭하였다. 그러나 결코 낙심하지 않고 꿈과 인내와 노력과 열정을 다하였다. 마침내 그는 52세에 7전 8기의 오뚝이 정신으로 제16대 미국 대통령에 당선되었다.

오직 성경

에이브러햄 링컨 대통령은 특정 교파에 소속되지 않은 기독교 신자이다. 그렇다고 그는 무신론자나 무교회주의자는 결코 아니었다. 그의 첫 번째 영성은 '오직 성경'(Sola Scriptura)이었다.

오늘날 많은 역사학자들은 "에이브러햄 링컨이 크리스천이었는가?"(Was Abraham Lincoln a Christian?)에 대하여 논쟁하고 있다. 이 논쟁은 세 가지의 다른 논쟁들 속에서 논의되고 있다.

"어떤 이들은 에이브러햄 링컨이 평생 동안 믿음 없는 사람이었다고

---

146) 링컨(Lincoln)은 1842년 11월 4일, 당시 28세의 메리 토드(Mary Todd)와 결혼하여 네 명의 아들인 로버트(Robert), 에드워드(Edward), 윌리엄(William), 토마스(Thomas)를 낳았다. 그런데 네 명의 아들들이 모두 일찍 세상을 떠나서 메리는 말년에 심한 스트레스를 받아 고통을 받았고, 링컨은 우울증 상태로 고생하였다.

주장한다(나는 '항상 잃어버린 자' 입장이라고 부른다). 어떤 이들은 에이브러햄 링컨이 항상 기독교 교인이었다고 주장한다(나는 '항상 구원받은 자' 입장이라고 부른다). 또 다른 이들은 에이브러햄 링컨이 자신이 대통령직에 있는 동안에 기독교 교인이 되었다고 주장한다(나는 '개종' 입장이라고 부른다)."[147]

이러한 역사적인 세 가지 논쟁 속에서 필자의 견해는 링컨 대통령은 크리스천이라는 것이다. 왜냐하면 링컨은 어렸을 때부터 전통적인 기독교 가정에서 하나님의 말씀과 신앙 교육으로 성장하였기 때문에 이미 그는 크리스천이 되었다. 그리고 그는 파란만장한 정치적인 시련과 삶 그리고 대통령 재임 중에 더 많은 영적인 체험을 가졌기 때문이다.

에이브러햄 링컨 대통령의 신앙과 삶에 대하여 찰스 로빈슨(Charles S. Robinson)은, 링컨은 살아 계신 하나님을 의지하고 그의 도움이 없이는 살 수 없다는 것을 확신하였다고 주장한다. 링컨은 그의 아들들의 죽음과 수많은 군인들의 죽음을 본 후에 더욱더 하나님을 신뢰하고, 예수 그리스도가 구원자이심을 믿고 주님을 사랑하였다는 증언들을 이렇게 설명하였다.

"종교적인 경험과 관련된 그 자신의 이야기는 여러 명의 증인들에 의하여 여러 가지 방법으로 이렇게 증언되고 있다. '내가 스프링필드

---

147) Mount, *op. cit.*, p. 270.

(Springfield)를 떠날 때에 나는 하나님을 전적으로 의지한다고 느꼈다. 그 책무는 나의 가슴에 무거운 중압감을 주었다. 나는 하나님의 도움이 없이는 실패한다는 것을 알고 있었다. 그러나 그때는 기독교 교인이 아니었다. 내 아이가 죽었을 때 나는 복음의 위로를 받을 필요를 느꼈다. 그것은 그 이전의 어떤 것보다 더 나를 짓누른 가혹한 고뇌였다. 그때 나는 크리스천이 되고 싶었다. 그러나 내가 게티즈버그(Gettysburg)에서 죽은 청년들의 무덤들 사이를 혼자 이리저리 돌아다녔던 그 날이 오기 전까지는 결코 기독교 교인이 되는 지점까지 도달하지 못하였다. 거기서 묘비마다 가득히 새겨진 소망과 믿음의 글들을 읽고 나는 예수를 나의 구원자로 사랑한다고 신뢰하기 시작하였다.'"[148]

링컨 대통령은 날마다 '성경을 읽고 또 읽어'(He read and read the Bible) 성경 말씀의 위대한 인물이었다. 링컨의 생애를 한마디로 말하면, 그는 성경에서 출발하여, 성경과 함께 숨쉬고, 성경과 함께 일하다가, 성경 안에서 삶을 마쳤다. 정말 링컨의 삶은 '오직 성경!'이었다.

어린 시절, 링컨은 가정 형편이 너무 어려워서 정식으로 학교 교육을 받지 못하였다. 그러나 그는 성경 읽기에 매우 열정적이었다. 그래서 성경은 링컨의 친구이며 교과서였다. 그리고 성경 교사는 어머니 낸시였다. 어머니 낸시는 틈만 나면 통나무 의자에 앉아 성경을 펼쳐서 아브라

---

[148] *Ibid.*, p. 276.

함, 이삭, 야곱, 요셉의 이야기로 시작하여 이스라엘의 노예생활을 해방시킨 모세, 용맹스런 다니엘의 경험, 다윗 왕의 믿음, 솔로몬의 지혜, 욥의 인내, 하늘나라로 승천한 엘리야의 이야기들을 들려주었다.

링컨은 그의 변호사 시절에도 법정에서 자유자재로 재치 있게 성경 구절들을 인용하면서 변론하여 주위 많은 사람들로부터 존경과 사랑을 받았다. 어느 날, 링컨은 임종이 가까운 어느 노부인의 유언장 작성을 하기 위하여 그 집을 방문하여 그 일을 다 마쳤다. 그 노부인은 링컨에게 "나는 하나님을 믿고 있지만 죽음을 맞이하기가 매우 두렵습니다. 나를 위하여 성경 한 구절을 읽어 줄 수 있겠습니까?"라고 하자 링컨은 흔쾌히 평소에 즐겨 암송하던 시편 23편을 읊어 주었다.[149]

1861년 3월 4일, 에이브러햄 링컨은 대통령에 당선되어 취임식 때에 역대하 7장 14절의 "내 이름으로 일컫는 내 백성이 그들의 악한 길에서 떠나 스스로 낮추고 기도하여 내 얼굴을 찾으면 내가 하늘에서 듣고 그들의 죄를 사하고 그들의 땅을 고칠지라"는 말씀 위에 손을 얹고 취임 선서를 하였다.

그리고 링컨 대통령은 마태복음 7장 1절의 "비판을 받지 아니하려거든 비판하지 말라"는 말씀을 인용하여 취임연설을 하였다. 그리고 링컨

---

149) 전광, 《백악관을 기도실로 만든 대통령 링컨》 (서울: 생명의 말씀사, 2010), p. 48.

은 대통령 취임석상에서 조그맣고 낡은 성경책 한 권을 들고 나와서 이렇게 신앙고백을 하였다.

"이 낡은 성경책은 바로 어머니께서 저에게 물려주신 성경입니다. 저는 이 성경책으로 말미암아 대통령이 되어 여기 이 자리에 서게 되었습니다. 저는 성경 말씀대로 이 나라를 통치할 것을 약속드립니다."[150]

또한 링컨은 대통령으로 당선되어 분주하고 바쁜 가운데도 불구하고 무디(D. L. Moody) 부흥사가 개설한 어린이 성경학교에 초청을 받아 그곳에 찾아가서 어린이들에게 성경말씀을 가르치고 믿음과 용기와 꿈을 심어 주었다.

"하나님은 여러분을 사랑하십니다. 그래서 예수를 믿게 하셨고 하나님의 말씀인 성경을 통해 사랑하는 사람들을 불러 주셨습니다. 하나님이 주신 최고 선물은 성경입니다. 여러분도 하나님의 말씀인 성경을 잘 읽고 순종하면 언젠가 저처럼 대통령이 될지도 모릅니다."[151]

정말 링컨 대통령의 영성, 즉 그의 어머니로부터 물려받은 유산인 한 권의 낡은 성경책은 위대한 미국의 대통령 링컨을 만들었다. 평소에 링컨 대통령을 존경하였던 제26대 미국 대통령 시어도어 루스벨트(Theo-

---

150) *Ibid.*, p. 51.
151) *Ibid.*, p. 209.

dore Roosevelt)는 어려운 일을 당할 때마다 백악관에 걸려 있는 링컨 대통령의 초상화를 바라보면서 "이럴 때 링컨은 어떻게 했을까?" 하면서 다음과 같이 링컨을 평가하였다.

"링컨 대통령은 성경책 한 권으로 만들어진 사람입니다. 그분은 성경 속에서 배운 진리를 자기 실제 생활에 적용해서 자신의 일생을 더할 나위 없이 영광스러운 생애로 만들었습니다. 그분은 성경과 함께 산, 위대한 하나님의 사람입니다."[152]

그리고 대문호 톨스토이(L. Tolstoi)는 에이브러햄 링컨 대통령을 향하여 다음과 같이 격찬하였다.

"링컨은 마치 예수 그리스도의 축소판이라고 할 수 있습니다. 우리 모두는 링컨을 역사상 가장 위대한 성자로 영원히 기억할 것입니다."[153]

특별히 1863년 11월 19일, 근대 세계사에서 거의 찾아볼 수 없는 가장 유명한 최고의 명연설인 링컨의 게티즈버그 연설(Gettysburg Address)은 바로 성경에서 인용된 내용이다. 링컨은 게티즈버그 전투에서 전사한 영웅들에 대한 추도식에 참석하여 그 유명한 "국민의, 국민에 의한, 국민을 위한 정부"(government of the people, by the people, for the people)라는

---
152) *Ibid.*, p. 51.
153) *Ibid.*, p. 266.

연설을 하였다.

이 게티즈버그 연설문의 구절은 400년 전 "이 성경은 국민의, 국민에 의한, 국민을 위한 정부를 찬성한다"라는 말을 인용한 내용이다. 이것은 위클리프 성경[154](Wycliffe Bible)의 서문에 기록된 말이다.

링컨의 게티즈버그 연설은 단 5분 정도로 짧았다. 그러나 그의 연설은 민주주의의 3대 원리가 되는 불후의 명연설이 되었다. 이것은 바로 링컨의 성경을 바탕으로 한 영성에서 나온 열매임을 확신한다. 오늘날도 그의 연설은 지구촌 모든 나라와 민족들에게 큰 영향을 끼치고 있다. 링컨의 게티즈버그 연설문은 다음과 같이 기록되어 있다.

"지금부터 87년 전 우리 조상은 자유 속에서 키워졌고 모든 사람은 평등하게 태어났다는 신념에 따라 새로운 나라를 이 대륙에 창설하였습니다. 지금 우리는 이와 같은 나라가 또 이와 같이 키워지고 이와 같이 바쳐진 모든 나라가 과연 영속할 수 있는지의 여부를 실험하는 커다란 내전을 치르고 있습니다. 우리는 그런 전쟁의 커다란 싸움터에서 만나고 있습니다. 우리는 이 싸움터의 일부를 이 나라가 영원무궁할 수 있

---

154) 위클리프 성경(Wycliffe Bible)은 '개혁의 샛별'이라고 불리는 개혁주의자 존 위클리프(John Wycliffe, 1320-1384)가 번역한 성경이다. 위클리프는 종교개혁자 마틴 루터(Martin Luther)보다 140년 앞서서 성경번역을 하였다. 그는 성경 번역을 했다는 이유로 이단으로 몰려 정죄를 받았다. 그는 영국 옥스퍼드(Oxford) 대학교를 졸업하였고 모교에서 교수와 목회자로 활동하였다. 위클리프는 신앙과 구원에 관한 최고의 권위는 오직 성경이라고 믿었다. 그리고 교회의 최고 법은 성경이지 교황의 법이나 권위가 아니라고 주장하였다. 그는 죽을 때까지 성경번역 사역을 위하여 일평생을 바쳤다. Ref. *The Wycliffe Bible Commentary: A Phrase by Phrase Commentary of the Bible*; 한글판 위클리프 주석 성경(김상복 목사 편찬).

도록 이곳에서 생명을 바친 사람들의 최후의 안식처로 바치기 위하여 모인 것입니다. 그러나 이보다도 큰 의미로 이 땅을 바칠 수 없습니다. 이 땅을 성스럽게 할 수 없습니다. 이 땅을 깨끗하게 할 수 없습니다. 여기서 싸운 용사들은 살아남은 사람이든 전사한 사람이든 다 같이 우리의 빈약한 힘으로는 더 보탤 수도 더 뺄 수도 없을 정도로 이 땅을 성스럽게 하였습니다. 세계는 지금 우리가 여기서 말하고 있는 것을 별로 마음에 새기지도 않을 것이며 오래 기억하지도 않을 것입니다. 그러나 여기 쓰러진 용사들이 지금까지 그렇게도 훌륭하게 추진해 온 미완성의 대사업에 살아 있는 우리가 몸을 바쳐야 합니다. 그 대사업이란, 이들 명예로운 전사자가 최후까지 온 힘을 다하여 싸운 대의에 대하여 우리가 더욱더 헌신해야 하는 것, 이들 전사들의 죽음을 헛되게 하지 않으리라 굳게 맹세하는 것, 이 나라를 하나님의 뜻으로 새로운 자유의 나라로 탄생시키는 것 그리고 국민의, 국민에 의한, 국민을 위한 정부가 지상에서 사라지지 않도록 하는 것입니다."[155]

기도

에이브러햄 링컨 대통령의 두 번째 영성은 '기도'(prayer)이다. 링컨은 매일 새벽 4시부터 5시까지 먼저 하나님께 기도를 드리고 난 후 하루 일과

---

155) Daniel G. Reid, *Dictionary of Christianity in America* (Dowers Grove, Illinois: Inter Varsity Press, 1990), pp.652-653 ; Kane, *op. cit.*, pp. 196-197; Nelson, *op. cit.*, p. 307.

를 시작했다. 링컨은 '성경의 사람'이었을 뿐만 아니라 '기도의 사람'이었다.

1861년 3월 4일, 에이브러햄 링컨은 제16대 미국 대통령에 취임하였다. 그러나 4월에는 '거대한 미합중국이 분열하느냐, 망하느냐? 그렇지 않으면 승리하느냐, 하나가 되느냐?' 하는 중대한 미국 남북전쟁[156](American Civil War)이 시작되었다.

남북전쟁을 하는 동안 링컨의 모습은 마치 이스라엘 백성들을 애굽에서 가나안 땅으로 인도하는 모세의 모습과 비슷하였다. 이스라엘 백성들이 아말렉과 전투할 때에 모세는 직접 그들과 싸운 것이 아니라 이스라엘 군대가 싸움을 하고 있는 동안에 하나님께 기도를 드렸다. 모세는 하나님이 부어 주시는 능력과 승리를 믿었던 것이다.

이스라엘 영도자 모세처럼 링컨은 남북전쟁이 계속되는 동안 하나님

---

156) 남북전쟁은 1861년 4월 12일부터 1865년 4월 9일까지, 4년 동안 미합중국에서 일어난 내전으로 '미국내전'(American Civil War)이라고도 부른다. 이 전쟁의 중요한 원인은 연방 정당성을 주장하며 보존하고 노예제 폐지를 주장하는 북부군과 연방의 무효성과 탈퇴를 주장하며 노예제 폐지를 반대하는 남부군의 갈등과 대립 속에서 발생한 싸움이었다. 북부군은 미국의 35개 중 24개 주이며 대통령과 사령관은 에이브러햄 링컨이었다. 그리고 남부군은 11개 주이며 대통령과 사령관은 제퍼슨 데이스(Jefferson Davis)였다. 남북전쟁은 양쪽의 싸움 속에서 주요한 전투와 부차적인 작은 전투가 1,000건이나 발생하였다. 그중에 40%는 버지니아 주와 테네시 주에서 일어났다. 이 남북전쟁은 미국 역사상 가장 비참하고 참혹한 전쟁으로 수많은 민간인들을 비롯한 62만 명의 군인들이 사망하였다. 북부군에서 약 10%가 20-45세 사이의 남성이었고, 남부군에서는 약 30%가 18-40세 사이의 남성이었다. 결과적으로 링컨이 이끄는 북부군이 승리하여 강력한 미국 연정부가 유지되었고, 노예제가 폐지됨으로써 약 400만 명의 노예들이 해방되었다.

앞에 무릎을 꿇고 기도하기를 쉬지 않았다. 왜냐하면 전쟁의 승패는 사람의 손길에 있는 것이 아니라 하나님의 손길에 있다는 것을 확실히 믿었기 때문이었다.

남북전쟁의 첫 교전지는 '불런 전투'[157](Battle of Bull Run)였다. 이 전투의 결과는 의외로 북부군의 참패요 남부군의 압승이었다. 계속적으로 북부군이 다른 전투에서도 패배하자 북부군의 병사들은 점점 전의를 상실하고 있었다. 그뿐인가? 공화당 상원의원들까지도 링컨에게 등을 돌리기 시작하였다.

어느 날, 북부군의 지도자들이 고민하는 링컨 대통령에게 찾아와서, "각하, 우리는 항상 북부군을 위하여 기도하고 있습니다. 하나님이 우리 북부군의 편이 되어 달라고 기도합니다"라고 말하였다. 그때 링컨은, "하나님이 우리 편이 되어 달라고 기도하지 마시고 우리가 하나님 편에 서게 해달라고 기도해 주십시오"라고 대답하였다.[158]

"지혜로도 못하고, 명철로도 못하고 모략으로도 여호와를 당하지 못하느

---

157) 북부군에서는 불런 전투(Battle of Bull Run)라고 부르고, 남부군에서는 매너서스 전투(Battle of Manassas)라고 부른다. 이 전투는 섬터 요새(Fort Sumter) 공격으로 남북전쟁이 시작된 이후 남과 북의 첫 번째 전투였다. 이 전투는 북부군이 남부군의 수도인 리치먼드(Richmond)를 공략하기 위하여 우선 먼저 매너서스 지역을 점령하기 위하여 싸운 전투이다. 북부군의 사령관은 어빈 맥도웰(Irvin McDowell)이며, 남군의 사령관은 보우리가드(P. Beauregard) 장군이었다. 이 전투의 결과는 전쟁을 하나의 소풍놀이로 보며, 남부의 농사꾼들의 반란이라고 얕잡아 본 북부군들이 남부군에게 의외로 패배하였다.
158) 염성철, *op. cit.*, p. 107.

니라 싸울 날을 위하여 마병을 예비하거니와 이김은 여호와께 있느니라"
(잠 21:30-31).

1862년 2월, 율리시스 그랜트(Ulysses Grant) 장군이 이끄는 북부 연방군은 테네시 주 도넬슨 요새(Fort Donelson)를 점령하여 북부군이 최초로 승리를 거두었다. 이것을 기점으로 하여 북부군은 가장 많은 사상자를 낸 메릴랜드 주 앤티텀(Antietam) 전투에서 대승하였다.

계속하여 북부군은 남부군의 마지막 요새였던 미시시피 강 지역에 있는 빅스버그 포위전(the surrender of Vicksburg)에서 승리하여 남북전쟁의 중요한 전환점이 되었다. 마지막으로 링컨 대통령과 그랜트 사령관이 이끄는 북부군은 게티즈버그(Gettysburg) 전투의 결정적인 승리로 4년간의 피비린내나는 종족간의 남북전쟁을 마치게 되었고, '리치먼드 공략작전'으로 남북전쟁의 종지부를 찍었다.

마침내 링컨 대통령의 기도는 남북전쟁의 승리를 이끌었고, 노예해방의 주춧돌을 놓았으며, 미합중국의 통일을 성취하였다. 링컨 대통령은 남북전쟁이 끝난 후에 다음과 같이 고백하였다.

"북군의 승리는 기도의 승리였습니다. 우리에게 남군의 로버트 리(Robert Lee) 같은 명장이 없었음은 오히려 다행이었습니다. 왜냐하면 기도로 하나님을 더욱 의지할 수 있었기 때문입니다."[159]

---
159) 전광, op. cit., p. 217.

정직

링컨 대통령의 세 번째 영성은 '정직'(honest)이다. 웹스터 영어사전[160] (Webster's English Dictionary)에 의하면 '정직'이라는 단어를 여섯 가지 의미로 설명하였다. 즉 '거짓말을 하지 않는다'. '훌륭하다'. '부정이 없다'. '솔직하고 진지하다'. '진짜다'. '곧다'이다.

이러한 의미 속에서 링컨은 항상 바르고 의롭고 진실하게 살아왔다. 그리고 그는 상대방을 향해서는 거짓말하지 않을 뿐만 아니라 상대방의 말을 존중하고 귀담아듣는 진지한 사람이었다. 그래서 주위에서는 링컨을 향하여 '정직한 에이브'[161](honest Abe)라는 애칭으로 불렀고, 그는 일평생 동안 바르고 정직하게 살았다.

22세 때, 어느 상점에서 일할 때 물건을 팔고 돈을 세어 보니 3센트가 남았다. 곰곰이 생각해 보니 어느 부인이 물건을 사고 8달러 3센트를 지불하면서 3센트를 더 낸 것이었다. 그래서 링컨은 가게의 문을 닫고 부인의 집으로 찾아가서 3센트를 되돌려주었다.

25세 때, 청년 링컨은 우체국에 근무한 적이 있었다. 워낙 작은 마을

---

160) Victoria Neufeldt, ed., *Wester's New World Dictionary of American English*, Third College Edition (New York: Simon & Schuster, Inc. 1988), p. 647.
161) *Lexicon Universal Encyclopedia* Volume 12 (New York: Lexicon Publications, Inc. 1988), p. 348.

이라서 당시 시골의 우체국은 우체국 국장이 우편물 배달원의 역할을 겸하였다. 그러던 중 세월이 흘러서 링컨이 스프링필드(Springfield)에서 변호사로 활동하고 있을 때였다. 그때 그곳 뉴 살렘(New Salem)이라는 지역에서 새롭게 우체국을 개설하는 문제로 과거 재정 관계를 확인하는 과정에서 17달러의 돈이 빈다는 사실을 발견하였다. 이 소식을 들은 링컨은 우체국으로 가서 예전에 그만둘 때에 정리해 놓은 서류함을 꺼내 보였다. 놀랍게도 우체국에 근무할 당시의 서류들과 주인을 찾지 못하여 전해 주지 못한 물건들과 17달러의 돈이 그냥 그대로 남아 있었다.

그때 정직한 링컨은 "나는 그동안 내 물건이 아닌 것에는 절대로 손을 대지 않았습니다. 사실 나는 언젠가는 이곳에 다시 우체국이 개설될 것을 믿었지요. 그래서 그 당시 사용했던 중요한 문서들과 물건들을 잘 정리해서 넣어 두었습니다"[162]라고 말하였다. 주위에서 지켜보던 많은 사람들은 정말 링컨은 공금을 사용하지 않았고, 그 돈에 한 치의 빈틈도 없는 분명하고 정직한 사람인 것을 다시 한 번 느꼈다.

"돈을 사랑함이 일만 악의 뿌리가 되나니 이것을 탐내는 자들은 미혹을 받아 믿음에서 떠나 많은 근심으로써 자기를 찔렀도다"(딤전 6:10).

그리고 링컨이 일리노이(Illinois) 주 의회 의원에 출마하였을 때 소속

---

162) 전광, *op. cit.*, pp. 59-60.

정당에서 당시 선거비용으로 200달러를 지원하였다. 그리고 링컨은 당선되었다. 이후 그는 199달러 25센트를 지원해 준 소속 정당으로 다음과 같은 이유로 그 돈을 되돌려보냈다.

"선거 기간 중에 말을 타고 다니면서 선거운동을 했으므로 선거비용은 일체 들지 않았습니다. 길 가다가 목이 마르신 노인을 만나 음료수를 대접한 돈 75센트를 뺀 나머지 돈을 당에 반납합니다. 영수증을 여기에 동봉합니다."[163]

이후에 링컨의 정직성에 감동을 받은 공화당은 1860년도 차기 대통령 후보에 만장일치로 그를 지명하였고, 그는 미국 대통령에 당선되었다. 링컨의 최고 재산은 바로 정직이다.

링컨은 바르고 정직한 사람일 뿐만 아니라 상대방의 의견이나 말을 존중하면서 그 말에 진지하게 귀담아듣는 사람이다. 일반적으로 링컨은 '턱수염'이 유명하다. 원래 대통령 선거 때까지만 해도 그의 얼굴에는 턱수염이 없었다. 그런데 링컨이 턱수염을 가지게 된 에피소드가 있다.

어느 날, 뉴욕 주 웨스트필드(Westfield) 연설을 마친 이후 한 소녀로부터 다음과 같은 한 통의 편지를 받았다.

---

163) *Ibid.*

"링컨 아저씨, 저는 아저씨를 무척 좋아하고 아저씨가 꼭 대통령에 당선되기를 바라는 베델(Bethel)이라는 소녀랍니다. 그런데 이런 말씀을 드리기가 참 죄송하지만 아저씨의 얼굴이 광대뼈가 나오고 뾰족해서 저희 마을 아주머니들이 아저씨 얼굴이 너무 못생겼다고 하세요. 그러니 어쩌면 좋죠? 이건 제 생각인데, 만일 아저씨가 턱수염을 기르신다면 좀 더 따뜻한 인상을 갖게 되어서 사람들에게 친근감을 줄 것 같아요. 그러면 틀림없이 아주머니들이 아저씨를 대통령으로 뽑으라고 남편들에게 말할 거예요. 저희 엄마도, 옆집 아주머니도 그렇게 말씀하셨어요."[164]

이 편지를 받은 링컨은 대통령 선거 준비로 매우 바쁜 나날을 보냈지만 곧바로 다음과 같이 답장을 써서 보냈다.

"친애하는 베델 양, 친절한 편지에 감사해요. 나에게는 아들만 있고 딸은 없는데 베델 양의 편지를 받으니 마치 친딸에게 편지를 받은 것처럼 기뻤어요. 그런데 내가 턱수염을 기르면 사람들이 비웃고 놀리지 않을까요? 하지만 베델 양의 충고를 한 번 깊이 생각해 볼게요."[165]

이후, 링컨은 어린 소녀의 말을 귀담아듣고 매우 진지하게 진심으로 깊이 생각한 후에 그때부터 턱수염을 기르기 시작하였다. 이제 링컨의

---

164) 이구한, *op. cit.*, pp. 238-239; Ibid., pp. 129-130.
165) *Ibid.*

모습은 이전보다 훨씬 더 친근감을 주었고, 인자하고 따뜻한 인상을 심어 주었다. 그리하여 주위의 많은 사람들로부터 더 많은 관심과 사랑을 받았다. 그리고 그는 대통령에 당선되었고, 그의 턱수염은 일평생 동안 그의 트레이드 마크(trade-mark)가 되었다.

유머

링컨 대통령의 네 번째 영성은 '유머'(humor)이다. 링컨의 외형적인 모습은 키가 197센티미터나 되어서 깡마른 거인과 같았다. 가끔 주위에 있는 사람들과 언론들이 링컨을 향하여 비꼬면서 '괴물 같은 사람', '원숭이를 흉내내는 사람', '익살 광대', '작은 거인'이라고 불렀다. 그러나 그의 내적인 모습은 정직하고 신중하며 조용히 책을 읽는 것을 좋아하는 '책벌레'라는 별명을 가졌다. 그리고 링컨은 어떤 때에는 대담하면서도 마음이 여려서 동물을 죽이는 일이나 사냥이나 낚시는 하지 않았다.

이러한 가운데, 링컨은 특별히 유머감각이 뛰어나고 매우 재치 있는 남자였다. 아마 그것은 링컨이 어린 시절에 재미있게 말하며 얘기를 들려주셨던 이야기꾼 아버지 토마스 링컨의 모습을 닮지 않았나 생각이 든다.

미국 대통령 역사상 가장 탁월한 유머 감각을 지닌 대통령으로는 링컨 대통령과 제40대 로널드 레이건(Ronald Reagan) 대통령이 뽑혔다. 그런데 링컨 대통령은 레이건 대통령보다 더 앞선 것으로 평가되었다.

링컨은 누구보다 인간의 본성을 깊이 이해하는 사람이었다. 그는 상대방과 대화를 나누거나 정치적인 논쟁을 벌일 때에는 유머를 적절히 사용해서 사람들의 시선을 집중시키고 논쟁을 자신에게 유리하도록 이끌었다.

링컨과 더글러스[166] – 일리노이(Illinois) 주 상원 선거전에서, 링컨은 상대방 후보 더글러스(Douglass)와 함께 합동 선거유세를 하게 되었다. 그때 더글러스는 링컨의 과거 경력을 문제 삼아 그를 향하여 말하기를 "링컨 후보는 전에 그가 경연하던 상점에서 팔아서는 안 될 술을 팔았습니다. 이것은 분명히 법을 어긴 일이고, 이렇게 법을 어긴 사람이 상원의원에 당선된다면 이 나라의 법과 질서를 어떻게 바로잡을 수 있겠습니까? 그러므로 링컨은 상원의원이 되어서는 절대 안 될 사람입니다"라고 비방하였다. 그때 링컨은 대답하기를 "예, 그렇습니다. 더글러스 후보가 말한 것은 사실입니다. 그러나 본인이 그 상점을 경영하던 당시 더글러스 후보는 저의 가게에서 술을 가장 많이 사 먹은 최고의 고객이었습니다. 그리고 더 확실한 것은 저는 이미 술 파는 계산대를 떠난 지가 오래되었지만 더글러스 후보는 여전히 그 상점의 충실한 고객으로 남아 있다는 것입니다." 청중들은 링컨의 재치있는 답변에 큰 소리로 열광하

---

166) Bob Dole, *Great Presidential Wits* (New York: Scribner, 2001), p. 31.

면서 박수를 아끼지 않았다.

링컨과 두 아들[167] – 링컨은 일리노이 스프링필드(Springfield, Illinois)에서 20년 동안 살았다. 어느 날, 링컨은 그의 아들 윌리(Willie)와 테드(Ted)와 함께 걷고 있었다. 그때 두 아들은 서로 고함을 치면서 허공에 주먹을 날렸다. 두 아들의 싸움 광경을 본 이웃 사람들이 링컨에게 물었다. "무슨 일입니까?" 링컨은 말하기를 "그냥 어디서나 있는 그런 일입니다. 호두가 세 개 있는데 서로 두 개씩 갖겠다는 거예요"라고 대답하였다. 이후 동네 사람들은 잠잠하였다.

링컨과 사면 요청[168] – 링컨의 책상 위에는 사면을 요청하는 탄원서가 많이 놓여 있었다. 그중에 애틋한 내용으로 기록한 편지를 발견하였다. 그때 링컨은 비서에게 "이 남자는 친구가 없습니까?"라고 물었다. 비서는 그는 친구가 한 명도 없다는 것을 확인하고 보고했다. 링컨은 "그럼, 제가 친구가 되겠습니다!" 하고 사면에 서명하였다.

링컨과 매클렐런 장군[169] – 종종 링컨 대통령은 조지 매클렐런(Geroge B. McCellan) 장군과 다투었다. 매클렐런 장군은 남북전쟁 당시 북부군의 주력부대인 포토맥(Potomac) 부대의 지휘관 장군이었다. 어느 날 링컨 대

---

167) *Ibid.*, p. 30.
168) *Ibid.*, p. 33.
169) *Ibid.*, p. 35.

통령은 매클렐런 장군에게 전쟁에 대한 보고를 더 자세하게 하라고 명령하였다. 그때 매클렐런 장군은 이 기회를 이용하여 링컨 대통령을 놀려 먹기 위하여 다음과 같은 전문을 보냈다. "워싱턴 D.C. 링컨 대통령 귀하. 암소 여섯 마리를 막 포획하였습니다. 어떻게 할까요? 조지 B. 매클렐런." 이에 링컨 대통령은 결코 질 수 없어서 다음과 같이 전문을 보냈다. "포토맥 군대, 조지 B. 매클렐런 장군, 우유를 짜십시오. A. 링컨."

링컨과 상원의원[170] – 남북전쟁 당시 한 상원의원은 링컨의 군사적인 실수에 불평하면서 말하기를 "링컨은 고작 1마일 밖에 생지옥이 있어도 그 위험을 인지하지 못한다"라고 질책하였다. 그때 링컨은 "의원님, 그것은 백악관에서 의사당까지 가는 바로 그 거리군요. 그렇지 않나요?"라고 재치있게 응수하였다.

링컨과 목사[171] – 어느 날 시카고에 있는 여러 목사님들이 노예제도 문제에 대해 충고를 하기 위하여 자신들의 의견이 담긴 한 문서를 링컨에게 내밀면서 말하기를 "하나님이 당신에게 보내는 메시지를 가지고 왔다"라고 했다. 그때 링컨은 부드러운 눈빛으로 그들을 바라보면서, "그 축복된 메시지를 나에게 줄 수 있는 유일한 통로가 너무나 부도덕한 시카고의 도시를 빙 돌아오는 길이라는 점이 가슴 아프군요"라고 하면서 재치 있고 날카롭게 대답하였다.

---

170) Ridings, *op. cit.*, pp. 107-108.
171) *Ibid.*

링컨은 상대방의 공격과 비난, 불평에 대하여 당황하거나 감정적으로 대응하지 않고 그때마다 유머가 섞인 재치 있는 말로 문제를 풀고 위기를 잘 극복하였다. 그의 재치와 유머는 '위기'(crisis)를 '기회'(chance)로 바꾸어 주었다.

"의인의 입술은 여러 사람을 교육하나 미련한 자는 지식이 없어 죽느니라"(잠 10:21).

인권 : 노예 해방

링컨 대통령의 마지막 영성은 '인권'(human right)이다. 이것은 모든 인간에게 주어진 자유와 평등의 권리이다. 링컨 대통령의 인권은 '노예 해방'[172](Emancipation Proclamation)을 통하여 꽃을 피웠다.

어느 날 청년 링컨은 뉴올리언스 시(New Orleans city, Louisiana)에서 비참하게 팔려가는 흑인 노예들의 광경을 보았다. 백인들은 흑인 노예들을 마치 물건을 사고팔듯이 매매하였다. 노예들은 울면서 사랑하는 부모 형제들과 생이별하게 되었다. 백인들의 채찍에 맞으면서 짐승처럼 이곳저곳으로 끌려가는 흑인 노예들의 비참한 광경을 보고 링컨은 큰 충

---

172) Kane, pp. 194-195; Nelson, *op. cit.*, p. 307.

격을 받았다. 그때 청년 링컨은 "어떻게 이럴 수가 있는가? 자유와 평등의 민주주의 나라인 미국에서 노예제도가 존속한다는 것은 부끄럽기 짝이 없는 일이다"라고 중얼거렸다. 그리고 "때가 오면 저놈의 노예제도를 힘껏 쳐부수겠다"라고 굳게 결심하면서 노예 해방에 대한 마음이 싹 트기 시작하였다.

또 이뿐인가? 백인들에게 짓밟힌 흑인 노예들의 삶은 한마디로 짐승 같은 생활이었다. 백인과 흑인이 한자리에 함께 앉아서 얘기를 하든가 식사를 같이할 수가 없었다. 대중교통이나 공공장소에서는 흑인과 백인의 좌석이 따로 구별되어 있었다. 노예시장에서 흑인 노예들은 그들의 생김새와 체구에 따라 몸값이 오르고 내리는 흥정의 대상이 되었다. 심지어 신체가 좀 약한 흑인 노예들은 특별히 세일(sale) 판매되었다.

거룩하고 신성한 교회에서도 백인 성직자들은 흑인 교인들에게 설교할 때에는 십계명 가운데 제8계명으로 "도둑질하지 말라"(출 20:15)고 가르쳤다. 그리고 "사환들아 범사에 두려워함으로 주인들에게 순종하되 선하고 관용하는 자들에게만 아니라 또한 까다로운 자들에게도 그리하라"(벧전 2:18)는 말씀을 인용하면서 무조건적인 복종을 요구하였다.[173]

이러한 상황 속에서 링컨은 대통령에 취임하자마자 하나님 앞에 엎드려 노예 해방을 위하여 간절히 기도하였다. 하나님의 선하신 뜻과 지혜

---

173) 안재도, 《이민 광야와 코리안 아메리칸》 (서울: 쿰란출판사, 2001), pp. 103-104 .

와 명철을 구하기 위하여 계속적으로 기도하였다. 그리고 그는 노예를 해방하겠다고 하나님과 약속하고 굳게 결심하였다.

드디어 1862년 7월 22일, 에이브러햄 링컨은 대통령에 취임하자 "스스로 분쟁하는 나라마다 황폐하여질 것이요 스스로 분쟁하는 동네나 집마다 서지 못하리라"(마 12:25)는 말씀에 기초하여 노예해방의 필요성을 역설하였다. 그리고 1862년 7월 22일에 노예 해방에 대한 예비선언을 하고, 1863년 1월 1일에 역사적인 노예 해방령을 다음과 같이 선언하였다.

> "하나님께서는 백인에게 자유를 주신 것처럼 흑인에게도 자유를 주셨습니다. 이날 즉시, 그리고 이후로 모든 노예들에게 영원히 자유를 선포합니다."[174]

이렇게 하여 당시 약 3천만 명의 인구 가운데 400만 명의 흑인 노예들은 쇠고랑과 쇠사슬에서 해방되었다. 억압과 박해 속에서 인권이 회복되었다. 가난과 배고픔에서 배부르게 되었다. 백인들의 족쇄에서 벗어나 자유로운 사람이 되었다. 투표도 하게 되고 평등한 권리를 찾았다. 자기 재산도 소유하게 되고 자녀들을 학교에 보낼 수 있게 되었다.

당시 흑인 지도자들과 노예들은 "우리는 모세와 같은 지도자를 만났다", "구원자 되시는 메시아를 기다리는 중에 평화의 사자를 만났다",

---

174) 전광, op. cit., p. 175

"인권의 큰 별 링컨을 만났다!"라고 하면서 크게 기뻐하며 함성을 질렀다. 그리고 라이딩스-매기버 미국 대통령 여론조사(Ridings-McIver Presidential Poll)에서 제1의 미국 대통령으로 평가받았고, 지금도 영원한 미국 대통령으로 추앙받고 있다.[175]

"여호와께서 시온의 포로를 돌려 보내실 때에 우리는 꿈꾸는 것 같았도다 그때에 우리 입에는 웃음이 가득하고 우리 혀에는 찬양이 찼었도다 그때에 뭇나라 가운데에서 말하기를 여호와께서 그들을 위하여 큰일을 행하셨다 하였도다……여호와여 우리의 포로를 남방 시내들같이 돌려보내소서"(시 126:1-4).

---

175) Ridings, *op. cit.*, p. 104; Ref. 라이딩스-매기버 미국 대통령 여론조사(Ridings-Mciver Presidential Poll)에 의하면 링컨 대통령은 역대 미국 대통령들의 성격과 도덕성(character and integrity)에서 1위, 대통령 업적와 위기(accomplishments and crisis management)에서 1위, 지도력(leadership qualities)에서 2위, 대통령의 인사권(appointments)에서 3위였다. 그래서 링컨 대통령은 미국 역대 대통령들 가운데 종합적으로 제1의 미국 대통령으로 평가받았다.

■ 제17대 미국 대통령

앤드루 존슨의 영성
Andrew Johnson 1808.12.29-1875.7.31(67세)

대통령 재임기간 1865.4.15-1869.3.4

　앤드루 존슨[176](Andrew Johnson)은 노스 캐롤라이나 주에 위치한 랄리(Raleigh, North Carolina)라는 곳에 있는 시골 어느 작은 통나무집에서 태어났다. 그는 너무나 가난한 가정환경에서 자랐기 때문에 공식적인 교육을 받지 못하였다. 그래서 그는 청소년 시절부터 제13대 필모어(Fillmore) 대통령처럼 양복점 점원으로 들어가서 재봉 기술자로 일하면서 살았다.

---

176) 앤드루 존슨(Andrew Johnson)은 1808년 12월 29일에 태어났다. 아버지 제이콥 존슨(Jacob Johnson)은 가난한 시골의 농부였으며, 그의 어머니는 세탁부로 일하는 메리(Mary)였다. 존슨은 이들 부부 사이에서 태어났다. 그런데 존슨의 형제들 가운데 윌리엄(William)과 엘리자베스(Elizabeth)는 불행하게도 어린 시절에 세상을 떠났다. 그래서 그는 가난하고 외로운 청소년 시절을 보냈다.

18세에 일찍이 존슨은 구두 수선공의 딸인 16세의 엘리자 맥카들[177] (Eliza McCardle)과 결혼하였다. 그때부터 존슨의 인생은 새롭게 출발되었다. 그는 아내 엘리자의 인도로 교회에 출석하였다. 그곳에서 글을 배웠다. 성경과 책을 읽었다. 교양과 지식을 쌓았다. 이로 말미암아 존슨은 명필가요, 달변가요, 신앙인의 지도자로 성장하였다. 그리고 미래를 향한 꿈과 비전을 키웠다.

앤드루 존슨은 테네시(Tennessee)에서 시의원으로 출발하여 연방 상원과 하원을 거쳐서 주지사를 역임하였다. 그리고 존슨은 링컨 대통령 밑에서 부통령으로 한 달 정도 일을 하다가 갑작스러운 링컨의 암살로 인하여 1865년 4월 15일 제17대 미국 대통령으로 승계되어 잠언 21장 1-2절과 30-31절 위에 손을 얹고 대통령 선서를 하였다.

"왕의 마음이 여호와의 손에 있음이 마치 봇물과 같아서 그가 임의로 인도하시느니라 사람의 행위가 자기 보기에는 모두 정직하여도 여호와는 마음을 감찰하시느니라……지혜로도 못하고, 명철로도 못하고 모략으로도 여호와를 당하지 못하느니라"(잠 21:1-2, 30-31).

---

177) 앤드루 존슨(Andrew Johnson)과 엘리자 맥카들(Eliza McCardle) 부부는 결혼하여 3남 2녀를 두었는데, 찰스(Charles), 로버트(Robert), 앤드루 주니어(Andrew Jr.)와 마사(Martha), 메리(Mary)이다.

비전

앤드루 존슨 대통령의 첫 번째 영성은 '비전'(vision)이다. 그는 크리스천이다. 존슨의 아내 엘리자 맥카들(Eliza McCardle)은 감독교회('개신교 감독교회' 혹은 '성공회', Protestant Episcopal Church)의 등록교인이다. 그는 등록교인은 아니었지만 출석교인으로서 예배에 참석하였다.

어떤 역사학자들은 존슨 대통령이 무신론자라고 주장한다. 그러나 이것은 옳은 견해가 아니다. 왜냐하면 그는 청년 시절부터 교회에 나가 신앙을 소유하였다. 앤드루 존슨은 대통령 취임식 때에 성경책 위에 손을 얹고 하는 선서를 마치고 그 성경책 위에 입을 맞추기도 하였다. 그리고 1869년 존슨 대통령은 테네시 주 녹스빌(Knoxville, Tennessee)에서, "나는 평화의 깃발을 첫째는, 하나님께 둘째는, 나의 조국이라는 십자가 아래 매달고 그것을 펄럭이면서 여러분들 가운데 있고 싶다"[178]라고 연설하였다.

앤드루 존슨 대통령은 임기 중에 탄핵[179]을 받은 최초의 대통령이 되었다. 왜냐하면 첫 번째 이유는 당시 상원의회에서는 상원의 동의 없이

---

178) Mount, *op. cit.*, p. 253.
179) 미국 헌법 제4조 2항에 의하면 "미국의 대통령, 부통령 그리고 모든 공직자는 반역, 수뢰 혹은 그 밖의 중대한 범죄와 비행으로 죄로 입증되는 경우에는 공직에서 해임될 수 있다"라는 법을 통하여 존슨 대통령이 미국 역사상 처음으로 탄핵을 받았다. 즉 그 이유는 존슨 대통령이 '육군 통솔법'과 '공직보장법'을 거부했기 때문이다.

는 육군 참모총장의 임명과 해임을 할 수 없다는 것을 명시하여 '육군 통솔법'(command of the army act)을 통과시켰기 때문이다. 이 법안으로 육군 참모총장을 통해서만 군사명령을 내릴 수 있도록 되었다. 또한 상원의원의 동의 없이는 육군 참모총장을 해임하거나 교체할 수도 없었다. 이 법은 대통령의 육군 통솔권을 박탈하기 위함이었다. 두 번째 이유는 상원의원이 '공직보장법'(tenure of office act)을 통과시켰기 때문이다. 이 법안은 대통령이 상원의 동의 없이 연방 내각이나 관료들을 마음대로 해임시킬 수 없도록 되어 있다.

이에 존슨 대통령은 이 두 가지 법안들이 위헌이라는 신념을 가지고 당시 국방부 장관인 에드윈 스탠턴(Edwin M. Stanton)을 바로 해임시켜 버렸다. 그래서 상하원에서 탄핵을 받았지만 다행스럽게도 최종 투표 결과 3분의 2가 찬성하는 득표에서 1표가 부족하여 구제를 받았다. 이후 60년이 지난 1926년도에 미국 대법원에서 '공직보장법'은 위헌이라고 판결하여 뒤늦게나마 존슨 대통령의 손을 들어 주었다.

감독교회의 교인인 앤드루 존슨 대통령은 최초의 탄핵 대통령이라는 불명예스러운 핸디캡 속에서도 흔들리지 않고 꿈과 비전을 가졌다. 존슨 대통령이 청년 시절에 배운 하나님의 말씀에 기초한 비전과 꿈을 그의 대통령 재임 기간 중에 분명하게 발휘하였다.

"묵시(비전 vision)가 없으면 백성이 방자히 행하거니와 율법을 지키는 자는 복이 있느니라"(잠 29:18).

존슨 대통령의 영성은 다른 사람들이 전혀 보지 못한 미래의 세계를 바라보았다. 그것은 미국 본토의 5분의 1에 해당하는 거대한 땅덩어리인 알래스카(Alaska)였다. 당시 존슨 대통령은 협상에 능숙한 국무장관 윌리엄 시워드(William H. Seward)를 시켜서 의회의 결의 없이 러시아로부터 일방적으로 그 땅을 구입하였다. 이것은 엄청난 정치적인 도박이요 대사건이었다.

이로 말미암아 당시 의회에서는 존슨 대통령을 향하여 "얼음이 그렇게 필요하면 겨울에 꽁꽁 언 미시시피 강의 얼음을 깨다가 쓸 것이지 미쳤다고 쓸모없는 땅덩어리를 720만 달러씩이나 주고 사들였느냐?"라고 하면서 맹렬하게 비난하였다. 그래서 존슨 대통령은 의회에 불려 나가서 의원들에게 머리 숙여 정중하게 사과했다.

"죄송합니다. 그러나 이미 사버린 걸 어떻게 하겠습니까? 의회를 거쳐서 살까 하는 생각도 해보았지만 그렇게 되면 매스컴이 떠들어서 소문이 퍼지게 될 것이고 러시아가 팔지 않겠다고 하거나 값을 많이 달라고 할 것 같아서 국무장관과 의논하여 샀습니다."[180]

---

180) 염성철, *op. cit.*, p. 122.

그 후 미국 의회에서는 조사단을 파견하여 알래스카[181](Alaska)를 조사해 보았다. 그런데 그곳에는 금과 백금, 어장, 풍성한 산림과 풍부한 양의 석유가 매장되어 있다는 것을 발견하게 되었다. 이때 코가 납작해진 의회에서는 존슨 대통령을 찾아가 "의회에서는 있었던 당신의 사과를 돌려 드립니다. 알래스카는 얼음 창고가 아니라 보물 창고입니다. 잘 샀습니다"[182]라고 격찬하였다. 그리고 오늘날 이 사건은 역사적인 가치를 인정받았고, 앤드루 존슨 대통령의 최고 업적이 되었다.

자상함

앤드루 존슨 대통령의 두 번째 영성은 '자상함'(minuteness)이다. 주위에서는 존슨 대통령을 향하여 둔감하고 완강한 고집불통의 대통령이라고 불렀다. 그리고 존슨은 부통령 시절에는 너무나 많은 양의 위스키를 마시고 취한 적이 한두 번 있었다. 그래서 주위에서는 그를 향하여 '술

---

181) 알래스카 주(State of Alaska)는 캐나다의 북서쪽에 있는 미국 50개 주 가운데 하나이다. 원래 이 땅의 어원은 Alyeshka, '섬이 아닌 땅'이라는 뜻이다. 면적은 151만 9,000킬로미터로 미국 면적의 4분의 1이며, 한국의 25배가 되는 광활한 면적이다. 1741년 덴마크 탐험가 비투스 조나센 베링(Vitus J. Bering)이 이곳을 처음으로 발견하였다. 이후 알래스카 땅은 러시아의 땅이 되었다. 그러나 1867년 미국과 러시아의 조약에 의하여 미국으로 양도되었다. 알래스카는 금을 비롯한 은, 석유, 아연, 구리, 모래와 자갈들이 중요한 광산물이며, 어업 산업과 관광업으로 크게 수입을 올리고 있다. 알래스카의 석유는 미국 내에서 텍사스(Texas) 주 다음으로 많이 생산되고 있고, 아직도 엄청난 양의 석유가 매장되어 있다. 당시 미국은 땅 1킬로미터당 단돈 5달러가 못 되는 720만 달러라는 헐값으로 알래스카를 사들였다. 현재 알래스카 주는 인구가 626,932명으로 연방 하원의원 1명이 선출된다.
182) *Ibid.*, p. 123.

고래'(drunkard)라고 불렀다.

이와 같이 앤드루 존슨은 고집불통의 대통령이었지만 반면에 자녀에게는 큰 관심과 함께 자상함을 보여준 대통령이었다. 존슨의 장녀인 마사(Martha)는 평생을 가족과 아버지를 위하여 헌신하였다. 딸은 병약한 어머니를 대신하여 동생들을 잘 돌보아 주었다. 뿐만 아니라 아버지의 퍼스트 레이디 역할도 하였다. 그리고 4년 동안 백악관의 살림도 맡았고 한 점의 흠이 없이 잘 관리하였다.

존슨 대통령은 이러한 맏딸을 비롯하여 아들과 딸들에게 따뜻하게 대하며, 세심함과 자상함을 보여주었다. 어느 날 아버지 존슨은 학교에서 공부하는 딸 메리에게 다음과 같은 내용의 자상한 편지 한 통을 보냈다.

"사랑하는 딸아, 지금 너는 네 인생 중에 가장 교육받기 좋고 인생을 위해 유익한 자격을 갖출 수 있는 좋은 시기에 있단다. 베이컨(bacon)이나 채소에는 신경을 쓰지 말아라. 세상에는 베이컨과 채소만 충분히 있다면 행복하게 살 수 있다고 생각하는 인간들이 많지만, 너는 학업과 네 이점(profit)을 살려 얻게 될 이득에 전념하길 바란다. 로버트 오빠에게 이번 겨울과 그가 떠나 있는 동안 자주 편지를 써야 한다. 세상에는 너희 넷밖에 없단다. 그러니 서로 존중하고 사랑해야 한다. 학교에서는 명예와 기품을 유지하거라. 동료들과도 미천하고 저속한 행동이나 표현을 하는 죄를 범하지 말아라. 학교는 올바른 품성을 형성하는 곳이고 다른 사람으로부터 너에 대한 좋은 평판을 얻어야 하는 곳이다. 참된 원칙은 모든 사람에게 친절하되 아무에게나 지나치게 친절하지 말라는 것이다. 모든 선생님들과 학생들의 사랑과 존경을 받을 수 있도록 처신하고, 누구도 비난하거나 악한 마음을 갖지 말아라. 헌신적인 아버지 앤드루 존슨."[183]

그리고 아버지 존슨은 사랑하는 막내아들 앤드루 존슨 주니어에게 앞으로 열심히 공부하여 훌륭한 학자가 되어 주기를 바라는 다음과 같은 격려 편지를 보냈다.

"사랑하는 아들아, 프랑스 우표 세 장을 동봉하였다. 너의 수집에 진귀한 것 중의 하나가 될 것이다. 프랑스어로 쓰여진 편지는 며칠 후에 내가 그곳에 갈 때까지 번역해 보거라. 프랑스어를 네 기억 속에 새롭게 하는 데 매우 좋은 방법이 될 것이다. 너는 노력만 한다면 훌륭한 학자가 될 수 있을 것이다. 하루에 몇 시간씩이 모여 1년을 거치면서 엄청난 양이 되는 것이고, 계속 노력하면 지금 생각했던 것보다도 더 짧은 기간에 소망한 것을 이루게 될 것이다. 아버지의 진실한 사랑을 확신으로 받아 주길 바란다. 앤드루 존슨."[184]

---

183) Weintraub, *op. cit.*, p. 89.
184) *Ibid.*, pp. 91-92.

"또 아비들아 너희 자녀를 노엽게 하지 말고 오직 주의 교훈과 훈계로 양육하라"(엡 6:4).

비록 앤드루 존슨 대통령은 통나무집에서 가난하게 태어나서 정상적인 교육을 받지 못하고 양복 수선사로 일하였지만, 그는 교회에서 하나님의 말씀을 듣고 지식을 익혀서 믿음과 용기와 힘을 얻었다. 성경말씀을 기초로 한 존슨의 영성, 즉 비전과 꿈은 미합중국을 세계 최대의 강국으로 만드는 데 크게 공헌하였다. 존슨은 대통령 퇴임 후 홀로 사는 둘째 딸을 위로하기 위해 방문하던 중 67세로 세상을 떠났다.

■ 제18대 미국 대통령

율리시스 심슨 그랜트의 영성
Ulysses Simpson Grant 1822.4.27-1885.7.23(63세)

대통령 재임기간 1869.3.4-1877.3.4

율리시스 심슨 그랜트[185](Ulysses Simpson Grant)는 오하이오 주 포인트 플레즌트(Point Pleasant, Ohio)에서 출생하였다. 그랜트는 미국 육군사관학교인 웨스트포인트(West Point, US Military, New York)를 졸업한 후에 줄리아 덴트(Julia Dent)와 결혼하여 네 명의 자녀들을 두었다.

그랜트는 멕시코 전쟁에 종군하여 크게 공을 세웠다. 그리고 남북전

---

185) 율리시스 심슨 그랜트(Ulysses Simpson Grant)는 1822년 4월 27일, 영국의 청교도 출신으로서 가죽 가공업자인 아버지 제시 루트 그랜트(Jesse Root Grant)와 어머니 한나(Hannah) 사이에 태어났다. 원래 그랜트는 어린 시절 감리교회에서 '하이럼 율리시스 그랜트'(Hiram Ulysses Grant)라는 이름으로 세례를 받았으나, 이후 육군사관학교에 입학 후 '율리시스 심슨 그랜트'(Ulysses simpson Grant)라는 이름으로 개명하였다. 이후 그는 21세에 줄리아 보그스 덴트(Julia Boggs Dent)와 결혼하여 아들 프레드릭(Frederick), 율리시스 심슨(Ulysses Simpson), 제시 루트(Jesse Root)와 딸 엘렌(Ellen)을 두었다.

쟁 당시에 남군의 총사령관인 로버트 리(Robert Lee) 장군의 항복을 받아냄으로써 명실공히 '전쟁 영웅'으로서 추대받았다. 계속하여 그는 1868년 공화당 대통령 후보로 출마하여 대통령으로 당선되었다. 그는 미 육군사관학교 출신으로서는 처음으로 미국의 대통령이 되었다.

칠전팔기

그랜트 대통령은 감리교회[186](Methodist church)의 신자로서 그의 첫 번째 영성은 '칠전팔기'(standing firm in difficulties) 신앙이다.

그랜트는 어렸을 때부터 교회생활을 잘하였다. 그런데 그는 교회의 예배나 모임에 빠지면 벌점을 주는 교칙 때문에 불평을 하였다. 그는 공적으로는 크리스천이라는 신앙고백을 하지 않았다. 그러나 이후 그랜트는 담임목사에게 구원받았음을 고백하고, 1885년 4월에 임종 직전에 뉴

---

186) 감리교회(Methodist church)는 존 웨슬리(John Wesley)가 영국 옥스포드 대학교(Oxford University)에서 성경연구와 경건 훈련을 위한 홀리 클럽(Holy Club) 모임을 만든 것이 모체가 되었다. 감리교의 교리는 사도신경 속에 드러나는 가톨릭 신앙에 뿌리를 두고 있으며, 웨슬리 신학자 앨버트 아우틀러(Albert C. Outler)에 의하여 명명된 '웨슬리 신학의 4대 원리'(The Wesleyan Quadrilateral)를 기본 교리로 삼고 있다. 감리교의 첫 번째 규범은 '성경'이다. 성경의 권위를 인정하고, 성경의 절대적인 가르침에 따라 살아간다. 두 번째 규범은 '전통'이다. 전통의 권위를 인정하고, 성경 해석의 수단으로써의 역할을 강조한다. 세 번째는 '경험'이다. 신앙적인 체험과 실천을 중요시한다. 마지막 규범은 '이성'이다. 성경과 전통은 비판적인 이성이 없이는 그것이 가진 참다운 가치가 온전히 발휘될 수 없다고 믿고 있다. 한국교회 감리교의 《교리와 장정》이라는 교리 책은 존 웨슬리의 복음주의적 신앙과 성경, 전통, 이성 그리고 경험의 네 가지 토대 위에 교회를 다스리고 교인들을 훈련하기 위하여 제정되어 있다.

만 목사(J.P. Newman)에게 세례를 받았다.

그랜트 대통령은 감리교회에 등록된 아내와 함께 매주일 예배에 참석하였다. 그는 메트로폴리탄 감리교회(Metropolitan Methodist Church)의 등록교인은 아니지만 이사(trustee)로서 봉사하였다. 그리고 1866년 그랜트는 대통령이 되기 이전에 워싱턴 감리교 감독교회(Methodist Episcopal Church, Washington D.C.) 앞으로 건축헌금 5,000불을 봉헌하였다. 그리고 1865년도에 그랜트는 여행 중에 필라델피아에 있는 스프링가든 스트리트 감리교 감독교회(Spring Garden Street Methodist Episcopal Church, Philadelphia)에 자신의 이름으로 500불과 아내의 이름으로 100불의 헌금을 드렸다.

율리시스 그랜트 대통령의 생애는 한마디로 파란만장하였다. 그러나 그는 칠전팔기의 신앙인으로서 시련과 고통, 실패와 위기 속에서 좌절하지 않고 오뚝이처럼 일어났다.

그랜트는 웨스트포인트를 졸업한 장교로서 멕시코 전투에 나갔지만 전투 중에 술을 많이 마시고 품행이 좋지 않았다. 그래서 장교로서의 나쁜 품행이 사유가 되어 결국 불명예스럽게 쫓겨났다. 이후 그는 고향 땅 시골로 돌아왔다. 시골에서 농업으로 성공하기 위하여 일했지만 실패하였다. 또한 백화점의 점원으로도 일했지만 성공하지 못하였다.

이후 남북전쟁 당시 그랜트는 다시 군대로 입대하여 사병부터 새로 출발하여 장교를 거쳐 장군이 되었다. 한때 그에게는 '술주정뱅이', '불명예 제대'라는 별명이 붙어 다녔다. 그러나 그는 다시 시작하고 또 시작하였다. 참고 또 인내하였다. 땀 흘리고 노력하였다. 넘어지고 넘어졌지만 다시 또 일어났다. 마침내 그랜트는 남북전쟁에서 승리하여 '전쟁 영웅'이 되었다. 그리고 그의 칠전팔기의 신앙은 술주정뱅이에서 47세의 젊은 나이에 미국의 대통령까지 오르는 디딤돌이 되었다.

"대저 의인은 일곱 번 넘어질지라도 다시 일어나려니와 악인은 재앙으로 말미암아 엎드러지느니라"(잠 24:16).

조용함

그랜트 대통령의 두 번째 영성은 '조용함'(quiet)이다. 외형적인 그랜트 대통령의 얼굴 모습은 콧수염을 길게 길렀고 턱수염으로도 유명하다. 그의 행동은 거칠고 적극적이고 전투적이고 불도저 식이었다.

그랜트 장군은 미국 남북전쟁 당시 테네시의 도넬슨 요새[187](Ft. Donel-

---

187) 도넬슨 요새(Fort Donelson)는 1862년 2월 16일, 미국 남북전쟁 때에 북군의 율리시스 그랜트(Ulysses Grant) 장군이 이끈 군대가 남부의 중요한 요새를 함락시킨 곳이다. 이 전쟁으로 남부 연합군의 군인 1만 5,000명이 무조건 항복하였고, 3천 명이 탈출하였다.

son, Tennessee)의 전쟁터나 미시시피 강변 전체의 지역을 거의 통제시켰다. 그러나 단 한 곳은 통제하지 못하였다. 그래서 그는 남군의 마지막 요새인 미시시피의 빅스부르그(Vicksburg, Mississippi)에서 있었던 마지막 전투에서 지휘할 때 적군들을 향하여 크게 외쳤다. "항복이냐, 그렇지 않으면 죽음이냐? 무조건 선택하라!" 그래서 그의 별명은 '무조건 항복' (unconditional surrender)이라고 불렸다.

그런데 그랜트 대통령의 성격은 수줍음도 많았고, 얌전을 빼는 스타일이었다. 또한 그의 신앙적인 모습도 상대방에게 확연하게 드러내는 스타일이 아니고 그저 조용하였다. 그랜트는 자신이 다니던 감리교회의 충실한 교인은 아니었지만 자기 자신 속에서 조용한 신앙의 실천과 삶을 보여주었다. 이것은 평소에 그의 어머니 한나(Hannah)가 항상 아들 율리시스에게 가르친 결과였다. 그래서 그는 하나님의 말씀을 믿고 경건하고 조용하게 살기를 원하였다. 그랜트 대통령은 '성경'에 대하여 다음과 같이 고백하였다.

"저는 성경을 믿습니다. 성경말씀에 따라 살아가는 사람들은 그에 따른 혜택을 보게 될 것입니다. 사람들에 따라 성경에 대한 해석이 다를 것이고, 사람이기에 그것이 당연한 일이지만, 성경은 사람들의 가장 훌륭한 안내자입니다. 저는 이 땅의 그리스도인들이 저를 위해 기도하고 있음을 알고 있고, 매우 고맙게 생각합니다. 신구약성경에서 알 수 있듯이 이 일이 적용되지 않는 당파나 종교는 없습니다."[188]

그랜트 대통령은 개인적으로 정직하고 오점이 없이 조용한 삶을 살았다. 그러나 공적으로는 그의 대통령 재임기간 중에 친구나 친척과 전우들이 공금을 유용했다는 추문에 휘말려 끊임없이 고통과 시달림을 받았다. 이로 말미암아 그랜트 행정부가 동요되었고, 정치적인 악영향을 받아 결국 세 번째 대통령 출마를 포기하였다.

1885년 7월 23일, 63세의 그랜트 대통령이 임종을 바라볼 때 오랜 전우이자 동지였던 하워드(Howard) 장군이 찾아와 침상에 누워 있는 그랜트의 업적을 열거하면서 격려해 주었다. 그때 그랜트 대통령은 독실한 신자였던 하워드 장군을 향하여 손을 내저으면서 "친구여! 나를 위해 기도해 주게나"[189]라고 말하였다.

그리고 그랜트 대통령은 인생의 마지막 순간에 인간의 공적은 아무런 소용이 없고, 오직 주님에 대한 기도만이 필요하다는 것을 깨달았다. 주위의 환경이나 고통, 괴로움과 죽음을 두려워하지 않고 오직 주님만 의지하며 기도하였다. 그리고 그는 조용히 눈을 감았다.

---

188) Keefauver, op. cit., p. 73.
189) 염성철, op. cit., p. 130.

1. 잠시 세상에 내가 살면서 항상 찬송 부르다가
날이 저물어 오라 하시면 영광 중에 나아가리

2. 눈물 골짜기 더듬으면서 나의 갈 길 다 간 후에
주의 품 안에 내가 안기어 영원토록 살리로다

3. 나의 가는 길 멀고 험하며 산은 높고 골은 깊어
곤한 나의 몸 쉴 곳 없어도 복된 날이 밝아오리

4. 한숨 가시고 죽음 없는 날 사모하며 기다리니
내가 그리던 주를 뵈올 때 나의 기쁨 넘치리라

후렴 : 열린 천국문 내가 들어가 세상 짐을 내려놓고
빛난 면류관 받아 쓰고서 주와 함께 길이 살리

(새찬송가 492장)

제19대 미국 대통령

러더퍼드 버처드 헤이스의 영성
Rutherford Birchard Hayes 1822.10.4-1893.1.17(71세)

대통령 재임기간 1877.3.4-1881.3.4

러더퍼드 버처드 헤이스[190](Rutherford Birchard Hayes)는 오하이오 주 델라웨어(Delaware, Ohio)에서 출생하였다. 헤이스는 초등학교 때부터 우등생이었다. 그는 오하이오 놀워크 감리교 신학교(Norwalk Methodist Seminary, Ohio)에서 라틴어와 신학을 수학한 후, 캐니언 대학(Kenyon College)을 졸업하였다.

그는 계속하여 하버드 대학교(Harvard University)에서 법학을 공부하고

---

190) 러더퍼드 버처드 헤이스(Rutherford Birchard Hayes)는 1822년 10월 4일, 스코틀랜드(Scotland) 계통의 아버지 러더퍼드 헤이스(Rutherford Hayes)와 어머니 소피아(Sophia)의 8명 자녀들 중에 셋째 아들로 태어났다. 그들은 여덟 명의 자녀들을 낳았으나 두 돌을 넘기기 전에 세 아들은 세상을 떠났고, 딸 하나와 아들 네 명은 살아 있었다. 그런데 러더퍼드 헤이스가 태어나기 두 달 전에 아버지가 세상을 떠났다. 그래서 당시 독신이었던 외삼촌 사디스 버처드(Sardis Birchard)가 아이들의 보호자가 되었다.

변호사가 되었다. 그리고 그는 경건한 신앙인 루시 웨브[191](Lucy W. Webb)와 결혼하여 8명의 자녀들을 낳았다.

러더퍼드 헤이스는 남북전쟁 당시 오하이오 주 연방하원으로 활동하다가 오하이오 주(Ohio state)에서 3선 주지사를 거쳐 정치 경력을 쌓아 마침내 백악관에 입성하여 제19대 미국 대통령에 취임하였다.

아침 기도회

러더퍼드 헤이스 대통령은 독실한 감리교 신자이다. 그의 첫 번째 영성은 '아침 기도회'(morning prayer meeting)이다. 그의 부모는 장로교회의 교인이었고 헤이스는 어렸을 때에 부모를 따라 장로교회를 다녔다. 그러나 헤이스는 오하이오 주 노르웍에 있는 사립학교인 감리교 아카데미(Methodist Academy, Norwalk, Ohio)를 다녔다.

헤이스 대통령의 가정은 어렸을 때부터 매일 아침마다 모여 앉아 성

---

191) 러더퍼드 헤이스(Rutherford Hayes)와 루시 웨브(Lucy Webb)는 결혼하여 8명의 자녀, 즉 버처더(Birchard), 웨버(Webb), 러더퍼드(Rutherford), 조셉(Joseph), 조지(Geroge), 페니(Fanny), 스콧(Scott), 매닝(Manning)을 낳았다. 헤이스의 아내 루시 웨브는 신시내티 웨슬리언 여자 대학교(Wesleyan Woman University, Cincinnati)를 졸업하여 역대 영부인으로는 처음으로 대학 학위를 소유한 사람이 되었다. 영부인 루시 여사의 부지런함과 사회적인 기품은 남편을 내조하는 데 크게 기여하였고, 그녀는 노예제도 폐지와 금주주의를 지지하고, 가난한 사람들을 많이 도왔다.

경을 돌아가며 읽고 기도를 드린 후 새로운 하루의 일과를 시작하였다. 그의 어머니 소피아(Sophia)는 자녀들에게 예배의 중요성과 영적 성장을 위한 말씀 읽기와 기도하는 삶을 철저하게 가르쳐 주었다. 그리고 기독교 윤리와 도덕관을 자녀들의 마음판에 깊이 새겨 주었다. 이것이 훗날 아들 헤이스의 삶에 큰 영향을 끼쳤다.

이러한 배경 속에서 성장하여 대통령이 된 러더퍼드 헤이스의 백악관 생활은 어떠하였는가? 매일 아침 기도회로부터 시작되었다. 헤이스 대통령 가족들은 하루의 삶을 아침 식탁에서 성경말씀을 읽고 기도로 하루를 시작하였다. 가족들은 하루에 성경 한 장을 읽되 한 절씩 돌아가면서 읽었다. 그리고 무릎을 꿇고 주기도문을 외웠다. 저녁 때에는 찬송과 기도를 드린 후 하루의 일과를 모두 마무리하였다. 그리고 주일 저녁 때에는 가족들과 미국의 저명한 정치가들도 참여하여 기도드리며 찬송을 불렀다. 헤이스 대통령의 가족이 드리는 '매일 아침 기도'는 다음과 같다.

"오늘도 변함없이 우리에게 새날을 허락하신 하늘의 아버지, 변함없는 새날을 주심같이 오늘도 우리를 보호하여 주옵소서. 우리가 어떤 종류의 위험에도 처하지 않게 하시고 악에서 지켜 주옵소서. 우리의 모든 행위가 하나님의 인도하심을 따르게 하시고, 주님 보시기에 의롭고 합당하게 하옵소서. 아멘."[192]

---

192) Keefauver, *op. cit.*, p. 75.

또 이뿐인가? 매주일 헤이스 대통령 부부와 자녀들은 백악관 부근에 위치한 파운드 연합 감리교회(Foundry Methodist church, Washington D.C.)로 걸어가서 주일 예배를 드렸다. 그리고 주일 저녁 예배는 헤이스 대통령 부부와 내각들과 의회 의원들이 함께 모여서 말씀을 읽고 찬송하며 기도를 드렸다.

헤이스 대통령은 하나님의 말씀과 그 권위에 대하여 크게 존경심을 가졌고, 그 말씀대로 살려고 노력하였다. 1884년 10월 15일 그의 일기장에는 이렇게 기록되었다.

"우리 카운티의 성경협회가 곧 연례 모임을 갖는다. 나는 왜 세상의 사람들 그리고 자신의 국가와 민족을 사랑하는 사람들이 기독교의 믿음인 성경의 신앙을 지지해야 하는지 말해야만 하겠다. 존경을 드려야 할 위대한 창조주를 예배하기 위해, 우주를 만들고 조종하는 전능하신 능력자와의 관계를 확립하는 것은 인간의 본성에 깊이 잠재되어 있다. 그것은 모든 인간들의 인종들 가운데 발견된다. 그것은 거의 보편적이다. 모든 사람들은 종교심을 갖고 있다. 우리 시대에 기독교 신앙을 던져 버린 사람은 유신론에 시간과 노력을 쏟음으로써 이와 같은 내재된 성향을 보여준다. 만일 성경의 하나님이 없었다면 그 자리에는 이성의 여신이 세워질 것이다. 종교는 항상 존재했고 항상 존재할 것이다. 이제까지 세상이 가졌던 가장 최선의 종교는 그리스도의 신앙이다. 한 사람이나 혹은 한 집단이 그것을 받아들이는 것은 고결하고 성공적이고 행복한 것이다."[193]

청결

러더퍼드 헤이스 대통령의 두번째 영성은 '청결'[194](purity)이다. 헤이스 대통령의 백악관 생활은 아침 예배로부터 시작하여 위엄과 두려움, 정직과 경건의 삶을 가졌다. 헤이스 대통령은 항상 독서하기를 즐거워한 뛰어난 언변가이다. 그는 전혀 술과 담배를 입에 대지 아니한 청결한 사람이다. 그리고 아버지 헤이스는 자녀들에게도 흔히 대통령의 자녀들이 가지는 사치와 화려함을 피하도록 철저히 감시하며 보살폈다.

러더퍼드 헤이스는 부정선거를 겪으면서 대통령직에 올랐다. 그러나 그는 워낙 양심적이고 경건한 사람이라 누구 하나 시비를 걸지 않았다. 그리고 헤이스가 대통령에 취임한 이후에는 더욱더 대통령의 권위와 위엄, 정직과 경건의 이미지를 확립하는 데 힘썼다.

---

193) Mount, op. cit., p. 209.
194) 청결(purity)이란 신약 헬라어 성경에서는 'kadros'라는 말로서 구약에서는 150회, 신약에서는 28회 나온다. 청결의 뜻은 '순수하다.' '단순하다.' '더럽히지 않는다'는 의미로 마치 순수한 금덩어리, 깨끗한 우유같이 불순한 것들이 개입되지 않은 순수한 마음의 상태이다. 주경신학자 윌리엄 바클레이(William Barclay)는 청결에 대하여 3가지로 주석하였다. ① 청결하다는 것은 더러운 옷을 깨끗이 세탁한 것과 같다. ② 청결은 체로 쳐서 모든 겨를 깨끗이 제거해 버린 곡식과 같다. 그리고 무능력한 군인들을 빼버린 정예군인과 같다. ③ 물을 타지 않은 순수한 포도와 우유와 같다. Ref. 안재도, 《팔복강해 : 그리스도 안에서의 참 행복》 (서울: 쿰란출판사, 2007), pp. 137-138.

헤이스 대통령은 백악관에 입성하자마자 그의 깨끗하고 청결한 경건성을 유감없이 발휘하였다. 그는 먼저 과감하게 백악관 안에서 술과 와인을 마시고 담배 피우는 것을 삼가하는 금주령을 내렸다. 그리고 백악관에 초청된 인사들은 와인(wine)이나 샴페인(champagne)이 없는 상태로 접대를 받았다.

"술을 마시다가 법을 잊어버리고 모든 곤고한 자들의 송사를 굽게 할까 두려우니라"(잠 31:5).

특히 러더퍼드 헤이스 대통령은 역대 대통령들이 하지 못한 비성경적인 몰몬교[195](Mormon)의 교리에 대하여 단호하게 조치를 취하였다. 그것은 바로 성경적인 일부일처를 부정하는 이슬람교[196](Islam)처럼 일부다처

---

195) 몰몬교(Mormon)의 공식적인 이름은 '예수 그리스도 후기성도교회'(The Church of Jesus Christ of Latter-Day Saints)이다. 몰몬교는 1830년 조셉 스미스(Joseph Smith Jr)가 14세 때에 어느 숲속에서 기도하는 중 성부와 성자를 만났으며, 어느 교회에 가지 말라는 하나님의 음성을 들었다고 한다. 몰몬교는 몰몬경을 그들의 경전으로 믿고 있다. 몰몬교는 삼위일체의 교리를 부정하고 그리스도의 공적으로 구원받는다고 믿고 있다. 사도 바울의 가르침과 소망과 신앙에 따라 해의 왕국, 달의 왕국, 별의 왕국의 구원에 이르는 내세론과 초대교회와 같은 선지자와 사도를 인정한다. 그리고 결혼에 대하여 성경적인 일부일처가 아니라, 이슬람 교도와 같이 일부다처를 주장한다. 정통적인 개신교 입장에서는 몰몬교를 이단 혹은 개별적인 다른 종교로 보고 있다. 현재 미국 몰몬교의 신도는 약 6백만 명이며, 본부는 미국 솔트레이크 시(Salt Lake city, Utah)에 두고 있다.
196) 이슬람(Islam)의 창시자 무함마드(Muhammad)는 주후 572년 사우디아라비아의 메카(Mecca, Saudi Arabia)에서 태어나서 40세 때에 어느 산에서 환상으로 보고 '예언자'가 되었다. 그가 죽은 지 10년 후 그의 추종자들이 《코란》(Quran, 114개의 장, 6236개의 절)을 만들어서 경전으로 삼았다. 이슬람교는 알라(Allah) 이외에는 신이 없다고 믿는다. 그들의 중요한 다섯 교리(기둥)는 ① 신앙고백-무함마드를 알라의 예언자로 선언. ② 기도-매일 5회 기도. ③ 단식-이슬람 달력 9월(라마단) 1개월 동안 일출부터 일몰까지 음식과 성행위 금지. ④ 자선-부자 재

를 시행하는 몰몬교의 일부다처제의 폐지를 명령한 것이다. 하나님은 한 남자를 만들고 한 여자와 결혼하여 가정을 이루도록 창조하셨기 때문이다.

최근 2013년 6월 26일 미국 연방 대법원[197]에서는 대법관의 5분의 4의 결정으로 '동성 결혼'(homosexual marriage)을 인정한 것은 아니지만 이성간에 결합한 연방 '결혼 보호법'(defence of marriage act)이 위헌이라고 판결을 내렸다. 미국 연방 대법원이 동성 결혼 지지자들의 손을 들어준 것이다. 앞으로 동성 커플들도 차별을 받지 않고 이성 부부와 똑같이 법적 권리와 혜택을 누릴 수 있게 되었다. 이번 일은 미국 역사상 가장 비극적인 일 중에 하나이다. 앞으로 이 거대한 미국 땅덩어리가 제2의 바벨탑으로 가지 아니할까 매우 우려된다. 이제 크리스천들은 미국과 방황하는 영혼들을 위하여 영적으로 깨어 기도해야 하고, 이는 가장 큰 기도 제목이 되었다.

산의 2.5%와 농민의 연생산 10-20%을 가난한 자들에게 분배. ⑤ 메카 순례-이슬람 교도들은 일평생 의무적으로 순례해야 함. 이슬람을 믿는 자들을 '무슬림'(Muslim, 복종자)이라고 부르고, 여자는 '무슬리마'라고 부른다.

197) 미국연방 대법원에서는 결혼을 이성간의 결혼이라고 규정한 연방 결혼보호법(DOMA)을 위헌이라고 판결하고 동성 결혼을 금지한 캘리포니아 주 주민발의안(proposition 8)도 위헌이라고 판결하였다. 이로 말미암아 캘리포니아 주를 비롯한 12개 주들은 동성 결혼의 권리를 보장해야 한다. 연방 대법원의 케네디(Atony Kennedy) 대법관은, "현재 연방 결혼보호법은 동성 부부들의 삶을 불안한 상태로 몰아넣고 있다. 이런 차별은 개인들의 도덕적, 성적 선택권을 보호하고 동등한 자유를 추구하도록 하는 수정 헌법 내용을 부정하는 것"이라고 지적하였다. 그리고 뉴욕 시의 퀸 시장(Queen, Mayor of New York)은, "미국에서 동성애자들이 떳떳하게 자신의 고개를 들 수 있게 됐다"라고 하면서 기쁨의 눈물을 흘렸다. Ref. June 28, 2013, The Korea Times Philadelphia, USA.

또 이뿐인가? 헤이스 대통령은 부정부패한 공무원들을 개혁하였다. 그는 정부 인사들을 선택하고 임명하는 일이야말로 정부 개혁을 성공적으로 이끄는 중요한 방법이라고 믿었다. 헤이스 대통령은 내각 인사에 대한 기준을 다음과 같이 분명하게 명시하였다.

> "첫째, 내각이 새로운 인물의 등용. 그랜트 행정부에서 일을 한 사람은 제외. 둘째, 대통령 후보였던 사람은 제외. 셋째, 친분관계를 염두에 둔 인사는 제외."[198]

> "내 이름으로 일컫는 내 백성이 그들의 악한 길에서 떠나 스스로 낮추고 기도하여 내 얼굴을 찾으면 내가 하늘에서 듣고 그들의 죄를 사하고 그들의 땅을 고칠지라"(대하 7:14).

위와 같은 원칙을 가지고 당시 헤이스 대통령은 정부의 관직이 정치적인 책략에서 이루어지는 것을 차단하였다. 친분관계를 염두에 둔 인사들은 후보에서 제외시켰다. 주위에서 노골적인 뇌물에 의해 좌우되어 결정되는 근본적인 부정부패의 요인에 대하여 신경을 썼다. 이러한 개혁운동을 추진하는 헤이스 행정부는 많은 어려움을 겪기도 하였다.

러더퍼드 헤이스 대통령의 중요한 정치업적은 부패한 공무원들을 개

---

198) Ridings, *op. cit.*, p. 131.

혁한 것이다. 그리고 미국 역사상 최초의 조직적인 철도 파업을 해결하여 정상적으로 철도를 운영케 하였고, 노동시장의 불안을 해소시켰다. 그리고 남부를 진정시키고 남부의 재건을 약속하여 연방 정부를 안정되게 만들었다.

헤이스 대통령의 말년에 그의 비서였으며 둘째 아들인 웨브 쿡 헤이스(Webb Cook Hayes)가 아버지 헤이스 대통령의 영성과 업적들을 기념하여 벌인 사업이 마침내 러더퍼드 헤이스 대통령 센터로 세워지게 되었다. 이것은 훗날에 '대통령 기념 도서관'(President Memorial Library)이 되는 효시가 되었다.

'경건과 정직의 대통령' 그리고 '개혁과 치유의 대통령'이라고 불려진 헤이스 대통령은 퇴임 후 그의 고향으로 내려갔다. 그런데 그가 다니던 프레몬트 감리교 감독교회(Methodist Episcopal Church, Fremont, Ohio)의 건축 예산으로 2만 불이 필요하였다. 그때 헤이스는 4분의 1인 5,000불을 건축헌금으로 봉헌하여 교회당을 완성시키고 71세에 아내 루시가 있는 곳에 묻혔다.

■ 제20대 미국 대통령

제임스 아브라함 가필드의 영성
James Abram Garfield 1831.11.19-1881.9.19(50세)

대통령 재임기간 1881.3.4-1881.9.19

제임스 아브라함 가필드[199](James Abram Garfield)는 오하이오 쿠야호가 카운티(Cuyahoga County, Ohio)에 있는 통나무 오두막집에서 출생하였다. 가필드는 역대 미국 대통령 중에 마지막으로 오두막집(log cabin)에서 태어난 사람이다. 역대 미국 대통령들 가운데 통나무 오두막집에서 태어난 사람은 제일 먼저 7대 잭슨(Jackson) 대통령을 시작하여 제13대 필모어(Fillmore), 제14대 피어스(Pierce), 제15대 뷰캐넌(Buchannan), 제16대 링컨

---

199) 제임스 아브라함 가필드(James Abram Garfield)는 1831년 11월 19일, 미국 동부에서 건너온 개척자 출신이며 레슬링 선수로 알려진 아버지 아브라함 가필드(Abraham Garfield)와 어머니 엘리자(Eliza) 사이에 아들로 태어났다. 그는 미국 대통령 7명 중 마지막으로 통나무 오두막집에서 태어난 사람이 되었다. 그런데 불행하게도 그가 태어난 지 1년 6개월 만에 아버지가 세상을 떠났다. 그래서 그는 10대 초반부터 구역의 학교를 다니면서 방학과 휴가 때에는 주위의 뜨내기 일꾼으로 노동을 하였고, 16세 때부터 집을 떠나 배에서 선원 생활을 시작하였다.

(Lincoln), 제17대 존슨(Johnson), 마지막으로 제20대 가필드(Garfield) 대통령으로 모두 일곱 명이다.

가필드는 오하이오 주에 있는 거가 침례교 신학교(Geauga Baptist Seminary, Ohio)에 입학하여 신학 공부를 하였다. 그는 메사추세츠에 있는 윌리엄스 대학(Williams College)을 졸업하고, 돌아와서 오하이오 주의 히람 대학(Hiram College, Ohio)에서 라틴어와 헬라어 교수를 하다가 학장이 되었다. 그리고 그는 루크레티아 루돌프[200](Lucretia Rudolph)와 결혼하였다.

가필드는 남북전쟁이 일어나자 군대에 입대하여 30세의 젊은 나이로 연방군 소장으로 일하였다. 남북전쟁이 끝난 후 오하이오 주에서 8선 하원의원과 연방 상원을 거쳐 마침내 미국 대통령의 자리에 오르게 되었다. 당시 공화당 출신의 제임스 가필드 대통령 후보는 민주당 대통령 후보인 윈필드 핸콕(Winfield S. Hancock)에게 1,898표 차이로 아주 근소하게 승리하였다. 그리하여 미국 대통령 중 가장 작은 표차로 승리한 대통령으로 기록되었다.

약속

[200) 제임스 가필드는 루크레티아 루돌프(Lucreita Rudolph)와 결혼하여 7명의 자녀들을 낳았다. 아들의 이름은 해리(Harry), 제임스(James), 어빈(Irvin), 아브라함(Abram), 에드워드(Edward)이고 딸은 엘리자(Eliza)이다.

제임스 아브라함 가필드 대통령은 제자교회[201](Disciples of Christ)의 교인이다. 그의 첫 번째 영성은 '약속'(promise)이다. 그는 19세에 세례를 받고 예수 그리스도와 함께 새로운 삶을 갖기로 시작한 신앙인이다.

가필드 대통령의 영성은 하나님과의 약속을 지키는 일이다. 그리고 주님과의 약속, 즉 주님과의 약속대로 주일날에는 주님 앞에 가서 거룩하게 철저히 주일을 지켰던 대통령이다.

가필드 대통령이 백악관 생활이 시작되는 첫 주간에 국가의 비상사태라 할 수 있는 중대한 위기가 있었다. 그때 각료 한 사람이 대통령에게 찾아와 말하였다. "각하, 이번 일요일 아침 10시 30분에 각료회의가 계획되었으니 꼭 참석하도록 해주십시오." 그런데 대통령은 선약 때문에 침여할 수 없다고 내납하였다. 그 각료는 중대한 회의이기 때문에 그 선약이 취소되거나 혹은 변경되어야 한다고 다시 권면했다. 그래도 대통령은 그 선약을 변경시킬 수 없다고 말하였다. 그래서 그 각료는 하도

---

201) 제자교회(Disciples of Christ)는 'Church of Christ'라고도 부른다. 제자교회는 영국의 시인 월터 스콧(Walter Scott)의 사상, 즉 "모든 사람을 제자화하라"(마 28:16-20)는 말씀을 가지고 1801년 미국의 바톤 스톤(Barton Stone)이 설립하였다. 스톤은 원래 장로교의 목사였으나 칼빈주의 사상인 '무조건 선택'(unconditional election), '제한된 속죄'(limited atonement)의 교리에 회의를 느끼고 장로교를 탈퇴하였다. 이 교회는 기독교는 제자화하는 것이 중심 사상이라는 신념을 가지고 자기 나름대로 제자교회를 만들었다. 이 교회는 교파를 따로 만들지 말아야 하며, 누구든지 신앙고백을 하면 가입할 수 있고, 매주일마다 성찬 예식을 행해야 하며, 침례를 베풀어야 한다고 주장한다. 신학적인 측면에서 본다면 제자교회의 신학은 칼빈주의(Calvinism)가 아니라 알미니안주의(Arminianism)이다. 즉 개혁주의 계통의 교회가 아니라 알미니안 계통의 교회이다.

이상하여, "대통령 각하, 대통령께서 약속하신 그 사람이 도대체 누구인지 말씀해 주십시오"라고 했다. 그러자 가필드 대통령은 "나도 당신처럼 솔직하게 대답하리다. 주일 아침 10시 30분은 내가 사랑하는 주님을 성전에 가서 뵙는 시간입니다. 언제나 그렇게 하기로 벌써 오래전에 나의 주님께 약속한 것입니다"라고 대답하였다.[202]

가필드 대통령은 하나님과의 약속을 철저히 지켰다. 또한 그는 크리스천의 한 사람으로서 상대방을 향해서도 바르게 행동하며 약속과 신뢰를 지키도록 힘썼다. 그래서 그는 일평생 동안 약속을 지키고 실천하기 위하여 다음과 같은 열 가지 좌우명을 가졌다.

"첫째, 게으르지 말며 수입 범위에서 생활하자. 둘째, 약속은 적게 하고 진실을 말하자. 셋째, 좋은 친구를 사귀되 끝까지 사귀자. 넷째, 남을 나쁘게 하지 말자. 다섯째, 요행을 바라는 일은 게임이라도 피하자. 여섯째, 맑은 정신을 흐리게 하는 음료는 피하자. 일곱째, 비밀은 나의 것이나 남의 것이나 지키자. 여덟째, 돈은 마지막 순간까지 빌리지 말자. 아홉째, 행동에 책임지고 남의 탓을 하지 말자. 열 번째, 잠들기 전에 반성의 시간을 가지자."[203]

---

202) 염성철, *op. cit.*, p. 144.
203) *Ibid.*, p. 145.

설교

제임스 가필드 대통령의 두 번째 영성은 '설교'(preaching)이다. 그는 진정한 크리스천이요, 예수 그리스도의 복음을 증거하는 설교자요 목회자였다.

어느 날 청년 제임스 가필드는 클리블랜드(Cleveland) 지역의 한 운하에서 일하다가 심한 병에 걸려 집으로 돌아왔다. 그때 어머니 엘리자는 아들을 침대에 눕히고 얼굴을 찬물로 씻어 주면서 하나님께 간절히 기도드렸다. 그런데 기적적으로 아들의 병이 나았다. 그때 어머니 엘리자는 아들에게 "제임스야, 주님께서 네 생명을 살려 주신 이유가 있단다!" 하면서 "나한테 17달러가 있으니 네가 그 돈을 가지고 침례교 신학교에 갔으면 좋겠구나!" 할 때 아들은 그러겠다고 대답하였다.

그 후 제임스 가필드는 오하이오에 있는 거가 침례교 신학교(Geauga Baptist Seminary)에 입학하여 신학을 공부하였다. 그는 주위에 있는 교회에 가서 매주일마다 설교를 하면서 죄를 회개하고 예수를 믿으라고 강렬하게 말씀을 증거하였다.

이때 주위에서 말하기를 "제임스의 설교는 명료하고 사고가 있다. 그는 앞으로 훌륭한 설교자가 될 것"이라고 칭찬을 아끼지 아니하였다. 그는 계속적으로 주일이나 부흥 집회 때에 설교를 하였고, 종교와 과학에 대하여 전문가들과 논쟁을 하면서 열변을 토하였다. 그래서 주위에서는 그를

향하여 뛰어난 웅변가요, '토론의 왕'(debating champion)이라고 불렀다.[204]

제임스 가필드의 설교는 인간의 전통이나 규칙보다는 하나님의 말씀인 성경의 권위를 강조하였다. 가필드는 원래 그리스도 제자교회의 출신이었기 때문이다. 이후 그는 성경의 권위를 강조하는 칼빈주의 계통의 윌리엄스 대학(Williams College)을 다니면서부터 칼빈주의 신앙으로 바꾸게 되었다. 그래서 가필드의 일기에 이렇게 기록하였다.

"나는 사람들이 인류의 모든 전통을 버리고 성경만을 그들의 지침서로 삼았으면 좋겠다."

제임스 가필드는 23세 때부터 그리스도 제자교회의 설교자로 하나님의 말씀을 전파하였다. 그는 거의 매주일 설교를 하였다. 매주 두서너 교회에 초청받아 말씀을 전하였다. 그리고 어떤 경우에는 침례교회에서도 초청을 받아 전하였다. 그의 설교의 특징은 딱딱한 교리보다는 하나님의 사랑을 크게 강조하였다.

1857년, 그의 고향인 오하이오에서는 영적 대각성운동의 마지막 물결이 몰아치고 있었다. 그는 두 주간 동안 어느 수련회에서 말씀을 증거하여 40여 명의 사람들을 주님께 돌아오도록 변화시켰다.

---

204) *op. cit.*, p. 194; Reid, *op. cit.*, p. 473.

1858년, 가필드가 히람 대학(Hiram College) 총장으로 일할 때였다. 당시 진화론자 덴톤(Denton)은 신앙인 가필드에게 공개적인 신앙토론을 하자고 도전하였다. 이 토론은 5일 밤낮으로 연속적으로 진행되었다. 한 토론자가 20번 이상 더 나와서 창조론과 진화론에 대하여 열띤 논쟁을 벌였다. 진화론자 덴톤은 자연발생으로 시작하여 점진적인 진화에 대한 당위성을 주장하였다. 그러나 독실한 크리스천인 가필드는 하나님의 살아 계신 말씀과 천지창조의 내용을 가지고 창조론을 변호하고 강력하게 방어하였다. 결과는 가필드가 승리하였다.

이후, 제임스 가필드는 17년 동안 하원의원으로 일하면서 당시에 훌륭한 연설가로, 영리한 정치인으로서, 자기 자신이 옳다고 생각하는 일은 가차 없이 뛰어들어 열변을 토하고 논쟁하는 사람으로 유명해졌다.

1865년 4월, 링컨 대통령이 갑작스럽게 사망하던 날, 약 5만의 성난 군중들이 폭동을 일으키기 일보 직전에 한 사람이 일어나서 큰 소리로 다음과 같이 외쳤다.

"시민 여러분, 어두움과 구름이 하나님 주위에 있습니다. 정의와 심판은 하나님의 보좌를 이루고 있습니다. 자비와 진실이 하나님 앞에 있습니다. 시민 여러분, 하나님이 통치하십니다. 그리고 워싱턴 정부는 건재합니다."

그때부터 이 연설을 들은 수많은 사람들의 격동되었던 마음이 점점 수그러지고 가라앉았다. 그 연설을 한 사람이 바로 제임스 가필드

였다.²⁰⁵

1881년 3월 4일, 제임스 가필드는 제20대 미국 대통령에 당선되어 백악관에 입성하였다. 그런데 불행하게도 대통령에 취임한 지 4개월 뒤인 50세의 젊은 나이에 워싱턴(Washington D.C.)의 철도역에서 기차를 기다리고 있는 동안 관직의 분배에 불만을 품었던 정신병자 찰스 키토(Charles J. Guiteau)가 난사한 두 발의 총탄을 맞고 쓰러졌다.

가필드 대통령이 암살당한 사건은 미국 역사상 링컨 대통령에 이어 두 번째 큰 비극이었다. 그는 총탄의 상처로부터 건강을 회복하기 위하여 2개월 동안 투병하였다. 그리고 가필드 대통령은 투병 중에서도 어머니에게 아픔과 충격을 드리지 않기 위하여 끝까지 효도하는 마음으로 다음과 같은 편지를 써 보냈다.

"사랑하는 어머님께. 저의 병세에 대해서 혹은 무슨 마음에 걸리는 보도가 있더라도 아무 염려 마세요. 제가 아직 체력이 몹시 쇠약하고 일어나지 못하고 있는 것은 사실이지만 매일 매일 저의 건강이 호전되어 가고 있습니다. 저의 완전한 회복은 오직 시간과 인내심만 가지면 문제가 없습니다. 모든 친지 여러분들과 친구들 그리고 특히 힛티(Hitty)와 메리(Mary) 두 누님들에게 변함없는 저의 사랑을 전해 주세요. 사랑하는 아들 제임스 아브라함 가필드."²⁰⁶

---

205) 염성철, *op. cit.*, p. 142.
206) Faber, *op. cit.*, p. 116.

제21대 미국 대통령

체스터 앨런 아서의 영성
Chester Alan Arthur 1829.10.5-1886.11.18(57세)

대통령 재임기간 1881.9.19-1885.3.3

체스터 아서[207](Chester A. Arthur)는 미국 북부의 버몬트 주 노스 페어필드(North Fairfield, Vermont)에서 출생하였다. 그는 뉴욕에 있는 유니언 대학(Union College, New York)을 졸업하고 변호사가 되어 뉴욕에서 뛰어난 변호사로 활동하였다. 아서는 엘렌 루이스 헌든(Ellen Lewis Herndon)과 결혼을 하였으나 불행하게도 그의 아내는 그가 대통령이 되기 1년 전에 세상을 떠났다.

---

207) 1829년 10월 5일, 아일랜드(North Ireland)에서 이민 온 아버지 윌리엄 아서(William Arthur)와 어머니 스톤은 딸 리지나(Regina)와 아들 윌리엄(William), 체스터(Chester)를 낳았다. 아버지 윌리엄 아서는 학교의 교사였고 침례교회의 목사로 일하였다. 체스터 아서는 엘렌 루이스 헌든(Ellen Lewis Herndon)과 결혼하여 아들 윌리엄(William), 체스터(Chester)와 딸 엘렌(Ellen)을 낳았다.

체스터 아서는 뉴욕에서 활동하면서 변호사로 크게 명성을 얻어 공화당에 입당하여 정치 활동을 하였다. 1880년 공화당 전당대회에서 제임스 가필드(James Garfield) 대통령 후보의 러닝메이트로 출마하여 힘겹게 부통령에 당선되었다. 이후 가필드 대통령이 암살을 당하자 대통령 선거 없이 대통령 자리까지 올랐던 운이 좋은 사람이었다.

그런데 체스터 아서 대통령은 불행하게도 그의 아내 엘렌 루이스 헌든이 대통령 취임 1년 전에 폐렴으로 세상을 떠났다. 그래서 그는 제8대 마틴 뷰런과 제15대 제임스 뷰캐넌 대통령처럼 백악관에 퍼스트 레이디가 없는 세 명의 홀아비 대통령 중에 한 명이 되었다.

오직 아내 사랑

체스터 아서 대통령은 감독교회('개신교 감독교회', '성공회', Protestant Episcopal Church)의 교인이다. 그의 첫 번째 영성은 일편단심 '오직 아내 사랑'(marital fidelity)이다.

원래 그의 아버지 윌리엄 아서(William Arthur)는 장로교 교인이었고, 이후 그는 침례교회에서 목사 안수를 받았다. 아들 아서는 아버지의 가르침 속에 교회생활을 잘하였다. 그러나 그는 감독교회 출신인 아내 엘렌을 만나 감독교회로 바꾸었다. 그들 부부는 감독교회에서 성가대원으로 봉사하였다. 그러나 그들은 교인 등록은 하지 않았고, 공식적인 신앙고백은 하지 않았다.

체스터 아서는 어렸을 때부터 부모 밑에서 신실한 신앙교육을 받아 성장하였지만 장년이 되어서는 부모의 신앙 유산을 거절하였다. 그는 일평생을 교회에 출석하였지만 공적인 신앙고백은 한 번도 하지 않았다. 어느 특정 교회에 소속된 등록교인도 아니었고, 정통적인 기독교리를 믿는다고 간증도 하지 않았다.

평소 어머니 멜비나 스톤(Malvina Stone)은 형 윌리엄과 동생 체스터에게 그들의 믿음을 염려하여 신앙생활을 잘하라고 종종 편지를 보냈다. 그러나 두 아들은 기독교 신앙에 대하여 관심을 갖지 않았다. 이로 말미암아 부모와 두 아들의 관계는 멀어졌다.

그런데 이후 동생 체스터 아서는 자신의 신앙생활 속에서 그의 아내를 사랑하는 마음은 그 누구보다도 특별하였다. 훗날 체스터 아서는 비록 홀아비 대통령이 되어 백악관에 들어갔지만 그의 아내 초상화만큼은 벽에 꼭 걸어 두었다. 아내의 초상화 앞에는 항상 신선한 꽃을 가져다 놓았다. 그의 이러한 행동은 백악관에 있는 동안 그리고 대통령을 퇴임한 후에도 죽는 날까지 계속되었고, 아내의 죽음을 애도하였다.

흔히 정치 권력자들은 여자 스캔들에 많이 휘말린다. 그런데 체스터 아서는 오직 아내만 생각하였다. 그는 일편단심 민들레로 엘렌 루이스 헌든만을 사랑하였다.

이러한 그의 모습은 "남편들아 아내 사랑하기를 그리스도께서 교회를 사랑하시고 그 교회를 위하여 자신을 주심같이 하라"(엡 5:25)는 말씀을 떠올리게 한다. "사랑은 오직 사랑하는 사람에게만 바친다"라는 시인 발자크[208](Balzac)의 말처럼 일편단심 지조형 남편 체스터 아서의 삶은 오직 한 아내만 바라보며 사랑한 것이었다.

사교성

체스터 아서 대통령의 두 번째 영성은 '사교성'(sociability)이다.
아서 대통령은 전직 제임스 가필드 대통령의 주일성수와 말씀 생활화에 대하여 거부반응을 일으켰다. 그리고 러더퍼드 헤이스 대통령의 아침 기도회와 경건한 삶에 대하여 그리 좋아하지 않았다. 아서 대통령은 전직 개혁가 대통령들이 백악관에서 무조건 술과 알코올을 금지했던 일은 하나의 신앙적인 일이기보다는 무지의 처사라고 평가절하하였다.

그리고 그는 백악관의 모습과 삶을 정반대로 바꾸었다. 체스터 대통

---

208) Yung Je Han, *The Encyclopedia of Sermon Illustration* Volume 12 (Seoul: The Christian Literature Press, 1993), p. 348.

령은 매력적이고 사교성이 뛰어난 사람이었다. 그래서 그는 멋지고 아름다운 의복을 걸치고 긴 장신구를 신고 사교생활을 즐겼다. 입고 다니던 바지만 약 80개 이상이 되었다. 그는 뉴욕에 살고 있는 명사들과 잘 어울려 다녔다. 맛있는 고급 음식과 명품 포도주를 마시며 값비싼 예술품 등을 구입하였다. 그는 값비싼 골동품 수집가요 애호가였다.

1996년 미국 공화당 대통령 후보였던 밥 돌(Bob Dole)은 그의 《대통령의 위트》(Great Presidential Wits)라는 책에서 체스터 아서 대통령의 사치스러운 백악관 생활을 이렇게 지적하였다.

"아서는 진정한 쾌락주의자(epicurean)였다. 그는 14가지 코스의 만찬에서 8가지 종류의 와인을 접대하였다. 아서가 음식보다 더 좋아했던 것은 옷이 유일하였다. 그는 존 케네디 이전 대통령으로서는 스타일이 가장 좋았다. 아서는 딱 어울리는 옷을 찾는 데 20벌의 바지를 입어 본다는 소문이 났다. 아서가 1884년 대통령 후보에 재지명되지 못하자 독설가인 엉클 조 캐논(Uncle Joe Cannon)은 '바지 때문에 졌습니다'라고 선언하였다."[209]

추수감사절 선언문

---

209) Dole, op. cit., p. 195

체스터 아서 대통령은 미국 독립 106주년을 맞이하여 이날을 국가적인 감사와 기도의 날로 선포하였다. 그리고 11월 24일 금요일, 전 국민이 모든 일손을 멈추고 전능하신 하나님께 예배와 찬양, 기도와 감사를 드릴 것을 "미합중국 대통령 체스터 아서에 의해 1881년 선포된 추수감사절 선언문"(A Proclamation-Thanksgiving Day 1881 by Chester A. Arthur, President of the USA)을 통해 발표하였다.

"한 해를 마무리하면서, 우리에게 다가온 축복을 돌아보고 우리에게 모든 것을 주시는 하나님께 진정한 감사를 드리는 것은 오랫동안 우리 국민의 경건한 관습이었습니다. 국제적으로는 평화가, 국내적으로는 번영이 우리에게 허락되었습니다. 어떠한 전염병도 이 나라에 없었고, 우리의 선조들이 지혜 가운데 물려준 자유의 특권은 여전히 우리의 유산으로 자라나고 있습니다. 우리의 거대한 나라의 한 부분에선 심각한 재해가 우리 형제들의 임야에 있었지만 이 재앙조차도 진정되었고, 나라 전체에서 일어난 피해와 피해자들에 대한 아낌없는 후원은 어떤 의미에선 얼마간 오히려 정신적인 행복을 가져왔습니다. 이 모든 것으로 인해 온 국민이 진정한 감사를 하나님께 올려드려야겠습니다. 이에 따라 미합중국 대통령 체스터 A. 아서는 모든 국민들이 다가오는 11월 24일 금요일을 국가적인 감사와 기도의 날로 정하고, 그들의 일상적인 작업들을 멈추고 예배를 드릴 수 있는 몇몇 장소에 모여 이 나라의 역사와 우리의 삶 가운데 명백하게 그 선하심을 드러내신 전능하신 하나님께 감사하며 찬양하고, 그분의 은총이 우리와 우리의 자녀들에게 계속되기를 간절히 기도할 것을 권고합니다. 상기 내용에 대한 증거로 본인은 이에 서명하고 미국 정부의 인증을 날인하겠습니다. 미합중국 독립 106주년인 1881년 11월 4일 워싱턴에서, 체스터 A. 아서."[210]

체스터 아서 대통령의 정치적인 중요한 업적으로는 최초로 전면적인 연방 이민법을 제정하고 범죄자와 극빈자, 정신 이상자의 이민을 금지시킨 것이다. 그리고 정부 공무원을 채용할 때에는 공식적인 시험을 통하여 선발하였다. 또한 공직을 희망하는 사람들은 어느 정당에 정치헌금을 헌납하는 것을 금지시켰다.

체스터 아서 대통령이 대한민국에 영향을 준 일이 있다. 고종 때 러시아와 일본이 전쟁 직전까지 갔을 때에, 고종은 두 나라 사이에서 중립을 꿈꾸며 미국에 의지하려고 했다. 그러나 이는 고종의 짝사랑에 불과하였다. 결과적으로 대한민국이 침략을 당한다면 돕겠다는 미국과의 수호조약을 맺었으나, 미국 정부는 그와는 달리 그 약속을 지키지 않았다. 하지만 미 북장로교 선교부가 호레이스 알렌[211](Horace Newton Allen)

---

210) Keefauver, *op. cit.*, pp. 84-85
211) 알렌 선교사(Horace N. Allen, Missionary, 1858.4.23-1932.12.11)는 미국 북장로교 선교부에서 한국으로 파송한 선교사이다. 1994년 9월 20일, 알렌선교사는 남경호라는 배를 타고 중국 상해에서 출발하여 제물포 항구에 도착하였다. 이날은 조선의 최초 개신교 선교사가 입국한 역사적인 날이며, 그는 조선의 최초 개신교 의료 선교사이다. 알렌 선교사는 탁월한 의술과 기도로 민영익 선생을 살렸다. 1885년 2월 15일 민영익의 생명을 건진 사례금으로 돈 10만 냥을 받아 한국 최초의 병원인 '광혜원'을 설립하였고, 개설한 지 15일 만에 고종이 '제중원'이라는 이름으로 바꾸었다. 이로 말미암아 알렌 선교사를 통하여 조선 땅에 선교의 문이 활짝 열렸고, 이후 제중원을 신축하여 이 병원의 명칭을 세브란스 병원이라고 바꾸었다. 알렌 선

선교사를 통하여 한국 땅에 병원을 세우고 학교를 짓도록 간접적인 도움을 많이 주었다.

평범한 대통령으로서 '젠틀맨 보스'(Gentlemen Boss)라는 별명을 가졌던 체스터 아서 대통령은 유난히 언론을 기피하였다. 그는 대통령 퇴임 후 "전직 대통령이 하는 일이라고는 시골에 가서 큰 호박을 키우는 것 말고는 할 일이 없어 보인다"[212]라고 말하고, 워싱턴을 떠나 시골에서 조용히 여생을 보내다가 57세에 세상을 일찍 떠났다.

교사는 어린 시절에는 미국 동부에 있는 델라웨어 제일장로교회(First Presbyterian Church, Delaware State)에 출석하였고, 기독교 명문 웨슬리안(Wesleyan) 대학교를 졸업한 후, 다시 선교사가 되기 위하여 의과대학을 졸업하였다. 이 교회는 제6대 미국 대통령 아담스(John Quincy Adams)가 출석하였고, 미국 백악관에 금주 선언을 한 제19대 미국 대통령 러드퍼드 헤이스(Rutherford Hayes)가 세례 받은 교회이다. 그리고 이 학교는 김활란, 김옥길 등 많은 한국의 여성 지도자들을 배출한 곳이다. Ref. 민경배, 《한국 기독교회사》 (서울: 대한기독교출판사, 1989), pp. 149-150.

212) Dole, *op. cit.*, p. 195.

제22, 24대 미국 대통령

그로버 클리블랜드의 영성
Grover Cleveland 1837.3.18-1908.6.24(71세)

제22대 대통령 재임기간 1885.3.4-1889.3.4
제24대 대통령 재임기간 1893.3.4-1897.3.4

그로버 클리블랜드[213](Grover Cleveland)는 뉴저지 주에 있는 칼드웰(Caldwell, New Jersey)이라는 곳에서 출생하였다. 그의 아버지는 영국에서 이주한 미국 장로교회의 목사였다. 그는 프랜시스 폴솜(Frances Folsom)과 결혼하여 다섯 명의 자녀들을 낳았다.

클리블랜드는 목사의 아들로 태어나서 열심히 법학을 공부하여 독학

---

213) 그로버 클리블랜드(Grover Cleveland)는 1837년 3월 18일, 영국에서 이주하여 미국 장로교회의 목사였던 아버지 리처드 클리블랜드(Richard F. Cleveland)와 독일 경건파 계통의 퀘이커(Quaker) 출신인 어머니 앤 닐(Ann Neal) 사이에 9남매 중 다섯째로 태어났다. 그는 프랜시스 폴솜(Frances Folsom)과 결혼하여 3남 2녀의 자녀들을 낳았다. 아들의 이름은 마리온(Marion), 리처드(Richard), 프랜시스(Francis)이고, 딸의 이름은 룻(Ruth)과 에스더(Esther)이다. 클리블랜드의 자녀들은 아버지가 목사로서 다른 교회로 전임을 해야 했기 때문에 다른 지역으로 이사를 많이 다니게 되었다.

으로 변호사가 되었다. 이후, 그는 44세에 민주당에 입당하여 정치활동을 하던 중에 버팔로(Buffalo, New York) 시장이 되었다. 계속하여 그는 개혁적인 행동과 이미지로 뉴욕 주지사로 당선되어 마침내 47세의 젊은 나이에 미국 대통령이 되었다.

클리블랜드는 미혼으로 백악관에 입성하여 백악관에서 결혼한 최초의 대통령이 되었다. 그리고 그는 미국 대통령 가운데서 유일하게 연임이 아닌 2선 대통령으로서 22대 대통령과 24대 대통령이 되었다.

회개

그로버 클리블랜드는 장로교회 목사의 아들이요, 장로교회 교인이다. 그의 첫 번째 영성은 '회개'[214](repentance)이다.

클리블랜드는 장로교 출신의 독실한 크리스천이다. 그는 기독교 정통 교리와 일치하는 삶을 가지려고 노력하였다. 그는 교회의 등록교인이고, 믿음을 실천하며, 마지막 순간까지 믿음을 굳게 지켰다.

---

214) 회개(repentance)는 '돌이키다', '돌아가다', '마음을 고친다'라는 의미로서 세 가지 요소가 있다. ① 지적인 요소-자신의 죄책과 오욕, 무능에 대한 인식이다. ② 감정적 요소-거룩하신 하나님에게 지은 자신의 죄를 통회하고 느끼는 감정적인 변화이다. ③ 의지적 요소-내적으로 죄에서 멀어지며 용서와 청결을 구하려는 성향이다. Ref. 안재도, 《개혁주의 영성과 삶》(서울: 쿰란출판사, 2006), pp. 76-79.

그의 아버지 리처드 폴리 클리블랜드 목사(Rev. Richard Falley Cleveland)는 뉴욕 주에 위치한 훼이트빌 장로교회(Fayettville Presbyterian Church, New York)와 버팔로 장로교회(Buffalo Presbyterian Church)에서 시무하였다. 그때 아들 클리블랜드는 아버지가 담임하던 두 교회에 일평생 동안 출석하며 성찬위원으로 섬겼다. 그리고 그는 대통령 재임기간 중에는 워싱턴에 있는 제일장로교회(First Presbyterian Church, Washington)에 출석하였다.

청소년 시절, 그는 목사의 아들답지 않게 살았다. 청소년 시절에 그의 삶은 한마디로 방탕과 갈등, 싸움과 분노였다. 그는 날마다 나쁜 친구들과 어깨를 나란히 하고 골목을 누비며 다녔다. 술을 마시고 돈을 내는 법은 한 번도 없었다. 걸핏하면 시비가 붙어서 닥치는 대로 때리고 부수는 것이 그의 하루 일과였다.

어느 주일날, 클리블랜드는 나쁜 일을 하려고 한 친구와 함께 다른 친구를 만나러 길을 걸어가다가 어느 교회 벽에 붙어 있는 간판을 쳐다보았다. 그것은 바로 설교 제목, 즉 "죄의 삯은 사망이다"(The wages of sin is death, 롬 6:23)라는 글씨가 눈에 띄었다. 그런데 클리블랜드의 마음이 갑자기 뜨거워지고 이상해졌다. 그래서 그는 친구를 향하여 "야, 우리 놀러 가는 것은 오후에 가고 교회로 가서 예배를 드리자!"라고 말했다. 그러자 그 친구는 "너 미쳤냐? 친구들이 기다리고 있는데 무슨 교회로 들어가 예배냐!"라고 대답하였다.

그리고 두 사람은 교회 앞에서 말다툼을 하면서 싸웠다. 그러던 중 한 사람은 다른 친구를 만나러 가버리고 클리블랜드는 교회에 들어가서 설교 말씀 "죄의 삯은 사망이요 하나님의 은사는 그리스도 예수 우리 주 안에 있는 영생이니라"(롬 6:23)는 말씀을 들었다. 그때 그 말씀은 클리블랜드의 마음을 예리하게 찔렀고, 자기 자신의 잘못된 삶을 크게 반성하고 뉘우치면서 하나님 앞에 철저하게 울면서 회개하였다.

이후 30년이 지나서, 클리블랜드는 제22대 미국 대통령에 당선되었다. 그리고 그때 한 늙은 죄수는 감옥에서 대통령에 당선된 클리블랜드의 큼직한 사진을 보면서 눈물을 흘리고 있었다. 그는 30년 전 어느 교회의 간판에 쓰여 있던 "죄의 삯은 사망이요"라는 글을 회상하면서 흐느끼고 있었다.

결과적으로, 한 사람은 교회 간판의 글씨를 보고 뉘우치고 회개하여 미국의 위대한 대통령이 되었고, 다른 사람은 교회 간판의 글씨를 보고도 그냥 지나가 버려서 흉악한 사형수 죄수가 된 것이다. 이것은 미국 사회에 널리 알려진 클리블랜드 대통령의 유명한 일화이다.

"회개는 방향 전환이다"라는 철학자 브룬너[215](E. Brunner)의 말처럼 회개는 어둠에서 광명으로 비추어 준다. 멸망에서 구원으로 인도한다. 죽

---

215) Yung Je Han, *op. cit.*, Volume 13, p. 469.

음에서 생명의 길로 인도한다. 옛사람이 변하여 새사람이 된다.

"그러므로 너희가 회개하고 돌이켜 너희 죄 없이함을 받으라 이같이 하면 새롭게 되는 날이 주 앞으로부터 이를 것이요"(행 3:19).

강한 믿음

그로버 클리블랜드 대통령의 두 번째 영성은 '강한 믿음'(strong faith)이다. 한때 그는 술주정뱅이였지만 하나님의 말씀을 듣고 새로운 영적인 사람으로 거듭났다. 그리고 그는 더욱 담대하고 강한 믿음의 소유자가 되었다.

1885년 3월 4일, 클리블랜드 대통령은 전능하신 하나님을 향한 강한 믿음을 가지고 앞으로 미합중국이 하나님의 축복과 인도하심을 받는 나라와 국민이 되기를 그의 첫 번째 대통령 취임 연설에서 다음과 같이 연설하였다.

"우리 모두 인간의 노력에 의지하지 말고 국가의 흥망성쇠를 주관하시며 이 나라의 역사 가운데 언제나 함께하셨던 전능하신 하나님의 권능과 선하심을 겸손히 인정합시다. 우리의 노력 위에 하나님의 도우심과 축복이 함께하시기를 간구합니다."[216]

1893년 3월 4일, 클리블랜드 대통령은 살아 계신 하나님 앞에 겸손하게 기도를 드려서 하나님의 축복과 도우심을 구하자고 그의 두 번째 대통령 취임 연설에서 '기도'(prayer)에 대하여 다음과 같이 연설하였다.

"무엇보다도 저는 인간사를 주관하시는 하나님이 계시며, 그의 선하심과 자비가 항상 미국 국민들과 함께하셨음을 알고 있습니다. 그리고 우리가 겸손하고 경건하게 그의 능력 있는 도우심을 구할 때 그분은 결코 우리를 저버리지 않으실 것임을 믿습니다."[217]

그 당시 클리블랜드 대통령은 부강한 나라와 행복한 국민을 위하여 낮은 관세율을 비롯한 튼튼한 금융구조와 시민 서비스의 개혁운동을 추진하고자 열심히 일하였다. 그리고 그는 미 의회가 지나친 권력 남용을 할 때 대통령에게 주어진 거부권 행사로 단호하게 그것을 막았다. 또한 미 의회가 부적당하며 공정하지 못한 법안을 제출할 때에는 그것 역시 가차 없이 거부권 행사로 되돌려보냈다. 한마디로 말해서 그는 잘못된 정책에 대하여 그냥 있지 않고 "아니오!"(No!)라고 말할 줄 아는 강력한 대통령이었다.

---

216) Keefauver, *op. cit.*, p. 87.
217) *Ibid.*

"오직 너희 말은 옳다 옳다, 아니라 아니라 하라 이에서 지나는 것은 악으로부터 나느니라"(마 5:37).

또한 클리블랜드가 뉴욕 주지사로 재임할 때에도 '거부권 주지사'로 널리 알려졌다. 그리고 대통령 시절에도 '거부권 대통령'(veto president)[218]으로 최고 기록을 남겼다. 그는 대통령 시절에 무려 300번 이상 거부권을 행사하였다. 이 숫자는 초대 조지 워싱턴 대통령부터 시작하여 전임 체스터 아서 대통령까지 거부권을 사용한 132번보다 많은 숫자였다.

미국 대통령 평가서(Rating The Presidents)에 참여한 어느 전문가는 미 의회의 권력 남용과 독주를 막았던 클리블랜드 대통령에 대하여 평가하기를 '그는 좋은 의미의 거부권 대통령'(good negative president)이라고 극찬히였다.

클리블랜드는 회개와 강한 믿음의 영성으로 마침내 노예제도를 폐지한 이후에 첫 취임한 민주당 출신 대통령이 되었다. 그는 역대 대통령 가운데 가장 부패하지 않았다. 그리고 그는 절대적인 자유무역에 강력히 반대하여 미합중국의 국익을 보호하는 데 크게 공헌하였다.

이후 클리블랜드 대통령은 재선에 도전하였으나 유창한 웅변가 벤자

---

218) Ridings, op. cit., p. 145

민 해리슨에게 패배하였다. 그러나 4년 뒤 다시 재도전하여 백악관에 입성하여 제24대 미국 대통령에 취임하는 축복을 받았다. 그는 대통령 은퇴 후 뉴저지 프린스턴 대학교(Princeton University, New Jersey)에서 강의하며 살다가 71세에 세상을 떠났다.

추수감사절 선언문

그로버 클리블랜드 대통령의 세 번째 영성은 '감사'(thanks)이다. 그는 제22대 1885년부터 1889년까지, 그리고 제24대 1893년부터 1897년까지 두 차례에 걸쳐 대통령직을 역임하였다. 두 차례 임기 중에서 클리브랜드 대통령은 미합중국과 모든 국민들은 전능하신 하나님의 축복과 은혜에 감사드리는 삶을 가져야 한다고 총 여덟 번씩이나 '추수감사절 선언문'(Thanksgiving Proclamation)을 선포하였다.

1885년 11월 2일, 클리블랜드 대통령의 첫 번째 추수감사절 선언문은 이렇게 기록되었다.

"미국인들은 전능하신 하나님께 감사의 제목이 항상 풍성하였습니다. 그분의 세심한 돌보심과 인도하시는 손길은 미국인들의 삶의 모든 과정마다 명백하게 나타났습니다. 위험의 시간에는 그분이 보호하고 지켜 주셨으며, 어둠의 시간에는 그들을 안전하게 인도하셨습니다. 따라서 국가적으로 매년 특히 그러한 목적을 가지고 한 날을 정하여 하나님의 선하심을 공적으로 인정하고, 그분의 모든 은혜로운 선물들에 대해 감사를 돌리는 것은 적절하고 이치에 맞는 일입니다. 그러므로 미 합중국의 대통령인 나는 11월 26일 목요일을 따로 정하여 공적인 추수감사절과 기도의 날로 지정하여 이 땅의 모든 사람들을 따로 지켜 줄 것을 호소합니다."[219]

1886년 11월 1일, 클리블랜드 대통령의 두 번째 추수감사절 선언문은 이렇게 기록되었다.

"하나님의 은총과 선하심을 인정하고 그의 계속된 돌보심과 보호하심을 기원합니다. 우리가 지진, 홍수, 폭풍 속에서 하나님의 무한하신 능력을 질 숙고해 보는 동안, 하나님의 은총으로 위험으로부터 보호받은 사람들의 감사의 마음들이 고난으로 고통을 받은 사람들을 향해 동정과 친절로 나타나게 합시다. 또한 우리의 추수감사가 가난하고 부족한 사람들에게 용기를 주는 것이 되게 하고, 이로 인해 우리의 예배가 주님이 받으실 만한 자선의 행동이 되게 합시다."

1887년 10월 25일, 클리블랜드 대통령의 세 번째 추수감사절 선언문은 이렇게 기록되었다.

---

219) Mount, *op. cit.*, pp. 187-188.

"세속적인 일과 직업을 쉬고 언제나 모이는 예배 장소에 기도와 찬송으로 하늘 아버지께 우리를 위해 그분이 하신 모든 일들을 인하여 감사를 드리고, 동시에 겸손히 우리의 죄악들을 용서해 주시고 그분의 은총이 계속되기를 기원합시다."[220]

1888년 11월 1일, 클리블랜드 대통령의 네 번째 추수감사절 선언문은 이렇게 기록되었다.

"이 땅의 일부 지역에 찾아왔던 고통스러운 하늘의 섭리를 잊지 말아야 합니다. 우리는 하나님의 능력 앞에서 겸손한 자세를 유지하면서 역병의 죽음의 행진에 한계를 정하신 하나님의 은총에 사의를 표해야 합니다. 그리고 우리의 마음은 고통받고 슬퍼하는 이웃들에게 동정을 베풀어야 합니다. 그리고 하늘 아버지의 손으로부터 받은 모든 축복들을 인해 우리가 감사를 돌려드리면서, 하나님이 우리에게 자선을 행하도록 명령하셨다는 것을 잊지 맙시다. 이 추수감사절의 날에 가난한 사람들과 도움이 필요한 사람에게 관대한 마음을 가집시다. 이로 인해 우리의 찬양과 감사가 주님 앞에 받으실 만한 것이 될 것입니다."[221]

1893년 11월 3일, 클리블랜드 대통령의 다섯 번째 추수감사절 선언문은 이렇게 기록되었다.

---

220) *Ibid.*
221) *Ibid.*

"미국인들이 한 국가로서 시작되었던 이후로 국민들은 찬송과 감사로 하나님의 선하심과 은총을 매일 기억해야만 하지만, 매년 하루를 정하고서 특별히 하나님의 애정이 깃든 친절함과 하나님으로부터 우리가 받았던 축복들을 바라보는 것은 꼭 필요한 것입니다. 따라서 미합중국의 대통령인 나는 이달 11월 30일 목요일을 따로 정해 추수감사와 찬송의 날로 지정해 이 땅의 모든 사람들에 의해 지켜지기를 바랍니다. 그날에는 우리가 평범한 직업과 일들에 앞서 우리들이 평소에 모이던 예배 장소에 모여, 하나님을 향한 우리의 연합된 찬송이 은혜의 보좌에 이르도록 합시다. 그날에는 친족들의 재회와 친구들과의 사교적인 모임이 즐거움과 활기를 주도록 합시다. 그리고 가난한 사람들과 도움이 필요한 사람들의 구호를 위한 자선의 관대한 선물로 우리의 추수감사의 준수함이 증명이 되도록 합시다."[222]

1894년 11월 1일, 클리블랜드 대통령의 여섯 번째 추수감사절 선언언문은 이렇게 기록되었다.

"미국 국민들은 최고의 통치자에게 찬송과 감사를 드립니다. 그분은 지난 한 해 동안 친절함과 돌보심으로 미국인들을 지켜 주셨습니다. 미국인들은 자신들의 필요에 따라 계속해서 축복해 주신 모든 자비의 아버지께 겸손과 신실한 기도를 드려야 합니다. 그리고 모든 선한 것들과 완전한 선물을 주시는 분의 은총을 위해서 자선의 행위를 해야 합

---

222) *Ibid.*, p. 189.

니다. 우리에게 안전과 풍요를 주신 분은 우리가 빈곤한 사람들을 구제하는 것과 자선을 위한 봉사를 우리의 추수감사에 대한 진실한 감사의 증거이자, 진정한 감사의 마음이 표현된 것으로 보십니다."[223]

1895년 11월 4일, 클리블랜드 대통령의 일곱 번째 추수감사 선언문은 이렇게 기록되었다.

"우리의 추수감사와 함께 겸손히 그분께 기도합시다. 우리 국민들의 마음이 하나님께 기울어지도록, 그래서 하나님이 우리를 떠나시지 않고 우리나라를 버리시지 않도록, 그리고 그분의 은총과 보호하심을 통해 국가적 풍요와 행복의 길로 우리를 인도하심이 계속되도록, 그리고 우리 가운데 국가적 유산으로 주어진 자유의 나라를 위한 애국적인 사랑이 계속 살아 있게 되도록 기도합시다."[224]

1896년 11월 1일, 클리블랜드 대통령의 마지막 여덟 번째 추수감사절 선언문은 이렇게 기록되었다.

"미국 국민들을 무서운 재난으로부터 보호하신 주의 깊은 돌보심을 통해 평화와 행복의 길로 인도하신 하나님께 감사의 빚을 지고 있다는 것을 절대로 잊어서는 안 됩니다. 또한 하나님의 가르침으로부터 벗어

---

223) *Ibid.*, p. 190.
224) *Ibid.*

나 자신들의 지혜를 따라 죄악된 자만심을 따르기를 좋아하는 마음을 뉘우치고 인정하기를 거부해서는 안 됩니다. 이러한 생각들이 더욱 더 활기차게 마무리 되도록 하기 위해서는 한 날을 정해 우리가 함께 모여 찬양과 기도로 은혜의 보좌 앞에 나아가는 것이 마땅합니다. 따라서 미합중국의 대통령인 나는 이달 11월 26일 목요일을 따로 정하여 우리나라 전체가 추수감사와 기도를 드리는 날로 지키도록 규정합니다."[225]

---

225) *Ibid.*

제23대 미국 대통령

벤자민 해리슨의 영성
Benjamin Harrison 1833.8.20-1901.3.13(68세)

대통령 재임기간 1889.3.4-1893.3.4

벤자민 해리슨[226](Benjamin Harrison)은 오하이오 주 노스 벤드(North Bend, Ohio)라는 농장에서 태어났다. 특별히 그는 누구와도 비교할 수 없을 만큼 최고의 명문 가문의 출신이다. 왜냐하면 그는 제9대 미국 대통령 윌리엄 해리슨의 손자이며, 미국 독립선언서에 서명한 버지니아 주지사 벤자민 해리슨(Benjamin Harrison)의 증손자이기 때문이다. 해리슨

---

226) 벤자민 해리슨(Benjamin Harrison)은 1833년 8월 20일에 태어났고, 제9대 미국 대통령 윌리엄 해리슨(William H. Harrison)의 손자이다. 아버지 존 스콧 해리슨(John Scott Harrison)과 어머니 엘리자베스(Elizabeth) 사이에 열 명의 자녀들 중 둘째로 태어났다. 아버지 존 해리슨은 농부이면서도 두 번씩이나 의회에서 활동하였다. 아들 해리슨은 키가 작고 탄탄한 소년으로서 자신의 젊은 시절은 주로 농장에서 시간을 보냈다. 해리슨은 라비니아 스콧(Lavinia Scott)과 결혼하여 43년 동안 살면서 한 명의 아들 러셀 벤자민(Russell Benjamin)과 두 딸인 메리(Mary)와 엘리자베스(Elizabeth)를 낳았다. 그리고 메리 스콧 로드 딤미크(Mary Scott Lord Dimmick)와 재혼하여 5년 동안 살았다.

은 오하이오 주 마이애미 대학(Miami University, Ohio)을 졸업하고 인디애나폴리스(Indianapolis)에서 변호사로 활동하였다. 이후 그는 남북전쟁 때에 공을 세워 육군 준장으로 퇴역하였고, 캐롤라인 라비니아 스콧(Caroline Lavinia Scott)과 결혼하여 세 자녀를 두었다.

해리슨은 남북전쟁 당시 육군 준장으로 활동한 전쟁 영웅이었다. 그는 인디애나 주(Indiana state)에서 주지사에 출마하였으나 실패하고, 다시 연방 상원의원에 출마하여 당선되었다. 계속하여 그는 상원의원으로서 활발하게 정치력을 발휘하여 마침내 현직 그로버 클리블랜드(Grover Cleveland) 대통령을 물리치고 백악관에 입성하였다.

직분 충성

벤자민 해리슨 대통령은 장로교회의 충성스러운 교인이었다. 그의 첫 번째 영성은 '직분 충성'(faithful to duty)이다. 해리슨의 집안은 날마다 성경을 읽고 찬송을 부르며 기도하는 전통적인 기독교 가문이다. 그의 모든 가족들은 주일날이 되면 철저하게 주일성수를 하였다. 그들은 오하이오에 있는 클리브즈 장로교회(Cleves Presbyterian Church, Ohio)를 잘 섬겼다. 그들은 주일날이 되면 하루 종일 교회에서는 예배를 드릴 뿐만 아니라 집에서는 잠을 잘 때까지 찬송으로 하나님께 영광을 돌렸다.

해리슨은 오하이오 주 옥스퍼드에 소재한 마이애미 대학교(Miami University)에 다녔다. 이 학교는 장로교 계통의 학교로서 총장을 비롯한 모든 교수진들이 장로교 신앙을 가진 사람들이다. 이 학교의 하루 일과는 먼저 성경을 읽고 기도하면서 시작된다. 1850년 히브리어 담당 교수인 조셉 클레이바흐(Joseph Claybaugh)가 캠퍼스 수련회를 인도하였다. 그 때 대학생인 해리슨은 영적인 큰 은혜를 받았다. 그래서 그는 한때 법관보다는 목회자가 되기를 고민하였다.

해리슨은 21세 때에 인디애나 주에 있는 인디애나폴리스로 이사하여 제일장로교회(Indianapolis First Presbyterian Church)에 등록하였다. 해리슨은 이 교회에서 주일학교 교사의 직분을 맡아 충성스럽게 섬겼다. 또한 청년부 성경공부를 지도하면서 '정기 성경공부반'(Regular Bible Classes)을 만들어서 계속 가르쳤다. 그는 24세 때에 집사로 임명받아 헌신하였다. 그리고 1861년에 장로로 피택받아 인디애나폴리스 제일장로교회에서만 40년 동안 장로로 죽도록 충성하였다.

"그리고 맡은 자들에게 구할 것은 충성이니라"(고전 4:2).

"네가 죽도록 충성하라 그리하면 내가 생명의 관을 네게 주리라"(계 2:10).

해리슨 대통령은 재임기간 중에 여덟 명의 장관들을 임명하였는데,

그들은 모두다 신앙이 돈독하고 충성스러운 장로교회의 장로들이었다. 1889년 6월 해리슨 대통령은 1862년 링컨 대통령이 발동하였던 명령을 더욱더 강화하여 미 육군과 해군들은 매주일마다 주일성수할 것을 촉구하는 명령서를 다음과 같이 발표하였다.

"1862년 링컨 대통령은 자신의 관점을 확증하기 위해 워싱턴의 말을 인용해서 이런 명령을 내렸습니다. '육군과 해군의 사령관인 대통령은 육군과 해군에 복무 중인 장교와 사병들이 주일을 지킬 수 있기를 바라며 명령한다. 인간과 짐승이 매주일 이러한 휴식을 갖는 것의 중요성은 기독교 교인 병사들과 수병들의 신성한 권리이며, 기독교인들에게 최선의 경의를 표하는 것이다. 또한 육군과 해군이 주일에는 최소한도로 노동을 줄여야 한다는 신의 섭리를 마땅히 존중해야 한다.' 이처럼 간결하게 규정된 진리는 주의깊고 성실하게 다루어야 하며, 이것을 무시하려는 압력은 전쟁 때보다 지금에 와서는 현저히 줄어들었습니다. 우리 역사의 가장 힘들었던 시절의 이들 위대한 대통령들에 의해 내려진 친절하고도 동정심 깊은 명령의 정신들을 되돌아보고, 능률과 사기를 진작시키기 위해 대통령은 일요일 아침의 점호가 단순하게 무기를 휴대하지 않는 간편한 복장과 일반적인 외양으로만 진행해야 하며, 육군규정 1889의 제950조에서 요구하는 사항인 전군이 무기를 휴대하고 받는 좀 더 완전한 검열은 토요일에 행할 것을 명령합니다."[227]

---

227) Mount, *op. cit.*, p. 181.

신중함

벤자민 해리슨 대통령은 크리스천 명문 가문 출신으로 철저한 장로교 교인이었다. 그의 두 번째 영성은 '신중함'(prudence)이다. 신중함이란 자기 자신의 마음과 행동을 조절(self-controlled)하는 것을 의미한다. '근신'이라는 단어가 말이나 행동에 대하여 반성한다는 뜻이라면, '신중'이라는 단어는 말과 행동에 대하여 조심스러움을 가지는 태도를 말한다. 이것은 지도자들이 반드시 가져야 할 덕목 중에 하나이다.

해리슨 대통령은 뿌리 깊은 신앙인으로서 젊을 때부터 장로교회 안에서 주일학교 교사로 봉사하였다. 1857년도에는 집사로서 그리고 1861년도에는 교회의 장로로서 섬겼다. 그래서 그는 미합중국의 집사 대통령이요, 장로 대통령이었다. 성경에서도 사도 바울은 교회의 지도자로서 청지기로서의 감독은 항상 "신중해야 한다"(딛 1:8)라고 교훈하였다.

해리슨 대통령은 매우 신중하고 차가웠다. 그를 알고 있던 사람은 그의 악수를 '시들어 버린 피튜니아'(petunia)와 같다고 하였다. 그리고 그의 키는 167.7센티미터로 매우 작았다. 그래서 '작은 밴'(little Ben)이라고 불렸다.

공식적으로 해리슨 대통령의 태도는 너무나 신중하고 퉁명스럽고 딱딱하였다. 그는 너무나 신중하여서 모든 세부적인 면까지도 꼼꼼히 챙

졌다. 다른 사람에게 일을 위임할 수가 없었다. 그는 대통령이 된 이후 1년 4개월 동안 매일같이 1,700명에 달하는 정부 임명직의 후보자들과 인터뷰하는 일에 시간을 다 보냈다.

해리슨 대통령의 동료들이나 지지자들은 신중하게 선택한 후보들에 대하여 해리슨 대통령이 무턱대고 찬성하며 사인을 해주는 사람으로 기대하였다. 그러나 해리슨 대통령은 정반대로 다시 재확인하고 신중에 신중을 기하여 결정하였다. 또한 그는 많은 정책적인 분야에서 독자 노선을 걸었고 독립적인 행동을 취하였다. 결과적으로 해리슨 대통령 주위에 있는 정치 지지자들이 많이 떠났고, 그로 인해 그의 정책을 수행하는 데 심한 타격을 받았다.

그럼에도 불구하고 '신중함'의 영성을 가진 벤자민 해리슨 대통령은 주위의 어떠한 환경과 여건, 압박과 여론에도 굴복하지 않고 대통령의 업무를 신중하고 바르게 집행하였다. 그는 어떠한 동요나 흔들림 없이 바르고 신중하게 자신의 일을 처리하였다. 이 일에 대하여 해리슨 대통령은 다음과 같이 많은 어려움을 겪었다고 술회하였다.

"대통령이 된 지 100일이 지났습니다. 그렇지만 나는 여전히 처음과 동일한 마음을 갖고 있습니다. 대통령은 감정 토로나 자신의 관점을 표현하는 데 거의 동요가 없이 일을 처리해야 합니다. 그 때문에 나는 어편 상황에 대해서도 쉽게 판단을 내리지 않습니다."[228]

그 후 미국 대통령 여론조사(RMPP)에 의하면, 해리슨 대통령에게 낮은 점수를 주면서 그를 향하여 '활기가 없는', '상상력은 없지만 관할권을 가진', '냉담한', '퉁명스럽고 반항적이며 지루한 사람'으로 평가하였다.[229]

그러나 인디애나의 시인 제임스 라일리(James W. Riley, Indiana)는 해리슨 대통령의 신중하고 독립적인 견해에 대하여 높이 평가하면서 다음과 같이 찬사를 보냈다.

"나는 해리슨 장군의 여러 특성 중에 한 부분에 대하여 깊은 존경을 표한다. 그것은 그가 옳다고 정당하다고 믿는 바에 대한 굽힐 줄 모르는 독자적인 입장이다. 그의 두려움 없는 결단력은 마음속 깊은 곳으로부터 존경을 불러일으킨다. 해리슨은 모든 역경 앞에 두려움이 없는 정당한 사람이었다."[230]

벤자민 해리슨 대통령의 최고의 중요한 정치적 업적은 미국 해군의 강력한 현대화를 이룩하여 '강철 해군'(steel navy)을 만들어낸 것이다. 당시 미국은 대서양과 태평양 사이의 지름길로 중앙 아메리카 어딘가에

---

228) 염성철, p. 161.
229) Ridings, *op. cit.*, p. 153.
230) *Ibid.*

해운 운하의 건설이 필요하다고 보았다. 이로 인해 미국은 남북전쟁 당시의 낡은 목선을 대신하여 해군의 강력한 현대화를 이루는 강철 해군이 절실하게 필요하였다. 그래서 해리슨 행정부는 구식 목선의 배를 대신한 현대화한 강력한 해군을 창설하였다. 이것은 해리슨 정부의 최고 업적이었다.

1892년 해리슨 대통령은 재선에 나왔지만 전임 그로버 클리블랜드 대통령에게 패배하였다. 이후 그는 대통령 퇴임 후에도 캘리포니아 스탠퍼드 대학교(Stanford University)에서 강의하였다. 그리고 중남미 베네수엘라(Venezuela)에서 일어난 영국과의 국경선 문제를 해결하기 위하여 노정치가로서의 정치력을 발휘하였다. 해리슨은 말년에 폐렴으로 투병하다가 68세의 나이로 일찍 세상을 떠났다.

제25대 미국 대통령

윌리엄 매킨리의 영성
William McKinley 1843.1.29-1901.9.14(58세)

대통령 재임기간 1897.3.4-1901.9.14

윌리엄 매킨리[231](William Mckinley)는 오하이오 주에 위치한 나일스(Niles, Ohio)에서 태어났다. 그는 18세의 청년 때에 남북전쟁에 참가하여 '가장 용감한 청년장교'라는 별명을 얻게 되었다. 이후 매킨리는 펜실베이니아 알레게니 대학(Allegheny College, Pennsylvania)을 졸업하고, 뉴욕 알바니 대학(Albany College, New York)에서 법학을 공부하고 변호사가 되었다. 그는 27세에 오하이오 캔턴 제일국립은행(First National Bank of Canton, Ohio) 소유주의 딸 아이다 섹스턴(Ida Sexton)과 결혼하여 두 딸인 캐

---

231) 윌리엄 매킨리(William Mckinley)는 1943년 1월 29일, 영국에서 이주한 아버지 윌리엄 매킨리(William Mckinley)와 어머니 낸시(Nancy)의 아홉 자녀 중에 일곱 번째로 태어났다. 그는 아이다 섹스턴(Ida Sexton)과 결혼하여 두 딸 캐서린(Katherine)과 아이다(Ida)를 낳았다. 그런데 불행하게도 두 딸 모두 어린 시절에 일찍이 세상을 떠났다.

서린(Katherine)과 아이다(Ida)를 두었다.

그런데 매킨리의 가정에 불행이 찾아왔다. 그의 어머니 낸시가 비극적인 사건으로 세상을 떠났다. 계속하여 큰딸 캐서린이 장티푸스로 죽고, 작은딸 아이다마저 태어난 지 1년 만에 죽고 말았다. 이러한 충격으로 그의 아내 아이다는 간질병에 걸려 고통을 받았다. 이러한 가족의 슬픔과 고통을 극복하고 잊어버리기 위하여 그는 오하이오 주의 정치판에 뛰어들었다. 이후 그는 연방 하원의원을 거쳐 오하이오 주지사가 되었다. 계속하여 그는 1896년에 공화당 대통령 후보로 출마하여 마침내 미국 대통령에 당선되어 백악관으로 입성하였다.

인사 임명

윌리엄 매킨리 대통령은 감리교회(Methodist Church)의 교인이다. 그의 첫 번째 영성은 '인사 임명'(appointment)이다. 매킨리는 10세 때 교회 수련회에 참석하여 은혜를 받고 구원의 확신을 얻었다. 매킨리 가족은 오하이오 주 캔턴에 소재한 제일감리교 감독교회(First Methodist Episcopal Church, Canton, Ohio)의 등록교인이었다. 그는 주일학교 교장으로 섬겼다. 그는 일평생 동안 감리교 교인으로 지냈다. 그는 대통령 재임기간 중에는 워싱턴에 소재한 메트로폴리탄 감리교회(Metropolitan Methodist Church, Washington)에 정기적으로 출석하였다.

매킨리 대통령의 백악관 생활은 어떠하였는가? 그는 기도하는 시간과 찬양 시간을 가졌다. 그리고 저녁 10시가 되도록 늦게까지 하나님의 말씀을 큰 소리로 읽으면서 말씀 묵상 시간을 가졌다.

"주의 말씀대로 나를 붙들어 살게 하시고 내 소망이 부끄럽지 않게 하소서"(시 119:116).

"나는 항상 소망을 품고 주를 더욱더욱 찬송하리이다"(시 71:14).

매킨리 대통령은 각료나 정부 인사를 임명할 때 서류상의 이력서를 보거나 겉모양만 보고 결정하는 것이 아니었다. 그는 지혜롭고 바르게 사람을 선택하여 정부의 인사로 기용하였다.

어느 날 매킨리 대통령이 외무부 장관을 뽑을 때, 자격과 구비조건이 아주 비슷한 두 사람 중에서 한 사람을 선택해야 하는 중대한 일이 있었다. 매킨리는 둘 중에 한 사람을 어떻게 선택했는지 그 이유를 다음과 같이 설명하였다. "매킨리가 국회의원으로 있을 때 하루는 만원이 된 전차를 타고 빈자리에 앉았다. 그때 나이 많은 한 부인이 무거운 짐을 들고 전차에 올라 빈자리가 있는지 두리번거리면서 바로 외무부 장관의 후보에 오른 그 사람 앞에서 머뭇거렸다. 그런데 그 사람은 신문으로 자기의 얼굴을 가리면서 못 본 체하고 그냥 앉아 있었다. 물론 매킨리가 같은 전차에 타고 있다는 사실을 전혀 몰랐다. 이후 매킨리가 대통령이 되어 수년 전 전차 안에서 본 그 사람의 양심과 교양을 비추

어 그를 선택하지 않고 다른 사람을 외무부 장관으로 선택하였다.[232]

"사람은 외모를 보거니와 나 여호와는 중심을 보느니라 하시더라"(삼상 16:7).

강한 리더십

윌리엄 매킨리 대통령의 두 번째 영성은 '강한 리더십'(strong leadership) 이다. 1898년 미국은 스페인과 '스페인 전쟁'(war in Spain)을 하였다. 그 발단은 당시 미국의 전투함 메인 호(USS Maine)가 쿠바의 하바나(Havana, Cuba) 항에서 원인 불명의 폭발사고로 266명의 장병들을 잃은 데 있었다.

당시 전 세계는 쿠바에서 보여준 스페인의 잔악한 식민 정책을 비난하였다. 미국 국민들도 전쟁의 필요성에 대해 말하며 언성을 높였다. 그리고 미국의 여론은 "메인 호를 잊지 말자!"(Remember the Maine!)라고 떠들었다. 드디어 메인 호 전투함의 침몰 사건 규명을 위하여 미 해군위원회가 구성되었다. 원래 매킨리 대통령은 무력을 사용하지 않고 신중하게 대처하려고 했다. 그러나 1898년 2주간이 지난 후 매킨리 대통령은 당시 쿠바와 푸에르토리코(Puerto Rico)을 지배하고 있던 스페인을 향하

---

232) 염성철, *op. cit.*, pp. 165-166.

여 공식적으로 전쟁 선전포고를 하였다.

매킨리 대통령은 스페인 군대를 쿠바와 푸에르토리코에서 몰아내기 위하여 12만 5천 명의 지원병 군사들을 동원시켰다. 그러면서 매킨리 대통령은 미국 함대를 태평양에 있는 식민지 필리핀에 보내어 그곳에 있는 스페인 함대를 공격하여 전멸시켰다. 그리고 2개월이 지난 7월에 쿠바에 있는 모든 스페인 전함과 군대들을 전멸시켰다.

매킨리 대통령은 스페인 전쟁의 영웅이 되었다. 미국은 스페인과의 전쟁을 통하여 쿠바를 독립시켰다. 푸에르토리코와 태평양에 있는 괌(Guam island)은 미국으로 양도되었다. 그리고 하와이(Hawaii) 섬을 미국의 영토로 병합시키는 데 성공했다. 미국은 스페인에게 2천만 달러를 주고 필리핀(Philippines)을 획득하여 식민지로 만들었다. 그리고 특별히 미국이 스페인을 필리핀에서 몰아내면서 당시 로마 가톨릭 교회 일색이었던 필리핀에 예수 그리스도를 통한 개신교 선교의 문이 활짝 열리게 되었다.

그 당시 미국은 팽창주의(expansionism)가 대세를 이루고 있었다. 1899년 11월 21일, 매킨리 대통령은 감리교 감독교회의 선교위원회에서 미국의 식민지가 된 필리핀에 대하여 다음과 같이 말하였다.

"우리는 그저 받는 수밖에 없었습니다. 필리핀 국민을 훈육하고 계몽, 교화하여 그리스도교로 개종시키고, 그리스도가 저들을 위해서 희생하신 만큼 우리의 동포로 인정하며 하나님의 영광에 따라 최선을 다

하는 수밖에 없었습니다."²³³

명실공히 미합중국은 매킨리 대통령의 탁월하고 강한 리더십을 통하여 세계 최대의 초강대국을 만드는 데 크게 성공하였다. 이 점에 대하여 당시 국무장관 존 헤이(John Hay, Secretary of State)는 다음과 같이 말하면서 찬사를 보냈다.

> "그가 대통령으로 있는 동안 하와이가 우리나라 땅이 되었다. 미국령 사모아인 투투일라(Tutuila, American Samoa)는 물론 푸에르토리코, 방대한 군도인 필리핀 등이 우리 땅이 되었다. 그리고 쿠바가 독립을 이루었다. 그는 카리브 해안(Caribbean)에서 우리의 입장을 확고히 하여 미래에 발생할 가능성이 있는 문제들을 미리 해결했던 것이다. 외교력에 있어서 그는 역대 외교관 중 가장 위대한 반열에 올릴 만하나."²³⁴

윌리엄 매킨리 대통령은 강력한 영성을 통해 미국을 최강대국으로 만들어서 거의 만장일치로 대통령에 재선되었다. 그러나 그는 박람회에서 검은 신사복 차림의 한 무정부주의자의 총탄에 맞아 쓰러졌다. 매킨리 대통령은 자녀가 없는 대통령으로서, 그리고 링컨, 가필드에 이어 세 번째로 암살당한 미국의 대통령으로서 막을 내렸다.

---

233) *Ibid.*, p. 168.
234) Ridings, *op. cit.*, p. 159.

■ 제26대 미국 대통령

시어도어 루스벨트의 영성
Theodore Roosevelt 1858.10.27-1919.1.6(61세)

대통령 재임기간 1901.9.14-1909.3.4

시어도어 루스벨트[235](Theodore Roosevelt)는 뉴욕 시의 부유한 명문 가정에서 태어났다. 그는 하버드 대학교(Harvard University)에 입학하여 우수한 성적으로 졸업하였다. 루스벨트는 아내 앨리스(Alice)와 어머니가 같은 날에 사망하는 불운을 겪었다. 그 후, 그는 어린 시절의 친구였던 에디스 캐로(Edith Carow)와 결혼하였다.

---

235) 시어도어 루스벨트 2세(Theodore Roosevelt. Jr.)는 1858년 10월 27일, 네덜란드 계통의 부유한 뉴욕 은행업자 아버지 시어도어 루스벨트(Theodore Roosevelt)와 프랑스 계통의 어머니 미티 불로크(Mittie Bulloch) 사이에서 4남 중 둘째 아들로 태어났다. 이후 하버드(Harvard University) 재학 중 앨리스 해서웨이 리(Alice Hathaway Lee)와 사귀다가 결혼하였다. 그러나 그녀는 4년 뒤에 사망하고 에디스 캐로(Edith Kermit Carow)와 재혼하였다. 루스벨트의 자녀들은 6명인데 앨리스(Alice), 시어도어 루스벨트 3세(Theodore Roosevelt III), 커밋(Kermit), 에델 캐로(Ethel Carow), 아치볼드 벌로치(Archibald Bulloch)와 쿠엔틴(Quentin)이다.

계속적으로 루스벨트는 가정적인 불운으로 말미암아 다코다로 내려가서 카우보이(cowboy in Dakota)로서 목장 생활을 하면서 마음을 가다듬었다. 그는 2년 후 다시 뉴욕으로 올라와서 정치계에 뛰어들었다. 37세에 뉴욕 주 경찰청장이 되어 성역을 가리지 않고 부정부패를 처벌하여 명성을 얻었다. 그리고 그는 1898년 미국이 스페인과의 전쟁을 치를 때 용맹스러운 '사나운 기병'(rough rider)이라고 불리는 민병대를 조직하여 스페인과 쿠바 연합군을 크게 격파하고 대승하여 국민적 영웅으로 칭송을 받았다.

그 후 루스벨트는 공화당 후보로 뉴욕 주지사로 출마하여 당선되었다. 그리고 전직 대통령 매킨리(Mckinley)의 러닝 메이트로 부통령이 되었고, 매킨리의 갑작스러운 암살 사건으로 대통령직을 승계받아 백악관의 주인이 되었다.

매킨리 대통령의 암살로 대통령이 된 루스벨트 대통령은 역대 대통령들 가운데 가장 젊은 나이에 대통령이 된 사람이다. 40대의 가장 젊은 나이에 미국 대통령이 된 사람은 제일 먼저 43세 루스벨트 대통령을 비롯하여 44세 제35대 케네디 대통령, 47세 제18대 그랜트 대통령과 제42대 클린턴 대통령 그리고 49세 제14대 피어스 대통령이다.

예배와 감사

시어도어 루스벨트 대통령은 정통적인 개혁신학을 지키는 화란 개혁교회[236](Dutch Reformed Church)의 신자이다. 그의 첫 번째 영성은 '예배와 감사'(worship and thanks)이다.

루스벨트는 17세에 뉴욕에 있는 니콜라스 개혁교회(St. Nicholas Dutch Reformed Church, New York)의 등록교인이 되었다. 그는 하버드 대학교에 다니는 동안 그리스도 감독교회(Christ Episcopal Church)의 주일학교 교사로 3년 반 동안 봉사하였다. 그는 대통령 재임기간 중에는 그레이스 개혁교회(Grace Reformed Church, Washington) 예배에 출석하였다. 그리고 1878년 루스벨트는 아버지의 죽음을 바라보면서 자신의 신앙고백을 그의 일기장에 이렇게 기록하였다.

"하늘에서 우리가 만난다는 생각은 아름다운 것이다. 슬픔과 고통의 끔찍한 이 시간에 나에게 이 생각을 줄 수 있는 것은 주 예수 그리스

---

236) 화란 개혁교회(Dutch Reformed Church)는 1892년 아브라함 카이퍼(Abraham Kuyper)가 주축이 되어 생겨난 교회이다. 신학적인 측면에서 화란개혁교회는 칼빈신학(Calvinism)을 기초한 사도신경(Apostles' Creed), 니케아 신조(Nicene Creed), 벨직 신앙고백서(Belgic Creed), 하이델베르크 교리문답(Heidelberg Catechism), 도르트 신조(Dordtrecht Creed)를 그들의 신앙으로 고백한다. 이 교회의 신앙고백들은 성경의 권위보다 우위를 차지해서는 안 된다는 견해이다. 그런데 19-20세기에는 이 신앙고백에서부터 벗어나려는 자유주의 신학의 세속화 움직임이 일어나고 있다. 화란 개혁교회의 정치 형태는 로마교의 교황적인 교권정치와 민주주의적 회중교회의 정치 형태를 거부한다. 이 점에 있어서는 장로교회(Presbyterian Church)와 동일하다.

도 안에 있는 나의 믿음 외에는 아무것도 없다."

평소 루스벨트 대통령은 미합중국이 부강한 나라가 되고 계속 발전할 수 있게 된 것을 전적인 하나님의 축복과 은혜로 생각하고 감사할 것을 강조하고 있다. 1905년 3월 4일 그는 대통령 취임 연설에서 말하기를 "이 지구상에 우리들만큼 감사할 이유가 많은 국민은 없을 것입니다. 우리는 자신의 힘을 의지하는 교만한 마음에서가 아니라 우리에게 복을 내려 주신 선하신 하나님께 대한 감사의 마음에서 이러한 말을 해 왔습니다"[237]라고 하면서 하나님의 축복과 은혜에 감사해야 할 것을 역설하였다.

그리고 루스벨트 대통령은 모든 국민들은 살아 계신 하나님 앞에 나아가 언제나 어디서나 예배할 것을 말하면서 특별히 주일 예배를 드려야 한다고 다음과 같이 말하였다.

"여러분, 하나님은 영이시기 때문에 어느 장소에서나 예배할 수 있고 어떤 시간에도 하나님을 예배할 수 있습니다. 그러나 그것은 한 가지 조건이 충족되어야 합니다. 여러분이 어느 장소에서나 하나님을 예배하는 자가 되려거든 특정한 시간인 주일, 특정한 장소인 교회에서 먼

---

237) Keefauver, *op. cit.*, p. 99; *Inaugural Addresses of the Presidents of the United States* Volume Two, pp. 41-43.

저 예배드리는 사람이 될 때 가능합니다."[238]

"아버지께 참되게 예배하는 자들은 영과 진리로 예배할 때가 오나니 곧 이때라 아버지께서는 자기에게 이렇게 예배하는 자들을 찾으시느니라 하나님은 영이시니 예배하는 자가 영과 진리로 예배할지니라"(요 4:23-24).

말씀 생활화

루스벨트 대통령의 두 번째 영성은 '말씀의 생활화'(living by the Word)이다. 그는 어린 시절부터 프랑스의 신교도인 위그노 교도[239](Huguenot)이며 독실한 신앙인이었던 어머니 미티 불로크(Mittie Bulloch)의 영향을 많이 받아 진실한 크리스천이었다. 그리고 그는 하나님의 말씀을 따라 실천하며 매일 기도하는 영적인 삶을 가졌다. 훗날 루스벨트는 신앙의 어머니인 미티 불로크를 향하여 다음과 같이 감사와 찬사를 보냈다.

"당신은 언제나 저에겐 선량하였고, 제 말이면 무엇이든지 들어주셨잖

---

238) 염성철, *op. cit.*, p. 172.
239) 위그노 교도(Huguenot)는 16세기 칼빈주의(Calvinism)을 추종한 프랑스의 개신교 신자들을 가리킨다. 부와 재산의 정당한 축적을 인정하는 상공업자들 중에 신자가 많았다. 그들은 프랑스의 로마 가톨릭 교회의 신앙과 교도들을 향하여 반대하여 싸우고 심한 박해를 받기도 하였다. 위그노 교도들은 칼빈의 신학과 신앙을 기초하여 믿는 자들이다. 이후 그들은 개혁교회의 신도들이 되었다. Ref. Kenneth Scott Latourette, *A History of Christianity* Vol. 3, 윤두혁 역 (New York: Harper & Row publishing Inc., 1953) pp.268-269

아요. 저의 일이라면 어느 때라도 함께 생각해 주셨구요. 난 당신이 너무나 자랑스러워요. 그리고 항상 당신만을 존경하고 당신에게 모든 영광을 돌리고 싶어요."[240]

루스벨트 대통령은 믿음으로 구원받는다는 정통교리보다는 성경의 도덕적인 기준으로서 행동하는 것을 더 존중하였다. 그의 삶은 교리적인 신앙보다는 의롭게 행하고 실천하는 믿음을 다음과 같이 강조하였다.

"나는 구원을 얻는다는 루터교회와 칼빈주의의 교리들을 별로 신봉하지 않는다. 또한 교회의 통치, 교황 무오설, 고해성사, 성직자의 독신을 포함한 로마 가톨릭의 교리에 대해서도 그렇다. 나는 야고보서에 기록된 실천하는 복음을 믿는다."

그 후 루스벨트는 대통령이 되어 그의 취임식 때에 야고보서의 말씀을 가지고 "너희는 말씀을 행하는 자가 되고 듣기만 하여 자신을 속이는 자가 되지 말라 누구든지 말씀을 듣고 행하지 아니하면 그는 거울로 자기의 생긴 얼굴을 보는 사람과 같아서"(약 1:22-23)라는 구절을 인용하면서 말씀의 생활화를 연설하였다.

그리고 루스벨트 대통령은 이 말씀을 근거하여 하나님의 말씀인 '성

---

240) Faber, *op. cit.*, p. 93 ; 박윤돈 역, 《대통령의 어머니들》 (서울: 문지사, 2009), p. 383.

경'에 대하여 말하기를 "여러분은 성경을 좀 더 자세하게, 좀 더 넓게, 좀 더 깊게 연구해 보시기 바랍니다. 또한 어떤 일을 하든지 자기의 인생을 참되게 살고자 한다면 성경을 연구하십시오"[241]라고 강조하였다.

루스벨트 대통령은 재임 중에 어려운 난관에 부딪히게 되면 오직 성경으로 살아왔던, 백악관 거실 벽에 걸려 있는 링컨의 커다란 초상화를 바라보면서, 자기 자신을 향하여 "링컨 같으면 이런 경우에는 어떻게 하였을까?"하고 물어보곤 하였다.

루스벨트 대통령의 재임 기간 중에 백악관에 찾아오는 사람들은 누구나 다 그의 해박한 지식과 관심에 놀랐다. 그는 풍부하고 다양한 지식을 가지고 있었고 박식하였다. 이것은 바로 성경말씀을 통하여 얻은 지혜이며 지식이었다.

"주의 말씀은 내 발에 등이요 내 길에 빛이니이다"(시 119:105).

"주의 말씀대로 나를 붙들어 살게 하시고 내 소망이 부끄럽지 않게 하소서"(시 119:116).

오늘날 미국 북서부 지역에 있는 사우스 다코다에 위치한 마운튼 러

---

[241] 염성철, op. cit., p. 172.

시모어 산[242](Mt. Rushmore, South Dakota) 위에는 미국의 역대 대통령 가운데 가장 위대한 네 명의 대통령 얼굴들이 142미터 높이의 조각으로 새겨져 있다. 그들은 바로 국부 조지 워싱턴을 비롯한 토마스 제퍼슨, 에이브러햄 링컨과 시어도어 루스벨트 대통령이다. 그들의 공통점은 모두다 하나님의 말씀을 그들의 삶의 현장에 생활화였던 말씀의 사람들이라는 것이다.

체력 훈련

루스벨트 대통령의 세 번째 영성은 '체력 훈련'(physical training)이다. 루스벨트는 뉴욕의 부유한 가정의 네 명의 자녀들 중 둘째 아들로 태어났다. 그런데 루스벨트는 그의 청소년 시절에는 건강하지 못하여 종종 폐렴과 천식, 간질과 발작 그리고 크고 작은 잔병들 때문에 많은 고통을 받아 육체적, 정신적으로 쇠약하였다.

---

242) 사우스 다코다 주(South Dakota State)에 위치한 마운튼 러시모어(Mt. Rushmore)는 국립공원으로서 4명의 위대한 미국 대통령의 얼굴이 바위를 깎아서 조각되어 있는 곳이다. 이곳은 1500년 아리카라(Arikara) 혹은 리(Lee)라고 하는 인디언이 최초로 거주하였다. 1923년 사우스 다코다 주의 역사위원회 가운데 한 사람인 도안 로빈슨(Doane Robinson)의 비전과 미의회 의원인 피터 놀벡(Peter Norbeck)의 사업 계획서를 가지고, 당시 미국 최고의 조각가 거츤 보글럼(Gutzon Borglum)이 합류하여 본격적인 조각이 이루어지기 시작하였다. 1927년부터 1942년까지 약 16년 반 정도의 기간 동안 4백 명의 인부가 고용되었고, 바위를 부수기 위하여 45만 톤의 다이너마이트가 사용되었다.

그래서 아버지는 아들의 건강을 위하여 마차에 아들을 싣고 직접 말을 몰아 동네를 한 바퀴 돌아오기도 하였다. 또 함께 달리기도 하고 마라톤도 하였다. 그러면서 또 다른 한편으로 아버지는 아들에게 체력훈련을 시키면서 아들의 강인한 체력과 정신력을 키우고자 노력하였다.

루스벨트 대통령은 미국의 역대 대통령들 가운데 가장 왕성하게 활동하며 다채로운 재능을 발휘하였다. 그런데 그는 일평생 동안을 병을 안고 살았다. 그러면서 그는 이것을 극복하기 위하여 체력훈련을 위하여 땀을 흘리며 힘써 노력하였다.

루스벨트 대통령이 오이스터 베이(Oyster Bay)에서 여름휴가 때 그의 건강과 체력을 위하여 활동한 모습이 이렇게 기록되어 있다.

"새벽 4시, 승마. 대통령은 각각 두 살과 네 살인 아들에게 지붕을 망가뜨리지 않고 제일감리교회에서 뛰어내리는 방법을 가르침. 새벽 6시, 훈련된 회색 곰과 레슬링. 오전 7시, 식사. 오전 8시, 곤봉체조. 오전 9시, 샤키(Sharkey)와 권투. 오전 10시, 테니스 챔피언 격파. 오전 11시, 러프 라이더스(Rough Rides) 일원 접견. 정오, 샤키와 저녁식사(각계 손님들과 대화). 대화 주제는 예술, 권투, 문학, 말 길들이기, 과학, 사격, 정치, 퓨마(mountain lion) 죽이는 법, 외교, 로비, 시, 피벗 블로우(Pivot blow), 개혁, 쿠바 선거 등이었다."[243]

---

243) Dole, *op. cit.*, p. 57.

그리고 그는 대통령 퇴임 후에도 아들 커밋(Kermit)을 데리고 1년 동안 아프리카의 밀림지대에 뛰어들었다. 그는 그곳에 가서 사나운 맹수들을 비롯한 사자와 코끼리, 코뿔소와 기타 동물들을 사냥하였다.

또한 이뿐인가? 루스벨트 대통령은 자신을 자녀들이나 혹은 그 친구들과 함께 놀아 줄 수 있는 친구로 여길 만큼 친근하고 젊고 활동적인 사람이었다. 그러한 사실은 그가 사랑하는 아들 아치볼드 벌로치(Archibald Bulloch)에게 보낸 다음과 같은 편지를 통해서도 발견할 수 있다.

"아치에게. 에델(Ethel, 누나)이 8개월 된 불독(bulldog) 강아지를 사왔단다. 아주 귀엽고 마음에 드는 강아지야. 온 집안을 돌아다니면서 귀여움을 받으려고 애를 쓴단다. 쿠엔틴(Quentin, 동생)은 이제 야구를 꽤 잘하게 된 것 같다. 최근에 있었던 두 번의 경기에서 그애는 히트 앤 드 런(hit and run)을 한 번씩 기록했단다. 지난번에 나는 쿠엔틴과 그 애 친구들 세 명에게 꾸지람을 한 적이 있었는데, 꾸지람을 들은 아이들 중엔 찰리 태프트(Charlie Taft, 친구)가 끼여 있었단다. 어제 오후엔 비가 와서 네 명의 아이들이 백악관 안에서 다섯 시간 동안 놀았단다. 그애들은 아주 명랑하고 장난기가 넘쳐서 결국 종이를 씹어 뭉쳐서 초상화를 발라 놓았더구나."[244]

---

244) Weintraub, *op. cit.*, p. 90.

이러한 루스벨트 대통령의 현재의 모습은 매우 활동적이고 친근하고 건강하게 보였다. 그는 원래부터 나약하고 건강하지 못한 자신의 모습을 인정하며 다음과 같이 솔직하게 고백하였다.

"아닙니다. 당신은 잘못 알고 있습니다. 나는 당신이 말하는 바와 같이 그런 뛰어난 재능은 손끝만치도 가지고 있지 않습니다. 나는 특별한 재주도 없는 사람입니다. 그 어떤 점에 대해서는 정말이지 평균 이하입니다. 첫째로 내 체력이 그것을 증명합니다. 헤엄을 칠 줄 알고 말도 탈 줄 압니다만 그것도 일류는 아닙니다. 또한 훌륭한 사격가도 못 됩니다. 눈이 아주 나빠 가까이 접근하지 않고는 겨냥을 하지 못합니다. 문필에 대해서도 나는 노예와 같이 종이 위에서 고생을 합니다."[245]

정말 시어도어 루스벨트 대통령의 영성, 즉 예배와 말씀, 감사와 강인한 영육간의 건강은 국내외의 중요한 정치업적을 이룩하는 요인이 되었다. 루스벨트 대통령은 중남미 지역으로 적극적으로 진출하여 베네수엘라(Venezuela)와 카브리해 문제를 해결하였고, 파나마 운하를 계획하였다.
1905년 러시아와 일본의 전쟁이 끝나자 포츠머스(Portsmouth) 조약, 즉 러시아는 한국에서의 일본의 정치 군사상의 지상권과 한국을 보호하고 감독할 권리를 인정하는 데 합의하였다. 이것은 지구상의 최고의 강대국인 미국, 영국, 러시아가 한국을 일본에게 양보한다는 내용이다. 이

---

245) 염성철, *op. cit.*, p. 180.

로 말미암아 일본과 한국은 비극적인 '을사보호조약'[246]을 맺게 되었다. 이때부터 대한민국은 일본의 속국이 되어 외교권이 박탈되는 역사의 오점을 남겼다. 그러나 루스벨트는 러시아와 일본의 평화조약을 중재한 공로로 1906년 미국인으로서는 최초로 노벨 평화상을 수상하는 영광을 안았다.

당시 최고의 인기와 영광을 누리던 루스벨트 대통령은 어른들뿐 아니라 수백만 명의 어린아이들에게도 마찬가지로 인기를 얻었다. 당시 어린아이들에게 사랑을 받았던 곰 인형 '테디 베어'(Teddy Bear)가 있다. 이것은 루스벨트 대통령이 곰을 살려 준다는 만화에서 힌트를 얻어 만든 봉제 장난감 곰이다. 그리고 테디 베어라는 이름은 그의 애칭으로 불렸다.

루스벨트는 일평생 동인 사나운 '기닝'으로 출발하여 '삭가', '저널리스트', '등산가', '카우보이', '사냥꾼', '경찰국장', '전쟁 영웅', '부통령' 그리고

---

[246] '을사보호조약'은 1905년 11월 17일, 대한제국 정부의 외무대신 박제순과 일본제국 정무의 주한 공사 하야시 곤스케에 의하여 체결된 불평등조약이다. 체결 당시 정식 명칭은 '한일협상조약'이었다. 일본은 제2차 '일한협약' 혹은 '을사협약'이라고 부른다. 한국의 일부 사학자들은 일본에 의하여 강제로 맺은 조약이기 때문에 '을사늑약'이라고도 부른다. 을사보호조약의 내용은 ① 일본은 한국의 외국에 대한 관계 및 사무를 감리, 지휘한다. ② 한국 정부는 일본 정부의 중개를 거치지 않고 국제조약을 맺을 수 없다. ③ 일본 정부는 한국 황제 하에 1명의 통감을 두고 외교 및 협약, 일체 사무를 맡는다. ④ 일본과 한국 사이의 조약은 본 협약에 저촉되지 않는 한 그 효력이 계속된다. ⑤ 일본 정무는 한국 황실의 안녕과 존엄의 유지를 보증한다. 그리고 을사보호조약의 체결로 말미암아 조선은 명목상 보호국이지 사실상은 일제의 식민지가 되었다. 당시, 한국 기독교 입장에서는 을사보호조약이 체결된 그해에 전국적으로 장로교를 비롯한 감리교, 침례교가 연합하여 '위국 기도회'를 개최하였다. Ref. 박용규,《한국기독교회사 상권》(서울: 생명의 말씀사, 2012), pp. 31-32; 이정식,《구한말의 개혁, 독립투사 서재필》(서울: 서울대학교 출판부, 2003), pp. 335-336.

미국 역사상 가장 성공한 네 사람의 대통령 중 초대 워싱턴 대통령으로부터 시작하여 제퍼슨, 링컨과 함께 마지막으로 위대한 대통령 루스벨트로 불리게 되었다. 그는 61세의 나이로 세상을 떠났다.

제27대 미국 대통령

윌리엄 하워드 태프트의 영성
William Howard Taft 1857.9.15-1930.3.8(73세)

대통령 재임기간 1909.3.4-1913.3.4

윌리엄 하워드 태프트[247](William Howard Taft)는 오하이오 주 신시내티(Cincinnati, Ohio)의 정치적인 명문 가정에서 태어났다. 그의 아버지 앨폰소 태프트(Alphonso)는 일찍이 제18대 그랜트(U. Grant) 대통령의 행정부에서 러시아 대사와 오스트리아, 헝가리 대사를 비롯한 전쟁 장관과 법무 장관을 역임하였다. 그는 정통 외교관 출신의 정치인이었다.

---

247) 윌리엄 하워드 태프트(William Howard Taft)는 1857년 9월 15일, 외교관 출신인 아버지 앨폰소 태프트(Alphonso Taft)와 어머니 루이스 토리(Louis Torrey) 사이에서 둘째 아들로 태어났다. 그리고 헬렌 헤론(Helen Herron)과 결혼하여 2남 1녀 자녀들을 낳았다. 장남 로버트(Robert)는 공화당의 유명한 상원의원이 되었고, 차남 찰스 펠프스(Charles Phelps)는 정치가 겸 변호사로서 신시내티(Cincinnati) 시장을 역임하였다. 그리고 딸 헬렌 헤론(Helen Herron)은 브린모어 대학(Bryn Mawr College)의 역사학 교수와 학장이 되었다.

윌리엄 태프트는 어렸을 때부터 재치가 있고 명석하여 예일 대학교(Yale University)를 2등으로 졸업하였다. 그는 스포츠와 토론에 특별한 재능을 보였다. 이후 그는 법학을 공부하기 위하여 신시내티 대학 법학부(Cincinnati Law School)에 입학하여 수석으로 졸업하였다. 그는 헬렌 네일 헤론(Helen Herron)과 결혼하여 세 자녀들을 낳아 훌륭하게 잘 키웠다.

원래 윌리엄 태프트는 정치적인 면에 관심을 가지는 것보다는 법조계에 더 큰 관심과 야망을 가졌다. 그러나 그가 정치권에 뛰어들어 대통령의 자리에까지 오르게 된 두 가지 이유가 있다. 첫째는, 루스벨트 대통령이 그의 절실한 친구인 태프트에게 자신의 후계자가 되어 줄 것을 강력하게 요청했기 때문이다. 둘째는, 그의 아내 헤론이 남편 태프트에게 정치적인 야망을 강력하게 심어 주었기 때문이었다.

그래서 윌리엄 하워드 태프트는 오하이오 주 최고 재판소의 판사로부터 출발하여 필리핀 초대 총독과 육군 장관을 거쳐 최고의 영광스러운 대통령의 자리에까지 올라가게 되었다. 그는 평소에 대통령보다 연방정부 대법원장을 더욱 간절히 바라고 소망하였다. 결과적으로 그는 대통령 퇴임 후 제29대 하딩(W. Harding) 대통령에 의하여 미 연방대법원장으로 임명되어 미국의 역사상 행정부와 사법부의 수장을 모두 지낸 유일한 인물이 되었다.

조정자

윌리엄 하워드 태프트 대통령은 제2대 애덤스를 비롯한 6대 존 퀸시 애덤스, 13대 필모어 대통령에 이어 네 번째로 유니테리언(Unitarian) 신자로서 미국 대통령이 된 사람이다. 유니테리언 교인으로서의 태프트 대통령의 영성은 무엇인가? 그의 첫 번째 영성은 '조정자'(meditator)이다.

원래 태프트는 침례교회를 다니는 교인이었다. 그러나 그의 아버지 알폰소 태프트(Alphonso Taft)가 침례교회에서 유니테리언 교회로 옮겨 갈 때 함께 따라갔다. 이후 그는 신시내티 웨스턴 유니테리언 컨퍼런스 교회(Western Unitarian Conference Church in Cincinnati)에 출석하였다.

대프드의 신앙관은 삼위일체를 부인하는 유니테리언의 교리에 근거하고 있다. 그는 이렇게 말하였다.

> "나는 유니테리언이다. 나는 하나님을 믿는다. 그러나 나는 그리스도의 신성을 믿지 않는다. 그리고 내가 받아들일 수 없는 많은 정통교리들이 있다. 그러나 나는 신앙에 대한 냉소주의자는 아니며, 그 반대로 종교가 인류의 역사에 항상 고귀한 영향력을 끼쳐 왔다고 생각한다."[248]

---

248) Mount, *op. cit.*, p. 157.

윌리엄 태프트 대통령의 조정자 역할은 그의 전쟁 장관 시절과 대통령 임기 중에 잘 나타나고 있다. 전임 루스벨트 대통령은 평화적인 윌리엄 태프트에게는 다소 이상스럽게 보였지만 그를 전쟁 장관(secretary of war)으로 임명하였다. 루스벨트 대통령은 내부와 외부 양쪽에서 비공식적인 분쟁의 조정자로 그를 많이 활용하였다. 특별히 태프트는 루스벨트 대통령을 도와서 러시아와 일본의 전쟁을 끝나도록 '포츠머스 조약'[249](treaty of Portsmouth)의 조정 역할을 잘 수행하였다. 이후 그는 이 일을 통하여 루스벨트 대통령이 노벨 평화상을 받는 데 일등 공신이 되었다.

또한 윌리엄 태프트는 전쟁 장관 시절에 종종 정치적으로 미묘한 정치 협상이 요구되는 자리에 파견되어 외교적인 불화를 종식시키고 성공적으로 잘 마무리하였다. 1904년 그는 쿠바에서 시민전쟁의 발발 위험과 같은 잠재적 위기를 해소하는 큰 능력을 발휘하였다. 계속하여 그는 1909년 두 번째 쿠바 문제를 잘 끝내고 영국과 프랑스와 함께 중재 조약들을 평화적으로 잘 조정하여 협상시키는 일에 크게 공헌하였다.

윌리엄 태프트는 필리핀에 총독(Governor of Philippines)으로 임명받아 도로와 항구들을 건설하며 제한적인 자치 정부의 설립을 위하여 일

---

249) 포츠머스 조약(treaty of Portsmouth)은 1905년 9월 5일, 미국 뉴햄프셔 주에 있는 군항도시 포츠머스(Portsmouth)에서 일본제국의 전권외상 고무라 주타로(Komura Jutro)와 러시아 제국의 재무 장관 세르게 비테(Sergei Witte) 간에 맺은 러일 전쟁(Russo-Japanese War)의 강화조약이다. 러일전쟁에서 일본이 승리함으로 한반도 조선에 대한 지배권을 확보하게 되었다.

하고, 토지 개혁운동을 일으키면서 많은 지역에 학교를 세우고 국민들의 경제력을 향상시키는 데 크게 공헌하였다. 그리고 그는 파나마 운하(Panama Canal)의 건설을 감독하여 새 정부를 세웠고, 이 일은 1914년 윌리엄 태프트 대통령의 임기 중에 모두 완성시켰다.

관용

윌리엄 태프트 대통령의 두 번째 영성은 '관용'(gentleness)이다. 우리말 한글 대사전에서 관용이란 말은 '너그럽게 받아들이거나 용서한다'[250] 라는 뜻을 가지고 있다.

빌립보시 4장 5절에서는 "너희 관용을 모든 사람에게 알게 하라 주께서 가까우시니라"고 가르치고 있다. 주경신학자 윌리엄 헨드릭슨(William Hendriksen)은 "관용이라는 말은 친절과 동정심을 가지며 인내, 양보, 온화, 유순, 자비, 아량, 관대함을 가지는 것이라"[251]고 주석하였다.

윌리엄 태프트 대통령은 미합중국의 헌법과 공의를 지키면서 동시에 상대방을 향하여 자비와 관용을 베풀었다.

---

250) 이희승,《국어 대사전》(서울: 민중서림, 1990), p. 329.
251) William Hendriksen, *New Testament Commentary on the Epistle to the Philippians* (Grand Rapids, Michigan: Baker Book House, 1989), p. 193.

미국 남부 텍사스(Texas)에서 있었던 일이다. 그곳에 살고 있는 유대교 랍비인 코헨(Kohen)은 잠을 잘 수가 없었다. 왜냐하면 렘코크(Lamcoke)라는 사람 때문이었다. 그는 불법으로 미국 땅에 들어온 불쌍한 불법 체류자였다. 그래서 랍비는 그 사람을 위하여 워싱턴을 향하여 달려갔다. 노동성을 방문하여 먹지 못하고 잠도 자지 못한 불쌍한 불법 체류자 난민을 좀 관대하게 처리해 달라고 사정을 부탁했다. 그러나 노동성의 담당관은 이 불법 체류자를 봐줄 수 없다고 강경하게 말하였다. 그때 랍비는 자기 구역 국회의원을 찾아가서 대통령을 만나게 해달라고 간청했다. 드디어 랍비는 태프트 대통령을 만나서 피난민 불법 체류자가 강제 출국되지 않도록 너그러운 마음으로 관용을 베풀고 관대하게 처리해 달라고 간절히 호소하였다.

그 후 윌리엄 태프트 대통령은 비서를 통하여 다음과 같이 전보를 치라고 명령하였다.

"텍사스 주 갈베스톤(Galvestone, Texas)에 있는 이민 담당 최고 수사관에게. 렘코크를 잘 보호하고 있을 것. 랍비 코헨이 그곳에 도착하면 그 사람을 랍비에게 내어줄 것. 추후 상세한 것은 노동성에서 연락이 갈 것임. 대통령."[252]

---

252) 염성철, *op. cit.*, p. 186.

전임자 루스벨트 대통령은 정치적 성향이 진보적이었다. 그러나 후임자 태프트는 보수적이었다. 태프트 대통령은 라틴 아메리카와 극동 아시아를 무대로 미국의 국력과 힘을 넓히려는 점에서는 루스벨트 대통령과 같았다. 그러나 루스벨트는 미국의 국력과 힘을 무력으로 넓히려고 하였고, 태프트는 경제적으로 침투하였다. 미국의 경제적인 이익을 넓히기 위하여 '달러 외교술' 정책을 사용하였다. 결과적으로 '달러 외교'라는 강경보수 외교정책을 쓰다가 국민들로부터 지지를 얻지 못하고 재선에 실패하였다.

비록 윌리엄 태프트 대통령은 국민들로부터 루스벨트 대통령처럼 카리스마를 가지고 대중적인 인기를 얻지는 못하였지만 그는 좋은 대통령으로 역사의 평가를 받고 있다. 그는 대통령 퇴임 후 평소에 늘 소원하였던 언방정부 대법원장에 취임하여 열정적으로 일하다가 73세의 나이로 세상을 떠났다.

■ 제28대 미국 대통령

우드로 윌슨의 영성
Woodrow Wilson 1856.12.28-1924.2.3(68세)

대통령 재임기간 1913.3.4-1921.3.4

우드로 윌슨[253](Woordrow Wilson)은 버지니아 주에 위치한 스톤턴 (Staunton, Virginia)의 장로교회 목사의 아들로 태어났다. 그는 프린스턴 대학교(Princeton University)를 졸업하고, 존스 홉킨스 대학교(Johns Hop-

---

253) 우드로 윌슨(Woodrow Wilson)은 1856년 12월 28일, 스코틀랜드(Scotland) 계통 아버지 조셉 러글스 윌슨(Joseph Ruggles Wilson)과 어머니 제시 자넷(Jassie Janet) 사이에 네 자녀 중 둘째로 태어났다. 원래 그의 이름은 토마스 우드로 윌슨(Thomas Woodrow Wilson)이었는데, 나중에 어떤 이유인지 모르지만 '토마스'(Thomas) 이름을 빼버렸다. 특별히 그의 아버지 조셉 윌슨은 조지아 어거스트 제일장로교회(First Presbyterian Church, August, Georgia)의 담임목사였고 장로교회의 총회장과 목회자, 교수로 활동하였다. 그는 미국장로회(PCUSA: Presbyterian Church in the United States) 교단의 설립자 가운데 한 사람이며, 1879년 미국장로회 총회장을 역임하였다. 그리고 조지아 주 컬럼비아 신학교(Columbia Theological Seminary, Georgia)에서 교수를 역임하였다. 우드로 윌슨은 29세에 엘렌 루이스 액슨(Ellen Louise Axson)과 결혼하였으나 그녀는 먼저 세상을 떠났다. 이후 59세에 과부 에디스 볼링 갈트(Edith Bolling Galt)와 재혼하였다. 그의 자녀들은 엘렌 루이스를 통하여 낳은 세 명의 딸 마가렛(Margaret), 제시(Jessie), 엘아너(Elanor)가 있다.

kins University)에서 정치학 박사를 받았다. 그는 29세 때에 조지아 사바나(Savannah Georgia)에 살고 있는 한 목사의 딸인 엘렌 액슨(Ellen Louise Axson)과 결혼하여 세 딸들을 낳고 행복하게 살았다. 그러나 불행하게도 그의 아내는 신장염으로 세상을 떠났다. 이후, 윌슨은 58세 때에 매력적인 43세의 과부인 에디스 볼링 갈트(Edith Bolling Galt)와 재혼하였다.

우드로 윌슨은 역대 미국의 대통령 가운데 가장 많은 교육을 받은 사람으로 뽑혔다. 그래서 그를 '정치학자 대통령'이라고 불렸다. 그는 필라델피아 근교에 있는 브린모어 대학(Bryn Mawr College, Philadelphia)과 웨슬리 대학(Wesley College)의 교수로 출발하여 프린스턴 대학교에서 교수와 총장을 역임하였다. 이후 뉴저지 주지사를 역임한 후 민주당 대통령 후보로 출마하여 백악관에 입성하였다. 그는 학자요 교육가이며, 남북전쟁 이후 처음으로 남부 출신의 대통령이 되었다.

성경

우드로 윌슨 대통령은 목사의 아들로 태어나서 청소년 시절부터 철저하고 독실한 신앙을 가졌다. 윌슨은 장로교 교인으로서 그의 첫 번째 영성은 '성경'(Bible)이다.

윌슨 대통령은 훌륭한 크리스천이었다. 그의 아버지 조셉 윌슨 목사

(Rev. Joseph Wilson)는 조지아 주 어거스트 제일장로교회(First Presbyterian Church, August, Georgia)에서 담임목사를 역임하였다. 그는 미국장로회총회(PCUSA) 설립자 중에 한 사람으로서 총회장을 역임하였으며, 성공적인 목회자요 신학자요 교수였다.

1873년 7월 3일, 전통적인 기독교 가정에서 성장한 윌슨은 17세 때에 사우스 캐롤라이나에 있는 제일장로교회(First Presbyterian Church in Columbia, South Carolina)에서 신앙고백을 한 후 등록교인이 되었다. 윌슨은 프린스턴 대학교 교수 시절에는 뉴저지 주에 있는 제2장로교회(Second Presbyterian Church, New Jersey)에 등록하고 출석하였다. 그는 대통령 재임기간 중에는 워싱턴에 소재한 중앙장로교회(Central Presbyterian Church, Washington)에 등록하여 매주일 정기적으로 예배에 참석하였다.

윌슨 대통령의 영성의 핵심은 바로 성경이다. 그는 어렸을 때부터 성경말씀을 배웠고, 성경말씀 안에서 성장하였고, 성경말씀을 가르쳤고, 성경말씀 안에 살려고 노력한 사람이었다. 이후 그는 대통령이 된 이후에도 살아 계신 하나님의 말씀의 위대성과 중요성을 높이면서 다음과 같이 말씀의 생활화를 역설하였다.

"어제를 기억하지 못하는 나라는 오늘이 어떠한지를 알지 못하며, 앞으로 무엇을 해야 할지도 알 수 없습니다. 우리가 어디로부터 왔으며 누구로부터 말미암았는지를 모른다면 우리는 아무 유익이 없는 일을 하게 될 뿐입니다. 성경은 우리에게 삶의 의미와 하나님의 품성, 그리고 인간의 영적인 품성과 필요를 계시해 주는 최고의 유일한 자료입니다. 성경은 우리 영혼을 진정한 평화의 구원의 길로 인도하는 유일한 안내서입니다. 미국은 기독교 국가로 태어났습니다. 미국은 계시된 성경말씀으로부터 말미암은 모든 의로움의 원리에 대한 헌신의 모범을 보이기 위해 탄생하였습니다. 제가 여러분에게 요청하고 싶은 것은 매우 단순한 것입니다. 저는 이 자리에 계신 모든 남녀노소 여러분들이 오늘 이 순간부터 이 나라 운명의 한자락이, 자신들의 매일 아침 말씀 묵상에 달려 있다는 사실을 알게 되기를 바랍니다."[254]

"내 영혼이 진토에 붙었사오니 주의 말씀대로 나를 살아나게 하소서"(시 119:25).

"주께서 나를 가르치셨으므로 내가 주의 규례들에서 떠나지 아니하였나이다 주의 말씀의 맛이 내게 어찌 그리 단지요 내 입에 꿀보다 더 다니이다"(시 119:102-103).

---

254) Keefauver, *op. cit.*, p. 108.

기도

우드로 윌슨 대통령의 두 번째 영성은 '기도'(prayer)이다. 그는 정말 기도의 사람이었다. 기도의 중요성을 알았던 사람이요, 기도의 응답을 체험한 사람이다.

윌슨 대통령은 대통령 취임식 때 기도를 통하여 하나님께로부터 오는 지혜를 구하였다. 그는 "이 위대한 국민의 진실한 충성심 안에서 제가 대통령직을 잘 수행할 수 있도록 하나님께서 저에게 지혜와 분별력을 주시기를 기도합니다"[255]라고 말하였다.

1902년, 우드로 윌슨은 뉴저지에 있는 프린스턴 대학교(Princeton University, New Jersey)의 총장으로 선출되었다. 그때 윌슨은 젊은 학생들에게 자기 자신이 이해할 수 없었던 일들 속에서 바로 이해하도록 가르쳐 준 것이 바로 성경이라고 말하였다. 그리고 이 성경은 인간의 정신을 집약한 최고의 책이라고 극찬하였다.

그리고 윌슨 총장은 말하기를 "프린스턴 대학교가 종합대학교로서 지적으로 깨어나기 위해서는 기도해야 합니다. 이 대학이 능력을 갖기 위해서는 영적으로 깨어 기도해야 합니다"라고 기도의 필요성을 역설하였

---

255) *Ibid.*, p. 107.

다. 오늘날 프린스턴 대학교가 기독교 명문대학교로 크게 성장한 것은 바로 그의 기도의 결과인 줄 확신한다.

1914년 7월 29일 제1차 세계대전[256](World War I)이 시작되었다. 이 전쟁은 독일을 중심으로 한 오스트리아, 헝가리, 불가리아, 터키와 연합국인 대영제국을 비롯한 프랑스, 이탈리아, 러시아, 포르투갈, 일본 간의 싸움이었다. 그런데 미국의 윌슨 대통령은 원래 전쟁과 무력을 원하는 사람이 아니라 평화주의자였다. 하지만 그는 마지못해 미국을 전쟁에 개입시켜 연합군에 합류하게 되었다. 그는 참전 후에는 그 누구보다 독일과 그 동맹국들을 분쇄하는 데 앞장서서 열심히 노력하였다.

1918년 1월 8일, 제1차 세계대전이 끝날 무렵 우드로 윌슨 대통령은 의회 연설을 통하여 '14개조 원칙'[257](fourteen points)을 발표하였다. 이것

---

256) 제1차 세계대전(World War I, 1914.7.28-1918.11.11)은 약 4년 4개월간 지속된 최초의 세계대전이다. 이 전쟁은 연합군(영국, 프랑스, 러시아, 이탈리아)과 동맹국(독일, 오스트리아, 불가리아, 터키) 간의 싸움이었다. 제1차 세계대전의 주요 원인은 정치적인 면에서는 민족주의이다. 이것은 프랑스 혁명으로부터 시작되어 점점 여러 가지 형태로 나타나면서 프랑스의 독일에 대한 복수심을 키웠다. 경제적인 면에서는 1880년부터 본격화되기 시작한 국가와 국가 간의 산업, 상업의 관계 속에서 비롯되었다. 당시 독일제국의 경제 주도권에 대한 프랑스와 영국, 러시아의 견제와 충돌이 있었다. 이 전쟁으로 인해 양 진영 약 900만 명의 군인들이 전사하였다. 전쟁이 끝난 후 우드로 윌슨 대통령의 제안으로 국제연맹이 설립되었다. Ref. Reid, *op. cit.*, p. 1261.
257) 1918년 1월 8일, 제1차 세계대전 말미에 미국 대통령 우드로 윌슨이 의회 연설을 통하여 전쟁 종결을 위하여 14개 평화원칙을 선언하였다. ① 강화조약의 공개와 비밀 외교의 폐지 ② 공해에서의 항해 자유 ③ 경제적 장애의 폐지 및 무역 조건의 평등 ④ 군비 축소 ⑤ 식민지 문제의 공정한 해결 ⑥ 러시아로부터 군대 철수와 러시아의 정치적 발달에 대한 불간섭 ⑦ 벨기에의 주권 회복 ⑧ 점령되었던 프랑스의 영토 회복 ⑨ 이탈리아-헝가리 제국 내의 여러 민족의 국제적인 지위 보장 ⑩ 오스트리아-헝가리 제국의 민족문제 해결 ⑪ 루마니아, 세르비아 등 발칸 반도 여러 나라의 독립 보장 ⑫ 오스만 제국 지배하의 여러 민족의 자치 ⑬ 폴란드 재건 ⑭ 국제연맹의 조직 Ref.

은 그가 지속적인 평화를 이룰 수 있는 요체라고 강력하게 주장한 것이었다. 이 조항 속에는 공개적인 평화조약이 들어 있다. 또한 해양의 자유와 무역의 자유, 무기 감축과 영토 분쟁의 종결 등이 포함되어 있었다. 특별히 14개 조항들 가운데 다섯 번째 조항은 약소 민족들의 독립운동에 호응해 주는 '민족자결주의'[258](self-determination) 원칙을 선언하는 내용이다. 이것은 대한민국이 주목했던 조항이기도 하다.

이러한 민족자결주의를 선언하게 된 배경은 한국과 깊은 관계가 있다. 당시 윌슨이 프린스턴 대학교의 교수로서 정치학을 가르칠 때에 이승만은 그의 밑에서 정치학 박사과정을 준비하는 학생이었다. 그때 이승만은 지도 교수 윌슨에게 소수민족의 민족자결권을 역설하였고, 이것은 윌슨이 대통령이 되어서 민족자결주의를 선언하는 데 큰 영향을 끼쳤다.

윌슨 대통령은 대통령 재임기간 중에 국제적인 문제로 큰 어려움을 겪고 있었다. 그는 이 문제를 해결할 수 있는 방법은 오직 기도밖에 없

---

[258] 민족자결(self-determination)이란, 각 민족 집단이 스스로의 의지에 따라 그 귀속과 정치 조직, 정치적 운명을 결정하고, 타민족이나 타국가의 간섭을 인정하지 않는다고 하는 집단적 권리를 의미한다. 이것을 민족자결권이라고 부른다. 오늘날 민족자결주의는 모든 민족이 스스로 정치적인 선택을 결정짓는 국제법상의 하나의 확고한 원칙이 되었다. 그러나 그 정신은 어디까지나 원칙일 뿐, 아직도 강대국의 정치적, 군사적 힘 앞에서 힘을 발휘하지 못하고 무력하게 대응하는 사례가 종종 나타나고 있다. 이 민족자결주의 내용은 윌슨 대통령의 14개 조항 가운데 다섯 번째 조항에 나타나 있다. 다섯 번째 조항의 전문은 '5. 식민지 문제의 공정한 해결'이라는 내용이다. Ref. 이구한, *op. cit.*, pp. 347-348.

다는 사실을 확신하고, 각료들을 다 소집한 후에 비장한 음성으로 다음과 같이 제안하였다.

"각료 여러분, 여러분들이 혹시 어떻게 생각할지 모르지만 저는 기도의 능력을 믿습니다. 지금 우리는 큰 어려움이 직면해 있습니다. 함께 기도함으로 세계를 주관하시는 하나님께 도움을 청합시다."[259]

그 후 윌슨 대통령과 모든 각료들이 합심으로 기도하여 난관에 처해 있는 큰 문제를 잘 극복하고 해결하였다. 기도의 응답과 능력은 정말 위대하다. 그리고 그는 제1차 세계대전을 승리로 이끄는 주역이 되었다. 그리하여 마침내 제1차 세계전쟁을 종식시켰다.

윌슨 대통령은 국제연맹에 대한 미국의 지지를 확보하는 데는 실패했으나 유럽의 지속적인 평화를 가져오는 공적을 인정받아 미국 대통령으로서는 시어도어 루스벨트 대통령을 이어 두 번째로 노벨 평화상을 받았다. 이후 그는 대통령 퇴임 후 68세 나이로 워싱턴의 자택에서 수면을 취하던 중에 조용히 세상을 떠났다.

---

259) Keefauver, pp. 106-107.

제29대 미국 대통령

워런 가말리엘 하딩의 영성
Warren Gamaliel Harding 1865.11.2.-1923.8.2(58세)

대통령 재임기간 1921.3.4.-1923.8.2

워런 가말리엘 하딩[260](Warren Gamaliel Harding)은 오하이오 주 코르시카(Corsica, Ohio)에서 태어나 오하이오 센트럴 대학(Ohio Central College)에서 학교신문을 편집하면서 졸업하였다. 이후 그는 신문지자로 일을 하다가 파산된 일간 신문사인 〈매리언 데일리 스타〉(Marion Daily Star)를 300달러에 매입하여 편집인이 되었다. 그는 25세 때에 매리언 스타 은행원의 딸이며 다섯 살 연상의 플로렌스 클링 드월프(Florence Kling DeWolfe)와 결혼하였다. 드월프는 오하이오 매리언(Marion, Ohio) 지역에

---

260) 워런 가말리엘 하딩(Warren Gamaliel Harding)은 아버지 조지 트라이언 하딩(George Tryon Harding)과 어머니 포이베 엘리자베스(Phobe Elizabeth) 사이에 8명의 자녀들 중 장남으로 태어났다. 하딩의 아버지는 의사이며 농부로서 가장의 적은 수입을 보충하였다. 하딩은 플로렌스 클링 드월프(Florence Kling DeWolfe)와 결혼하였다. 그러나 그들 부부에게는 자녀가 없었다.

서 가장 부유한 집안의 딸이다. 그녀는 이혼녀로서 주위에서 '공작부인' (duchess)이라고 불렀다. 그들 부부에게 자녀는 없었다.

워런 하딩은 정치적으로 운이 좋은 사람이다. 1899년부터 1902년까지 그는 오하이오 주 상원의원에 당선되었다. 1920년도에 그는 3년이라는 짧은 정치 경력에도 불구하고 공화당의 대통령 후보가 되어 백악관으로 입성하여 마침내 제29대 미국 대통령에 취임하였다.

언어 구사력

워런 가말리엘 하딩 대통령은 침례교회의 신자이다. 그의 영성은 '언어 구사력'(eloquence)이나. 하닝은 웅변가요 능수능란한 말쟁이다.

하딩은 오하이오 주의 매리언에 있는 트리니티 침례교회(Trinity Baptist Church, Marion, Ohio)의 등록교인이다. 그의 아버지 조지 트라이언 하딩(George Tryon Harding)은 침례교인이고, 어머니 포이베 엘리자베스 디커슨(Phoebe Elizabeth Dickson)은 감리교인이다. 하딩은 14세 때에 예수 그리스도를 영접하였고, 트리니티 침례교회에서 평신도 지도자로 활동하였다. 그리고 하딩은 대통령 임기기간 중에는 위싱턴에 있는 갈보리 침례교회(Calvary Baptist Church, Washington)에 출석하였으나 성찬식에는 참여하지 않았다.

워런 하딩이 제29대 미국 대통령의 자리까지 올라가게 된 것은 세 가지 이유가 있다. 첫째로, 하딩은 화려한 언어 구사력의 재능을 가지고 있었다. 능수능란한 말솜씨를 가진 자요 대웅변가였다. 그리고 183센티미터의 훤칠한 키와 조각 같은 외모, 우렁찬 목소리, 날카로운 눈매, 다소 거무스름하여 잘 생긴 외모는 상대방의 마음을 사로잡을 수 있는 조건들이었다.

둘째 이유는, 하딩이 오하이오 주 상원의원에 당선될 때에, 그의 외모와 말솜씨가 당시 오하이오의 정치권에 대부이며 큰 영향을 끼쳤던 정치 전략가 해리 도거티(Harry M. Daugherty)의 눈에 포착되었기 때문이다. 그래서 도거티는 하딩을 연방 상원의원에 출마하도록 권유하여 경쟁자를 물리치고 상원의원에 당선시켰다. 계속하여 그는 상원의원 하딩을 향하여 잘생기고 말솜씨가 좋기 때문에 대통령에 당선될 수 있다고 그를 치켜세웠다.

셋째 이유는, 하딩보다 다섯 살 연상인 아내 플로렌스는 지배적인 성격과 거대한 야망을 가진 '여공작'(duchess)으로서 남편 하딩을 대통령으로 만드는 데 일등 공신이 되었다.

이리하여 1921년 3월 4일, 워런 하딩은 하나님의 사랑과 인도하심으로 미국 대통령에 당선되어 겸손하게 대통령직을 수행하겠다고 취임식 때에 이렇게 연설하였다.

"나는 오직 하나님의 특별한 사랑과 인도하심 그리고 영적인 겸손한 마음으로 전심을 다해서 나의 직무를 다하겠습니다. 나는 거룩한 성경이 질문하고 있는 말씀대로 직무를 다할 것을 맹세합니다. '여호와께서 네게 구하시는 것은 오직 정의를 행하며 인자를 사랑하며 겸손하게 네 하나님과 함께 행하는 것이 아니냐'(미 6:8)라는 말씀대로 행할 것을 하나님과 국가 앞에 맹세합니다."[261]

이렇게 시작한 하딩 대통령은 처음 3개월 동안 미국과 영국을 비롯한 9개국들이 모이는 '워싱턴 회의'[262](Washington conference)를 개최하여 각 나라의 해군 군비 축소와 평화, 태평양 문제와 토의를 통하여 태평양에서 미국의 세력을 확대하는 데 성공하였다.

그러나 불행하게도 하딩이 대통령 취임식 때에 크게 외쳤던 그의 말은 어디로 갔는가? 그는 자신이 외쳤던 말을 행하지 않고 시키지 않아 불행한 결과를 가져왔다. 말이란 것은 참 중요하다. 말을 능수능란하게 잘하느냐, 못하느냐? 혹은 달변가냐, 그렇지 않으냐가 중요한 것이 아니다. 자기 자신이 말한 것을 얼마나 실천하고 지키느냐가 중요한 것이다. 그때그때 말을 바꾸든가, 요리조리 핑계를 대면서 변명한다면 이것은

---

[261] Keefauver, *op. cit.*, p. 111; *Inaugural Address of the Presidents of the United States* Voulme Two, pp. 65-72

[262] 워싱턴 회의(Washington Conference)는 1921년 11월 12일부터 1922년 2월 6일까지 워싱턴에서 9개국인 미국을 비롯한 영국, 프랑스, 이탈리아, 벨기에, 네덜란드, 포르투갈, 중국, 일본이 두 가지 목적으로 모였다. 첫째는 해군 군비제한으로써 1만 톤급의 주력함으로 한다. 둘째는 중국에 대한 9개 조약 체결(주권, 독립, 정권수립, 영토 및 행정적 통합과 존중). 당시 이승만은 워싱턴 군축회의에 한국 대표로 참여하였다.

말쟁이요, 거짓말쟁이요, 참된 지도자가 될 수 없다.

"혀는 능히 길들일 사람이 없나니 쉬지 아니하는 악이요 죽이는 독이 가득한 것이라 이것으로 우리가 주 아버지를 찬송하고 또 이것으로 하나님의 형상대로 지음을 받은 사람을 저주하나니 한 입에서 찬송과 저주가 나오는도다 내 형제들아 이것이 마땅하지 아니하니라 샘이 한 구멍으로 어찌 단물과 쓴물을 내겠느냐"(약 3:8-11).

인간에게는 언어(말)의 모습이 매우 중요한 것이다. 사람이 아름다운 언어(말)와 훌륭한 삶을 가지려면 '세 황금문'[263](three golden gates)을 통과해야 한다. 첫째 문은 '그것은 정말인가?'이다. 둘째 문은 '그것이 반드시 필요한 말인가?'이다. 셋째 문은 '그것은 친절한 말인가?'이다. 그리고 시어도어 루스벨트(Theodore Roosevelt) 대통령은 "자기의 말을 행동으로 옮기지 않는 사람을 주의하라"[264]고 경고하였다.

하딩 대통령은 그의 영성인 언어 구사력을 가지고 많은 정치적인 업적을 세울 수 있었지만 안타깝게도 그리하지 못하였다. 오히려 하딩 대통령은 그의 친구들을 정부 요직에 임명하였다. 친구 장관들은 비리사건과 부정부패를 서슴지 않고 행하였다.

---

263) 한영제, 《쉐마 주제별 종합자료사전》 Volume 4, p. 436.
264) 한영제, 《예화대백과사전: 서양의 지혜》 Volume 12, p. 235.

하딩 대통령의 최측근들은 워싱턴 거리의 162가에 작은 초록색 집(little green house)을 세워서 '오하이오 갱의 본부'(headquarter for the Ohio gang)로 삼았다. 이곳에서는 연방정부로부터 증서가 붙어 있는 술을 빼내 오는 일, 공직을 파는 일, 돈을 받고 무죄 방면하는 일, 범죄자를 사면하고 석방하는 일 그리고 돈을 받고 팔 수 있는 모든 비리를 저질렀다.

이뿐인가? 그들은 가장 깨끗하고 조용해야 할 백악관의 도서관에서 일주일에 두 번씩이나 술을 퍼 마시며 포커 게임을 벌였다. 각료들의 집무실에서는 담배 연기로 방을 가득 채웠다. 그리고 가슴 아픈 일은 대통령의 불륜 사건이었다. 그것도 14세 된 곱슬머리의 감수성이 예민한 낸 브리턴(Nan Britton)이라는 소녀였다. 이 일은 결과적으로 하딩 행정부를 더욱더 망쳐 놓았고 궁지로 몰아넣었다.[265]

라이딩스 매키버 미국 대통령 여론조사(Ridings-Mciver's the ranking of United States Presidents)에 의하면, 워런 하딩 대통령을 최악의 미국 대통령으로 평가하였다. 그의 정치 업적은 41명 중에 41위, 업적과 위기관리 능력에서는 40위, 정치력에서는 38위, 인사력에서는 41위, 그리고 성격과 도덕성에서는 40위가 되어 전체 미국 대통령 중에 꼴찌 대통령이 되었다.[266]

---

265) Weintraub, *op. cit.*, p. 131.
266) Ridings, *op. cit.*, p. 180.

주위에서는 하딩 대통령을 평가절하하면서 "대통령이라 부를 수 없는 대통령" 또는 "그보다 더 나쁠 수 없는 대통령이다"라는 별명을 붙여 주었다. 그리고 본인 스스로도 말하기를 "나는 대통령직에 적합하지 않는 사람이며 이 직책을 맡지 않았어야 했다"[267]라고 고백하였다.

이후 워런 하딩 대통령은 임기 중에 주위로부터 배신과 스트레스로 고통받던 중 휴가차 알래스카로 갔다가 식중독과 폐렴에 걸려 58세에 세상을 떠났다. 그는 임기 중에 사망한 여섯 번째 대통령이 되었다.

---

267) *Ibid.*, p. 181.

■ 제30대 미국 대통령

존 캘빈 쿨리지의 영성
John Calvin Coolidge 1872.7.4-1933.1.5(61세)

대통령 재임기간 1923.8.2-1929.3.3

존 캘빈 쿨리지[268](John Calvin Coolidge)는 버몬트 주에 있는 플리머스 노치(Plymouth Notch, Vermont)에서 한 잡화상 주인의 아들로 태어났다. 미국의 대통령 역사상 최초이자 유일하게 미국 독립기념일인 7월 4일에 태어난 대통령이 되었다. 그는 애머스트 대학(Amherst College)을 졸업하고 변호사가 되었다. 그리고 그레이스 안나 굳후(Grace Anna Goodhue)와 결혼하여 두 아들을 두었다.

---

268) 존 캘빈 쿨리지 주니어(John Calvin Coolidge)는 1872년 7월 4일, 아버지 존 캘빈 쿨리지 시니어(John Calvin Coolidge)와 어머니 빅토리아 조세핀(Victoria Josephine)의 두 자녀들 가운데 장남으로 태어났다. 그는 그레이스 안나 굳후(Grace Anna Goodhue)와 결혼하여 두 아들인 존 쿨리지(John Coolidge)와 캘빈 쿨리지 주니어(Calvin Coolidge Jr.)를 낳았다.

쿨리지의 정치적인 경력은 매사추세츠(Massachusetts)에서 주 상원의원으로 출발하여 부주지사와 주지사를 거쳐 부통령 재직 중에 하딩 대통령의 갑작스러운 죽음으로 대통령직을 승계받아 제30대 대통령으로 취임하였다.

1923년 8월 3일 새벽 2시, 한 대의 자동차가 버몬트의 플리머스 노치에 있는 작은 마을로 질주해 왔다. 이곳은 당시 부통령인 쿨리지가 머물고 있던 곳이었다. 쿨리지가 머문 곳은 시골이어서 전기와 전화가 없어서 연락이 전혀 되지 않는 한적한 곳이었다. 갑작스럽게 그는 시골 농장에 있는 아버지 집에서 잠을 자다가 깜박거리는 등유 불빛 아래서 백악관에서 보내온 대통령의 선언문을 읽으면서 선서하였다. 그때 그의 나이는 51세였고, 너무나 소박한 미국 대통령의 선서였다.

하나님의 뜻

캘빈 쿨리지 대통령은 칼빈주의 청교도의 영향을 받은 회중교회[269]

---

269) 회중교회(Congregational Church)는 '조합교회'라고도 부른다. 이 교회는 회중정치로 교회를 운영하는 개신교 교회이다. 미국 회중교회는 1620년 영국의 칼빈주의자들인 회중교회주의자들이 메이플라워(May Flower)호를 타고 플리머스(Plymouth)에 도착하면서부터 뿌리를 내리기 시작하였다. 그들은 스스로 순례자(Pilgrim)라고 부르며 1629년 매사추세츠 식민지로 이주한 청교도(Puritan)들과 1648년 케임브리지 신앙선언(The Cambridge Platform)을 통하여 신앙고백의 동일성을 확인하고 연합함으로 설립된 개신교 교단이다. 회중교회의 신앙은 미국을 하나님께서 그들에게 주신 새로운 가나안 땅이라고 믿고 있으며, 그 믿음을 따라서 하나님

(Congregational Church, 혹은 '조합교회')의 독실한 신앙인이었다. 그의 첫 번째 영성은 '하나님의 뜻'(God's will)이다.

쿨리지는 회중교회의 교인으로 독실한 크리스천이었다. 그의 고향 마을인 버몬트 주 플리머스 노치(Plymouth Notch, Vermont)라는 지역은 전임 목사가 없을 만큼 아주 작고 가난한 마을이었다. 그런데 가끔 순회목회자들이 방문하여 설교를 하였다. 설교자들은 회중교회 목사를 비롯하여 감리교회와 침례교회의 목회자들이었다.

쿨리지는 유년 시절과 청소년 시절에는 매주일 주일학교에 참석하여 신앙교육을 잘 받았다. 그의 자서전에 의하면 이렇게 기록되어 있다.

"나는 소년 시절에 내 할머니가 책임자로 있는 예배당의 주일학교에 정기적으로 참석했습니다. 나중에는 나의 아버지가 할머니의 자리를 물려받았습니다. 할머니는 항상 성경을 읽는 사람이었으며, 매일의 삶에 하나님의 인도하심을 간구하는 헌신적인 신앙인이었습니다."

쿨리지는 기독교 계통인 애머스트 대학(Amherst College)에 입학하여 공부를 하는 중에 찰스 카르맨(Charles E. Carman) 교수로부터 하나님의

의 뜻으로 통치되는 새로운 나라를 미국에서 만들려고 노력하였다. 그 결과 미국 민주주의라는 정치제도의 기반을 만들었다. 그들은 새로운 국가와 사회를 건설하기 위하여 교육에 깊은 관심을 두고 하버드(Harvard) 대학교, 예일(Yale) 대학교와 윌리엄스 대학(Williams College)을 설립하였다.

뜻 가운데 동행하는 삶에 대하여 영적인 큰 영향을 받았다. 그는 카르맨 교수에 대하여 이렇게 회고하였다.

"우리는 카르맨 교수를 하나님과 동행하는 사람으로 보고 존경하였습니다. 그의 수업시간은 하나님의 임재가 있었고, 우리가 하나님을 알게 되는 힘이 생겼습니다. 그리고 아버지와 창조주로서의 하나님, 그 안에서 우리 자신과 사람과 생명 및 존재의 의의를 갖게 되는, 완전히 의탁하게 하는 하나의 본보기였습니다. 그 세계에 일어나는 모든 현상은 하나님의 임재를 나타내는 것입니다."

1924년 7월 7일, 쿨리지는 16세가 된 어린 아들 캘빈(Calvin)이 사망하자 큰 충격을 받고 인생의 허무함을 느꼈다. 그러나 그는 하나님을 향하여 원망하지 않고 "하나님만이 할 수 있는 일들이 일어나는 것이 바로 세상 사람들이 필요로 하는 것이라고 생각된다"라고 하면서 하나님의 뜻에 순종하는 자세를 보였다.

1925년 12월 8일, 존 쿨리지 대통령은 의회에 보내는 대통령의 서한(Written message to Congress) 중에서 하나님의 뜻과 섭리에 순종하며 일할 것을 다음과 같이 역설하였다.

"미합중국 정부는 국민들에 의하여 생겨났습니다. 그렇기에 정부는 국민들에게 모든 책임이 있습니다. 만약 이 정부가 더 많은 정의와 더 많은 계몽, 더 많은 행복과 번영을 국민들의 가정에 가져다주지 않는다면 정부의 모든 노력은 별 의미가 없는 것입니다. 이것은 종교를 지킬 기회와 안전한 교육과 법과 질서의 통치 아래 삶을 영위할 수 있는 것을 의미합니다. 정부의 역할은 이 나라의 물질적이고 정신적인 삶의 성장과 발달을 의미합니다. 우리는 우리 자신의 힘과 노력으로 이러한 것들을 결코 얻을 수 없습니다. 만약 이러한 것들을 우리가 얻는다면 그것은 우리가 거룩하신 하나님의 뜻에 따라 그 뜻에 순종하며 일해 왔기 때문일 것입니다."[270]

1924년 9월 21일, 존 쿨리지 대통령은 '홀리 네임 소사이어티'(Holy Name Society)의 창립식 때에 하나님을 잘 경외하며 순종할 것을 다음과 같이 연설하였다.

"이 단체가 창립되어 세상에 알리고자 했던 그 교훈의 중요성은 아무리 강조해도 지나치지 않습니다. 가장 중요한 목적은 사람들에게 하나님 경외하기의 중요성을 인식시키는 데 있습니다. 이것이 우리 자신에 대하여, 서로의 관계에 대하여 그리고 우리와 창조주의 관계에 대한 정확한 개념을 갖게 하는 출발점입니다. 인간의 본성은 하나님을 경외함 없이 발전할 수 없습니다. 하나님을 경외함 없이는 우리 마음이 열리지 않으며 창의적 능력이 잘 자라나지 못하고, 영혼은 성숙하지 않습니다. 이것이 순종의 가장 중요한 동기입니다. 젊은 날 바른 마음의

---

[270] Keefauver, *op. cit.*, p. 116.

태도를 갖기 시작해 이러한 마음으로 계속 성숙했을 때에만 우리는 이런 결과들을 기대할 수 있습니다. 인류가 자유, 자치 정부 그리고 더 고결한 도덕성, 더 충성하는 영적 삶이라는 목표에 도달할 수 있는 것은 하나님을 경외하며 순종하는 길을 따라 살 때 가능합니다."[271]

과묵함

존 쿨리지 대통령의 두 번째 영성은 '과묵함'(reticence)이다. 이것은 전형적인 미국인의 특성 중 하나이다. 쿨리지는 워낙 말수가 적은 사람이었다. 밖에서는 물론이거니와 평소 집에 있을 때에도 거의 말을 하지 않았다. 그래서 그의 이미지는 어떤 문제에 신중하게 생각하는 사람으로서, 어떤 사건에 대하여 깊이 관찰하고 사고하는 사람이라는 인상을 심어주었다.

그래서 주위에서는 쿨리지를 향하여 '과묵한 캘'(silent Cal)이라고 불렀다. 그리고 대통령 선거운동 때에는 사람들이 '쿨리지와 함께 냉정을'(keep cool with Coolridge)이라는 구호를 사용하였다.

어느 날 대통령 선거운동 기간 중에 쿨리지는 교회로 갔다. 예배를

---

271) *Ibid.*, p. 119.

다 드리고 밖으로 나왔다. 그때 어느 한 기자가 쿨리지에게 물었다. "오늘 목사님께서 무엇에 관하여 설교를 하였습니까?" "죄였습니다!" "죄에 대하여 무엇이라고 하던가요?" "반대한답니다." 쿨리지는 이처럼 무뚝뚝하고 퉁명스럽게 한 마디 대답을 던졌다.

어느 날 백악관을 관광하기 위하여 줄을 서 있던 한 여자가 있었다. 그 여자는 쿨리지 대통령을 보고 뛰어갔다. 그리고 대통령을 향하여 "제 남편과 내기를 하였습니다. 오늘 각하께서 말을 두 마디 이상 할 것이라는 쪽에 내기를 걸었습니다"라고 말하였다. 그때 대통령은 "당신이 졌네요!"라고 한마디 하였다.[272]

> "너는 하나님 앞에서 함부로 입을 열지 말며 급한 마음으로 말을 내지 말라 하나님은 하늘에 계시고 너는 땅에 있음이니라 그런즉 마땅히 말을 적게 할 것이라"(전 5:2).

인내

존 쿨리지 대통령의 세 번째 영성은 '인내'(patience)이다. 인내의 성경적인 의미는 '오래 참는다', '노하기를 더디한다', '견디어낸다', '관용하다', '신

---

272) 염성철, op. cit., p. 205.

실하다'라는 여러 가지 뜻이 포함되어 있다.

쿨리지의 성격은 청결하고 절제하며 검소한 청교도적인 가정생활에서부터 시작되었다. 그는 청소년 시절에 매우 정직하고 성실하였다. 그리하여 이것을 생활신조로 삼고 있는 시골농장에서 마을 사람들과 자주 만나서 대화를 나누었다.

특별히 쿨리지 대통령은 사람이 성공할 수 있는 비결은 바로 인내라고 강조하였다. 그는 평소에 인내에 대하여 자주 인용하면서 사람들에게 다음과 같이 말하였다.

"인내를 이길 수 있는 것은 이 세상에 아무것도 없습니다. 재능은 결코 인내를 당해낼 수 없습니다. 재능 덕분에 성공했다는 사람만큼 시시한 사람도 없을 것입니다. 천재성도 인내를 능가하지 못합니다. 이를 입증하듯 불운한 천재라는 말이 거의 일반화되어 있습니다. 교육 또한 인내를 대신 하지 못합니다. 이 세상은 교육을 받았음에도 불구하고 나태하고 무책임한 사람들로 가득합니다. 인내와 결단 그리고 근면만이 차이를 만들어 낼 것입니다."[273]

정말 인내는 인생에 가장 중요한 것이다. 그 사람이 성공할 수 있느

---

273) *Ibid.*, pp. 207-208.

냐, 없느냐는 바로 인내에 달려 있기 때문이다. 성경은 말하기를 "보라 인내하는 자를 우리가 복되도다"(약 5:11)라고 교훈하고 있다.

제28대 우드로 윌슨(Woodrow Wilson) 대통령은 미국의 대통령이 되려면 세 가지 규칙이 필요하다고 말하였다. 즉 그것은 "운동선수의 체력, 어머니의 참을성, 초기 크리스천의 인내"[274]이다. 그리고 영국의 사상가 존 러스킨(John Ruskin)은 "인내는 모든 쾌락의 근본이며, 모든 권세의 근본이다. 인간의 장래 희망은 인내에 의하여 달성된다. 그러므로 오래 인내하지 못하는 사람은 그 희망을 잃게 된다"[275]라고 말하였다. 그리고 시인 존 밀턴(John Milton)도 말하기를 "가장 잘 참고 견디는 자가 무엇이든지 가장 잘할 수 있는 사람이다"[276]라고 하였다.

존 캘빈 쿨리지 대통령의 정치적인 업적은 직전 하딩 대통령의 친구이며 정치 중개인이었던 장관들을 모두 해임시켜 버린 것이다. 그리고 부정부패하고 직권을 남용한 정치 지도자들을 단호하게 척결하였다. 그래서 그는 국민들로부터 크게 신뢰를 받았다. 그는 미국 경제와 산업을 부흥 발전시키기 위하여 노력하였다. 그 당시 공장은 눈코 뜰 새 없이 바빠졌고, 자동차 생산량도 급증하여 1900년대에 4천 대가 고작이었던 것이 1921년에는 무려 152만 대로 증가하였다. 또한 자동차 생산에 맞추어 자동차의 할부 제도와 광고 및 선전을 통하여 국민들로부터 대폭적

---

274) Dole, op. cit., p. 115.
275) 한영제, 《예화대백과사전: 서양의 지혜》 Volume 13, p. 182.
276) Ibid., p. 183.

인 호응을 받았다.

 이로 말미암아 쿨리지 대통령의 임기 말에는 대중적인 큰 인기를 누렸고, 재선 대통령의 선거에 무난히 당선될 수 있었다. 그러나 그는 정치 권력의 무상함을 느끼고 단호하게 거절하고, 그의 상무 장관인 허버트 후버(H. Hoover)를 대통령 후보로 지명하고 조용히 물러났다.

 이후, 존 캘빈 쿨리지는 대통령을 퇴임하고 자서전과 정치 칼럼을 쓰면서 시간을 보내다가 61세에 심장병으로 세상을 떠났다.

제31대 미국 대통령

허버트 클라크 후버의 영성
Herbert Clark Hoover 1874.8.10-1964.10.20(90세)

대통령 재임기간 1929.3.4-1933.3.4

허버트 클라크 후버[277](Herbert Clark Hoover)는 아이오와 주 웨스트 브랜치(West Branch, Iowa)에서 태어났다. 그런데 불행하게도 후버는 8세 때 고아가 되어 오레곤(Oregon) 지역에 살고 있는 삼촌이며 의사인 존 민스롬(John Minthorm) 밑에서 청소년 시절을 보냈다. 그는 조지 폭스 대학교(George Fox University)를 거쳐 스탠퍼드 대학교(Stanford University)를 졸업하고 광산 공학 학위를 받았다. 그리고 스탠퍼드 대학 시절에 친구이며 연인인 루 핸리(Lou Henry)와 결혼하여 남매를 낳았다.

---

277) 허버트 클라크 후버(Herbert Clark Hoover)는 1874년 8월 10일, 독일에서 펜실베이니아로 이주한 퀘이커 교도이며 대장장이인 아버지 제시 후버(Jessie Hoover)와 어머니 훌라 랜델(Hula Randel) 사이에서 태어났다. 그리고 그는 루 헨리(Lou Henry)와 결혼하여 두 자녀인 아들 허버트 후버 주니어(Herbert Hoover Jr.)와 딸 앨런(Allen)을 낳았다.

1914년 제1차 세계대전이 일어났을 때 후버는 유럽으로 건너가서 벨기에 난민구제위원회 의장으로 크게 활동하였다. 특별히 그는 굶주리고 먹지 못하는 가난한 사람들을 위하여 구호하는 일에 매우 적극적으로 활동하였다. 그가 유럽에서 일을 다 마치고 돌아왔을 때에 주위에서는 후버를 향하여 '위대한 인도주의자'(the great humanitarian)라고 칭송하였다.

이후 그는 하딩 대통령 밑에서 상무 장관을 역임하였고, 계속하여 존 쿨리지 대통령도 그의 내각에 후버를 상무 장관으로 유임시켰다. 그가 얼마나 활동적으로 일하면서 인기가 좋았는지 공화당이나 민주당에서 차기 대통령 후보로 주시하였다. 이후 그는 공화당의 대통령 후보로 출마하여 총 유권자 중 58퍼센트를 획득하여 제31대 대통령으로 당선되어 백악관에 입성하였다. 이로 인하여 후버 대통령은 서부 미시시피 강에서 태어난 첫 번째 대통령이 되었다. 그리고 퀘이커 교도인 대장장이의 아들로서 엔지니어, 행정가, 인도주의 대통령이 되었다.

성경공부

허버트 후버 대통령은 경건주의 퀘이커교[278](Quaker)의 소속인 친우회(

---

278) 퀘이커(Quaker)는 17세기 영국의 조지 폭스(Geroge Fox)가 창시한 개신교의 교파이다. '퀘이커'라는 이름은 '하나님 앞에 벌벌 떤다'라는 조지 폭스의 말에서 유래하였고, 그리고 '친

'형제들의 단체', Society of Friends)의 신자이다. 그의 첫 번째 영성은 '성경공부'(Bible study)이다. 후버는 대통령 임기 중에 워싱턴 지역에 퀘이커 예배당(Quaker Meeting House)과 퀘이커 프렌즈 예배당(Friends Meeting House)을 건축하여 완공시켰다.

후버는 일찍이 부모를 잃고 고아로 살아온 불쌍한 소년이었다. 그가 일평생 나침반으로 삼았던 것은 바로 어렸을 때에 성경 공부했던 내용이었다. 성경공부는 그의 삶의 기초가 되었다.

후버가 어렸을 때에 작은 농촌인 웨스트 브랜치라는 곳에서 후버를 포함한 네 명의 소년들이 길거리에서 장난치고 놀고 있었다. 한 점잖은 신사가 교회로 가던 중 이 네 명의 어린아이들을 보았다. 그리고 그들을 교회로 데리고 가서 성경공부반을 만들어 하나님의 말씀을 가르치기 시작하였다. 이후 세월이 흘러 네 명의 아이들은 모두 시골 마을을 떠났다.

우회'(혹은 '형제들의 단체', Society of Friends)라는 뜻을 가지고 있다. 1650년 조지 폭스가 명상운동으로 시작하였다. 퀘이커 교도는 영국 정부에 의하여 탄압을 받았다. 그러나 퀘이커 교도인 윌리엄 펜(William Penn)이 불허받은 식민지 영토(현재 펜실베이니아 주, Pennsylvania State)에서 도시를 세움으로 종교 자유의 허용을 받았다. 퀘이커 교도들은 칼빈주의 신학의 원죄와 예정설을 부인하며, 모든 인간 안에는 신성을 지니고 있는데 그 신성만을 기른다면 인간은 구원을 받을 수 있다고 믿는다. 퀘이커의 예배의 특징은 침묵예배이다. 그 침묵을 통하여 내면의 빛을 볼 수 있다고 한다. 특정한 공간적인 제한을 받지 않으며, 예배를 인도하는 성직자나 목사를 두지 않는다. 한국의 대표적인 퀘이커 교도는 함석헌 선생이다.

1932년, 네 명의 주일학교 학생들에게 성경을 가르쳤던 늙은 성경교사의 은퇴식과 생일 축하 파티에 네 통의 감사 편지가 배달되었다. 첫 번째 편지는 중국 선교사로부터 왔다. 두 번째 편지는 연방은행 총재로부터 왔다. 세 번째 편지는 후버 대통령의 비서실장으로부터 왔다. 그리고 마지막 네 번째 편지는 후버 대통령으로부터 왔다.

정말 이런 위대한 일이 성경공부를 통하여 일어났다. 아이오와 주 작은 마을의 교회에서 일어났던 성경공부의 열정은 마침내 미국의 위대한 지도자들을 배출하였다. 후버 대통령은 "하나님의 말씀은 역경을 이기는 힘을 지녔다"라고 고백하였다.[279]

> "또 어려서부터 성경을 알았나니 성경은 능히 너로 하여금 그리스도 예수 안에 있는 믿음으로 말미암아 구원에 이르는 지혜가 있게 하느니라"(딤후 3:15).

이처럼 어렸을 때부터 성경말씀을 배우며 믿음으로 살아왔던 후버 대통령은 성경말씀의 위대함과 능력을 높이면서 다음과 같이 말하였다.

"우리는 이 나라의 기초인 영적 토대 위에 우리의 힘을 되살릴 방법을 찾아야 합니다. 민주주의는 모든 사람의 삶이 신성하다는 종교적인 확

---

279) 조정아 역, 《풍요로운 미국을 만든 대통령의 기도》 (서울: 도서출판 토기장이, 2004), p. 183.

신에서부터 자라 왔습니다. 종교적인 측면에서 볼 때, 우리의 종교가 극도로 구체화된 것이 바로 성경이며, 정치적인 측면에서 구체화된 것이 바로 헌법입니다."[280]

신앙

허버트 후버 대통령의 두 번째 영성은 '신앙'(faith)이다. 그는 어렸을 때부터 주일학교에서 가졌던 성경공부를 통하여 굳건한 믿음을 가지게 되었다.

후버가 대통령으로 있을 동안에 마틴(Martin)이라는 소년이 후버 대통령에게 앞으로 자신도 미국의 대통령이 되고 싶다면서 한 장의 편지를 보냈다.

후버 대통령 할아버지께. 저는 이 다음에 할아버지처럼 대통령이 되고 싶은 열 살짜리 소년이랍니다. 할아버지께 보내면, 대통령이 되기 위해 어떻게 해야 할지를 알려 주실 것 같아서요. 사인도 보내 주셨으면 좋겠습니다. 정말 기쁠 거예요. 마틴 올림.[281]

---
280) Keefauver, *op. cit.*, p. 122.
281) Weintraub, *op. cit.*, pp. 139-140.

이 편지를 받은 후버 대통령은 소년 마틴에게 대통령이 될 수 있는 3가지 수칙의 내용을 다음과 같이 편지로 보냈다.

마틴에게. 대통령이 되겠다는 포부를 가졌다니 참 보기 좋구나! 네 부탁대로 대통령이 되려면 지켜야 할 수칙 몇 가지를 다음과 같이 적어 보았단다. 첫째는, 삶의 모든 유익한 즐거움을 누리는 소년이 되어야 한다. 둘째는, 대통령이 되려면 정직함과 정정당당함, 타인에 대한 배려 그리고 깊은 믿음을 갖추어야 한다. 셋째는, 교양을 갖춘 사람이 되어야 한다. 이러한 수칙들을 잘 따른다면 설사 대통령은 못 되더라도 네가 속한 집단의 지도자는 능히 될 수 있을 게다. 또 혹시 아니? 대통령이 될 수도 있지. 허버트 후버.[282]

그리고 1928년 8월 11일, 후버는 공화당 대통령 후보의 지명 수락 연설 때에 조상들의 믿음을 강조하면서 다음과 같이 연설하였다.

"관용이 넘치는 이 땅에서 우리는 여전히 불관용이 넘치는 것을 보고 있습니다. 나는 퀘이커 교도 출신입니다. 나의 조상들은 자신들의 신앙으로 인하여 박해를 받았습니다. 그들은 이 땅에 와서 종교의 자유를 발견하였습니다. 나는 신앙과 행동으로 종교적인 관용의 편에 설 것이라는 점을 약속합니다. 자신의 양심에 따라 하나님을 예배하는 모든

---

282) *Ibid.*

사람들의 권리 속에서 미국 이상은 명예롭게 존재하는 것입니다."[283]

크리스마스 신앙

후버 대통령의 세 번째 영성은 '크리스마스 신앙'(Christmas' faith)이다. 크리스마스는 '성탄절'이라고도 부른다. 이날은 인간을 죄악에서 구원하시기 위하여 성삼위 하나님이신 성자 예수 그리스도께서 "말씀이 육신이 되어"(요 1:14, '성육신', incarnation) 유대 땅 베들레헴(Bethlehem)에 탄생하신 날이다. 그래서 이날은 오직 아기 예수님을 찬양하는 기독교 최고의 날이며 최대의 축제이다.

그런데 오늘날은 예수 그리스노 탄생의 진정한 의미를 모르고 잘못된 방향으로 변질되고 있다. 요즈음 성탄절은 예수님이 탄생하신 '메리 크리스마스'('즐거운 크리스마스', Merry Christmas)라는 단어를 사용하기보다는 '해피 할리데이'('행복한 휴일', Happy Holiday)라고 불리는 경우가 많다. 이것은 크게 잘못된 일이며, 크리스마스의 본질을 흐리게 한다.

1931년 12월 3일과 1932년 12월 6일, 허버트 후버 대통령은 예수 그리스도의 탄생은 역사적인 사건이며, 인류의 영적인 삶에서의 위대한 순

---
283) Mount, *op. cit.*, p 119.

간이기 때문에 크리스마스 예배를 국가적인 행사로 드려야 된다고 강조하면서 미국 크리스마스 트리 협의회(Nation's Christmas Tree Association)에 다음과 같은 메시지를 보냈다.

"그리스도의 탄생을 앞두고 살아 있는 나무 아래서 개최하는 여러분들의 연례 크리스마스 예배는 국민들을 고무시키는 국가적인 행사입니다. 이는 이기주의를 버린 기쁨과 평화의 영원한 메시지로 우리들의 위대한 크리스마스 축제에 상징과 생기를 줍니다. 그리스도의 탄생일에 살아 있는 나무 아래서 해마다 드려지는 당신들의 크리스마스 예배는 수년간 크리스마스를 축하하는 감격적인 상징으로 역할을 해왔습니다. 인류의 영적인 삶에서 가장 위대한 순간인 예수의 탄생을 되돌아볼 수 있도록 이 행사는 중단되지 않는 영적 상징으로 계속되어야만 합니다."

"지극히 높은 곳에서는 하나님께 영광이요 땅에서는 하나님이 기뻐하신 사람들 중에 평화로다 하니라"(눅 2:14).

편지 쓰기

허버트 후버 대통령의 네 번째 영성은 '편지 쓰기'(writing of letter)이다. 후버 대통령은 배우 바쁜 일상 가운데서도 자상하고 조용하고 자세하고 세밀하게 편지를 보내기도 하였다. 또한 돌아온 편지에 대해서는 최선을 다하여 성의 있게 자세히 답장을 보내 주었다.

후버 대통령은 펜실베이니아 어퍼더비(Upper Darby, Pennsylvania)에 살고 있는 어느 학생에게, "바쁜 나날 중에 잠시나마 따뜻한 기쁨을 느낄 수 있게 해준 것에 감사한다"라고 답장을 보냈다. 미시간의 그랜드 헤븐(Grand Haven, Michigan)에 사는 한 소녀의 서명 모음집에 들어갈 대통령의 사인(Sign)도 보내 주었다. 기술자 출신답게 오하이오 페인스빌(Painesville, Ohio)에 사는 한 소년에게 효과적인 댐 건설에 대하여 칭찬하는 편지도 보내 주었다. 그리고 오하이오의 컬럼버스(Columbus, Ohio)에서 불우이웃 돕기를 위하여 백악관으로 낡은 담요와 옷, 신발을 보내고자 했던 한 소녀에게 정부의 철학을 강조하면서 답을 보내기도 하였다.

1933년 당시 캐티(Kathy)라는 학생이 후버 대통령에게 다음과 같은 편지를 보냈다.

"후버 대통령 할아버지께. 우리 아빠가 그러시는데 할아버지가 현재 생존해 계시는 역대 대통령 가운데 가장 총명한 분이시래요. 궁금한 게 있는데 할아버지의 의견을 듣고 싶어요. 여자도 미국의 대통령이 될 수 있을까요? 건강하세요. 캐티 올림."

그 후 후버 대통령은 다음과 같이 답장을 보내 주었다.

"캐티에게. 일반적으로 지난 47년간 세계적으로 정부에서 남자들이 그리 일을 잘 해내지 못했단다. 그래서 여자들에게 기회가 점차 늘어나고 있지. 30년 후쯤 네가 대통령 후보가 되기를 바라마지 않는다. 허버트 후버."[284]

후버 대통령은 대통령 재임 기간에도 자상하게 편지 보내는 일을 하였을 뿐만 아니라 퇴임 후에도 어린아이부터 시작하여 정치적인 비판자들에게도 그의 따뜻한 마음을 편지에 넣어 보내 주었다. 1962년 후버 대통령은 어린이들과 주고받았던 편지를 다 모아서 《자라나는 미국의 소년 소녀들에게》(On growing up, letters to American boys and girls)라는 제목으로 출간하였다.

허버트 후버 대통령의 정치적인 업적은 그의 첫 취임연설에서 '빈곤에 대한 최후 승리'라는 주제로 시작하였다. 앞으로 미국의 모든 국민들은 "모든 차고에는 자가용을! 모든 냄비에는 닭고기를!"이라고 하면서 국민들을 배부르게 하겠다고 역설하였다. 그러나 그의 임기 중 불행하게도 "월스트리트에 폭탄이 투하됐다!"는 말처럼 미국의 경제 대공황이 이미 시작되었다. 그때 미국 국민의 4명 중 1명은 실업자가 되었다.

후버 대통령은 '경제 대공황'[285](Great Depression)을 극복하기 위하여

---

284) *Ibid.*, pp. 137-141.
285) 미국 경제 대공황(Great Depression)이란, 1928년에 일부 국가들에서 일어나기 시작한

감세정책을 비롯하여 금융개혁, 기업지원과 자금대출, 공공사업의 확대, 정부의 긴축운영을 통하여 경제회복을 추진하려고 힘썼다. 그러나 결과적으로 그는 실패하고 말았다. 안타깝게도 그의 리더십은 경제 대공황을 극복하는 데는 역부족이었다.

이점에 대하여 이후 루스벨트 행정부의 부통령이었던 존 가너(John Garner)는 말하기를 "나는 허버트 후버의 개인적 성격과 도덕에 대해서 결코 문제를 삼은 적이 없다. 또한 그의 청렴이나 애국심에 대해서도 의심한 적이 없다. 여러 면에서 그는 확실히 대통령으로 준비된 사람이었다. 만약 그가 1921년 혹은 1937년에 대통령이었더라면 아마도 위대한 대통령의 반열에 들어갔을 것이다"[286]라고 높이 평가하였다.

히버트 후비 대통령은 퇴임 후 30년 동안 더 살았다. 이 기간은 그의 평판을 다시 회복시켜 주는 계기가 되었다. 비록 그는 경제 대공황을

경제공황이 1929년 10월 24일 뉴욕 주식시장, 즉 검은 목요일 탓에 촉발되어 전 세계로 확대된 경제공황을 의미한다. 이 경제공황으로 10년 동안 미국을 비롯한 북아메리카와 유럽을 중심으로 전 세계의 산업 지역에서 광범위하게 지속적으로 경기침체가 확산되었다. 1920년대 미국의 경제는 호황을 이루었으나, 1929년 10월 주식시장이 붕괴되면서부터 호경기는 막을 내렸다. 이때부터 경기는 계속적으로 후퇴하였고, 1932년까지 미국의 노동자 4분의 1이 실직하였다. 경제 불황의 영향은 즉시 유럽 경제에 파급되어 독일과 영국을 비롯한 여러 산업국가에서 수백만 명의 노동자들이 일자리를 잃어버리게 되었다. 경제 불황은 정치 영역에까지 영향을 미쳐 극단세력들이 확산되고 자유 민주주의의 권위가 땅에 떨어지는 중대한 상황과 위기를 맞이하였다. 모든 나라들은 제2차 세계대전이 발발한 1939년까지 대량 실업과 불황으로 시달리게 되었다. 이후 제2차 세계대전은 인력 및 군수품에 대한 수용을 늘리고 기술의 진보를 촉진시키는 효과를 가져오게 되었고, 새로운 경제 시대가 열리는 계기가 되었다.
286) Ridings, op. cit., p. 195.

맞이하여 불명예스럽게 대통령 자리에서 물러났지만 퇴임 후 후버는 기술자로, 관리자와 인도주의자로서 미국 국민과 사회를 위하여 크게 봉사와 헌신의 삶을 살았다. 그리고 그는 많은 논설과 에세이와 책을 저술하면서 살다가 90세의 나이로 사망하였다.

■ 제32대 미국 대통령

프랭클린 델라노 루스벨트의 영성
Franklin Delano Roosevelt 1882.1.30-1945.4.12(63세)

대통령 재임기간 1933.3.4-1945.4.12

프랭클린 델라노 루스벨트[287](Franklin D. Roosevelt)는 뉴욕 하이드 파크(Hyde Park, New York)에 있는 한 시골집에서 출생하였다. 그는 하버드 대학교(Harvard University)에서 역사학을 공부한 후, 뉴욕 컬럼비아 대학교(Columbia University)에서 법학을 공부하고 변호사가 되어 활동하였다. 그는 제26대 시어도어 루스벨트(Theodore Roosevelt) 대통령의 조카인 안나 엘리너 루스벨트(Anna Eleanor Roosevelt)와 결혼하여 5남 1녀의 자녀들을

---

287) 프랭클린 루스벨트(Franklin D. Roosevelt)는 1882년 1월 30일, 네덜란드(Dutch) 계통의 아버지 제임스 루스벨트(James Roosevelt)와 어머니 사라 앤(Sarah Anne) 사이에 외아들로 태어났다. 루스벨트 가문은 1650년경에 네덜란드에서 미국 동부 지역인 뉴욕으로 이민 온 지주 클라에스 밴 루스벨트(Claes Van Roosevelt)의 후손들이다. 프랭클린 루스벨트는 제26대 시어도어 루스벨트 대통령의 조카인 안나 엘리너(Anna Eleanor)와 결혼하여 5남 1녀를 두었다. 딸의 이름은 안나 엘리너(Anna Eleanor)와 아들들은 제임스(James), 프랭클린 주니어(Franklin Jr. first), 엘리어트(Elliott), 프랭클린 주니어(Franklin Jr. second), 존(John)이다.

두었다.

1910년 루스벨트는 35세 때에 뉴욕 상원의원에 당선되어 정치활동을 시작하였다. 그 후 그는 뉴욕 주지사를 거쳐 민주당 대통령 후보로 출마하여 제32대 대통령으로 취임하였다. 그런데 그는 1940년도에는 미국 대통령의 전통을 깨고 3선에 당선되었고, 제2차 세계대전 중에 4선에 당선되었다. 루스벨트 대통령[288]은 미국 역사상 유일한 4선 대통령으로서 제2차 세계대전 중에 영국의 윈스턴 처칠(Winston Churchill)과 소련의 스탈린(Joseph Stalin)과 함께 세계적인 정치가로서 크게 영향을 끼쳤다.

소망

프랭클린 루스벨트는 감독교회('개신교 감독교회', '성공회', Protestant Episcopal Church)의 신자로서 그의 첫 번째 영성은 '소망'(hope)이다.

1883년 3월 20일, 루스벨트는 뉴욕의 하이드 파크에 있는 성 야고보

---

288) 프랭클린 루스벨트(F. Roosevelt) 대통령은 1933년 3월 4일부터 1945년 4월 12일까지, 12년 1개월 정확히 말해서 4,419일간 대통령으로 재임하였다. 루스벨트 대통령은 미국 대통령 역사 중에서 처음이자 마지막으로 백악관을 지배한 장기 집권자이자 동시에 미국인들에게 가장 존경받는 대통령으로 평가되고 있다. 역대 대통령 중 루스벨트의 지도력은 1위, 업적 및 위기 능력은 2위, 정치력은 1위, 인사력은 2위, 성경과 도덕성은 15위, 종합 순위에서 링컨 대통령 다음으로 제2위로 평가되었다. 그리고 미국 대통령 역사상 제일 짧게 역임한 대통령은 제9대 윌리엄 해리슨(William Harrison) 대통령이다.

교회(St. James Episcopal Church in Hyde Park, New York)에서 유아 세례를 받았고, 일평생 동안 성만찬에 참여하였다. 그는 청소년 시절부터 교회생활을 착실히 하였다. 주일학교를 돕는 일과 선교단체에 멤버로 선출되어 선교사역을 돕는 일에 적극적이었다.

그런데 루스벨트가 30대 중반에 교회출석이 뜸해지자 그의 아내 안나 엘리너(Anna Eleanor)는 매우 화를 냈다. 자신을 즐겁게 하는 것은 매주일 예배 출석하는 것이라고 투덜거렸다. 그는 대통령 재임 시에는 워싱턴에 소재한 성 요한 감독교회(St. John Episcopal Church, Washington D.C.)에 출석하였다. 루스벨트 대통령은 전능하신 하나님께서는 국가와 민족과 개인을 다스리고 인도하신다는 공적인 믿음을 확실하게 표시하였다.

1933년 3월 4일, 루스벨트가 제32대 대통령으로 취임할 당시에는 미국의 어느 대통령보다 가장 어려울 때였다. 왜냐하면 세계적인 경제 대공황기였기 때문이다. 그래서 루스벨트 대통령 취임식 때에는 고린도전도 13장 13절 말씀을 인용하면서 "그런즉 믿음, 소망, 사랑, 이 세 가지는 항상 있을 것인데 그중의 제일은 사랑이라"고 선언하였다.[289]

1933년 당시, 경제 대공황의 상황은 다음과 같이 기록되어 있다.

"경제적 상황은 침체와 후퇴가 뒤범벅이 된 어두운 시기였다. 산업 생

---

289) *Inaugural Addresses of the Presidents of the United States* Volume Two, pp. 93-97.

산이 떨어져 제철회사들은 그 생산 능력의 5분의 1에도 못 미치고 있었다. 전체 노동력의 4분의 1 이상이 일자리를 갖지 못했고, 그중에서도 그나마 연방정부의 구호혜택을 받을 수 있는 사람들은 25%에 불과했다. 농장 폐쇄는 계속 늘어났고, 은행 도산이 잇따라 일어났다. 그러자 38개 주의 주지사들은 1933년 3월 초에 이르러 은행의 휴업을 선언하기에 이르렀다. 국민들은 불안에 휩싸인 채 3월 4일 새 정부의 출범만 기다리고 있었다."[290]

이러한 경제상황에 있을 때 새로이 뽑힌 루스벨트 대통령은 경제위기를 극복하는 해결책으로 '뉴딜정책'[291](The New Deal)을 통하여 전 미국 국민들에게 소망을 불어넣어 주었다.

당시 전 세계와 미국은 무서운 경제대공황을 겪고 있었다. 많은 사람들의 마음속에는 불안과 공포가 들이닥치기 시작하였다. 사람들은 앞

---

290) 이구한, op. cit., p. 386.
291) 뉴딜 정책(New Deal)은 1933년에서 1936년까지, 프랭클린 루스벨트(F. Roosevelt) 대통령이 경제대공황으로 침체된 경제를 살리고, 경제구조와 관행을 개혁하고, 실업자에게 일자리를 만들어 주자는 경제정책이다. 1935년, 제1차 뉴딜 정책은 은행 개혁법, 긴급 안정책, 일자리 안정책, 농업정책, 산업정책, 복지정책을 추진하였다. 그러나 루스벨트 대통령은 1933년 3월 23일 볼스테드법(Volstead Act, 금주법) 개정안에 서명하여 그때부터 술의 제조와 판매를 합법화시켰다. 1935년부터 1936년까지, 제2차 뉴딜정책은 노동조합 지원책, 공공 사업진흥국의 안정 프로그램, 사회보장법, 소작인과 농업분야의 이주 노동자를 비롯한 농부들에 대한 원조 프로그램을 추진하였다. 그리고 이 뉴딜 정책은 사실상 제2차 세계대전의 시작과 함께 마감되었다. 뉴딜 정책 당시에 사용되었던 프로그램들 중에 사회보장법(Social Security Act)과 증권거래위원회(SEC)는 오늘날에도 그대로 운영되고 있다. 그리고 1943년 10월 루스벨트 대통령의 '뉴딜 선생'(Dr. New Deal)은 '승전 선생'(Dr. Win the World)에게 길을 양보한다는 말처럼 뉴딜 정책은 막을 내렸다.

다투어 은행에 달려가서 미리 돈을 찾아가 버렸다. 수많은 기업들은 문은 닫고 은행들은 파산하였다. 직장을 잃은 수많은 실직자들은 길거리에서 방황하였다. 그리고 그들은 도둑질하며 서로 싸우고 죽이고 자살하였다.

이때 루스벨트 대통령은 국민들을 향하여 저녁마다 라디오 방송을 통하여 국민들에게 미래를 향한 희망과 소망의 메시지를 계속 불어넣어 주었다. 드디어 그들의 마음속에서는 소망이 싹트기 시작하였다. 미국 국민들은 하나둘씩 다시 은행에 찾아가서 돈을 예치하였다. 기업체와 공장들은 문을 열기 시작하였다. 마침내 루스벨트의 소망의 메시지는 미국의 금융정책을 비롯한 실업자 문제, 공업과 농업, 건설과 노동 문제를 잘 극복하게 했다. 미국 국민들의 '마음의 불황'을 극복시킨 것이다. 그리고 '환경의 불황'도 극복하게 했다. 그리하여 미국 국민들의 가정들에는 이전과 같이 웃음과 기쁨, 행복과 풍성함이 넘쳤다.

"내 영혼아 네가 어찌하여 낙심하며 어찌하여 내 속에서 불안해 하는가 너는 하나님께 소망을 두라 그가 나타나 도우심으로 말미암아 내 하나님을 여전히 찬송하리로다"(시 43:5).

절망하지 않는다

프랭클린 루스벨트 대통령의 두 번째 영성은 '절망하지 않는다'(Never become despair)이다. 즉 그는 어떠한 환경과 여건 속에서도 결코 낙심하지 않고 굳게 살아가는 삶을 살았다.

원래 루스벨트는 어린 시절부터 부유한 가정에서 자랐기 때문에 공립학교에 다니지 않고 귀족적인 가정교육을 받았다. 그래서 주위에 있는 아이들과 사귈 기회도 거의 없었다. 또한 대학교 시절에도 매우 수줍고 비사교적인 성격이었다. 그 대신에 그는 스포츠와 신문반이나 다른 과외활동을 통하여 외로움을 달랬다. 그러나 루스벨트가 35세 때에 정치계에 뛰어들고 난 이후부터는 그의 성격은 매우 개방적이고 대담해졌다.

그런데 39세 때에 불행이 닥쳤다. 루스벨트는 가족들과 함께 캐나다 캠포벨로 섬(Campobello Island, Canada)에서 여름 가족휴가를 즐기고 있었다. 1921년 8월 9일, 한밤중에 갑자기 온몸에 열이 나고 고통을 겪었다. 이것은 바로 소아마비병[292](Polio)이었다. 그때 루스벨트의 나이 39세였다. 그때부터 그는 절뚝거리면서 걸었고, 휠체어를 타고 다녔다.

그러나 루스벨트는 여기에서 절망하지 않았다. 자포자기하지 않고, 고통과 질병과 싸웠다. 그러면서 그는 절망하거나 낙심하지 않고 계속 노

---

292) 소아마비(infantile paralysis)는 두 종류가 있다. 하나는 척수성 소아마비(폴리오, Polio)이다. 이것은 전염병으로서 폴리오 바이러스에 의하여 전염되는 병이다. 다른 하나는 뇌성 소아마비이다. 이것은 출산 전후의 여러 가지 원인에 의하여 뇌신경에 영향을 받아 생긴다. 이것은 전염이 되지 않는 병이다. 루스벨트 대통령과 미국의 유명한 여류 저술가인 농맹아 헬렌 켈러(Helen Keller)는 척수성 소아마비에 걸렸다.

력했다.

어느 날, 루스벨트는 갑자기 몸이 아프기 시작하였다. 두 다리가 휘말려 들어갔다. 이 광경을 본 친척 가운데 한 사람이 루스벨트의 아내 안나 엘리너(Anna Eleanor)에게 이혼을 권유하였다. 그때 그녀는 이렇게 대답하였다.

"제가 사랑한 것은 조건을 뛰어넘는 사랑이었습니다. 저는 남편을 사랑합니다. 저는 남편의 다리 때문에 결혼한 것이 아니라 남편과 결혼했습니다. 남편의 다리가 어떻게 되느냐는 우리 관계에 아무런 영향도 미칠 수 없습니다."[293]

마침내 7년 동안 소아마비와 싸우던 루스벨트는 다시 정계로 복귀하였다. 소아마비라는 병은 그의 정치의 발목을 잡지 못하였다. 드디어 그는 1928년 46세에 뉴욕 주 주지사에 당선되었고, 이후 제32대 미국 대통령에 당선되어 백악관에 입성하였다.

루스벨트 대통령은 경제 대공황으로 말미암아 절망과 고통, 좌절과 실의에 빠져 자포자기하는 수많은 국민들을 향하여 "우리가 두려워해야 할 것은 두려움 그 자체뿐입니다!"[294]라고 외쳤다. 이것은 지난 7년

---

293) 염성철, *op. cit.*, p. 217.
294) 강영우, 《도전과 기회 3C 혁명》(서울: 생명의 말씀사, 2009), p. 172.

동안 소아마비와 싸우며 얻어낸 그의 용기와 지혜, 즉 '절망하지 않는다'는 것이었다.

그 당시 수많은 사람들은 소아마비를 정복하며 아름다운 세상을 만들겠다고 절망하지 않고 승리한 루스벨트에게 뜨거운 찬사를 보내며 그에게 생일 선물을 보냈다. 미국 자동차회사 크라이슬러(Chrysler)에서는 루스벨트 대통령의 다리에 장애가 있기 때문에 대통령의 전용 특수 자동차를 제작 생산하여 제공하였다.

1월 30일 생일날, 루스벨트 대통령은 자신의 지지자들에게 생일 선물을 받았다. 루스벨트는 이 생일 선물을 기초로 하여 '마치 오브 다임스'(march of dimes, '10센트의 행렬', 이것은 10센트를 모아 태산이 된다는 뜻이다)라는 비영리단체를 창립하였다. 이후에 이곳은 현재 조지아 웜 스프링스(Warm Springs, Georgia)라는 재활센터로 사용되었다. 그리고 훗날에 루스벨트 대통령도 이곳에서 세상을 떠났다.

기도

프랭클린 루스벨트의 세 번째 영성은 '기도'(prayer)이다. 제2차 세계대전 당시, 독일을 비롯한 이탈리아와 일본을 대항하여 싸우기로 약속한 연합군 나라들은 모두 47개국이었다. 그러나 사실상 미국의 루스벨트를 비롯하여 영국의 처칠과 러시아의 스탈린 세 사람이 앞장서서 2차 세계대전을 치르게 되었다.

제2차 대전 당시 미국의 많은 젊은이들이 전쟁터의 이슬로 사라졌다. 병력이 부족하고 갑작스럽게 일어난 전쟁이기 때문에 각 지방의 많은 젊은 청년들은 영장을 받은 후 큰 도시로 집결해서 기차를 타고 훈련소로 갔다. 그때 국민들의 마음을 안정시키기 위해 장정들을 태운 기차는 주로 밤늦게 떠났다. 그래서 워싱턴의 기차 정거장에는 국민들이 나와 싸움터에 나갈 장정들에게 코코아나 커피, 음식을 주었다. 그때 나이가 많은 한 노인이 다리를 절뚝거리면서 코코아를 끓이고 있었다. 바로 이 사람이 루스벨트 대통령이었다.

또한 루스벨트 대통령은 제2차 세계대전이 계속되는 가운데 하나님 앞에 기도를 드렸을 뿐만 아니라 모든 국민들에게 간절한 중보기도를 요청하였다. 미국과 연합군이 새로운 작전으로 싸우기 위하여 영국 해협을 건너고 있을 때에 모든 국민들에게 특별 기도를 부탁하였다.

1944년 6월 6일, 루스벨트 대통령은 전국적인 기도를 요청하였다. 그리고 '프랭클린 루스벨트의 디데이 기도'(Franklin Roosevelt's D-Day Prayer)에는 이렇게 기록되어 있다.

"전능하신 하나님, 우리의 아들들, 이 나라의 자랑인 우리의 젊은이들이 오늘 위대한 과업, 이 나라와 우리의 종교, 이 문명을 보호하고 고통 받는 인류를 자유롭게 하기 위한 싸움을 시작하였습니다. 우리의 젊은이들을 곧고 진실된 길로 인도하소서. 그들이 발에 힘을 주시고 그들의 마음에 용기를, 그들의 믿음에 흔들림 없는 견고함을 허락하소서. 그들에게는 당신의 축복이 필요합니다. 그들의 길은 길고도 어려울 것입니다. 적은 강하기 때문입니다. 적은 우리의 군사를 무찔러 버릴지도 모릅니다. 전쟁은 우리가 바라는 만큼 빨리 끝나지 않을 것입니다. 그러나 우리는 계속해서 응수해야 합니다. 그리고 우리는 당신의 은혜로, 우리의 대의가 옳음으로, 우리의 젊은이들이 이 전쟁에서 결국 승리할 것이라는 사실을 확신합니다. 저는 우리 국민들이 지속적인 기도에 헌신할 것을 요청합니다. 우리가 매일 아침에 일어날 때, 그리고 하루의 모든 일을 마쳤을 때 하나님께서 우리의 수고와 노력 가운데 함께하시고 도와주시기를 구하는 기도가 우리의 입술에 있기를 원합니다. 오, 주님, 우리에게 믿음을 주소서. 당신을 향한 믿음을 주소서. 우리의 아들들에게 믿음을 주소서. 서로를 향한 믿음과 우리의 연합군에 대한 믿음을 갖게 하소서. 전능하신 하나님, 그 뜻이 이루어지이다. 아멘."[295]

"일을 행하시는 여호와, 그것을 만들며 성취하시는 여호와, 그의 이름을 여호와라 하는 이가 이와 같이 이르시도다 너는 내게 부르짖으라 내가 네게 응답하겠고 네가 알지 못하는 크고 은밀한 일을 네게 보이리라"(렘

---

295) Keefauver, *op. cit.*, pp. 125-127.

33:2-3).

"전쟁은 여호와께 속한 것인즉 그가 너희를 우리 손에 넘기시리라"(삼상 17:47).

1943년 11월 28일 제2차 세계대전 당시에 소련의 모스크바(Moscow)에서 미국을 비롯한 영국과 소련 3개국의 외무부 장관들이 모여서 '모스크바 삼상회의'를 가졌다. 이 모임에서 한국인은 완전한 독립을 얻기 전에 앞으로 40년간의 수습기간이 필요하다고 하면서 소위 '신탁통치령'[296](United Nations Trust Territories)을 결의하였다.

루스벨트 대통령의 영성은 뉴딜 정책을 통하여 미국의 경제위기를 극복하고 부흥시키는 원동력이 되었나. 그는 제2자 세계대전에서 승리할 수 있도록 기초를 마련하였고, 미국을 세계 최대 강대국으로 올려놓는 데 불사조가 되었다.

남편 루스벨트를 성공적인 위대한 대통령으로 만들기 위하여 뒤에서

---

296) 신탁통치(trusteeship)란 국제연합(UN)의 신탁을 받은 국가가 일정한 지역을 통치하는 특수 통치 형태이다. 이것은 제28대 우드로 윌슨(Woodrow Wilson) 대통령이 제안한 '위임통치'이며, 이후 이것을 유엔(UN)에서 계승하여 '신탁통치이사회'를 설치하여 제2차 세계대전 이후 11개 지역에서 실시하였다. 1945년 12월 27일, 소련 모스크바(Moscow)에서 열린 '모스크바 삼상회의'에서 미국과 영국, 소련 3국의 외부무 장관들이 모여서 한국에 대한 '신탁통치령'(United Nations Trust Territories)을 논의하여 결정하였다. 그러나 한국의 김구 임시정부세력은 신탁통치 반대운동을 전개하였다.

헌신한 아내 엘리너(Eleanor)를 결코 잊어서는 안 될 것이다. 엘리너 루스벨트는 '사랑과 겸손'의 사람이요, 가난한 사람과 이웃을 위한 선한 사마리아인이었다. 엘리너는 미국 대통령 영부인 중에 가장 훌륭한 영부인으로 존경을 받았다. 역대 미국 퍼스트 레이디의 평가순위 10개 항목, 즉 퍼스트 레이디의 배경을 비롯하여 국가에 대한 가치, 도덕적 성실성, 지도력, 지성적 이해력, 가족과 친구, 보좌관, 업적, 용기, 대중적 이미지 등에서 종합 1위를 차지하는 영광을 누렸다.

루스벨트는 그의 4차 대통령 임기 중 63세의 나이에 뇌출혈로 세상을 떠났다. 그때 그의 사망 소식을 들은 영국의 윈스턴 처칠(Winston Churchill)은 눈물을 흘리면서 이렇게 말하였다. "언젠가 이 세상과 역사는 대통령에게 신세를 졌다는 것을 알 것입니다."[297]

---

297) 염성철, *op. cit.*, p. 226.

◼ 제33대 미국 대통령

해리 에스 트루먼의 영성
Harry S. Truman 1884.5.8-1972.12.26(88세)

대통령 재임기간 1945.4.12-1953.1.20

해리 에스 트루먼[298](Harry S. Truman)은 미주리 주에 위치해 있는 라마(Lamar, Missouri) 지역의 한 노새(mule) 무역업자의 아들로 태어났다. 그는 어린 시절에 함께 지냈던 동네 친구 엘리자베스 버지니아 월리스(Elizabeth Virginia Wallace)와 결혼하여 무남독녀를 두었다.

---

298) 해리 에스 트루먼(Harry S. Truman)은 1884년 5월 8일, 노새(mule) 무역업자인 농부 출신인 아버지 존 앤더슨 트루먼(John Anderson Truman)과 어머니 마사 엘렌 영(Martha Ellen Young) 사이에 2남 1녀 중 장남으로 태어났다. 트루먼의 이름에는 중간 이름(middle name)이 없이 'S'자인 이니셜(initial, 머릿글자의 서명, 혹은 약식 서명)만 기록하였다. 그 이유는 트루먼의 친할아버지의 이름 앤더슨 시프 트루먼(Anderson Shipp Truman)과 외할아버지의 이름 솔로몬 영(Solomon Young)에서 그 두 이름에 같이 사용한 'S' 글씨를 따서 해리스 에스 트루먼(Harry S. Truman)으로 지었기 때문이다. 해리 트루먼은 엘리자베스 버지니아 월리스(Elizabeth Virginia Wallace)와 결혼하여 딸 마가렛(Margaret)을 낳았다.

해리 트루먼은 일찍이 제1차 세계대전에 소령으로 참전하여 포병장교로서 프랑스에서 근무하다가 전쟁 영웅이 되었다. 1944년 미주리 주 연방 상원으로 당선되어 활동하는 가운데 국방 위원장까지 맡아서 일하였다. 그다음 해인 1945년도 루스벨트의 러닝메이트로 부통령이 되었다. 그런데 83일이 지난 후 그는 루스벨트의 사망으로 대통령직을 승계받아 백악관에 입성하여 대통령이 되었다. 해리 트루먼 대통령은 미국의 지난 반세기 동안 정식으로 대학 교육을 받지 않고 백악관에 입성한 최초의 대통령이다.

성경 읽기

해리 트루먼 대통령은 미국 남침례교회[299](Southern Baptist Church)의 교인이다. 그의 첫째 영성은 '성경 읽기'(Bible reading)이다. 그는 미주리 주 캔사스 시에 있는 벤톤 블러바드 침례교회(Benton Boulevard Baptist Church in Kansas City, Missouri)를 다녔다. 그는 18세에 구원의 확신을 얻

---

299) 침례교(Baptist)는 개신교의 한 교파이다. 1609년도에 네덜란드 암스테르담(Amsterdam, Netherlands)에서 영국의 분리주의자 존 스미스(John Smith) 목사가 최초로 침례교회를 시작하였다. 이후 칼빈주의(Clavinism)를 기초로 하는 '특수침례교'(Particular Baptist)와 알미니안주의(Arminianism)를 기초로 한 '일반침례교'(General Baptist)로 나누어졌다. 침례교는 물에 완전히 잠기는 침례를 주장한다. 목사가 침례받는 사람을 뒤쪽으로 몸을 낮추어 물에 잠기게 하고 성삼위의 이름으로 침례를 주고 난 뒤에 전도 대위임명령(마 28:19-20) 혹은 다른 신앙고백문을 낭독함으로 마친다. 구원은 그리스도를 믿음으로 받기 때문에 유아 침례를 부정한다. 왜냐하면 부모가 자식의 구원을 결정할 수 없기 때문이다. 그리고 성경에 없는 장로 제도를 부정한다.

고 등록교인이 되었다. 그는 규칙적인 교회생활을 하였다.

해리 트루먼은 어렸을 때부터 책벌레였다. 그는 항상 너무나 많은 책들을 읽었다. 그래서 그는 시력도 좋지 않았고, 미국 육군사관학교에 응시하였으나 시력 때문에 낙방하였다. 그리고 젊은 시절에 사업에 실패하였다. 파산 때문에 빚더미에 앉았다. 그의 삶은 한마디로 실패와 좌절의 연속이었다.

그러나 해리 트루먼은 결코 좌절하거나 포기하지 않고 계속 공부하기를 원하였다. 그리고 하나님의 말씀인 성경 읽기에 열중하였다. 그는 매일 성경을 읽었고, 그 읽은 말씀이 내 뒤에 함께하시고 힘을 주신다는 것도 굳게 믿었다. 특히 그는 빌립보서의 말씀을 믿었다.

"아무것도 염려하지 말고 다만 모든 일에 기도와 간구로, 너희 구할 것을 감사함으로 하나님께 아뢰라 그리하면 모든 지각에 뛰어난 하나님의 평강이 그리스도 예수 안에서 너희 마음과 생각을 지키시리라"(빌 4:6-7).

해리 트루먼은 대통령의 자리에 오른 후 백악관 생활에서도 철저한 성경공부를 통하여 스스로 영적 교육에 힘썼다. 해리 트루먼 대통령은 연설할 때마다 성경말씀을 많이 인용하였다. 그리고 그는 마태복음 5장에서 7장에 나오는 예수님의 산상수훈을 특별히 좋아하였다. 이것은 사람들을 참된 삶으로 인도하며, 성경의 가장 큰 가르침이라고 극찬하였다.

해리 트루먼 대통령은 미합중국이 하나님의 축복과 인도하심으로 세워졌으며, 미국의 헌법도 성경말씀에 기초하였다고 다음과 같이 믿었다.

"이 나라 법들의 근본적인 기초는 시내 산(Mt. Sinai)에서 모세(Moses)에게 주어졌습니다. 미국 헌법 중 권리장전(Bill of Right)의 근원적인 기초는 출애굽과 사도 마태, 이사야와 사도 바울로부터 얻은 가르침에서 온 것입니다. 저는 요즈음 우리들이 이것을 충분히 강조하지 못하고 있다고 생각합니다. 우리가 적절하고 근본적인 도덕적 배경을 가지고 있지 못하다면 우리는 결국 정부를 제외한 어떤 개인의 인권도 존중하지 않는 전체주의 정부가 되고 말 것입니다."[300]

그리고 해리 트루먼 대통령은 그의 자서전에서 신구약 성경 읽기를 그의 삶 속에 중요한 법칙으로 삼았다고 다음과 같이 고백하였다.

"나의 아버지의 처세에 관한 교훈은 정직과 성실이다. 아버지는 이해타산보다는 명예를 존중하도록 나와 동생에게 타이르며 기르셨다. 아홉 살, 열 살 때 나는 어머니의 큼직한 성경으로 대부분의 시간을 보냈다. 열두 살 때 난 성경을 처음부터 끝까지 두 번 그리고 마지막에 붙어 있는 글까지 빼놓지 않고 다 읽었다. 나는 출애굽기의 20장과 마태복음 5장에서 7장을 읽는 데 가장 많은 시간이 걸렸다. 심리학자들은 무엇이라 할지 모르나 나는 아직도 성경 이외에 생활의 기준으로 할

---

300) Keefauver, op. cit., p. 130.

법칙이 없다고 생각한다.'[301]

어느 날, 트루먼 대통령이 그의 임기를 마치고 '트루먼 기념 도서관' (Harry S. Memorial Library)에 있을 때 어느 학생이 질문하였다. "어떻게 미국의 대통령이 되실 수 있었나요?" 그때 트루먼 대통령은 다음과 같이 대답하였다.

"난 성경말씀을 믿었단다. 하나님께서 우리와 함께하시면 못할 일이 전혀 없단다. 따라서 하나님을 알고 난 후부터는 무슨 일이든지 포기한다거나 겁내지 않고 끝까지 정정당당하게 노력했단다. 예수님이 나를 지켜보고 계실 거라고 생각하면 저절로 힘과 용기가 생겨났거든. 그리고 나에게 더 잘하라고 열심히 응원하고 계신다고 믿고 있었지."[302]

기도

---

301) 염성철, *op. cit.*, pp. 238-239; 출애굽기 20장에는 시내 산(Mt. Sinai)에서 하나님이 이스라엘의 지도자 모세(Moses)에게 준 '십계명'(Ten Commandment)이 기록되어 있다. 처음 네 계명은 하나님과 이스라엘의 관계 속에서 주신 계명이고, 그리고 나머지 여섯 계명들은 이스라엘이 가족과 이웃에 대하여 '어떻게 살아가야 할 것인가?'를 가르친다. 그리고 마태복음 5-7장은 예수님이 제자들에게 산 위에서 가르친 말씀이라 해서 '산상수훈' 혹은 '산상보훈'이라 하는데, '천국의 대헌장'(Magna Charta) 혹은 '황금률'(golden rule)이라고 부른다. Ref. 안재도, 《팔복강해: 그리스도 안에서의 참 행복》(서울: 쿰란출판사, 2007).

302) *Ibid.*

해리 트루먼 대통령의 두 번째 영성은 '기도'(prayer)이다. 그가 대통령에 취임할 당시에는 그 어느 때보다 국제적으로나 국내적으로 산적한 문제들이 많았다. 그는 이러한 문제의 해결을 위해서는 전능하신 하나님께 기도해야 한다는 굳은 믿음을 가지고 있었다. 그래서 그는 대통령 취임 초기부터 국민들에게 세계 평화와 국내외 문제와 위기를 극복하기 위하여 중보기도를 요청하였다.

1945년 4월 16일, 해리 트루먼 대통령은 첫 번째 국회연설(1st Address to Congress)에서 진실하고 겸손하게 기도하는 대통령이 되겠다고 다음과 같이 말하였다.

"이 순간 저는 마음속으로 기도합니다. 제가 맡은 이 무거운 책임들을 생각할 때, 저도 전능하신 하나님께 솔로몬 왕이 하였던 기도를 겸손한 마음으로 드리게 됩니다. 그러므로 주의 종에게 주의 백성을 심판해야 할 때 이해하는 마음을 갖게 하셔서, 선과 악을 구별하게 하소서. 누가 주의 위대한 백성을 심판할 수 있겠나이까? 저는 오직 나의 주님과 내 국민들의 선하고 신실한 종이 되기를 기도합니다."[303]

1945년 8월 16일, 해리 트루먼 대통령은 '제2차 세계대전'[304](World War

---

303) Keefauver, op. cit., p. 129.
304) 제2차 세계대전(World War II)은 1939년부터 1945년까지 6년 동안 일어난 전쟁이다. 경제 공황 후에 대부분의 강대국들이 참여하여 주축국인 독일과 이탈리아, 일본과 연합군인 미국, 영국, 소련, 중국의 전쟁이었다. 이 전쟁은 제1차 세계대전에 해결하지 못하고 남겨둔 분쟁

II)을 하나님의 축복과 인도하심으로 이겼다고 확신하였다. 그리고 그는 이 전쟁을 승리케 하신 하나님께 감사드리고 '기도의 날'(victory in the east-day of prayer)로 선언하고 다음과 같이 연설하였다.

"우리의 세계적인 승리는 싸워야 한다는 굳은 결의로 뭉쳐진 자유로운 국민들의 용기와 힘 그리고 정신 때문에 가능하였습니다. 이 승리는 무자비한 적들에게 우리가 결코 싸우기를 두려워하거나 죽음을 무서워하지 않는다는 사실을 보여준, 하룻밤만에 군인으로 변신한 전 세계 수백만의 평화를 사랑하는 사람들로 말미암아 가능하였으며, 그들은 승리하는 방법을 알고 있었습니다. 이 승리는 하나님의 도우심으로 가능하였습니다. 하나님께서는 역경과 재앙의 모든 날 동안 늘 우리와 함께하셨고, 이제 우리에게 이 영광스러운 승리의 날을 가져다주셨습니다. 우리 모두 하나님께 감사를 드리고, 우리가 이제 지속적이고 정당한 평화와 더 나은 세상을 만들기 위해, 하나님의 방식대로 그분을 따르기 위해 우리 자신을 헌신했다는 사실을 기억하도록 합시다."[305]

이 20년 동안 잠복해 있다가 제2차 세계대전으로 폭발한 것이다. 어떤 면에서 본다면 이 전쟁은 제1차 세계대전의 연장이다. 제2차 세계전쟁은 유럽 전역뿐만 아니라 태평양과 중국, 동남아시아, 북아프리카와 세계의 바다를 무대로 하여 전개되었다. 결과적으로 제2차 세계전쟁으로 소련은 동유럽으로 확대되었고, 중국은 공산당 정권이 수립되었다. 그리고 전 세계의 지배력이 유럽 국가에서 미국과 소련으로 옮겨가는 결정적인 계기가 되었다. 이 전쟁은 4000-5000만 명의 사망자를 낸 세계 최고의 피비린내 나는 전쟁이었다. 이 전쟁기에 대한민국은 더욱 가혹한 일본제국주의 식민지 통치를 받았다. 일본의 태평양전쟁을 돕기 위하여 한국인 남자들은 징병으로 끌려가고, 여자들은 강제 위안부로 동원되었다.
305) *Ibid.*, p. 131.

겸손

해리 트루먼 대통령의 세 번째 영성은 '겸손'(humility)이다. 그의 백악관 생활은 항상 분주하고 바빴다. 그런 가운데 백악관에서 그의 모습은 부하 직원들이나 주방에서 일하는 사람들에게도 매우 친절했고 자상하였다. 그는 바쁜 일정 속에서도 그들에게 자상하게 대하고 늘 고맙게 생각하면서 감사의 뜻을 표하였다. 백악관 역사상 역대 대통령들 가운데 직원과 일꾼들에게 감사하다는 말은 고사하고 주방까지 들어간 사람은 트루먼 대통령밖에 없었다. 그는 정말 소박하고 자상하고 겸손한 대통령이었다.

미국 역사상 가장 겸손한 대통령으로 평가받고 있는 트루먼이 그의 대통령 집무실에서 일할 때였다. 전임 대통령들은 비서를 집무실에 부를 때에 책상 위에 있는 단추를 눌러서 불렀다. 그런데 트루먼 대통령은 그것을 없애 버렸다. 그는 단추를 눌러 호출하는 방식을 거부하고 대신 직접 문을 열어 사람들을 공손히 찾아가서 자신의 집무실에 오라고 청하였다.

어느 날 트루먼 대통령은 당시 세계적인 지도자였던 소련의 스탈린(Stalin)과 영국의 처칠(Churchill)을 위하여 백악관에서 환영 만찬회를 개최하였다. 이 행사를 위하여 군인인 유진 리스트(Eugene List) 하사가 그랜드 피아노 앞에서 특별 연주를 준비하고 있었다. 리스트 하사가 아무나 악보를 넘겨 달라고 부탁하자 그때 트루먼이 자청하여 악보를 넘겨 주었다. 행사가 다 끝난 후 리스트 하사는 트루먼 대통령의 겸손함에 감탄하면서 자기 아내에게 다음과 같이 편지를 보냈다.

"미국 대통령이 내 앞에서 악보를 넘겨 주다니 한번 상상해 보시오! 우리 대통령은 그런 분이라오!"[306]

또 이뿐인가? 트루먼 대통령은 각료들을 대할 때에도 겸손하였다. 그래서 그의 각료들은 대통령을 향하여 전폭적으로 지지하였다. 절대로 흔들리지 않고 충성하였다. 그리고 트루먼 행정부에 속했던 사람들은 그를 향하여 말이나 글로 혹평하거나 어떤 식으로든지 비평을 하지 않았다.

해리 트루먼 대통령의 성공 비결은 바로 그의 겸손한 영성의 결과였다.

"누구든지 자기를 높이는 자는 낮아지고 누구든 자기를 낮추는 자는 높아지리라"(마 23:12).

결단력

---

306) 염성철, *op. cit.*, p. 233.

해리 트루먼 대통령의 마지막 영성은 '결단력'(decision)이다. 그의 대통령 임기 중에 국제적으로 중대한 두 가지 일이 있었다. 하나는 일본에 대한 원자폭탄 투하이고, 다른 하나는 한국의 6·25 전쟁이다. 여기에서 보여준 그의 결단력은 역사의 전환점(turning point)을 이룩하였고, 국내외에 평화를 가져왔다.

1944년 5월 8일은 트루먼 대통령의 환갑날이었다. 바로 그날 독일의 히틀러(A. Hitler)는 두 손을 들고 항복하였다. 그러나 일본제국은 계속 버티면서 싸우고 있었다. 만약 미국 군인들이 일본의 본토를 침공한다면 미국 병사들 가운데 50만 명 이상의 사상자를 낼 수 있는 상황이었다. 그러나 만약 일본의 한 도시에 원자폭탄을 투하한다면 미군이 일본 본토에 상륙하지 않고도 일본을 항복시킬 수 있었다.

이 엄청난 일을 눈앞에 두고, 트루먼 대통령은 전능하신 하나님을 의지하면서 지혜와 용기를 구하였다. 오랫동안 조용히 생각하고 또 생각하였다. 침묵 속에 신중하게 생각하였다. 그리고 드디어 그는 1945년 8월 6일 원자폭탄을 일본 히로시마[307](Hiroshima, Japan)에 투하하기로 결

---

[307] 제2차 세계대전 중 1945년 8월, 미국 대통령 해리 트루먼(Harry Truman)의 명령으로 일본 히로시마(Hiroshima)와 나가사키(Nagasaki) 지역에 원자폭탄(atomic bombings)을 투하하였다. 1945년 8월 6일에는 제1차 원자폭탄을 히로시마에, 그리고 그다음 날인 8월 7일에 제2차 원자폭탄을 나가사키에 투하하였다. 원자폭탄 투하 6일 후인 1945년 8월 15일 일본제국은 무조건 항복하여 태평양전쟁과 제2차 세계대전은 막을 내렸다. 대한민국도 8월 15일에 일본제국으로부터 해방되었다. 원자폭탄 투하로 히로시마 시민이 90,000명에서 166,000명이 사망하였고, 나가사키 시민이 60,000명에서 80,000명이 사망하였다.

정하였다.

그날 그의 백악관 참모인 프랭클린 그레이엄(Franklin Graham)이 트루먼 대통령에게 메시지를 건네 주었다. "커다란 폭탄이 워싱턴 시간 8일 7시 15분에 히로시마에 떨어졌습니다."

히로시마 도시는 순식간에 잿더미가 되어 버렸다. 히로시마 시민 가운데 90,000명에서 166,000명의 사망자를 냈다. 원자폭탄이 떨어진 6일 이후 1945년 8월 15일, 일본제국은 두 손 들고 무조건 항복을 선언하였다. 그리하여 대한민국도 8·15해방을 맞았고, 태평양전쟁과 제2차 세계대전이 막을 내렸다. 이 일로 인하여 트루먼 대통령은 심한 두통을 앓았다.

해리 트루먼 대통령의 위대한 결단력은 히로시마 원자폭탄 투하 결정에 이어 한국전쟁에서도 유감없이 나타났다. 1949년도에는 중국의 공산주의자 모택동이 중국에서 승리하여 정권을 잡았다. 그리고 1950년 6월 25일, 북한의 김일성은 중국의 모택동의 지원과 소련의 도움을 받아 38선을 넘어 남한을 침공하였다.

6·25 전쟁은 해리 트루먼 대통령이 공산주의 확대를 저지하며 자유

와 독립을 유지하는 목적으로 선언한 '트루먼 독트린'[308](Truman doctrine)에 대한 최초의 적대 행위였다. 이에 트루먼 대통령은 즉시 결단하였다. 그리고 공산주의자들의 침략을 저지하라는 명령을 내렸다.

이어 미국을 중심으로 한 연합군이 6·25전쟁에 참여하게 되었다. 그때 연합군의 사령관으로 태평양전쟁의 영웅인 더글러스 맥아더[309] (Douglas MacArthur) 장군을 임명하여 전투를 벌였다. 명장 맥아더 장군의 지휘와 작전 아래 인천상륙작전을 통하여 3개월 만에 북한군은 38선 이북으로 밀려나기 시작하였다.

6·25전쟁을 진행하는 도중에, 맥아더 장군은 북한 영토를 비롯한 중공군과도 전면전으로 확대하여 싸우기를 원하였다. 그러나 트루먼 대통령은 전면전보다는 한반도의 전쟁으로만 국한시키기를 원하였다. 그러자 맥아더 장군은 이에 동의하지 않고 계속 전면전을 치르기를 주장하였다. 그때 트루먼 대통령은 미군 통솔자인 대통령의 명령에 불복종하

---

308) 트루먼 독트린(Truman doctrine)은 1947년 3월, 트루먼 대통령이 의회에서 선언한 미국 외교정책에 관한 원칙이다. 그 내용은 공산주의의 확대를 저지하기 위하여 자유와 독립을 유지하는 데 노력하며, 소수의 정부 지배를 거부하는 의사를 가진 세계 여러 나라에 대하여 군사적 경제적인 원조를 제공한다는 내용이다. 이 원칙에 따라서 그리스(Greece)와 터키(Turkey)가 군사적, 경제적인 원조를 받았다.
309) 더글러스 맥아더(Douglas MacArthur, 1880. 1.26-1964. 4.5)는 미국 육군사관학교(West Point, US Military Academy)를 수석으로 졸업하였다. 그는 미국의 군인으로서는 최고 육군 원수까지 역임하였다. 제1, 2차 세계대전에 미국군과 연합군의 지휘관으로 활동하고 필리핀 식민지의 통치자로도 활동했다. 그리고 6·26전쟁 때에 인천 상륙작전을 지휘하여 북한군을 물리치는 데 크게 공헌하였다. 그가 한 말 중에 "노병은 죽지 않는다"라는 유명한 말이 있다.

였다는 이유로 즉시 그를 해고시켜 버렸다. 이것은 그의 단호한 결단력을 보여주는 장면이기도 하다.[310]

훗날, 트루먼 대통령의 임기 중에 논란이 되었던 맥아더 장군의 해임에 대해 그는 자신의 결단에 대하여 전혀 후회가 없었다면서 이렇게 술회하였다.

"나는 맥아더가 대통령의 권위를 존중하지 않으려고 해서 해임했습니다. 맥아더가 바보 같은 SOB(son of s bitch, '개자식')여서 그를 해임한 것은 아니었습니다. 비록 그가 그렇기는 했지만 그렇다고 장군들이 지켜야 할 법에 어긋나는 것은 아니었습니다. 만약 그랬다면 그들 중에 절반에서 4분의 3은 감옥에 가야 할 것입니다."[311]

해리 트루먼 대통령의 중요한 징지 업적은 독일의 무조건 항복을 위하여 노력함으로써 제2차 세계전쟁을 종식시키는 데 공헌한 것이다. 그는 원자폭탄을 투하하여 태평양전쟁을 종식시켰다. 특별히 그의 '트루먼 독트린'(Truman Doctrine)을 선언하여 공산주의 확산을 막아내는 큰 공을 세웠다. 한국의 6·25전쟁을 치르면서 명장 더글러스 맥아더 장군을 단호하게 해임시키는 결단력도 보여주었다. 그리고 미국 중앙정보국(CIA)을 설립하였다.

---

310) Clark Clifford, *Counsel to the Presidents* (New York: Clark Clifford, 1991), pp. 280-282.
311) Dole, *op. cit.*, p. 88 ; Ref. 바보 같은 SOB라는 것이 맥아더 장군의 해임 사유가 안 된다는 것이다. 그것이 해임 사유가 된다면 4분의 3은 해임되어야 한다는 농담식 표현이다.

그는 '보통 대통령', '대학교육을 받지 못한 대통령', '전례 없는 문제에 직면할 때에 훌륭하게 일을 처리하는 대통령', '평범한 사람'이라는 별명을 가졌다. 그러나 미국의 저명한 역사학자와 정치학자들에 의하면 그는 '역대 미국의 최고 훌륭한 대통령 10명'[312](America's ten best presidents) 가운데 한 명으로 뽑혔다. 그리고 라이딩스 매기버 대통령 여론조사(The Ridings McIver Presidential Poll)에서는 "미국의 대통령 중에 일곱 번째로 위대한 대통령"으로 평가되었다.[313]

해리 트루먼은 대통령 퇴임 후 자신의 대통령 재임기간에 대한 두 권의 회고록을 집필하였다. 그리고 1972년 12월 26일 88세를 일기로 세상을 떠났다.

---

312) Ridings, *op. cit.*, p. 207.
313) *Ibid.*, p. 206.

제34대 미국 대통령

드와이트 데이비드 아이젠하워의 영성
Dwight David Eisenhower 1890.10.14-1969.3.28(79세)

대통령 재임기간 1953.1.20-1961.1.20

드와이트 데이비드 아이젠하워[314](Dwight David Eisenhower)는 텍사스 주 데니슨(Denison, Texas)에서 독실한 신앙의 가정에서 태어났다. 그의 아버지는 독일에서 미국으로 이주하였다. 그의 아버지 제이콥 아이젠하워(Jacob Eisenhower)는 독실한 메노나이트[315](Mennonites) 신도이다.

---

314) 드와이트 데이비드 아이젠하워(Dwight David Eisenhower)라는 이름은 19세기 미국의 유명한 부흥사 드와이트 라이먼 무디(Dwight Lyman Moody, 1837-1899)의 이름과, 구약성경에 나오는 이스라엘의 2대왕 다윗 왕(David, Second King of Israel)의 이름을 따서 지은 것이다. 그는 1890년 10월 14일 독일에서 이주한 아버지 제이콥 아이젠하워(Jacob Eisenhower)와 어머니 아이다 엘리자베스 스토버(Ida Elizabeth Stover)의 일곱 명의 아들들 중에 세 번째의 아들로 태어났다. 그는 매미 제네바 도우드(Mamie Geneva Doud)와 결혼하여 아들 존(John)과 딸 도우드(Doud)를 두었다.
315) 메노나이트(Mennonites 혹은 '매노파'라 부름)는 16세기 종교개혁기에 등장한 개신교 종파 가운데 하나이다. 메노나이트는 네덜란드 로마 가톨릭의 사제인 메노 시몬스(Menno Simons, 1496-1561)에 의하여 시작되었다. 이 교파는 종교개혁시대의 재세례파처럼 유아 세례

아이젠하워는 뉴욕에 있는 미국 육군사관학교 웨스트 포인트(West Point, US Military Academy, New York)를 164명 가운데 중간을 조금 넘는 61 등으로 졸업하였다. 그는 콜로라도 덴버(Denver, Colorado) 출신의 매미 제네바 도우드(Mamie Geneva Doud)와 결혼하여 남매를 두었다. 원래는 아들이 두 명이었는데 불행하게도 한 아들은 유아기 때에 사망하였다. 그의 다른 아들은 육군 장교로 근무를 마치고 외교관이 되었다.

아이젠하워는 사망하기까지 53년간 도우드와 결혼생활을 계속 유지하였다. 그런데 제2차 세계대전 중에 참모이자 여비서인 케이 섬머스비(Kay Summersby)와 특별한 관계를 유지하였다. 그러나 이후부터는 그녀와 관계를 완전히 끝냈다. 그들은 다시 만나지 않았다.

원래 아이젠하워의 부모들은 장군이나 대통령보다는 드와이트 무디(Dwight Moody)와 같은 전도 부흥사가 되기를 원하였다. 그래서 아들의 이름에 무디와 같이 '드와이트'라는 이름을 넣게 되었다. 그러나 1951년에 그는 유럽에서 용맹을 떨친 연합군 총사령관이 되었다. 2년 후에 전쟁 영웅인 아이젠하워는 돌아와서 마침내 제34대 미국의 대통령으로 당선되었다. 그동안 민주당 대통령의 시대는 마감하고 20년 만에 공화당 대통령의 시대가 막이 올랐다. 아이젠하워의 애칭은 아이크(Ike)이다.

를 부정하고 종교의 자유를 인정하고 성경을 문자적으로 해석하며 비폭력주의를 주장한다. 만인 제사장을 주장하며 목사가 없다. 목회자와 집사를 수평적인 관계로 생각하여 목회자가 없이 집사들이 교회를 운영한다. 그러나 오늘날의 메노나이트 교회는 목회자(목사)를 두고 있다. 그리고 그들은 제자도의 삶을 강조하며 양심적 병역 거부를 실천한다.

제34대 미국 대통령 드와이트 D. 아이젠하워는 역대하 7장 14절 위에 손을 얹고 대통령 선서를 하였다.[316]

"내 이름으로 일컫는 내 백성이 그들의 악한 길에서 떠나 스스로 낮추고 기도하여 내 얼굴을 찾으면 내가 하늘에서 듣고 그들의 죄를 사하고 그들의 땅을 고칠지라"(대하 7:14).

가정예배

드와이트 아이젠하워 대통령은 독실한 장로교회의 신자이다. 그의 첫 번째 영성은 '가정예배'(family worship)이다. 아이젠하워는 워싱턴에 있는 내셔널 장로교회(National Presbyterian Church in Washington D.C)의 교인으로서 장로교회의 규례에 따라 정식으로 입교하여 성만찬에 참여하였다.

아이젠하워의 신앙 배경은 그의 가정생활에서 발견할 수 있다. 특별히 자녀들은 부모님의 말씀과 기도, 경건과 검소한 청교도적인 삶에 큰 영향을 받았다. 부모들은 하나님의 말씀에 기초하며 제자도의 삶을 가지는 메노나이트 소속의 리버 브레드린[317]('리버 형제교회', River Brethren)

---

316) *Inaugural Addresses of the Presidents of the United States* Volume Two, pp. 115-120.
317) 리버 브레드린(River Brethren) 교파는 1778년 미국 펜실베이니아 요크 카운티(York

교파에 소속되어 있었다.

리버 브레드린 공동체는 원리주의의 엄격한 삶을 강조한다. 그들은 세속적인 유혹에 등을 돌렸다. 자신들의 모습이 다른 사람들의 모습과 다르다는 의미에서 검은색 옷을 입었다. 또한 담배와 술과 카드 놀이를 하지 않았다. 성경은 그들이 매일 먹는 일용할 양식이었다. 그들은 목회자가 없이도 하나님과 일대일로 영적 교제와 경건의 시간을 가졌다. 아이젠하워의 아버지 제이콥 아이젠하워는 말씀을 증거하는 설교자였다. 그는 그곳에서 존경받는 인물이었다.

이러한 신앙적 배경 속에서 아이젠하워의 가정 생활[318]은 어떠하였는가? 그들은 하루의 일과를 마친 후에 저녁식사를 마친 후 석유 등잔 불빛 아래 온 가족이 모여서 가정예배 시간을 가졌다.

첫째, 성경을 읽는 시간이다. 그들 가족들은 돌아가면서 성경을 읽었다. 만약 성경을 읽다 잘못 읽든가 실수하면 다른 형제가 읽었다. 어느 날 아이젠하워는 창세기부터 요한계시록까지 틀리지 않고 잘 읽어서 어

County, Pennsylvania)에서 시작한 교파이다. 이 교파는 메노나이트 교회(Mennonite church)의 신앙에 뿌리를 두고 있으며, 여기에서 나온 한 개신교 중에 한 작은 교파이다. 1843년 펜실베이니아 주의 서스퀘아나 강변(susquehanna river) 주위에 리버 브레드린 공동체가 있다. 그들은 독일 경건주의 신앙과 제자의 삶을 실천하는 것을 강조하고 있다. Ref. Frank S. Mead, *Handbook of Denomination in the Uuited States* (Abingdon Press, 1975), p. 75.

318) Bonnie Angelo, *First Mothers: The Women Who Shaped the Presidents* (New York: Harper Collins Publishers, 2001), pp. 77-79.

머니로부터 시계를 상급으로 받기도 했다.

둘째, 기도하는 시간이다. 그들 가족들은 하나님을 향하여 기도를 드렸다. 기도할 때에는 모두 무릎을 꿇고 기도를 드렸다. 이 모습은 마치 '엘리야가 갈멜 산 꼭대기로 올라가서 땅에 꿇어 엎드려 그의 얼굴을 무릎 사이에 넣고 기도하는 모습'(왕상 18:42)과 비슷하였다. 이때 그들의 기도 내용들 중에 하나는 항상 세상에서 가난하고 지치고 불행한 사람들을 위한 기도였다.

셋째, 찬송가를 부르는 시간이다. 아이젠하워 대통령 가정에서 보물은 이리저리 이사 가면서 망가진 검은색 피아노 한 대였다. 어머니 아이다 엘리자베스(Ida Elizabeth)는 피아노를 쳤다. 아이들에게 찬송을 가르치면서 하나님을 잔양하였다. 그때 그들은 하루 종일 지쳐 있었던 몸과 마음에 큰 위로와 용기를 얻었다.

정말 아이젠하워의 가정은 행복한 가정이요, 가정예배의 성공자였다. 이것은 그들을 믿음의 명문 가정을 만드는 기초가 되었다.

 1. 사철에 봄바람 불어 잇고
    하나님 아버지 모셨으니
    믿음의 반석도 든든하다
    우리집 즐거운 동산이라

2. 어버이 우리를 고이시고
　　동기들 사랑에 뭉쳐 있고
　　기쁨과 설움도 같이하니
　　한 간의 초가도 천국이라
3. 아침과 저녁에 수고하여
　　다 같이 일하는 온 식구가
　　한상에 둘러서 먹고 마셔
　　여기가 우리의 낙원이라
〈후렴〉 고마워라 임마누엘 예수만 섬기는 우리 집
　　　　고마워라 임마누엘 복되고 즐거운 하루하루
　　　　　　　　　　　　　　　(새찬송가 559장).

성경과 기도

아이젠하워 대통령의 두 번째 영성은 '성경과 기도'(Bible and prayer)이다. 그는 독실한 장로교회의 교인이다. 장로교의 특징은 바로 오직 성경 말씀이다. 그들은 성경의 권위를 절대적으로 믿는다. 그리고 신구약 성경은 크리스천의 영적인 표준이며 안내서로 믿는다. 그러므로 장로교의 핵심 신앙은 '오직 성경'(Sola Scriptura, 딤후 3:16-17)이다.

아이젠하워는 어렸을 때부터 엄격하고 철저한 신앙의 가정에서 살아왔다. 어머니 아이다 엘리자베스는 일곱 명의 아들들을 말씀으로 잘 양육하기 위하여 먼저 자신이 말씀 안에서 살았다. 어머니는 바쁜 가정생활 속에서도 성경 읽기를 철저히 하였다. 왜냐하면 일곱 명의 아들들에게 말씀 생활화를 친히 보여주기 위함이었다.

어머니 아이다 엘리자베스가 성경을 읽었던 기록이 버지니아 마운트 시드니 근교에 있는 어느 루터교회(Lutheran church, Mount Sidney, Virginia)의 교구 기록실에서 다음과 같이 발견되었다.

"아이다 엘리자베스는 67개월 동안 1,365절의 성경 구절을 암송할 수 있었다."[319]

부모님의 영적 영향을 빋은 아이젠하워는 일평생 동안 하나님의 말씀을 가슴판에 새기고 말씀을 전폭적으로 의지하며 절대 순종하는 삶을 살았다. 그는 대통령이 된 후에 신구약 성경말씀의 위대성을 이렇게 말하였다.

"인간의 영혼은 단순한 육체적인 힘보다 더 중요합니다. 그리고 한 나라의 영적인 힘이 그 나라의 부보다 더 중요합니다. 성경은 모든 시대에 걸쳐 그 영성이 입증되었습니다. 우리의 문명은 하나님의 말씀에 기초해서 세워졌습니다. 이 세상의 어떤 다른 책도 성경만큼 지혜와 진

---
319) Faber, *op. cit.*, p. 31.

리와 소망으로 영감 받지 못하였습니다."[320]

아이젠하워는 연합군의 총사령관의 임무를 맡고 영국으로 갈 때에도 한 권의 성경책을 결코 잊지 않고 지니고 다녔다. 제2차 세계대전 때 이탈리아의 시칠리아(Sicily, Italy)를 공격할 때에도 하나님의 말씀을 의지하며 싸웠다.

1944년 6월 6일, 세계 역사상 최대 최고의 작전이라고 불리는 '노르망디 상륙작전'[321](Landing Operation of Normandy) 때였다. 이 전쟁은 프랑스를 독일로부터 해방시키기 위한 육·해·공군의 입체적인 공동 대작전이었다. 정말 세기의 전쟁이요, 역사적인 순간이었다.

이 역사적인 전쟁에 루스벨트 대통령은 맥아더 장군의 참모를 역임한 아이젠하워를 총사령관으로 임명하였다. 그의 임무는 프랑스를 탈환하는 일과 3백만 명의 군인들의 영혼을 지키는 일이었다.

---

320) Keefauver, *op. cit.*, p. 134.
321) 노르망디 상륙작전('Landing Operation of Normandy', 일명 오버로드 작전 'Operation Overlord')은 1944년 6월 6일, 미국을 주축으로 하여 영국, 자유프랑스, 오스트레일리아, 폴란드, 노르웨이 8개국의 15만 6천 명의 연합군과 당시 거의 유럽을 점령하고 있던 노르망디 해안의 1만 명의 독일군과의 전쟁이었다. 기후가 나쁜 날씨에도 불구하고 D-Day 새벽 6시 30분에 아이젠하워의 명령으로 단행하였다. 이에 독일군은 나쁜 날씨로 방심하였고, 해안선 방어자 롬멜(Rommel) 장군은 아내의 생일로 며칠간 독일의 집으로 휴가를 갔고, 그리고 D-Day 그 시간에 히틀러(Hitler)는 부하들에게 잠을 깨우지 말라고 명령한 뒤 새벽 늦잠을 잤다. 결과적으로 독일군은 격퇴되고 연합군은 대승하였다. 이 전쟁에서 양쪽 군인의 사망자는 약 23만 명이었다. 연합군의 미군 장교 조지 테일러(G. Taylor) 대령은 당시 전쟁의 상황을 "이 해안에는 두 종류의 사람이 있다. 이미 죽은 자와 곧 죽을 자이다"라고 보고하였다.

아이젠하워는 노르망디 대전쟁을 시작하기 전에 먼저 하나님 앞에 모자를 벗고 무릎을 꿇고 간절히 기도드렸다. 이에 다른 참모들도 따라서 하나님께 기도드렸다. 아이젠하워는 기도를 다 드린 후에 모든 지휘관들에 이렇게 말하였다.

"이제 운명의 시간이 다가왔습니다. 모든 두뇌와 훈련받은 것을 동원할 시간이 다가왔습니다. 그러나 모든 것은 하나님의 손안에 있습니다. 하나님 손에 모든 것을 맡겼으니 우리는 행동으로 들어갑시다."[322]

아이젠하워는 노르망디 대상륙 작전에서 독일군을 격퇴시키고 승리하였다. 독일의 아돌프 히틀러(Adolf Hitler)와 나치(Nazi) 군대를 물리쳤다. 이로 말미암아 유럽에서의 전쟁은 막을 내렸고 평화로운 시대가 시작되었다. 이후 1948년 그는 유럽 전쟁에 관한 이야기 《유럽에서의 성전》(crusade in Europe)이라는 책을 저술하여 일약 베스트셀러가 되었다.

성내지 않음

아이젠하워 대통령의 세 번째 영성은 '성내지 않음'(Never get angry)이다. 원래 청소년 시절에 아이젠하워는 한마디로 '말썽꾸러기'였다. 그는

---

322) 염성철, *op. cit.*, p. 243.

머리 색깔이 검은 색이고, 검은 눈빛이었다. 그의 성격은 불같았다. 자신이 이길 수 없다는 것을 알았을 때에는 형님들이나 혹은 누구든 간에 시비를 걸고 싸움박질하는 사람이었다. 그래서 그의 별명은 '천하의 말썽꾸러기'[323](most troublesome boy)였다.

어느 날 소년 아이젠하워는 적수가 되지 않는 상대방과 싸움을 벌인 끝에 자기가 낭패를 보게 되었다. 그때 아이젠하워는 형님들을 향하여 싸움을 걸었으며, 그들을 향하여 벽돌을 던지면서 싸웠다.

아이젠하워는 장년이 되어서도 마찬가지였다. 대통령 시절 기자회견에서 기자들의 질문에 화가 나서 이마의 혈관이 눈에 띌 정도로 튀어나왔다. 그때 옆에 있는 비서들은 그를 향하여 '주의 : 고압화'(Caution : high voltage temper)라는 신호를 보냈다. 그리고 백악관 생활에서도 아이젠하워의 불같은 성격과 고집스러운 성격 때문에 그의 아내 매미(Mamie)는 항상 두려워하고 마음을 졸였다.

그런데 아이젠하워의 성격은 급하고 불같고 격노하고 성을 냈지만 자신의 성격을 억누르고 참고 견디며 잘 극복하였다. 어떻게 보면 이것이 아이젠하워를 위대한 인물로 만들 수 있었던 이유 가운데 하나일 것이다. 이렇게 자신의 성격을 참고 견딜 수 있도록 한 것은 바로 그의 어머

---

323) Angelo, *op. cit.*, pp. 74-75.

니의 가르침이었다.

청소년 시절에 어머니 아이다 엘리자베스(Ida Elizabeth)는 아들 아이젠하워가 분노하고 성내는 것을 보면 직접적으로 바로 야단치고 훈계하지 않았다. 격렬한 감정과 성냄이 다 지나가고 난 뒤에 조용히 타이르면서 잘못된 점을 지적하며 확실하게 바로 가르쳤다. 그녀는 어떤 종류의 폭력에도 반대하였다. 평화주의자였다.

훗날 아이젠하워는 "비록 나는 화를 내고 격노하였지만 상대방을 향하여 증오하지 않았다. 화를 내며 말을 하지 않고 조심스럽게 행동하며 참고 극복할 수 있었다. 이것은 어머니가 가르쳐 준 현명한 조언으로부터 얻은 평생의 교훈"이라고 고백하며 다음과 같이 기록하였다.

"증오는 무익한 것이라고 어머니는 말씀하셨다. 누군가를 또는 무엇인가를 싫어한다는 것은 얻어낼 것이 거의 없다는 것을 의미하기 때문이다. 내 화를 부추긴 사람은 상관없었다. 다친 사람은 나 자신일 뿐이었다. 이 말에 마음이 진정되었지만 어머니는 자식들 중에서 내게 가르칠 것이 가장 많다고 덧붙이셨다. 나는 항상 그 대화를 내 인생에서 가장 중요한 순간들 중 하나로 돌아보곤 한다. 지금까지 나는 다른 사람을 미워하지 않으려고 노력했다. 누군가가 특히 나에게 비열한 짓을 했다 할지라도 나는 그것을 잊으려고 노력한다. 나를 몹시 화나게 했던 행동이나 말을 한 사람들의 이름을 공개적으로 언급하지 않는 습관도 어머니의 말씀으로부터 생겨난 것이다."[324]

"내 사랑하는 형제들아 너희가 알지니 사람마다 듣기는 속히 하고 말하기는 더디 하며 성내기도 더디 하라 사람이 성내는 것이 하나님의 의를 이루지 못함이라"(약 1:19-20).

어머니 아이다 엘리자베스는 아들 아이젠하워의 일평생의 선생이자 영적인 멘토였다. 그는 항상 어머니에 대하여 자랑하고 존경하였다. 20세기가 낳은 가장 유명한 세 사람의 장군은 더글러스 맥아더(Douglas McArther)와 그의 참모였던 드와이트 아이젠하워(Dwight David Eisenhower), 조지 스미스 패튼(Geroge Smith Patton) 장군이다. 이 세 사람의 특징은 그들 자신들의 성공을 모두 어머니의 공으로 돌린 것이다.

제33대 전임 해리 트루먼(Harry Truman) 대통령과 제34대 후임 드와이트 아이젠하워 대통령은 공통점이 많다. 두 사람이 똑같이 독실한 크리스천이었다. 그들은 소도시 농장 가정 출신의 시골뜨기였다. 미국 중부 출신이었다. 부지런하고 근면하였다. 소탈하고 개방적이었다. 관습을 중시하였다. 군대를 존중하였다. 어머니의 가르침을 평생 그들의 기본적인 가치관으로 여겼다. 그리고 전지전능하신 하나님을 항상 두려워하였다.

---

324) *Ibid.*, p. 104.

주일 성수

아이젠하워 대통령의 네 번째 영성은 '주일 성수'(observance of the Lord's day)이다. 그는 대통령 재임기간 중에 세계 정상들과 만날 때나, 혹은 아무리 바쁘고 시간에 쫓길 때에도 주일을 철저하게 지켰다.

1959년 9월 27일 주일날 아침, 아이젠하워 대통령은 소련 수상 흐루시초프[325](Khrushchyov)에게 전화를 걸어 "오늘은 주일이니 나와 함께 교회에 갑시다"라고 했다. 흐루시초프는 거절하였다. 그때 아이젠하워는 한 시간 반만 기다려 달라고 요청하였다. 이후 주일예배가 끝나자 두 사람은 만났다. 아이젠하워가 "한 시간 반 동안 무엇을 하셨습니까?"라고 묻자 흐루시초프는 "내가 먼 길을 찾아왔는데도 교회에 가야 할 아이젠하워의 핑계가 무엇인가를 생각하고 있었소"라고 내답하였다.

당시 아이젠하워 대통령은 초강대국인 소련의 수상을 초청해 놓고 예배에 참석하러 교회에 간 것이다. 한 나라의 정상을 기다리게 한다는 것은 정말 외교 상식에서 상상할 수 없는 일이었다. 그렇다면 아이젠하워의 비상식적인 행동은 무엇을 의미하는가? 그것은 하나님께 예배하는 것보다 더 중요한 일이 없다는 사실을 여실히 보여주는 그의 영적인

---

325) 흐루시초프(Nikita Khrushchyov)는 1953년부터 64년까지 소비에트 연방(USSR)정부의 총리 및 소련 공산당 제1서기를 역임한 소련 최고의 정치가이다. 그는 스탈린(Joseph Stalin)의 정책에 반대하면서 공산주의의 외교정책의 방향을 '평화 공존'으로 추구하여, 공산주의의 세계에 폭넓은 반향을 불러일으켰다.

태도이다.[326]

"아버지께서는 자기에게 이렇게 예배하는 자들을 찾으시느니라 하나님은 영이시니 예배하는 자가 영과 진리로 예배할지니라"(요 4:23-24).

"이는 엿새 동안에 나 여호와가 하늘과 땅과 바다와 그 가운데 모든 것을 만들고 일곱째 날에 쉬었음이라 그러므로 나 여호와가 안식일을 복되게 하여 그날을 거룩하게 하였느니라"(출 20:11).

제2차 세계전쟁의 영웅이요 미국의 위대한 대통령으로서 모든 국민들로부터 가장 많은 사랑과 존경을 받았던 아이젠하워는, 1968년 12월 병원에서 임종이 가까워지자 빌리 그레이엄(Billy Graham) 목사와 대화를 나누며 위로를 받았다. 그는 자리에서 일어나 떠나려는 빌리 그레이엄 목사님을 향하여 싱긋 웃으면서 손을 흔들었다. 그리고 1년 뒤인 1969년 3월 28일 79세의 나이로 세상을 떠났다.

월터 리드 병원(Walter Reed Hospital)에서 있었던 빌리 그레이엄과 아이젠하워의 마지막 대화는 이렇게 기록되었다.

"나에게 주어졌던 아이젠하워와의 20분간 대화가 30분을 넘어가고 있을 때, 그는 담당 의사와 간호사들에게 자리를 잠시 비워 줄 것을 부탁

---

326) 염성철, *op. cit.*, p. 249.

하였다. 정맥 주사가 튜브에 연결되었지만 베개를 의지하여 몸을 세운 뒤 그는 나의 손을 잡고 나의 눈을 바라보며 '빌리, 당신은 나의 죄들이 용서받았음에 대한 확신에 대해 가르쳐 주었고 내가 천국 갈 것이라고 말해 주었는데, 지금 다시 말해 줄 수 있겠나?'라고 말했다. 나는 성경책을 꺼내 그에게 익숙한 영생에 관한 하나님의 고귀한 약속이 담긴 복음의 구절들을 읽어 주었다. 그 후 그의 손을 계속 잡으며 나는 간략한 기도를 드렸다. 그는 '고맙네, 나는 준비되었네'라고 말하였다. 나 또한 그가 준비되었음을 알고 있었다."[327]

---

327) Mount, *op. cit.*, pp. 88-89.

제35대 미국 대통령

존 피츠제럴드 케네디의 영성
John Fitzgerald Kennedy 1917.5.29-1963.11.22(46세)

대통령 재임기간 1961.1.20-1963.11.22

존 에프 케네디[328](John F. Kennedy)는 매사추세츠 주에 위치한 브루클린(Brookline, Massachusetts)의 가톨릭 명문 가정에서 태어났다. 그는 하버드 대학교(Harvard University)를 졸업한 후 〈타임 헤럴드〉(Time Herald)의 사진 기자로 활동하던 재클린 부비에(Jacqueline Bouvier)와 결혼하여 세 자녀를 두었다.

---

328) 존 케네디(John F. Kennedy)는 1917년 5월 29일, 아일랜드(Ireland)에서 이주한 로마 가톨릭의 가정에서 아버지 조셉 케네디(Joseph Kennedy)와 어머니 로즈(Rose) 사이에 아홉 명의 자녀 중 둘째로 태어났다. 그는 36세에 재클린 부비에(Jacqueline Bouvier)와 결혼하여 아들 존 에프 케네디 주니어(John F. Kennedy Jr.)와 두 명의 딸을 낳았다. 자녀의 이름은 캐롤라인(Caroline)과 패트릭(Patrick)이다. 케네디의 결혼생활은 계속적인 간통 사건으로 순탄하지 못하였다. 블레이즈 스타(Blaze Starr)와 주디스 캠벨 엑스너(Judith Campbell Exner)와 세계적인 배우 마릴린 먼로(Marilyn Monroe)였다.

존 케네디의 정치 출발은 먼저 매사추세츠의 연방 하원의원에서부터 시작하여 상원의원까지 역임하였다. 이후 1956년 민주당 대통령 후보에 출마하였으나 패배하였다. 그러나 그는 다시 4년 뒤에 출마하여 민주당 대통령 후보가 되어 공화당 후보 리처드 닉슨(Richard Nixon)과의 선거에서 49.6퍼센트 대 49.9퍼센트로 근소하게 앞서서 극적인 승리로 제35대 대통령으로 당선되었다. 케네디는 43세의 제26대 루즈벨트(T. Roosevelt) 대통령에 이어 두 번째 젊은 나이인 44세로 미국 대통령이 되었다. 그의 별명은 JFK라고 부른다.

비전

존 케네디는 미국의 대통령 역사상 최초의 로마 가톨릭 교회[329](Roman Catholic church) 신자이다. 그의 첫 번째 영성은 '비전'(vision)이다. 케네디의 가문은 전통적인 로마 가톨릭 가정이었다. 그의 가톨릭 신앙관은 확고한 교리적인 차원보다는 형식적인 의식을 따랐다. 그의 삶에 있어서 우선순위는 신앙이 아니었다.

---

329) 로마 가톨릭 교회(Roman Catholic Church)는 '천주교' 혹은 '천주교회'라 부른다. '가톨릭 교회'라는 명칭은 희랍어 가톨리코스(katholikos, '보편적')에서 유래된 것이다. 가톨릭 교회는 교황 중심으로서 교리의 통일성, 66권 신구약성경 외에 정경과 전통을 믿는다. 그들의 신앙생활의 중심은 전례(예배)이다. 예수의 희생을 재현하는 성체성사(성만찬)를 중심한 미사(missa)이다. 그리고 또 다른 전례 행위인 성부일도(liturgia horarim)는 매일 일정한 시각에 드리는 보편적인 공적인 기도이다. Ref. 박형룡,《교의 신학: 교회론》(서울: 보수신학서적간행회, 1973).

케네디 대통령은 가톨릭 교회의 모든 덕목을 믿지 않았고, 비가톨릭 신도들이 지옥에 간다고 믿지도 아니하였다. 그는 자신의 종교에 대해 자의식이 강하거나 우월감을 느끼지 않았고 그저 삶의 일부로만 간주하였다.

1989년 케네디는 가톨릭 성직자에게 자신의 신앙에 대하여 솔직하게 이렇게 이야기하였다.

"저는 하나님이 하늘로 올라가신 바위를 보았습니다. 그리고 바로 그 자리에서 저는 무하마드가 백마를 타고 하늘로 올리어지는 것을 보았습니다. 무하마드는 수많은 따르는 무리들이 있었고, 예수 또한 수많은 무리들이 따르고 있었습니다. 그런데 왜 우리는 무하마드 대신 예수를 믿어야만 하는 거죠?"[330]

빌리 그레이엄과 존 케네디 대통령 당선자의 대화가 빌리 그레이엄의 저서 《내 모습 이대로》(Just a I Am)에 다음과 같이 기록되어 있다.

"케네디의 집으로 돌아오는 길에 대통령 당선자는 차를 세우고 나를 향해 '당신은 예수 그리스도의 재림을 믿습니까?'라는 갑작스런 질문을 했다. '저는 틀림없이 그것을 믿습니다.' '그렇다면 저의 교회도 그것을 믿나요?' '그것은 그 교회의 교리 가운데 포함되어 있습니다.' '그런데

---

330) Mount, op. cit., p. 74.

그들은 재림에 대해 설교하지 않는데요. 그들은 저희들에게 재림에 대해 많이 이야기해 주지 않습니다. 저는 당신이 재림에 대해 어떻게 생각하시는지 듣고 싶습니다.' 나는 그리스도께서 오셨을 때의 이야기들 —십자가에 죽으시고, 죽은 자 가운데 부활하시고, 다시 올 것을 약속하시는 내용들에 대하여—성경이 말하는 바를 설명해 주었다. '그런 후에 우리는 영원한 세상의 평화를 맛보게 될 것입니다.' '매우 흥미롭군요. 우리는 언젠가 이것에 대해 좀 더 이야기를 나누어야 할 것 같습니다.' 대화를 마친 후 빌리 그레이엄은 이렇게 피력하였다. '사람들은 개인적으로 케네디를 좋아하지 않을 수 없을 것입니다. 그러나 그의 영적인 헌신과 관련해서는 나는 정말 아무것도 아는 바가 없습니다.'"[331]

1961년 1월 20일, 제35대 존 케네디 대통령은 취임연설에서 전능하신 하나님의 축복과 도우심을 구하었나. 그리고 그는 앞으로 미국을 이끌어가기 위하여 하나님의 축복과 도우심을 구하면서 나아가겠다고 분명하게 연설하였다.

계속하여 케네디 대통령은 비전과 용기를 제시하면서 연설하였다. 케네디의 취임연설은 링컨 대통령의 게티즈버그 연설(Gettysburg address), 즉 "국민의, 국민에 의한, 국민을 위한 정부"(government of the people, by the people, for the people)라는 연설만큼이나 유명하다. 케네디의 연설은

---

331) *Ibid.*, pp. 79-80.

다음과 같이 기록되었다.

"친애하는 국민 여러분, 이 나라가 여러분을 위하여 무엇을 할 것인가를 묻지 말고, 여러분이 이 나라를 위하여 무엇을 할 수 있을지 물으십시오. 친애하는 세계 국민 여러분, 미국이 여러분을 위해 무엇을 할 것인가를 묻지 말고 우리가 다 함께 인간의 자유를 위하여 무엇을 할 수 있을지를 물으십시오. 결론적으로 여러분이 미국의 국민이든 아니면 세계의 국민이든 우리가 여러분에게 요구하는 것과 똑같은 높은 수준의 힘과 희생을 우리에게 요구하십시오. 우리의 유일하고 확실한 상급인 선한 양심을 가지고 우리의 행위에 대한 마지막 심판날이 오리라는 사실을 기억하며 하나님의 축복과 도우심을 구하고, 여기 이 땅에서 하나님의 역사가 진실로 우리의 사명이 되어야 함을 기억하며, 사랑하는 이 나라를 이끌기 위하여 앞으로 나아가도록 합시다."[332]

40대 젊은 케네디 대통령은 "희망의 햇불이 새로운 시대의 미국 국민들에게 넘어가고 있다"[333]라고 하면서 유창한 연설을 하였다. 정말 그의 연설은 새로운 미래를 향한 비전과 꿈을 주었다. 새로운 용기와 헌신을 요구하는 그의 외침은 새로운 시대를 이끌 것이라는 확신과 소망을 주었다. 의심할 여지도 없이 새로운 에너지, 새로운 스타일이 백악관에 들

---

332) Thurston Clarke, *Ask Not: The Inauguration of John F. Kennedy and the Speech That Changed America* (New York: Henry Holt and Company, 2004), pp. 13-14.
333) Ridings, *op. cit.*, p. 222.

어오기 시작하였다. 원기왕성하고 잘생긴 젊은 대통령과 매혹적인 퍼스트레이디의 아름다움은 수많은 사람들을 흥분의 도가니로 몰아넣었다. 백안관의 뜰에는 예술가들을 비롯한 작가들과 노벨상을 받은 사람들과 교양 있는 사람들로 가득 찼다. 이후 백악관의 모습은 마치 영국의 전설에 나오는 아서(Arthur) 왕의 궁전 캐멀롯(Camelot) 같았다고 하였다.

이제 드디어 케네디의 야심찬 뉴 프런티어[334](New Frontier) 시대가 막이 올랐다. 뉴 프런티어 프로그램을 성공시키기 위하여 강력한 그의 내각을 배치하였다. 국무 장관에 딘 러스크(Dean Rusk)를 비롯해 국방 장관에는 로버트 맥나마라(Robert McNamara), 재무 장관에 더글라스 딜런(C. Douglass Dillon) 그리고 노동부 장관에 아서 골드버그(Arthur J. Goldberg)를 임명하였다.

1961년 4월 12일, 소련은 27세의 젊은 우주비행사 유리 가가린(Yuri Gagarin)을 태운 보스토크 1호(Vostok 1)를 띄워 세계 최초로 유인 우주비행을 성공시켰다. 이때 존 케네디 대통령은 미국이 소련을 능가할 수 없다는 사실을 인정하였다. 그러나 그는 결코 절망하거나 포기하지 않았다. 앞으로 미국은 달에 우주선으로 사람을 보내고, 그 사람이 무사

---

334) 뉴 프런티어(New Frontier)란, 존 F. 케네디 대통령의 '새로운 개척자의 정신'을 의미한다. 이 정신에 기초하여 1961년 4월, 미 의회에서는 경제적으로 불황적인 지역에 원조를 결정하였다. 5월 의회에서는 1시간당 임금을 1달러 25센트 증가한다는 결정을 내렸다. 1962년 9월 의회에서는 대통령에게 관세를 삭감하는 권한을 주어 미국이 유럽 경제공동체 국가들과 자유롭게 무역을 할 수 있도록 하였다. 이 정책은 개발도상국에 미국의 평화봉사단을 보내어 성공적으로 진행했다.

히 지구로 돌아오게 하리라는 우주의 비전을 제시하면서 선언하였다. 당시 케네디의 꿈같은 우주 선언에 대하여 우주공학 전문가 3분의 2가 불가능할 것이라고 비웃었다.

그러나 1962년 2월 26일, 존 글렌(John Glenn) 중령을 태운 머큐리 아틀라스 6호(Mercury-Atlas 6)가 미국 최초로 지구궤도 비행에 성공하였다. 본격적인 미소의 우주경쟁시대가 문을 열었다. 지난 7년 동안 미국과 소련은 그들 과학자들의 두뇌와 최고의 우주 장비를 총동원하여 치열한 경쟁을 하였다.

그러던 중 1963년도에 케네디의 꿈과 비전은 댈러스 거리에서 흉탄에 맞아 쓰러졌다. 그러나 그가 제시한 우주 탐험과 비전을 향하여 전 미국인의 모든 우주 기술과 인적, 물적 자원이 총동원되어 전심전력을 다하였다. 드디어 1969년 7월 20일, 우주 비행사 닐 암스트롱(Neil Armstrong)을 태운 아폴로 11호(Apollo 11)가 달 표면에 안착하였다. 이것은 인류 역사상 처음으로 달나라에 남겨준 인간의 첫 발자국이었다. 달나라 프로젝트(moon project)는 미국의 과학과 경제, 교육이 크게 발전하는 계기가 되었다. 그리고 이것은 베트남전으로 침체되었던 미국인의 사기를 높여주었다.

계속하여 1971년 우주 비행사 제임스 어윈(James B. Irwin)을 태운 아폴로 15호가 달나라에 착륙하였다. 당시 우주비행사 어윈은 하나님의 법칙과 인도하심으로 성공적인 우주 비행을 하였다고 이렇게 고백하였다.

"우리는 23,899마일 떨어진 이동 목표물 위의 한 정확한 장소에 착륙할 계획이었다. 달은 지구를 시속 2,300마일의 속도로 공전할 뿐 아니라 지구는 태양 주위를 시속 66,000마일의 속도로 공전한다. 지구는 24시간마다 한 번씩 축에 따라 자전하고 있으므로 우리는 지구 인력을 벗어나기 위하여 시속 25,000마일의 속도를 얻어야 했다. 달의 정확한 장소에 착륙하기 위하여 우리가 이 모든 움직임을 어떻게 계산할 수 있었겠는가? 하나님께서 혹성들과 별들의 모든 운동을 주관하시는 대단한 정확성을 가지고 이 우주를 움직이시기 때문에 우리는 그것을 할 수 있었다. 우리는 하나님의 법칙들을 의존할 수 있었다."[335]

그리고 제임스 어윈은 "하나님은 날 위에 있는 동안에도 나의 삶 속에서의 그의 계획을 이루셨다"[336]라고 고백하였다. 그리고 그는 시편 139편 8-10절의 말씀을 통하여 하나님의 위대하심과 하나님의 존재를 확실하게 믿었다.

"내가 하늘에 올라갈지라도 거기 계시며 스올에 내 자리를 펼지라도 거기 계시니이다 내가 새벽 날개를 치며 바다 끝에 가서 거주할지라도 거기

---

335) James B. Irwin, *More Than Earthlings* (Nashville, Tennessee: Jordan Press, 1973); 이현모 역, 《달을 밟은 명성보다 더》 (서울: 요단출판사, 1985), p. 27.
336) *Ibid.*

서도 주의 손이 나를 인도하시며 주의 오른손이 나를 붙드시리이다"(시 139:8-10).

위기 극복

케네디 대통령의 두 번째 영성은 '위기 극복'(overcoming in crisis)이다. 1961년 공산주의 동독(East Germany)은 반체제 시민들의 탈출을 막기 위하여 '베를린 장벽'[337](Berlin Wall)을 설치하였다. 이로 말미암아 국제적인 긴장상태가 고조되었다.

이러한 가운데 소련은 미국 본토 바로 밑에 있는 공산주의 쿠바 정권에 원조를 제공하였다. 이때 케네디 대통령은 미국 중앙정보국(CIA)에 명령하여 고공 정찰 비행기 U-2로 쿠바를 정찰하도록 명령하였다. 그리고 쿠바의 영토 안에 미국 동부 지방 어디든지 핵탄두가 도달할 수 있는 거리에 공격용 미사일을 설치하기 위한 소련 미사일 격납고가 있는 것을 발견하게 되었다.

---

337) 베를린 장벽(Berlin Wall, Berliner Mauer)은 1961년 8월 13일 동독이 건설하였다. 동독은 동독의 탈주자가 많아지자 이를 막기 위하여 장벽을 세웠다. 동독이 관리하는 이 벽은 반파시스트 보호벽(Antifaschistischer Schutzwall)이라고 불렸고, 1989년 11월 9일 무너졌다. 이 벽의 높이는 5미터로 콘크리트 장벽으로 되었으며, 고압선과 방어진지들이 45킬로미터에 걸쳐 구축되었다. 그리고 이 벽은 '냉전의 상징'으로 불리고 있다.

1962년 10월 22일, 케네디 대통령은 공격용 미사일을 싣고 쿠바로 달려오는 소련의 군함을 향하여 "쿠바에 있는 모든 공격무기를 즉각 해체하고 철수해야 한다. 만약 소련 군함들이 이곳에 들어올 경우에는 무조건 격침시켜 버리겠다"[338]라고 강력하게 선언하면서 쿠바 해상의 봉쇄작전을 명령하였다. 그는 "서반구에 있는 모든 나라에 대해 쿠바로부터 발사되는 그 어떤 미사일도 미국에 대한 소련의 공격으로 간주하고 소련에 대한 철저한 보복을 가한다는 것이 이 나라의 정책이다"[339]라고 경고했다.

이후 수일 동안, 미국과 소련은 당장이라도 전쟁이 일어날 것 같은 분위기였다. 미국 함대가 플로리다의 앞바다에 총집결하였다. 이에 소련의 군함들도 쿠바를 향하여 맹렬히 달려오고 있었다. 위기 일촉즉발의 상황이었다.

그런데 갑작스럽게 소련의 군함들이 방향을 바꾸었다. 소련의 군함들은 미국이 쿠바를 침공하지 않는다는 조건으로 되돌아갔다. 그래서 케네디는 쿠바의 미사일 위기를 잘 극복하고 마침내 큰 승리를 거두었다. 이후부터 미사일의 위기는 사라졌다.[340]

---

338) 안재도, 《이민 광야와 코리안 아메리칸》, pp. 110-111.
339) Ridings, op. cit., p. 227.
340) Clifford, op. cit., pp. 346-348.

"환난 날에 나를 부르라 내가 너를 건지리니 네가 나를 영화롭게 하리로다"(시 50:15).

젊은 케네디 대통령의 인기는 하늘 높이 치솟고 있었다. 그런데 미 남부 지역은 예외였다. 그 이유는 흑인 인권 신장에 대한 남부인들의 반감 때문이었다. 이러한 가운데 케네디는 민주당의 결속을 위하여 남부 지역을 방문하게 되었다. 이것이 케네디의 비극을 재촉하는 결과를 가져왔다.

1963년 11월 22일, 존 케네디 대통령이 텍사스의 북부에 있는 댈러스(Dallas, Texas)에서 열광적인 환영 인파 속에 시내 한복판을 지나던 중 평소에 불평불만이 많았던 공산주의자 리 하비 오스왈드(Lee Harvey Oswald)의 총알이 자동차의 행렬을 뚫고 케네디에게 명중되었다. 순간 케네디의 얼굴에는 기묘한 표정이 감돌더니 앞으로 푹 쓰러졌다. 옆에 있던 재클린(Jacqueline)은 "오오! 노우…… 아! 하나님, 그들이 내 남편을 쏘았습니다" 하고 울부짖었다. 오스왈드는 붙잡혀 재판을 받으러 가는 도중 술집 주인 잭 루비(Jack Ruby)에게 살해당했다. 이로 말미암아 오스왈드의 단독범행이라고 하지만 사건의 진상을 정확히 파헤치지 못하였다. 이것으로 젊은 케네디 시대는 1,000일 만에 막을 내렸다.[341]

---

341) 이구한, *op. cit.*, p. 466.

비전과 꿈을 보여주며, 용기와 힘을 준 44세의 젊은 존 케네디 대통령은 20세기를 대표하는 탁월한 지도자 중에 한 사람이었다. 그는 미국의 젊은이들에게 우상이었다. 국내적으로는 개척자의 상징인 뉴 프런티어(New Frontier) 정신으로 우주시대를 비롯한 인권 법안을 만들었다. 그리고 국제적으로는 쿠바 미사일 위기를 잘 극복하여 세계 평화를 이룩하는 데 크게 공헌하였다. 비록 젊은 케네디 대통령은 흉탄에 맞아 쓰러졌지만, 그의 정신은 아직도 알링턴 국립묘지(Arlington National Cemetery) 안에 있는 묘소의 비문에 쓰여 있듯이 '영원한 불꽃'(eternal flame)과 같이 전 미국인들의 가슴에서 사라지지 않고 있다.

■ 제36대 미국 대통령

린든 베인스 존슨의 영성
Lyndon Baines Johnson 1908.8.27-1973.1.22(65세)

대통령 재임기간 1963.11.22-1969.1.20

　

린든 베인스 존슨[342](Lyndon B. Johnson)은 텍사스 주의 작은 농촌 지역인 스톤월(Stonewall, Texas)에서 태어났다. 그는 사우스웨스트 텍사스 주립교육대학(Southwest Texas State Teachers'College)을 졸업하였다. 그는 교사생활을 하다가 클라우디아 알타 테일러(Claudia Alta Taylor)와 결혼하여 두 딸을 두었다.

1937년 존슨은 텍사스 연방 하원의원과 연방 상원의원이 되었고, 이

---

342) 린든 존슨(Lyndon B. Johnson)은 1908년 8월 27일, 교사 출신 아버지 새뮤얼 존슨(E. Johnson)과 어머니 레베카(Rebekah) 사이의 2남 3녀 가운데 장남으로 태어났다. 그는 교사 출신 클라우디아 알타 테일러(Claudia Alta Taylor)와 결혼하여 두 딸인 린다(Lynda)와 루시(Luci)를 두었다.

후 케네디의 러닝메이트로 부통령이 되었다. 그런데 1963년 11월 22일, 오후 2시 39분에 케네디 대통령이 갑작스럽게 암살되었다. 두 시간이 지난 후, 존슨 부통령은 대통령 전용 비행기 안에서 연방판사 사라 휴스(Sarah T. Hughes, Federal Judge) 앞에서 선서한 이후에 제36대 미국 대통령으로 취임하였다. 존슨 대통령은 역대 대통령 가운데 여성 앞에서 선서한 최초의 사람이 되었다. 그의 별명은 LBJ 불렸다.

예배 출석

린든 존슨 대통령은 제20대 제임스 가필드(Garfield) 대통령처럼 제자도(discipleship)의 삶을 철저하게 강조하는 개신교 중의 하나인 제자교회의 교인이다. 그의 첫 번째 영성은 '예배 출석'[343](worship attendance)이다.

원래 존슨은 전통적인 침례교회 가문의 교인이었다. 그의 증조부인 조지 워싱턴 베인스(Geroge Washington Baines)는 침례교회의 목사였다. 그런데 왜 그가 제자교회의 교회로 바꾸게 되었는가? 이 점에 대하여 역사가들은 존슨이 살고 있는 가장 가까운 곳에 제자교회가 있었기 때문이라고 추측한다.

---

343) Angelo, *op. cit.*, pp. 165-166.

그런데 존슨 대통령은 제자교회의 교인이었으나 여러 교회에 출석하였다. 그는 텍사스에서는 존슨 시의 제일크리스천 교회(First Christian Church in Johnson City, Texas)에 다녔고, 워싱턴에서는 내셔널 시티 크리스천 교회(National City Christian Church in Washington D.C.)에 출석하였다. 그리고 감독교회 출신인 그의 아내와 함께 가장 많이 참석한 곳은 성 마가 감독교회(St. Mark's Episcopal Church)였다. 이외에 그들 부부는 가톨릭 교회의 미사에도 14회 참석하였다.

독실한 신앙인이었던 그의 어머니 레베카 베인스(Rebekah Baines)는 아들 존슨이 앞으로 목사나 혹은 교사가 되기를 소원하였다. 왜냐하면 레베카는 침례교회의 목사 가정의 전통을 이어가기를 원했기 때문이다. 레베카의 할아버지인 워싱턴 베인스(Washington Baines)는 침례교의 유명한 목사였고, 최초 침례교 신문사의 편집장이었다. 그리고 그는 당시 남북전쟁의 어려움과 소란 속에서도 베일러 대학(Baylor College)의 학장이 되어서 성공적으로 학교를 잘 운영하였다.

이러한 가정 배경 속에서 어머니 레베카의 인도로 존슨은 어린 시절부터 교회에 출석하는 일을 게을리하지 않았다. 역시 마찬가지로 대통령이 되어서도 여러 교파의 목사들을 만나서 얘기를 나누었다. 그는 가끔 교회에 출석하는 것이 아니라 규칙적으로 교회에 가서 예배를 드렸다. 비가 오나 눈이 오나 날씨가 좋지 않아도 교회에 가서 예배를 드렸다.

존슨 대통령은 어느 누구보다 가장 바쁜 사람이었다. 그럼에도 불구하고 그는 일주일에 두 번씩 혹은 세 번씩까지 교회에 가서 예배를 드렸다. 존슨 대통령이 병원에서 수술을 받고 난 후에 제일 먼저 찾은 곳도 바로 교회였다. 그는 그곳에서 예배를 드렸다. 그래서 주위에 많은 사람들에게 귀감이 되었다.

정말 존슨 대통령은 "모이기를 폐하는 어떤 사람들의 습관과 같이 하지 말고"(히 10:25), "날마다 마음을 같이하여 성전에 모이기를 힘쓰고"(행 2:46)라는 가르침처럼 어떠한 환경과 여건 속에서도 꼭 교회에 출석하여 예배드리는 삶을 살았다.

믿음

린든 존슨 대통령의 두 번째 영성은 '믿음'[344](faith)이다. 그의 어머니 레베카는 존슨이 목사가 되는 것이 소원이었다. 그래서 어머니는 아들을 믿음으로 양육시키고 훈련시켰다.

아버지 새무얼 존슨의 성격은 거칠었고 말투도 투박하였다. 태도와 행동도 과격하였다. 이와 반면에 어머니 레베카는 조용하며 소박하였

---

344) *Ibid.*, pp. 176-179.

다. 교양과 예의범절을 지키는 사람이었다. 아들 존슨은 아버지의 성격을 닮아서 거칠고 떠들썩하였다. 도전적이고 싸우려는 스타일이었다. 신장도 아버지를 닮아서 키가 컸다. 역대 미국 대통령들 가운데 키가 제일 큰 사람이 193센티미터인 링컨 대통령이고, 그다음이 192센티미터인 존슨 대통령이었다.

고등학교 시절, 존슨은 항상 거칠고 떠들썩하고 도전적인 성향이었다. 그러나 어머니 레베카는 아들을 향하여 야단을 치거나 매질을 하지 않았다. 사랑과 애원, 인내와 기도, 말씀과 기도로 양육하였다.

존슨은 16세 때에 존슨시티 고등학교(Johnson City High School)를 졸업하였다. 그는 자신은 충분히 교육을 받았다고 생각하고 앞으로 영원히 학교에 다니지 않기로 결심하였다. 친구 네 명과 함께 집을 떠나 캘리포니아로 갔다. 그러나 그들은 그곳에서 적응하지 못하고 실패한 후 2년 만에 다시 집으로 되돌아왔다.

존슨은 방황하기 시작하였다. 낮에는 도로 공사판에서 곡괭이와 삽을 들고 일하였다.[345] 밤에는 집에서 흥청망청 술을 마셨다. 어느 날 존슨은 큰 싸움에 휘말렸다. 같이 술을 마시던 친구들이 다쳐서 피를 흘렸다. 함께 술을 마시던 친구들이 피를 흘리는 존슨을 데리고 집에 와

---

345) *Ibid.*

서 그를 침대에 눕혔다. 이 광경을 본 어머니 레베카는 아들을 향하여, "내 맏아들아, 맏아들아, 이런 지경이 되다니!" 하면서 울었다. 앞으로 아들이 말씀과 믿음으로 살아가도록 하나님께 기도를 드렸다. 그때 아들 존슨은 그나마도 다행스럽게 자기 자신의 잘못을 느끼기 시작하였다. 그리고 창피스러운 사건에 대하여 양심의 가책을 받았다.

그 후 존슨은 레베카를 향하여 "어머니, 저는 제 손으로 성공하겠습니다. 어머님이 도와주신다면 머리로 성공하겠습니다"라고 하면서 새로운 각오와 결단을 하였다. 이것이 그의 인생의 전환점이 되었다. 그리고 사우스웨스트 텍사스 주립대학(Southwest Texas State Teacher College)에 들어가서 졸업한 후에 교사가 되었다.

존슨이 내동팅 시절에 병원에서 수술을 받을 때에도 믿음은 고통과 아픔 속에서 그에게 큰 힘이 되었다. 그는 믿음으로 잘 극복하였다. 그리고 존슨 대통령은 백악관에서나 자신의 목장에서 오랜 친구인 빌리 그레이엄 목사를 종종 초빙하여 신앙적인 이야기를 나누기도 하였다. 그레이엄 목사가 존슨 대통령에게 말씀을 전하며 대화를 할 때 그는 자아의식이 강하지 않았다. 그는 영적으로나 정신적으로 쉽게 감동을 받는 영적인 사람이었다. 그리고 그들은 하나님을 향하여 무릎을 꿇고 함께 기도를 드렸다.

존슨 대통령의 어머니 레베카는 믿음의 산 증인이었다. '오직 믿음'

(sola fide)으로 아들을 변화시켰다. 그녀의 뜨거운 사랑은 방황하는 아들을 감동시켰다. 난간에 부딪혀 인생의 구렁텅이에서 헤매고 있는 아들을 믿음으로 떠밀어 더 높은 목적지를 향하여 달려가도록 하였다. 마침내 그는 위대한 대통령이 되었다. 이것은 어머니 레베카의 강한 믿음의 결과였다.

"너희 믿음이 작은 까닭이니라 진실로 너희에게 이르노니 만일 너희에게 믿음이 겨자씨 한 알만큼만 있어도 이 산을 명하여 여기서 저기로 옮겨지라 하면 옮겨질 것이요 또 너희가 못할 것이 없으리라"(마 17:20).

편지 쓰기

린든 존슨 대통령의 세 번째 영성은 '편지 쓰기'(writing a letter)이다. 그는 하원 시절부터 편지 쓰기를 정치적으로 많이 활용하였다.

존슨 대통령이 이렇게 편지 쓰기를 하는 것은 미국 역사상 최장기 집권한 프랭클린 루스벨트(Franklin D. Roosevelt) 대통령의 영향을 받았기 때문이다. 그는 케네디 대통령의 암살 사건으로 편지 쓰기를 통하여 국민들에게 위로와 용기를 주었다. 대통령이 되어 백악관의 보좌관들을 통하여 언론에 유리한 편지를 흘려보냈다. 백악관에서 어린아이들에게도 편지를 보내어 그들 부모들의 마음을 사로잡도록 하였다. 이것은 안부와 관심의 편지인 동시에 일종의 제안과도 같았다.

존슨 대통령은 여러 종류의 다양한 사람들에게 골고루 편지를 보냈다. 텍사스의 한 병원에서 위독한 상태에 있는 소년에게, 신문기사에 보도된 빈사 상태의 한 어린아이에게, 앞으로 결혼을 해야 할 신랑 신부에게, 불치병으로 고통을 받고 있는 환자에게, 생일과 가족 행사를 맞이하는 사람에게, 여러 교회와 공공 단체에게 그리고 슬픔을 당한 케네디 대통령의 아들과 딸에게 사랑의 편지와 위로의 글을 보냈다.

케네디 대통령의 암살사건으로 댈러스(Dallas) 시민들은 혹시나 가지고 있을지도 모르는 집단적인 죄의식 속에 있었다. 그때 이곳에 살고 있는 열한 살 소녀로부터 온 편지에 대해 1963년 12월 5일, 신임 대통령은 다음과 같이 위로의 편지를 보냈다.

"펜에게. 사려 깊고 힘을 북돋아 주는 편지를 보내 주어서 고맙다. 케네디 대통령의 죽음으로 남녀노소 모두가 미처 상상하지 못할 정도의 슬픔에 빠지게 되었다. 댈러스의 명성이 앞으로 어떻게 될지는 주민들의 손에 달려 있단다. 특히 너와 네 친구들을 비롯한 댈러스의 모든 어린아이들에게 달린 일이지. 모든 사람들이 케네디 대통령이 우리에게 남긴 사랑의 교훈을 기억하면서 다른 이들에게 보다 관대하게 대하고 미움을 거둔다면, 그리고 모든 종류의 사람들을 존중하면서 잘 지낼 수 있는 사람으로 자라나 사이가 나쁜 사람들에게도 상스러운 말을 내뱉지 않는다면, 댈러스를 비롯한 이 나라의 모든 도시들은 보다 살기 좋은 곳이 될 거야. 편지를 보낸 것에 다시 한 번 감사하고 싶구나! 네게 진심으로 고마워하고 있단다. 나를 위해 기도해 줬으면 좋겠다.

린든 B. 존슨."[346]

1964년 4월 17일, 열두 살의 맹인 소녀 데비 라이(Debbie Rae)는 연방대법원에 의하여 뉴저지 주의 몬클레어(Montclair, New Jsrsey)에 있는 자신의 학교가 아침예배를 중단하게 된 것에 안타까움을 느꼈다. 다시 공립학교의 아침예배가 시행될 수 있도록 대통령에게 도움을 요청하였다. 이에 존슨 대통령은 이렇게 답장을 보냈다.

"데비에게. 너의 멋진 편지를 받고 정말 기분이 좋았단다. 하나님이 너를 돌봐 주고 계신다는 느낌이 드는구나! 학교에서 아침예배를 드리지 않더라도, 한갓 미물에게도 언제나 관심을 보여주시는 하나님이라면 네 마음속의 기도를 들으실 수 있을 게다. 자기 자신의 마음이 세상에서 가장 훌륭한 교회일 때도 많단다. 신앙을 지켜 나가는 한 걱정할 필요는 없을 게야. 잘 지내렴. 린든 B. 존슨."[347]

1963년 11월 22일, 케네디 대통령이 댈러스에서 암살당한 오후에 사건이 일어난 자동차 퍼레이드에 참석했던 대통령의 일행들은 워싱턴으로 돌아왔다. 린든 존슨은 대통령직 승계를 위하여 위원회를 소집하였다.

---

346) Weintraub, *op. cit.*, p. 171.
347) *Ibid.*, p. 173.

회의가 시작되기 전에 신임 존슨 대통령은 고 케네디 대통령의 자녀인 존 케네디 2세(John F. Kennedy Jr.)와 캐롤라인(Caroline)에게 위로의 편지를 이렇게 보냈다.

"존에게. 시간이 많이 흐르면 너는 아버님이 얼마나 위대한 분이셨는지 완전히 이해하게 될 게다. 아버님의 죽음은 우리 모두에게 크나큰 비극이란다. 하지만 특히 내가 너와 마찬가지로 슬퍼하고 있다는 사실을 알아주었으면 좋겠구나! 아버님은 언제나 자랑스러운 분으로 남아 계실 게다. 린든 B. 존슨."[348]

"캐롤라인에게. 아버님의 죽음은 나에게 그리고 이 나라에게 커다란 비극이란다. 지금 내가 너와 같은 생각을 하고 있다는 사실을 알아주었으면 한다. 아버님은 현명하고 헌신적인 분이셨지. 아버님이 나라를 위하여 하신 일에 대해 늘 자부심을 가지도록 하거라. 린든 B. 존슨."[349]

백악관의 통계조사에 의하면 미국 전역에서 어린아이들이 존슨 대통령에게 일주일 동안 4,449통의 편지와 4통의 우편엽서를 보냈다. 대통령의 서명을 요청하거나 백악관의 사진을 요청한 사람도 있었다. 불우이웃돕기 성금을 요청하는 편지도 있었다. 그리고 교회의 기부금을 부탁하기도 하였다. 이러한 수많은 편지들 가운데서 2,262통의 편지에 대해

---

348) *Ibid.*, p. 170
349) *Ibid.*,

린든 존슨 대통령은 바로 답장을 보내 주었다.[350]

"너희는 우리로 말미암아 나타난 그리스도의 편지니 이는 먹으로 쓴 것이 아니요 오직 살아 계신 하나님의 영으로 쓴 것이며 또 돌판에 쓴 것이 아니요 오직 육의 마음 판에 쓴 것이라"(고후 3:3).

린든 존슨 대통령은 '위대한 사회'[351](The Great Society)를 부르짖으며 인권운동과 소수민족의 권리확대와 이민정책을 비롯한 교육, 주택과 도시개발, 교통, 환경보호에서는 큰 호응을 얻었다. 그러나 그는 불행하게도 국내적으로 흑인 급진주의자들의 폭력사태와 국제적으로 베트남 전쟁을 실패로 끝내고 말았다.

황량한 텍사스 산악 지역 출신 카우보이 린든 존슨 대통령은 퇴임 후 자신의 텍사스 목장으로 돌아갔다. 그곳에서 자서전을 집필하면서 목장을 경영하는 일에 열중하였다. 이후 수년 동안 동맥경화증으로 시달리다가 65세의 나이로 세상을 떠났다.

---

350) *Ibid.*, p. 172.
351) '위대한 사회'(Great Society)는 프랭클린 루스벨트(Franklin Roosevelt) 대통령의 뉴딜 정책(New Deal)이나 해리 트루먼(Harry Truman) 대통령의 페어딜 정책(Fair Deal)처럼 1964년 린든 B. 존슨 대통령이 미국에서 행한 국내 정치를 의미한다. '위대한 사회'의 중요한 목적은 가난을 물리치고 인종차별을 없앤다는 데 있다. 1965년 투표법(Voting Rights Acts of 1965)이 제정되어 주택의 공급과 특별히 대도시 빈곤 지역의 주택 개량 및 환경 개선사업을 담당하는 도시 주택부가 창립되었다. 그러나 계속적인 베트남 전쟁으로 인하여 이 정책을 수행하는 데 있어서 어려움을 겪었다.

제37대 미국 대통령

리처드 밀하우스 닉슨의 영성
Richard Milhous Nixon 1913.1.9-1994.4.22(81세)
대통령 재임기간 1969.1.20-1974.8.9

리처드 밀하우스 닉슨[352](Richard Milhous Nixon)은 캘리포니아 주 요바 린다(Yirba Linda, California)에 있는 가난한 레몬 농장의 아들로 태어났다. 그는 하버드 대학교에 입학허가를 받았으나 집안의 경제적인 사정으로 인하여 진학하지 못하였다. 그래서 그는 휘티어 대학(Whittier College, California)에 입학하여 학생회장으로 활동하다가 2등으로 졸업하였다. 그는 노스 캐롤라이나에 있는 듀크 법학 대학원(Duke University Law School, North Carolina)에서도 역시 2등으로 졸업하였다. 이후 그는 고향으

---

352) 리처드 닉슨(Richard M. Nixon)은 1913년 1월 9일, 아버지 프랜시스 닉슨(Francis A. Nixon)과 어머니 한나(Hannah)의 다섯 명의 아들 가운데 네 번째로 태어났다. 그리고 그는 텔마 캐서린 라이언(Thelma Catherine Ryan)과 결혼하여 두 딸인 트리시아(Tricia)와 줄리(Julie)를 낳았다.

로 돌아와서 변호사로 활동하다가 고등학교 교사 출신의 텔마 캐서린 라이언(Thelma Catherine Ryan)과 결혼하여 두 딸을 두었다.

리처드 닉슨은 고향에서 매우 유능한 변호사로 활동하였다. 그는 제2차 세계대전이 일어났을 때 해군에 입대하여 복무하였다. 그는 전쟁이 끝난 후 33세에 캘리포니아 연방 하원의원에 당선되었고, 37세에 연방 상원의원을 거쳐 39세에 아이젠하워 대통령의 러닝메이트가 되어 부통령으로 승승장구하였다. 그러나 1960년 그는 케네디와 치열한 접전 끝에 49.6퍼센트 대 49.9퍼센트로 대통령 당선에 실패하였다.

계속하여 닉슨은 2년 뒤에 캘리포니아 도지사에 도전하였으나 또다시 낙선하고 말았다. 그러나 그는 이러한 정치적인 실패와 좌절 속에서도 절망하지 않고 오뚝이처럼 다시 일어나서 1968년 공화당 대통령 후보로 출마하여 당선되었다. 제37대 미국 대통령 리처드 닉슨은 이사야 2장 4절 위에 손을 얹고 대통령 선서를 하였다.

"그가 열방 사이에 판단하시며 많은 백성을 판결하시리니 무리가 그들의 칼을 쳐서 보습을 만들고 그들의 창을 쳐서 낫을 만들 것이며 이 나라와 저 나라가 다시는 칼을 들고 서로 치지 아니하며 다시는 전쟁을 연습하지 아니하리라"(사 2:4).

언변

리처드 닉슨 대통령은 청교도 신앙의 뿌리를 가진 경건주의 퀘이커교의 소속인 친우회('형제들의 단체', Society of Friends, Quaker) 교인이다. 그의 첫 번째 영성은 '언변'(eloquence)이다.

닉슨은 어머니 한나 밀하우스(Hannah Milhous)의 독실한 신앙의 영향을 많이 받았다. 그는 매주일 주일학교와 예배에 열심히 참여하였고, 아침부터 저녁예배까지 정기적으로 참여하였다. 닉슨은 기독교 정통 교리를 믿었다. 성경의 무오설과 기적을 사실대로 받아들였다. 삼위일체 신앙을 믿었다. 예수 그리스도는 죄악된 인간을 구원하시기 위하여 십자가에서 죽으시고 3일 만에 부활하시고 승천하셨다는 사실을 믿었다.

특별히 어머니 한나는 앞으로 닉슨이 대학에 들어가서 자유주의적 교수들의 신앙 사상에 현혹되지 말도록 경고하였다. 그러나 닉슨은 시간이 갈수록 자유주의적인 신앙 입장을 취하게 되었다. 그리고 닉슨 대통령은 키 비스캐인 장로교회(Key Biscayne Presbyterian Church)에 정기적으로 출석하였다.

아버지 프랜시스 닉슨(Francis Nixon)의 성격은 적극적이고 급하고 자기주장이 강했다. 아들 닉슨은 아버지에 대하여 말하기를 "아버지는 아일랜드 사람처럼 화를 잘 냈고 기분도 쉽게 좋아졌다. 어렸을 때 가장 기억에 남는 것은 아버지가 헤럴드(Hearold)와 던(Don)과 결렬하게 논쟁을 벌였던 일이다. 어찌나 소리가 컸던지 그들의 고함소리가 이웃에게까지 다 들릴 정도였다"[353]라고 회고하였다.

이와 반면 어머니 한나(Hannah)는 내성적이며 조용하였다. 매우 지적이며 영리하였다. 닉슨은 부모들 가운데 어머니의 성품을 많이 닮았다. 그래서 그는 정치감각이 뛰어났다. 국제적인 문제와 관계에 대한 해박한 지식을 가지고 있었다. 그러나 닉슨은 사교적이고 대중적이며 활발한 성격이 아니었다. 그의 어머니의 성격 때문에 조용하게 혼자 있을 때가 편했다. 그리고 앞에서 말하는 것보다 뒤에서 소수의 사람들과 진지한 대화를 나누며 논의하기를 좋아했다.

"사람은 그 입의 대답으로 말미암아 기쁨을 얻나니 때에 맞는 말이 얼마나 아름다운고"(잠 15:23).

"온순한 혀는 곧 생명나무이지만 패역한 혀는 마음을 상하게 하느니라"(잠 15:4).

어머니 한나는 자신을 닮은 아들 닉슨을 각별히 사랑하였다. 닉슨 대통령의 첫 번째 취임식이 끝나고 저녁 무도회가 열리기 직전이었다. 그

---

353) Angelo, *op. cit.*, pp. 202-203.

때 전 가족이 한자리에 모여서 저녁 식사를 하고 있는 중에 어머니 한나는 아들 닉슨에게 종이쪽지 하나를 살며시 건네 주었다. 그 쪽지에는 꼼꼼하고 고른 글씨체로 다음과 같이 적혀 있었다.

"리처드에게. 너는 먼 길을 왔다. 언제나 네가 자랑스러웠다. 나는 네가 하나님과의 관계를 계속 유지할 것이라고 믿는다. 너도 알다시피 그것이야말로 인생에서 가장 중요한 것이기 때문이다. 사랑하는 엄마 한나."[354]

이 편지 한 장은 닉슨 대통령에게 크나큰 영향을 주었다. 그는 그것을 지갑에 끼워 넣고 그 뒤에 자신의 좌우명으로 삼았다. 그리고 8년 후 공화당이 그에게 최고의 상으로, 닉슨에게 대통령 후보 지명권을 부여한 1960년 그날 밤에도 그 쪽지는 여전히 그의 지갑에 꽂혀 있었다.

화해

리처드 닉슨 대통령의 두 번째 영성은 '화해'(reconciliation)이다. 1950년부터 1980년 사이는 미국과 소련을 비롯한 양측의 동맹국들 사이에 갈등과 긴장, 경쟁과 대립으로 이어진 '냉전시대'(cold war)였다. 이것은 무

---

354) *Ibid.*, p. 197.

기를 들고 싸운다는 의미로서의 전쟁(hot war, '열전')이 아니라 군사적 세력과 우주 경쟁의 양상을 보이면서 서로 대립적 관계를 보인 시기를 말한다.

세계적인 냉전시대를 화해의 시대로 만들기 위하여 이미 닉슨은 탁월한 외교적인 실력을 보여주었다. 그는 부통령 시절에 역사상 최초로 소련을 방문하여 흐루시초프(Khrushchyov) 수상을 만나 회담을 통하여 냉전시대를 허무는 기초를 마련하였다. 그리고 1969년 대통령 시절에 유명한 '닉슨 독트린'[355](Nixon Doctrine)을 발표하였다.

닉슨 독트린을 통하여 미국은 베트남에서 군대를 철수하였다. 1969년 총 54만 3천 명의 미 군인들 가운데 1971년에는 17만 7천 명으로 감축하였고, 1972년도에는 단지 2만 5천 명만 주둔시켰다. 그 대신 베트남인을 훈련시키는 '베트남화'(Vietnamization)를 시도하였다. 즉 베트남 문제는 베트남 사람에게 맡기는 정책을 시작하였다.

---

355) 닉슨 독트린(Nixon Doctrine)은 1969년 7월 25일, 닉슨 대통령이 괌(Guam Doctrine)에서 발표한 외교정책이다. 1970년 2월 미 의회에서 결의하여 세계에 선포하였다. 이것을 괌 독트린이라고 부른다. 이 독트린의 주요 내용은 ① 미국은 앞으로 베트남 전쟁과 같은 군사적인 개입을 하지 않는다. ② 미국은 아시아의 여러 나라들과의 조약을 지킨다. 그러나 강대국의 핵에 의한 경우는 제외한다. 그리고 내란과 침략에 대해서는 아시아의 각국이 스스로 협력과 해결을 해야 한다. ③ 미국은 태평양 국가로서 그 지역에 군사적, 정치적인 과잉 개입은 하지 않으며 각국의 자주적 행동을 측면 지원한다. ④ 아시아 각국의 원조는 경제 중심이며 미국의 과중한 부담은 피한다. ⑤ 아시아 각국의 5-10년 후 장래에는 상호안전보장을 위한 군사기구를 만들기를 기대한다.

리처드 닉슨 대통령의 내각에는 그의 친구들이 다수 포함되었다. 그중에 가장 파격적인 것은 국가 안보담당 보좌관에 헨리 키신저(Henry A. Kissinger)를 임명한 것이었다. 닉슨은 직접적으로 정치적인 문제에 대하여 생각하고 해결책을 찾아 결단하는 스타일이 아니었다. 그는 내각들에게나 혹은 참모진들에게 크게 의존하면서 많은 정치적인 현안과 문제들을 논의하고 해결책을 찾았다.

1971년, 특별히 닉슨 대통령은 냉전시대를 화해시대로 만들기 위하여 중국과의 새로운 정책의 변화를 시도하였다. 그의 보좌관 헨리 키신저를 비밀특사로 중국에 파견시켰다. 그다음 해인 1972년에는 닉슨 대통령이 전격적으로 중국을 방문하였다. 이것은 전 세계를 놀라게 한 사건이었다.

미국의 정상 리처드 닉슨 대통령과 중화인민공화국의 정상 모택동 주석은 다음과 같은 공동성명을 선언하였다.

"자유 중국이 차지하고 있는 대만(Taiwan)은 중국의 일부이다. 대만에 주둔한 미군은 언젠가는 철수한다. 그리고 대만 문제는 중국인 자신의 해결책에 맡긴다."[356]

---

356) 이구한, *op. cit.*, p. 478.

닉슨 미국 대통령은 공식석상에서 거의 20여 년간 철의 장막 속에 가려져 있던 '중공'을 처음으로 '중화인민공화국'이라는 명칭으로 불렀다. 닉슨과 모택동 주석은 극적인 회담을 이루었다. 주은래 수상과 중공 지도자들이 만찬석상에서 함께 모였다. 이 드라마틱한 장면들이 TV를 통하여 전 세계에 보도되었다. 이것은 해빙의 무대였다. 그리고 화해의 클라이맥스였다. 그런데 아이러니하게도 닉슨 대통령이 당연히 받아야 할 노벨 평화상이 그의 보좌관 헨리 키신저에게 돌아갔다.

1973년 6월 23일, 불행하게도 닉슨은 정치적으로 치명적인 타격을 받았다. 역사에 큰 오점을 남기는 불행을 초래하였다. 그것이 바로 그 유명한 '워터게이트 사건'[357](Watergate scandal)이었다. 이것 때문에 불행하게 그는 백악관 생활에 종지부를 찍었다. 대통령직도 잃어버렸다. 미국 대통령의 역사상 대통령직을 수행하지 못하고 대통령 임기 중 사임하는 최초의 대통령이 되었다.[358]

---

357) 워터게이트 사건(Watergate scandal)은 1972년부터 1974년까지 2년 동안에 미국에서 일어난 일련의 사건들을 지칭하는 이름이다. 이 사건의 이름은 당시 민주당의 선거운동 지휘본부(National Committee Headquaters)가 있었던 워싱턴 D.C.의 워터게이트 호텔에서 유래한 이름이다. 미국의 닉슨 행정부가 베트남 전쟁에 반대 의사를 표명하였던 민주당을 저지하려는 과정에서 일어난 권력 남용으로 발생한 정치 스캔들이다. 처음에는 닉슨 대통령과 백악관이 "침입 사건과 정권과는 아무런 관계가 없다"고 주장하였다. 그러나 1974년 소위 '스모킹 건'(smoking gun, '결정적인 증거')이라고 불리는 테이프가 공개됨으로 결정적인 결과를 가져오게 되었다. 이로 인하여 닉슨 대통령의 지지자와 측근들이 그를 떠났다. 결과적으로 미국 하원 법사위원회에서 탄핵안이 가결된 지 4일 뒤인 1974년 8월 9일, 닉슨은 그의 대통령직을 사퇴하였다. 이로써 닉슨은 미국 역사상 최초로 임기 중에 사퇴한 대통령이 되었다. Ref. Daniel G. Reid, *Dictionary of Christianity American* (Downers Grove, Illinois: Inter Varsity Press, 1990), p. 827
358) Clifford, *op. cit.*, pp. 615-617.

당시 부흥사 빌리 그레이엄(Billy Graham)은 워터게이트 스캔들로 대통령직에서 사임하는 닉슨 대통령과 그의 가족들을 향하여 다음과 같이 위로하였다.

"나는 늘 그를 매우 친한 친구로 여겨 왔다. 닉슨이 개인적으로 겪은 고통은 정말 힘든 일임에 틀림없다. 그는 배신당했다고 느끼고 있을지 모른다. 그를 위한 기도가 필요하다. 우리는 닉슨 대통령과 그의 가족들을 위로해야 한다."[359]

리처드 닉슨 대통령은 이러한 불행한 일을 겪었다. 그러나 그의 위대한 업적은 바로 '냉전시대'를 '화해시대'로 만들었다는 것이다. 닉슨 대통령은 워터게이트 스캔들 속에 파묻혀서 비록 노벨 평화상을 받지 못하였지만 그는 신성으로 '화해의 주인공'이었다. 그의 언변과 탁월한 외교력은 지루하게 싸우던 베트남 전쟁을 종식시켰다. 그리고 공산주의 중화인민공화국과의 국교를 맺는 데 크게 공헌하였다. 리처드 닉슨은 대통령직을 사임한 후 자기 자신의 이미지를 회복하기 위하여 7권의 회고록을 집필하며 출간하다가 뇌졸중으로 81세에 세상을 떠났다.

---

[359] William Martin, *A Prophet with Honer: The Billy Graham* (New York: William Morrow & Company Inc., 1993), 전가화 역, pp. 454-455.

■ 제38대 미국 대통령

제럴드 루돌프 포드의 영성
Gerald Rudolph Ford 1913.7.14-2006.12.26(93세)

대통령 재임기간 1974.8.9-1977.1.20

제럴드 루돌프 포드[360](Gerald Rudolph Ford)는 네브래스카 주 오마하(Omaha, Nebraska)에서 레슬리 린치 킹 주니어(Leslie Lynch King Jr.)라는 이름으로 태어났다. 이후 그는 부모들의 별거로 인하여 어머니 도로시 가드너(Dorothy R. Gardner)를 따라 미시간 주 그랜드 래피즈(Grand Rapids,

---

360) 제럴드 포드(Gerald R. Ford)는 1913년 7월 14일, 네브래스카(Nebraska)에서 아버지 레슬리 린치 킹 2세(Leslie Lynch King Sr.)와 어머니 도로시 가드너(Dorothy R. Gardner) 사이에 태어났다. 그런데 그는 불행하게도 세상에 태어나자마자 16일 만에 부모의 별거로 인하여 어머니와 함께 미시간 주 그랜드 래피즈(Grand Rapids, Michigan)로 이사하였다. 이곳에서 어머니 도로시는 제럴드 루돌프 포드(Gerald Rudolff Ford)와 재혼하였다. 이후 그는 계부의 가문에 입적되어 계부의 이름과 비슷한 제럴드 루돌프 포드(Gerald Rudolph Ford)라는 이름을 얻었다. 새 아버지는 어린아이 포드를 마치 친자식처럼 대하며 잘 키워 주었다. 이후 포드는 17세까지는 계부를 자신의 생부로 알고 자랐다. 그리고 그는 베티 블루머 워런(Betty Bloomer Warren)과 결혼하여 3남 1녀를 낳았다. 아들의 이름은 마이클(Michael), 존(John), 스티븐(Steven)이고, 딸의 이름은 수잔(Susan)이다.

Michigan)로 이사하였다. 이곳에서 어머니 도로시는 제럴드 루돌프 포드(Gerald Rudolff Ford)와 결혼하여 아들의 이름을 계부의 이름과 거의 비슷한 제럴드 루돌프 포드(Gerald Rudolph Ford)로 바꾸었다. 그는 미시간 대학교(Michigan University)를 다니면서 미식 축구 선수로 크게 활약하였으며, 미식 축구 선수로서의 자질이 뛰어나 프로 축구단에서 스카우트 제의가 들어온 일도 있었다.

그러나 포드는 예일 대학교 법학대학원(Yale University Law School)에 입학하여 법학을 공부하였다. 그는 예일 대학원에서 공부하면서 풋볼 코치를 역임하였다. 그러면서 그는 예일 대학교 법학대학원을 3등으로 졸업한 후 변호사로 잠시 활동하였다. 그는 35세 노총각 때에 만능 모델이자 전문적인 댄서였고, 결혼에 실패한 베티 블루머 워런(Betty Bloomer Warren)과 결혼하여 3남 1녀의 자녀를 낳았다.

제2차 세계대전 때 포드는 케네디와 닉슨처럼 해군에 참전하였다. 이후 1948년에 그는 미시간 주에서 연방 하원의원에 열두 번씩이나 연속적으로 당선되었다. 그리고 공화당 연방 하원의 지도자가 되었다.

1973년 12월 6일, 당시 미국의 부통령이었던 스피로 애그뉴(Spiro Agnew)가 부정부패 혐의로 부통령직에서 물러나게 되었다. 그때 닉슨 대통령은 성실하기로 정평이 난 포드를 부통령으로 임명하였다.

1974년 8월 9일, 리처드 닉슨 대통령은 워터게이트(Watergate) 스캔들로 탄핵을 받기 직전에 사임하였다. 그날 포드 부통령은 닉슨 대통령 부부를 헬리콥터에 태워 보내 드리고, 백악관에 돌아와서 제38대 미국 대통령으로 취임하게 되었다. 제럴드 포드는 대통령 선거를 하지 않은 제13대 밀라드 필모어(Millard Fillmore) 대통령을 비롯한 제17대 앤드루 존슨(Andrew Johnson), 제21대 체스터 아서(Chester Alan Arthur) 대통령, 제36대 린든 존슨(Lyndon B. Johnson) 대통령처럼 다섯 번째로 백악관에 입성하였다.

성내지 않음

제럴드 포드 대통령은 감독교회('개신교 감독교회', '성공회', Protestant Episcopal Church) 교인으로서의 그의 첫 번째 영성은 '성내지 않음'[361](Never get angry)이다. 포드는 부통령 시절 버지니아 알렉산드리아 임마누엘 교회(Emmanuel Church in Alexandria, Virginia)에 출석하였다. 그는 이 교회에서 세례를 받고 열심히 참여하였고, 아내 베티 워런(Betty Warren)은 주일학교에서 가르쳤다. 그리고 포드는 대통령이 된 후에는 워싱턴의 라파예트 스퀘어에 있는 성 요한 감독교회(St. John's Episcopal Church in Lafayette Square)에 출석하였다.

---

361) Angelo, *op. cit.*, pp. 238-240.

포드 대통령의 어머니 도로시 가드너는 교육적이며 자상하고 온순한 성격이었다. 그리고 계부인 제럴드 루돌프 포드(Grald Rudolff Ford)는 아들 포드가 친자식이 아니었지만 친절하게 대하며 잘 가르쳐 주었다. 그래서 아들 포드는 17세까지 계부를 친아버지로 생각하고 따랐다.

그런데 포드의 친아버지 레슬리 린치 킹(Leslie Lynch King)은 매우 거칠고 난폭하였고, 싸움꾼이었고, 다혈질적인 사람이었다. 아들 포드는 어머니보다는 아버지의 성격을 많이 닮았다. 그래서 그는 화를 잘 냈고, 성격이 강했다. 어머니 도로시는 아들 포드의 성격이 늘 골칫거리였다. 훗날 포드는 자신에 대하여 "나는 성격이 불같다"(I had a bad temper)라고 부끄러워하였다.

성을 잘 내는 아이젠하워 대통령을 그의 어머니 아이다 엘리자베스(Ida Elizabeth)가 가르쳤듯이, 화내는 포드 대통령에게는 그의 어머니 도로시가 있었다. 도로시는 화내고 성을 잘 내는 아들 포드에게 참고 절제하는 방법을 항상 가르쳐 주었고, 진지하고도 간절하게 이야기하였다. 어머니는 아들에게 "화 때문에 너의 좋은 판단력을 흐리게 해서는 안 된다. 잠시 시간이 지나면 괜찮다. 어느 시간이 지나면 새사람이 될 수 있다"라고 소망을 주며 가르쳤다.

만약 아들 포드가 나쁜 행동을 저지르든가 좋지 않는 짓을 하면 어머니 도로시는 자신의 귀를 아프게 비틀면서 "아야!" 하면서 비명을 지르는 표정을 친히 아들에게 보여주었다. 그리고 만약 아들 포드가 더 큰 나쁜 일이나 더 큰 잘못된 일을 저지르면 어머니는 아들을 아예 방에다 가두어 버렸다.

"아이를 훈계하지 아니하려고 하지 말라 채찍으로 그를 때릴지라도 그가 죽지 아니하리라 네가 그를 채찍으로 때리면 그의 영혼을 스올에서 구원하리라"(잠 23:13-14).

훗날 제럴드 포드는 대통령이 되어서 고백하기를, 나는 어머니로부터 불같은 성질을 조절하는 법을 배웠다고 회상하였다.

정직

제럴드 포드 대통령의 두 번째 영성은 '정직'(honest)이다. 제럴드 포드가 미국의 대통령 자리에까지 올라갈 수 있었던 것은 바로 그의 '정직의 영성' 때문이었다.

포드 대통령의 정직한 영성은 '하나님 앞에'(Coram Deo) 살아가고자 하는 데 기초를 두고 있다. 이러한 영성은 평소에 그의 어머니 도로시 가드너(Dorothy Gardner)의 영적 가르침을 실천한 삶의 결과였다.

제2차 세계대전 때, 포드는 해군에 자원 입대하여 해군 장교로서 복무하였다. 그때 그는 전쟁터에서 수없이 많은 위험과 고비를 만났다. 그러나 성난 파도처럼 밀려오는 두려움과 공포 속에서도 잘 극복하며 이겨 나갔다. 그는 말하기를 이것은 바로 평소에 어머니가 가장 좋아하는 잠언 말씀 "너는 마음을 다하여 여호와를 신뢰하고 네 명철을 의지하지 말라 너는 범사에 그를 인정하라 그리하면 네 길을 지도하시리라"(잠 3:5-6)는 하나님의 말씀을 의지하면서 잘 견디었기 때문이라고 고백하였다.

전임 리처드 닉슨 대통령이 왜 제럴드 포드를 부통령으로 임명하였는가? 그는 포드의 학력이나 정치적 배경과 능력을 보고 한 것이 아니라 그의 정직성 하나를 보고 임명하였다.

하나님이 인간에게 요구하시는 것은 바로 정직과 진실이다. 이러한 사람을 세우시고 사용하며 인도하신다.

"게으른 자의 길은 가시 울타리 같으나 정직한 자의 길은 대로(highway)니라"(잠 15:19).

그리고 대문호 셰익스피어(Shakespeare)는 "이 세상에서 정직한 사람이 된다는 것은 1만 명 중의 한 사람이 되는 것이다"[362]라고 말하였다.

---

362) 한영제, 《예화대백과사전: 서양의 지혜》, p. 265.

제럴드 포드는 대통령 취임식 연설 때 미국 국민과 전 세계를 향하여 진실과 정직을 강조하면서 다음과 같이 연설하였다.

"저는 진실이란, 정부를 함께 묶어 주는 그리고 정부뿐만 아니라 문명 자체를 묶어 주는 아교풀과 같은 것이라고 믿습니다. 저는 궁극적으로 '정직이 최선의 길'이라는 확신을 가지고 있습니다. 그리고 정책을 시행해 나가는 데 공적이고 허심탄회한 저의 본성이 바탕이 될 것이라 기대합니다. 국민 여러분, 이 나라의 기나긴 악몽은 이제 끝났습니다."[363]

당시 미국의 정치 상황은 전임 대통령인 닉스 대통령의 워터게이트 스캔들로 말미암아 미국 대통령의 권위와 신뢰가 땅에 떨어져 있었다. 그때 포드는 우연이건 아니건 당면한 문제들을 회복시켜야 할 엄숙한 사명에 직면해 있었다. 이러한 정치적인 어려움 속에 있을 때에 빌리 그레이엄 목사는 포드 대통령에게 닉슨 전 대통령의 사면을 통하여 전 국민의 마음이 치유받기를 원하였다. 그것은 하나의 개인적 이유보다는 재판을 오래 끌면 포드 대통령의 효율적인 국정 운영에 크게 방해가 될 수 있기 때문이었다. 빌리 그레이엄의 얘기를 들은 포드 대통령은 "글쎄요, 어려운 일이고 어려운 결정입니다. 여러 각도에서 볼 수 있지요. 나도 분명히 깊이 생각하고 기도하고 있습니다"[364]라고 대답하였다.

---

363) 조정아, *op. cit.*, p. 233.
364) 염성철, *op. sit.*, p. 186.

1974년 9월 8일 오전 11시, 포드 대통령은 텔레비전 방송을 통하여 전 국민에게 충격적인 발표를 다음과 같이 하였다.

"나, 제럴드 포드 미국 대통령은 1969년 7월 20일부터 1974년 8월 9일까지 리처드 닉슨이 저지르거나 혹은 그가 관여한 미국에 반하는 모든 위반 행위에 대해 완전하고도 자유롭고 절대적인 사면을 인정한다."[365]

포드 대통령은 닉슨의 사면을 발표한 후 버닝 트리 클럽(Buring Tree Club)에 가서 골프를 치고 있었다. 그때 밖에서는 백악관을 향하여 사면에 대한 반대 전화를 걸어왔고, 신문과 TV에서도 앞다투어 이를 보도하기 시작했다. 그리고 미국 각계각층의 시민들이 목소리를 높여서 분노하였다.

갤럽 여론조사(Gallup Poll)에 의하면, 포드 대통령은 워터게이트 사면 이전에 71퍼센트의 높은 지지를 얻었으나 사면 이후 그의 인기는 50퍼센트로 뚝 떨어졌다.

윌리엄 라이딩스 대통령 평가보고서(Ratings the Presidents)에 의하면, 포드 대통령은 41명의 미국 대통령 가운데 그의 성격과 도덕성은 17위로 평가하면서 높은 점수를 주었다. 그러나 대부분의 국민들은 닉슨에 대

---

365) Ridings, op. cit., p. 248.

한 사면 조치에 실망을 표하였다.[366]

이 점에 대하여, 제럴드 포드 대통령에 대한 최고의 찬사는 새로이 선출된 후임자 지미 카터 대통령에 의하여 이루어졌다. 지미 카터는 말하기를 "나는, 나와 우리나라를 위하여 그리고 이 나라를 치료하기 위하여 그가 했던 모든 일에 대하여 나의 선임자에게 감사한다"[367]라고 찬사를 아낌없이 보냈다.

제럴드 포드 대통령의 주요 정치적인 업적은 백인의 흑인에 대한 차별을 금지한 것이다. 국가의 심각한 분열상태를 치유하기 위하여 모든 징병 기피자와 베트남 전쟁의 탈영자들을 모두 사면시켰다. 그리고 미국 국민들로부터 가장 큰 사랑을 받은 퍼스트레이디 베티(Betty)를 통하여 낙태문제의 해결과 권리를 증진시키는 데 크게 기여하였다.

제럴드 포드 대통령은 비록 2년 반 동안이라는 짧은 기간 동안 일했던 대통령이었지만, 제33대 해리 트루먼(Harry Truman) 대통령같이 정직하고 진실한 '보통 사람의 대통령 시대'의 문을 활짝 열었다. 그는 퇴임 후 회고록을 집필하고 골프를 즐기며 93세까지 살았다. 그는 레이건 대통령보다 더 오래 사는 최장수 미국 대통령이 되었다.

---

366) *Ibid.*, p. 246.
367) Ibid., p. 251.

■ 제39대 미국 대통령

지미 얼 카터의 영성
Jimmy Earl Carter 1924.10.1-생존

대통령 재임기간 1977.1.20-1981.1.20

지미 얼 카터[368](Jimmy Earl Carter)는 조지아 주에 있는 플레인스(Plains, Georgia)에 전깃불도 없는 한 농가의 아들로 태어나서 한때는 땅콩밭에서 일하였다. 그는 역대 미국 대통령 가운데 땅콩농장에서 태어난 최초의 대통령이 되었다. 그의 아버지 제임스 얼 카터(James Earl Carter)는 카터 땅콩 도매회사(Carter peanut warehouse business)를 세운 땅콩 중개인이었다. 한때 그는 민주당의 당원으로서 조지아 주 입법부에서 일을 하기도 하였다. 어머니 베시 릴리안(Bessie Lillian)은 인종 평등을 주장해 온

---

368) 지미 얼 카터(Jimmy Earl Carter)는 1924년 10월 1일, 땅콩 중개인 아버지 제임스 얼 카터(James Earl Carter)와 어머니 베시 릴리안(Bessie Lillian) 사이에 네 명의 자녀들 가운데 첫째로 태어났다. 그리고 그는 로잘린 스미스(Rosalynn Smith)와 결혼하여 3남 1녀를 낳았다. 아들 잭(Jack), 제임스(James), 돈넬(Donnel)과 딸 애미(Amy)를 낳았다.

자유주의자이다.

카터는 조지아 남서부 대학(Georgia Southwestern College)과 조지아 공과대학(Georgia Tech)을 거쳐 미 해군사관학교(U.S. Naval Academy, Annapolis, Maryland)를 졸업하고 간호사 로잘린 스미스(Rosalynn Smith)와 결혼하여 3남 1녀를 낳았다.

지미 카터는 1962년도 조지아 주 상원의원으로서 정계에 입문하였다. 1971년도에는 조지아 주 주지사를 거쳐 1976년 민주당 대통령 후보로 출마하였다. 그는 현직 제럴드 포드 대통령을 물리치고 백악관에 입성하였다. 제39대 미국 대통령 지미 얼 카터는 미가서 6장 8절 위에 손을 얹고 대통령 선서를 하였다.[369]

"사람아 주께서 선한 것이 무엇임을 네게 보이셨나니 여호와께서 네게 구하시는 것은 오직 정의를 행하며 인자를 사랑하며 겸손하게 네 하나님과 함께 행하는 것이 아니냐"(미 6:8).

거듭남

지미 카터 대통령은 독실한 침례교회(Baptist Church)의 교인이다. 카터

---

[369] *Inaugural Addresses of the Presidents of the United States* Volume Two, pp. 145-147.

대통령의 첫 번째 영성은 '거듭남'[370] (born again 혹은 중생 regeneration)이다.

1935년 카터는 11세가 될 때에 세례를 받았다. 카터는 대통령 재임 중에는 트루먼 대통령과 존슨 대통령이 참석하였던 워싱턴 제일 침례교회(First Baptist Church, Washington, D.C.)에 출석하였고, 이 교회에서 주일학교를 가르쳤다. 대통령 은퇴 후 그는 고향으로 돌아와서 플레인 마라나타 침례교회(Plain Maranatha Baptist Chuirch)에서 주일학교 교사로 봉사하고 있다.

신약시대, 예수님은 당시 유대인의 귀족 관원이며 '산헤드린 공의회'[371](Sanhedrin)의 일원이었던 니고데모(Nicodemus)에게 "진실로 네게 이르노니 사람이 물과 성령으로 나지 아니하면 하나님의 나라에 들어갈 수 없느니라"(요 3:5)고 말씀하셨다.

지미 카터의 부모님 가정의 신앙적인 배경은 어떠한가? 카터의 아버지 제임스 얼 카터(James Earl Carter)는 조지아 플레인스 침례교회(Plains

---

370) William Hendriksen, *New Testament Commentary: The Gospel of John* (Grand Rapids, Michigan: Baker Book House, 1988), pp. 132-133; '거듭남'(born again)이란, 다음과 같은 세 가지 의미를 가지고 있다. ① '위로부터' ('from the top', 'from above'). ② '새로이' ('anew', 'agian'). ③ '처음부터', '시작부터' ('from th beginning')라는 뜻이다.

371) 산헤드린(Sanhedrin) 공의회는 유대교의 헬라 시대와 로마 시대의 종교적 재판소이다. 이것의 기원은 불확실하지만 랍비들은 주장하기를 모세를 보좌하였던 70인 장로들(출 24:1)이라고 한다. 이 회의는 70인과 대제사장 의장으로 구성되었다. 예수님 당시에는 유대인들의 율법을 따라 제한적이었지만 형사 재판까지 맡아 보았다. 예수님도 산헤드린에 끌려가셨고(마 26:59), 사도들도 산헤드린에서 심문을 받았다(행 4:15-18, 22:30, 23:1).

Baptist Church, Georgia)에서 신앙생활을 한 전통적인 침례교 집안 출신이다. 어머니 베시 릴리안(Bessie Lillian)은 감리교회 집안이다. 그러나 어머니가 시집 온 후에 아버지를 따라 침례교회로 바꾸었다.

지미 카터는 어렸을 때부터 예수를 믿고 교회생활을 잘하였다. 카터는 11세 때에 예수님을 구주로 영접하였고 신앙고백을 하였다. 그는 대통령 선거 당시에 자기 자신은 예수 그리스도를 영접하고 하나님의 자녀라는 사실을 분명히 믿었다.[372] 그리고 그가 공식 석상에서도 "나는 거듭난 크리스천이다"[373](I am a born again Christian)라고 말한 것은 당시 전국적인 헤드라인이 되었고, 또 다른 한편에서는 '거듭난 예수쟁이'라고 빈축을 사기도 하였다.

그러면 거듭난 크리스천은 어떠한 사람인가? 지미 카터 대통령은 다음과 같이 신앙을 고백하였다.

"크리스천이라는 단어는 '작은 그리스도'를 의미합니다. 그리스도를 구세주로 인정하는 순간 우리는 세상에서 이렇게 선포하는 것입니다. '나는 그리스도를 따릅니다. 나는 그분의 말씀과 행동을 최대한 본받을 것입니다. 하나님의 성령의 능력으로 작은 그리스도가 되겠습니다.' 작

---

372) Jimmy Carter, *Through The Year With Jimmy Carter* (Grand Rapids, Michigan: Zondervan, 2011), p. 330.
373) Mount, *op. cit.*, p. 40.

은 그리스인인 우리는 그리스도의 사역을 물려받았습니다."[374]

그리고 성령으로 거듭난 작은 크리스천으로서의 삶은 오직 예수 그리스도가 중심이 되어야 한다. '작은 예수'(little Christs)의 삶을 살았던 지미 카터 대통령은 다음과 같이 말하였다.

"예수님은 우리를 구원하기 위하여 우리가 져야 할 형벌을 대신 짊어지시고 십자가에 달려 돌아가신 후에 죽음을 이기시고 죽은 자 가운데서 살아나셨습니다. 이것이 기독교의 핵심입니다. 인류의 역사는 이 사건을 중심으로 돌아가야 합니다."[375]

계속하여 지미 카터 대통령은 거듭난 크리스천의 삶을 가지려면 다음과 같은 다섯 가지가 필요하다고 말했다.

"첫째는, 기도를 통하여 하나님과 끊임없이 대화하는 삶입니다. 둘째는, 하나님을 위해 구별된 거룩한 삶입니다. 셋째는, 성령으로 충만한 삶입니다. 넷째는, 긍휼을 베푸는 삶입니다. 마지막으로는, 사람들에게 그리스도를 전하는 전도하는 삶입니다."[376]

---

374) Carter, p. 184.
375) Ibid., p. 26.
376) Ibid., p. 353.

직분 충성

지미 카터 대통령의 두 번째 영성은 '직분 충성'(faithful to duty)이다. 지미 카터는 교회로부터 주어진 직분을 대통령이 되기 이전에나 이후에나 상관없이 귀하게 여기고 죽도록 충성하였다. 일반적으로 사람들은 세상 나라의 높은 지위나 자리에 있으면 하나님 나라의 사명이나 직분에 대해서는 하찮게 여기고 일을 열심히 하지 않는 경향이 있다.

아버지 제임스 얼 카터(James Earl Carter)와 어머니 베시 릴리안(Bessie Lillian) 부부는 독실한 신앙인이었다. 아버지는 플레인 침례교회(Plain Baptist Church)의 집사이자 주일학교의 성경교사였다. 아들 지미는 세 살 때부터 성경암송을 하였고, 주일학교에서 성경공부를 하였다. 부흥회 때 은혜를 받고 예수님을 구세주로 영접하였다.

카터는 해군사관학교 시절에도 주일날이면 꼭 주일예배를 드렸고, 주일학교 교사로 섬겼다. 해군 잠수함 복무 때에는 비좁은 공간에서도 예배를 드렸다. 1953년 카터는 해군 복무를 마치고 고향에 돌아와서 아버지가 섬겼던 주일학교 교사직을 아내 로잘린(Rosalynn)과 함께 충성하였다. 카터는 주지사와 대통령 시절에도 가까운 교회에 반드시 출석하여 주일학교를 섬겼다. 대통령 퇴임 후에도 그는 다시 고향에 돌아와서 플레인 마라나타 침례교회(Plain Maranatha Baptist Church)에서 주일학교 성경교사로 섬기고 있고, 노년인 지금도 충성하고 있다.

매 주일 아침이 되면, 카터 집사 부부는 1시간 동안 열심히 성경공부를 인도한다. 그는 특유의 큰 입을 활짝 벌리고 웃으면서 성경을 가르치고 기도하며 찬양한다. 마치 천진난만한 주일학교 학생들처럼 마냥 순진한 모습으로 즐겁게 섬긴다. 그는 성경공부를 다 마친 후에는 11시에 담임 다니엘 목사(Rev. Daniel)가 인도하는 주일예배에 참석하여 경건하고 간절히 예배를 드린다.

주일예배를 마친 후, 카터 집사는 교우들과 일일이 인사와 악수를 나눈다. 은혜받은 말씀에 대해 대화도 나눈다. 그리고 전국에서 찾아온 방문객들과 대화를 한 후에는 기념 촬영을 한다. 주일학교 교사인 카터 집사 부부는 마라나타 교회의 기둥이며 빛과 소금이다. 플레인 시골 동네의 자랑이자 거듭난 작은 예수이다.

그러므로 각자에게 주어진 하나님의 사명과 직분을 잘 감당하고 충성해야 한다. 또한 그것이 부모님들로부터 자녀들에게 계속적으로 물려주는 '믿음의 유산'이 되어야 한다. 주일학교의 성경교사 지미 카터 집사는 부모님으로부터 물려받은 고귀한 사명과 직분을 다시 후손들에게 물려주어야 한다고 이렇게 역설하였다.

"우리는 후손에게 신앙을 전해야 합니다. 어느 한 세대라도 이 책임을 완수하지 못한다면 얼마나 큰 비극이겠습니까! 예수 그리스도의 구원과 희생을 후대에 전하는 의무를 충실히 이행하십시오."[377]

"우리가 이를 그들의 자손에게 숨기지 아니하고 여호와의 영예와 그의 능력과 그가 행하신 기이한 사적을 후대에 전하리로다"(시 78:4).

섬김

지미 카터 대통령의 세 번째 영성은 '섬김'(serving)이다. 그는 교회 안에서는 집사와 주일학교 교사로서 충성하고 교회를 섬기고 있다. 그리고 교회 밖에서도 예수 그리스도의 사랑과 섬김을 그대로 실천하는 크리스천이다.

카터 부모님의 신앙과 삶은 조금씩 달랐다. 아버지 제임스의 신앙적인 스타일은 교회 중심의 생활이었다. 그는 교회의 집사이며 주일학교 성경교사였다. 아버지가 다니는 침례교회는 세계선교를 위하여 열심히 중보기도를 드렸다. 특별히 아버지는 아프리카 선교단 파송을 위하여 여기저기 뛰어다니면서 열정적으로 준비하였다. 반면 어머니 베시 릴리안의 신앙 스타일은 아버지와 대조적이었다. 매우 자유적이며 개방적이었다. 그래서 어머니는 카드 놀이와 노는 것을 좋아하였다. 카드 놀이는 수준급이었다. 그리고 스포츠광이며 낚시광이었다. 어느 날 어머니는

---

377) *Ibid.*, p. 329.

연못가에서 낚시를 할 때에 아들보다 고기를 더 많이 낚기도 하였다.

그의 아버지와 어머니는 종종 신앙적인 다른 견해 때문에 다투기도 하였다. 아버지는 아프리카 선교에만 열을 올리고 이웃 근처에 있는 흑인들을 돕는 일에 전혀 관심이 없다고 불만을 가졌다. 그러면서 어머니는 사회전반에 만연되어 있는 인종차별을 없애고 불쌍한 나환자들을 돕는 일에 힘썼다. 이러한 가운데, 어머니의 모습은 아들 지미에게 좋은 본보기가 되었다. 그때 아들 지미는 어머니의 영향을 크게 받았고, 훗날 대통령이 되어서도 이러한 일들을 하는 데 앞장서게 되었다.[378]

이러한 부모님의 영향을 받은 카터 대통령은 교회 안에서는 집사와 주일학교 교사로 충성하였다. 그리고 교회 밖에서는 선한 사마리아 사람처럼 지역과 이웃을 위하여 사랑을 나누어 수고 그늘을 잘 섬겼다.

지미 카터 대통령은 퇴임 후에도 열정적으로 이웃과 사회, 세계평화를 위하여 섬기며 헌신하고 있다. 그는 대통령 재임기간 중에는 '무능한 대통령'이었지만, 퇴임 후에는 '인기 있는 대통령'으로 불리고 있다. 그것은 그의 사랑과 봉사, 섬김과 헌신 때문이다.

카터에게는 은퇴가 일을 끝내고 쉬는 것이 아니라, 다시 일을 시작하

---

378) Angelo, *op. cit.*, pp. 266-267.

는 것이다. 마치 영어 리타이어(retire)는 자동차 타이어를 다시 바꿔서 새로 시작하라는 말과 같다는 것이다.

1976년 지미 카터는 '도덕 정치'라는 기치를 내걸고 미국 대통령에 당선되어 '실패한 대통령'이 되었다. 그러나 1981년 그는 '망치 철학' 즉, '사랑의 망치'를 들고 다니면서 '성공한 대통령'으로 추앙받고 있다.

1981년 지미 카터는 대통령 퇴임 시에 백악관에서 가져온 연장을 들고 아직도 사용하고 있다. 그는 야구 모자를 쓰고 붉은 스카프와 청바지를 입고 일한다. 아내 퍼스트레이디 로잘린은 65세인데도 불구하고 남편이 올라간 사닥다리를 붙잡고 도와주고 있다.

1984년 지미 카터 대통령은 퇴임 후 뉴욕에서 열리는 해비타트(Habitat, '사랑의 집짓기 운동') 노동 수련 캠프를 인솔하면서 노동자들과 함께 숙식하면서 집을 짓고 일하였다. 지미 카터 대통령은 자신을 '그리스도의 대사'[379](Ambassadors for Christ)라고 하면서 힘써 복음을 전파하고, 가난하고 집 없는 사람들을 위하여 열심히 땀 흘리며 일하고 있다.

전직 대통령 지미 카터는 집을 짓는 건축 현장에서 남다른 모습을 보여주고 있다. 섭씨 40도가 넘는 찜통 더위 속에서도 비지땀을 흘리며 열

---

379) Carter, *op. cit.*, p. 232.

심히 일한다. 다른 자원봉사자들보다 하루 일찍 도착하고, 매일 새벽 4시에 일어나서 현장 책임자들과 함께 집을 짓는 건물들 하나하나를 점검한다. 작업복을 입고 톱과 망치를 들고 일하는 노동자들과 함께 일하고, 함께 땀 흘리고, 함께 식사하고, 함께 얘기한다. 오늘은 여기, 내일은 저기로 그리고 지구촌 끝까지 찾아가서 그리스도의 사랑과 섬김을 실천한다. 정말 행동하며 실천하는 진정한 크리스천이며 작은 예수이다.

90년의 인생을 살아온 지미 카터 전 미국 대통령은 365일 매일 살아가는 그의 영성과 삶 속에서 이렇게 교훈하고 있다. "하나님은 우리에게 실천하는 믿음을 요구하십니다. 이 말이 어떻게 다가옵니까? 예수님은 자신의 말을 듣고 행동하라고 명령하셨습니다."

기도

지미 카터 대통령의 네 번째 영성은 '기도'(prayer)이다. 그의 기도 내용은 선교를 위한 중보기도이다. 특별히 그는 유년주일학교 어린 시절부터 예수 그리스도의 복음을 중국에 전하기 위해 중국 선교를 위하여 기도드렸다. 그는 땅콩 밭에서 돈을 벌면 꼭 5센트씩 중국 선교 헌금을 빠지지 않고 드렸다. 청소년 때 지미 카터는 중국 선교를 위하여 다음과 같은 세 가지 제목을 가지고 기도를 드렸다.

"첫째, 중국에 복음의 문이 열려 자유롭게 성경이 배포되게 하소서. 둘째, 중국 전역에서 예배가 자유롭게 드려질 수 있도록 하소서. 셋째, 선교사들이 중국에 자유롭게 들어갈 수 있도록 하소서."380

1920년대, 중국에서 선교사역을 하던 외국인 선교사의 수는 약 1만 명이었다. 그런데 1949년 혁명으로 모택동이 권력을 잡은 이후로는 모든 종교의 예배와 집회가 금지되고 선교사들이 추방당하였다. 1978년 지미 카터 대통령은 등소평 부주석과 비밀 접촉을 통하여 마침내 미국과 중국의 국교 정상화를 발표하였다. 이듬해 지미 카터 대통령은 등소평을 미국 워싱턴에 초청하였다. 그때 등소평이 카터에게 "공식적인 회담과 별개의 특별한 요청이 있느냐?"라고 질문할 때, 카터는 "종교의 자유를 허용하고 성경과 선교사들이 입국할 수 있도록 허락해 달라"고 요청하였다. 그러자 등소평은 이를 허락하였다.

몇 년 뒤에 지미 카터는 중국을 방문하였을 때 교회 안에서 예배하는 모습을 보았다. 그리고 상하이의 어느 교회에서는 주일 4부까지 예배를 드리는 광경을 보았다. 오늘날도 중국 선교의 문은 계속 열려서 수많은 중국 영혼들이 주님께 돌아오고 있다. 이것은 수많은 선교사들의 순교와 희생의 결과이며, 카터 대통령의 기도와 노력의 결과이기도 하다.

또 이뿐인가? 지미 카터 대통령은 대통령 재임 기간 중에 여러 가지 정치적인 문제와 그 해결책을 찾기 위하여 하나님께 기도를 드렸다. 특별히 1979년 11월 4일, 이란 폭도들이 미국 대사관을 습격하여 90명을

---

380) 염성철, *op. cit.*, p. 296.

인질로 잡았다. 카터 대통령은 이란 인질사태의 해결을 위하여 무력을 사용하지 않고 기도로 해결하려고 노력하였다. 그는 하나님의 응답을 기다리면서 인내하며 계속적으로 기도드렸다. 카터 대통령은 이란 사태를 기도를 통하여 응답 받은 체험들을 PBS와의 인터뷰에서 다음과 같이 설명하였다.

"저는 제 인생의 그 어떤 4년보다도 대통령으로 재직했던 지난 4년간 하나님께 더 많은 기도를 드렸습니다. 그리고 대통령으로 있던 그 어느 해보다도 이란 인질사태가 벌어졌던 해에 더욱 간절한 기도를 드렸습니다. 저는 하나님께서 제가 처음 세웠던 목표에 도달할 수 있는 인내를 주시기를 간구하였습니다. 당시 제게는 두 가지 목표가 있었습니다. 하나는 이 나라를 잘 보존하여 국민들을 가슴 아프게 하지 않는 것이었습니다. 두 번째 목표는 바로 인실늘이 자유롭고 안전하게 집으로 돌아오도록 하는 것이었습니다. 저는 제가 이러한 책임을 다할 수 있도록 하나님께서 도와주시길 기도하였습니다.

이란을 향하여 단순히 일반적인 군사적 공격을 감행할 수도 있었습니다. 저는 이란을 파괴할 수도 있었지만 그랬더라면 그 과정에서 수천 명의 무고한 이란인들이 죽고, 결과적으로 미국인 인질들도 죽임을 당하게 되었을지도 모릅니다. 그렇게 이란을 공격해야 한다는 충고도 받았습니다. 하지만 저는 군사력을 사용하지 않기로 결심하였습니다. 그리고 하나님께서 제 기도에 응답해 주실 것이라는 확신을 가졌던 것

같습니다. 저는 결코 이 나라를 당혹스럽게 하거나 원칙을 훼손하지 않았습니다. 모든 인질들이 무사히 집으로 돌아왔습니다. 안전하고 자유롭게 말입니다. 이렇게 제 기도는 응답을 받았습니다. 하지만 하나님께서는 제 기도를 제가 원하는 것보다는 좀 늦게 들어주셨습니다. 만약 제 기도가 1980년 대통령 선거 일주일 전에만 응답되었어도 저는 재선에 성공했을 것입니다. 그러나 저는 하나님께서 다른 방법으로 기도에 응답하셨다고 이해합니다. 하나님께서는 때로는 '알겠다'라고 응답하시지만 때로는 '안 된다'라고도 응답하십니다. 때로는 응답이 늦어지기도 하고 때로는 '말도 안 되는' 대답도 하십니다. 만일 내게 신앙이 없었더라면 그렇게 인내심을 가지고 기다릴 수 없었을 것입니다."[381]

인권

지미 카터 대통령의 마지막 영성은 '인권'(human right)이다. 그의 인권 영성은 어머니 릴리안(B. Lillian)의 영성을 닮은 것이다. 카터 대통령은 인권을 미국의 국제 외교면에 있어서 제1원칙으로 삼았다.

이러한 카터의 인권 영성은 링컨 대통령의 인권사상, 즉 '노예해방'(emancipation proclamation)과 우드로 윌슨 대통령의 '민족자결주의'(self-determination)로부터 크게 영향을 받은 결과이다.

---

381) Keefauver, op. cit., p. 155.

카터 대통령은 취임하자마자 국내적으로 1만 명이 넘는 베트남 전쟁 징병 기피자들을 과감하게 사면시켰다. 궁극적으로 그는 아무리 강대국이라 할지라도 작은 나라를 함부로 대해서는 안 된다는 인권 원칙을 철저하게 강조하였다. 그러면서 그는 1979년 소련이 아프가니스탄을 침략하였을 때에, 소련이 그곳에서부터 철수할 것을 요구하는 유엔 결의안을 통과시켰다. 1980년에 미국은 소련의 침략에 항의하여 모스크바 올림픽 불참 운동을 전개하여 63개국만 참석하는 반쪽 올림픽을 만들었다.

1979년 11월, 이란 인질사건이 발생하였다. 이 사건은 이란 폭도들이 미국 대사관을 습격하여 90명의 인질을 잡고, 축출당하여 미국에 있는 이란의 팔레비(Shah Reza Pahlavi) 왕을 송환할 것을 요구한 사건이다. 당시 이란 혁명의 지도자 호메이니(Ayatollah Khomeini)는 90명의 인질들 가운데 38명은 풀어 주고, 나머지 52명은 팔레비 왕이 강제 송환될 때까지 볼모로 1년 정도 잡아 놓고 고통을 주었다.

이때 카터 대통령은 이란을 향하여 경제적, 외교적으로 압력을 가하였으나 별 효과가 없었다. 그러나 그는 인권을 중시하였다. 그는 군사력을 동원하여 충분히 해결할 수 있었지만 양쪽의 큰 인명 피해를 생각해서 무력을 사용하지 않았다. 결과적으로 나머지 인질들은 카터 대통령의 임기 마지막 날, 즉 후임 대통령의 취임식 날에 석방되었다. 이로 말미암아 그는 재선에 실패하였다.

1977년, 이집트 안와르 사다트(Anwar Sadat) 대통령은 역사적인 예루살렘을 방문하였다. 그리고 그는 중동평화협상을 제의하였다. 그런데 이 협상은 고착상태에 빠지게 되었다. 그때 카터 대통령은 사다트와 이스라엘 수상인 베긴(Menachem Begin)을 캠프 데이비드(Camp David)로 초청하여 13일간의 협상 끝에 역사적인 '1979년 공식적인 평화조약'을 성공시켰다. 이 조약으로 베긴과 사다트는 공동 노벨 평화상을 받았다.

지미 카터 대통령은 퇴임 후 더욱 왕성한 사역을 하였다. 먼저 고향으로 돌아온 그는 플레인스 마라나타 침례교회(Plains Maranatha Baptist Church)에서 주일학교 교사와 집사 직분을 열심히 감당하였다.

김일성 주석과 회담을 통하여 남북한 문제의 해결사로도 활동하였다. '인류애의 고향'이라는 사설 단체에서 봉사하는 빈민주택사업에 뛰어들어 망치와 톱을 들고 집을 지어 주고 있다. 마침내 그는 '평화운동'과 '인권운동'에 크게 공헌하여 2002년 노벨 평화상을 받았다. 카터는 재임 중에는 비록 '인기 없는 대통령'이라고 불렸지만, 퇴임 후에는 '인기 있는 대통령'으로 명성을 날리고 있다. 현재 그는 생존하고 있다.

■ 제40대 미국 대통령

로널드 윌슨 레이건의 영성
Ronald Wilson Reagan 1911.2.6-2004.6.5(93세)

대통령 재임기간 1981.1.20-1989.1.20

로널드 윌슨 레이건[382](Ronald Wilson Reagan)은 일리노이 주 탐피코 (Tampico, Illinois)에서 가난한 구두 판매원의 둘째 아들로 태어났다. 그는 일을 하면서 유레카 대학(Eureka College)에서 학생회장을 역임하면서 경제학을 전공하여 졸업하였다. 그는 대학을 졸업한 후 방송국 아나운서로 일하였다. 1937년도 그는 할리우드 영화계에 뛰어들어 '비열한 형제 스파이'(Brother Rat) 등 50여 편의 영화에 출연하였으나 특별히 주목을 받는 스타가 되지 못하였다. 그는 영화배우로 활동하는 중에 여배우 제인

---

382) 로널드 윌슨 레이건(Ronald Wilson Reagan)은 1911년 2월 6일, 아일랜드(Ireland)계 아버지 존 에드워드 레이건(John Edward Reagan)과 스코틀랜드(Scotland)계 어머니 넬리 윌슨 (Nelle Wilson) 사이에 두 아들 중 둘째로 태어났다. 그리고 그는 여배우 낸시 데이비스(Nancy Davis)와 재혼하여 1남 1녀 패티(Patti)와 로널드(Ronald)를 낳았다.

와이먼(Jane Wyman)과 결혼하였으나 3년 만에 결혼에 실패하고, 다시 다른 여배우인 낸시 데이비스(Nancy Davis)와 결혼하여 두 자녀를 두었다.

레이건은 제2차 세계대전에서 육군 대위로 복무하였고, 이후 영화계에 들어가서 미국 영화협의회 회장을 역임하였다. 1964년 어느 날, 그는 상원의원을 위한 찬조연설을 한 것이 계기가 되어 정치판에 뛰어들었다. 이후 1966년 캘리포니아 주지사로 당선되었고, 다시 재선되어서 주정부의 재정적자를 흑자로 만들어 성공적인 주지사 임무를 수행하였다. 이후 1980년 공화당 대통령 후보로 출마하여 당선되었다. 제40대 미국 대통령 로널드 레이건은 역대하 7장 14절 위에 손을 얹고 대통령 선서를 하였다.[383]

"내 이름으로 일컫는 내 백성이 그들의 악한 길에서 떠나 스스로 낮추고 기도하여 내 얼굴을 찾으면 내가 하늘에서 듣고 그들의 죄를 사하고 그들의 땅을 고칠지라"(대하 7:14).

성경

로널드 레이건 대통령은 장로교회(Presbyterian Church)의 교인으로서

---

383) *Inaugural Addresses of the Presidents of the United States* Volume Two, pp. 149-154.

그의 첫 번째 영성은 '성경'[384](Bible)이다. 레이건은 지미 카터 대통령과 같이 11세에 예수님을 영접하였다. 그는 사적이든 공적이든 자신은 거듭난 크리스천이며, 그의 삶은 기독교 정통교리에 일치한다고 고백하였다. 그는 로스앤젤레스에 있는 벨 에어 장로교회(Bel Air Presbyterian Church in Los Angeles) 등록교인이며, 담임목사인 돈 무마우(Rev. Donn D. Moomaw)를 '나의 목사'(my pastor)로 호칭하며 사랑하고 존경하였다. 미국 역사학자들은 레이건 대통령의 신앙은 그의 대통령직에서나 혹은 미합중국에 긍정적인 영향을 끼쳤다고 평가하고 있다.

레이건 대통령에게 있어서 신구약 성경은 어릴 적부터 그의 삶에서 없어서는 안 되는 일부분이었다. 그리고 그는 대통령이 된 이후에 정치적으로 어려운 고비에 직면할 때마다 성경을 통하여 지혜를 얻고 문제를 해결하려고 노력했다.

1911년 2월 어느 날, 레이건 부모님의 신혼 시절이었다. 그들이 동네의 잡화상 2층 다락방에서 셋방살이를 할 때에 첫째 아들 닐(Neil)을 낳았다. 그들 부부는 다음에는 아들보다 예쁜 딸을 낳기로 약속하였다. 그러나 역시 두 번째도 아들 로널드(Ronald)가 태어났다. 아내가 산고 끝에

---

384) 세계성서공회연합회(United Bible Societies)는 2012년 12월을 기준하여, 성경이 전 세계 7,105개 언어들 중에 2,551개 언어로 번역되었다고 보고하였다. 현재까지 가장 많은 언어로 성경이 번역된 지역은 아시아 태평양 지역으로 1,067개의 언어, 아프리카 지역은 748개 언어, 아메리카 지역은 519개 언어, 유럽 지역은 214개 언어로 번역되었다. Wednesday, August 7, 2013, *Christian Today*.

아들을 낳자 남편은 실망한 가운데 첫째 아들을 데리고 밖으로 나가 버렸다. 그리고 둘째 아들을 거들떠보지도 않았다. 당시 그 누가 둘째 아들이 미국의 대통령이 될 거라는 사실을 짐작이나 했을까?

비록 로널드는 아버지 존 에드워드(Jonh Edward)의 기대와 기쁨 속에 태어나지 못하였지만 어머니 넬리 윌슨(Nelle Wilson)의 신앙 교육 속에 바르게 성장하였다.

평소 어머니 넬리가 가르쳐 주는 성경 이야기는 아들을 대통령을 만드는 것이 목적이 아니었다. 그것은 무엇이 위대한 것인가, 무엇이 진실한 것인가를 찾아서 깨닫게 하고 인도해 주고자 하는 어머니의 간절한 마음이었다. 마침내 아들은 어머니의 성경말씀의 가르침을 따라 세계 최고 강대국인 미합중국의 위대한 대통령이라는 정상의 자리에까지 오르게 되었다.

1981년 1월 20일, 제40대 로널드 레이건 대통령의 취임식은 미국 역사상 처음으로 국회의사당 서편에 마련된 특별 취임식장에서 개최되었다. 그는 어머니 넬리 윌슨(Nelle Wilson)이 물려준 어머니의 체취와 추억이 담겨 있는 성경에 손을 얹고 대통령 선서를 하였다. 어머니의 성경책은 오래되고 낡은 책이며 여기저기 낙서하듯이 시 구절들이 적혀 있었다. 이는 성경책을 바라보는 70세의 노인 신임대통령의 마음을 사로잡았고 가슴을 뭉클하게 하였다.

1968년 로널드 레이건 대통령은 캘리포니아 주지사 취임연설을 할 때에도 하나님의 성경말씀을 역설하였다. 레이건은 그의 어머니의 성경책을 연단에 놓고 다음과 같이 말하였다.

"누구든지 위대한 지도자가 되려면 예수 그리스도의 말씀과 가르침을 마음속에 간직해야 한다. 누구나 그리스도의 교훈과 가르침을 다 실천할 수는 없지만 다만 열심히 노력하면 될 것이다."[385]

어느 날 샌프란시스코(San Francisco)의 언론 모임에서 한 기자가 레이건 대통령에게 "일생에 단 한 권의 책을 소개하고 싶다면, 또 곁에 두고 조용한 시간에 읽고 싶은 책이 있다면 무엇을 들 수 있겠습니까?"라고 질문하였다. 그때 레이건 대통령은 당연히 성경책을 꼽으면서 다음과 같이 대답하였다.

"내 어린 시절부터 지금까지 나에게 영향을 미친 책을 꼽으라면 그건 당연히 성경이지요. 그렇다고 내가 성경공부를 열심히 한 신학도라는 말은 아닙니다. 어쩌면 성경의 영향을 절실히 느끼게 된 것은 최근의 일인지도 모르지요. 우리 어머니는 매우 신앙심이 깊었고, 어린 시절에는 어머니를 따라 꼬박꼬박 교회나 주일학교에 나갔지요. 이제야 그때

---

385) Doris Faber, *The Mothers of American Presidents*' 《대통령의 어머니들》, 박윤돈 역 (서울: 문지사, 2009), p. 68.

받은 감화를 깨달을 수 있을 것 같습니다."[386]

믿음

로널드 레이건 대통령의 두 번째 영성은 '믿음'(faith)이다. 그의 믿음의 뿌리는 전적으로 어머니 넬리 윌슨으로부터 온 것이다.

그의 어머니는 어떤 사람인가? 독일의 교육 철학자 헤르바르트(Johann Herbart)는 "한 사람의 훌륭한 어머니는 백 사람의 교사와 같다"라고 했고, 프랑스 시인 빅토르 위고(Victor Hugo)는 "어머니는 강하다"라고 했다. 정말 레이건 대통령의 어머니는 위대한 신앙인이요 교육가였다.

레이건 대통령의 부모는 어떤 신앙적인 배경을 가지고 있었는가? 아버지 존 에드워드 레이건(John Edward Reagan)은 아일랜드 계통의 가난한 가정 출신이었다. 그는 가톨릭 교도로서 과격한 성격과 고집을 가지고 있었고, 알코올 중독자였다. 그는 생활도 불안정하고 경제력도 없어서 이사만 무려 열 번씩이나 다녔다.

그러나 레이건의 어머니 넬리 윌슨(Nelle Wilson)은 스코틀랜드에서 이

---

386) *Ibid.*, p. 67.

민을 온 평범한 가정이었다. 그녀의 가정은 종교적인 자유와 신앙의 삶과 터전을 찾기 위하여 대서양을 건너 신대륙을 찾은 신교도들이었다. 넬리는 천성적으로 부지런한 스코틀랜드의 혈통을 이어받아 어렸을 때부터 다부지며 생활력이 강하였다. 어머니 넬리는 철저한 신앙을 가지고 제자의 삶을 가지는 제자교회(Disciple of church)의 출신으로서 주일학교 교사이며, 여전도회 회장으로 열심히 교회를 섬겼다.

주일날이 되면 레이건은 어머니와 함께 깨끗한 옷으로 갈아입고 교회당의 앞자리에 앉아 예배와 기도를 드렸다. 성경말씀을 열심히 배우며 믿음으로 성장하였다.

아버지 존과 어머니 넬리의 신앙을 비교해 보면 너무나 대조적이다. 그들 부부는 종종 부딪쳤으나 그래도 그들은 잘 견디며 가정을 지켜 나갔다. 이후 레이건은 부모님의 차이점을 다음과 같이 설명하였다.

"아버지는 가톨릭 신자인 데 반해 어머니는 개신교 교도이다. 아버지는 온 세계에 대항하는 반면 어머니는 실제적인 선행가이다. 아버지는 아일랜드인이었고 어머니는 스코틀랜드 영국인이다. 아버지는 가끔 천박한 면을 나타냈지만 어머니는 가족의 품격을 높이려고 애썼다. 어머니는 1년에 한두 번씩 아버지가 일주일 내내 흥청망청 술 마시는 이유를 이해하지 못하였고, 마찬가지로 아버지는 어머니의 문화적인 활동을 이해하지 못하였다. 그럼에도 불구하고 그들은 잘 견뎠다."[387]

이러한 가운데 어머니 넬리는 남편 존이 자식들을 가톨릭 믿음으로 키우겠다는 데에 대하여 많은 눈물을 흘렸다. 왜냐하면 가톨릭 신자가 된다는 것은 형식적인 믿음 생활과 적당히 술을 마셔도 괜찮기 때문이었다. 또한 어머니가 제자교회에서 제자의 삶을 배우며 실천하는 신앙과 절대 금주를 요구하는 행동과는 너무나 상충되기 때문이었다. 어머니는 자녀들의 굳은 신앙과 바른 삶을 위하여 기도하였고, 믿음을 심어 주었다.

로널드 레이건 대통령은 취임식 때에 앞으로 미합중국이 하나님을 바라보며 기도하고 믿음으로 새롭게 나아가야 할 것이라고 다음과 같이 역설하였다.

"이 축복 받은 땅을 지키기 위하여 우리는 하나님을 바라보아야 합니다. 이제 그가 우리를 필요로 하는 것보다 우리가 그를 더욱 필요로 한다는 사실을 인식해야 할 때입니다. 그분은 우리에게, 이 나라에 대하여 우리 가슴에 간직할 수 있는 약속, 즉 '내 이름으로 일컫는 내 백성이 스스로 겸비하고 기도하여 그의 얼굴을 구하고 악한 길에서 떠나면 내가 하늘에서 듣고 그들의 죄를 용서하고 그들의 땅을 고칠 것이라'는 약속의 말씀을 주셨습니다. 처음 제1차 대륙회의에서 그랬듯이

---

387) Angelo, *op. cit.*, p. 319.

남녀노소간 함께 겸손한 마음으로 기도에 동참하도록 합시다. 하나님의 사랑과 그의 위대한 선하심을 위하여 기도하고, 그의 인도하심과 그가 주실 평화를 구하며, 그의 친절하고 거룩한 손이 우리 위에, 우리 나라에 그리고 자유를 수호하고 있는 우리의 동료들 위에 이제와 영원토록 함께하시기를 기도합니다. 이제 하나님께로 돌이켜, 그가 미국을 치유하시도록 우리의 믿음을 새롭게 해야 할 때가 왔습니다. 이 나라는 영적 쇄신이 필요하고 그 준비도 되어 있습니다. 언제나 그랬듯이 오늘날 우리에게도 지구의 평화를 구하는 것보다 더 간절한 기도제목은 없습니다."[388]

1983년 11월 12일, 레이건 대통령이 2박 3일 동안 한국을 방문하였다. 그는 미국 워싱턴에서 가졌던 KAL기 사건 희생자들 추도식에서 사용하였던 기도문을 가지고 대한민국 국회에서 연설하였다. 그는 슬픔과 고통을 받고 있는 유가족들에게 믿음과 용기를 가질 수 있도록 기도하자고 즉석에서 긴급 제의하였다. 그때 대한민국의 국회의원들과 방청객에 있는 사람들은 모두 기립하여 KAL기 희생자들을 위하여 합심기도를 드렸다. 레이건 대통령의 기도문은 이렇게 기록되었다.

"오! 하나님, 모든 인간 가족을 긍휼히 여겨 주시옵소서. 우리의 마음을 좀먹는 오만과 미움을 제거해 주시옵소서. 우리를 갈라놓는 벽들을 무너뜨려 주시옵소서. 그리고 우리의 갈등과 혼란을 무릅쓰고 이

---

388) Keefauver, *op. cit.*, p. 157.

땅에 주님의 뜻이 이루어지게 하옵소서. 그리하여 늦기 전에 모든 나라와 모든 민족이 화합한 가운데 주님을 섬길 수 있게 하옵소서."[389]

십일조와 구제

레이건 대통령의 세 번째 영성은 '십일조'(tithe)이다. 그의 십일조에 대한 신앙은 그의 어머니 넬리 윌슨(Nelle Wilson)의 철저한 가르침 때문이었다. 어머니 넬리는 평소 제자의 삶을 강조하면서 자신 먼저 예수님의 제자처럼 살려고 힘썼다. 어머니 넬리는 자녀들에게 신앙 교육을 가르쳤는데, 특별히 두 아들에게 항상 자기 소득의 10분의 1인 십일조를 하나님께 꼭 바쳐야 한다고 철저하게 가르쳤다.

"만군의 여호와가 이르노라 너희의 온전한 십일조를 창고에 들여 나의 집에 양식이 있게 하고 그것으로 나를 시험하여 내가 하늘 문을 열고 너희에게 복을 쌓을 곳이 없도록 붓지 아니하나 보라"(말 3:10).

미국 애리조나 주립대학교(Arizona State University) 부총장 골든 캐스틀(Gorden Castle)은 "미국이 세계 최고의 강대국이 될 수 있는 비결이 무엇인가"라는 질문에 대해 말하기를 '청교도 정신'이라고 대답하였다. 즉

---

389) 염성철, *op. cit.*, p. 300.

"지킬 것은 지키고 드릴 것은 드리자"라는 그들의 캐치프레이즈(catch-phrase)이다. 그리고 존 록펠러(John D. Rockefeller)가 세계 최고의 재벌 왕이 될 수 있었던 비결도 바로 그의 어머니 엘리자(Eliza)의 신앙유산 '십일조 신앙'이다.[390]

레이건의 어머니가 행한 중요한 신앙교육 중 하나는 십일조의 가르침이다.[391] 어머니로부터 십일조 교육을 받은 레이건은 젊을 때부터 십일조를 하나님께 바쳤다. 그리고 그는 담임 목사님의 허락을 받아 첫 월급 10달러를 어려운 형님 닐(Neil)에게 보내 드렸다.

레이건은 할리우드에서 영화배우 생활을 할 때 할리우드 비버리 크리스천 교회(Hollywood Beverly Christian Church)에 어머니와 함께 출석하였다. 이곳에서 그의 가족들은 평생토록 교회의 멤버십이 되었다. 그리고 그는 정기적으로 주일헌금과 십일조 생활을 하였다.

그리고 레이건은 캘리포니아의 전임 주지사였던 브라운(Brown)에게 '예산부족'이라는 가난한 유산을 물려받아 '예산 흑자'로 만들어낸 성공적인 주지사가 되었다. 그가 캘리포니아 주지사로 재임하고 있을 당시에 만든 주정부 복지사업과 프로그램들은 바로 어머니 넬리의 십일조의 원리와 정신에서 나온 것이었다.

---

390) 안재도, 《말라기 강해》 (서울: 쿰란출판사, 2010), p. 265.
391) Doris, 박윤돈 역, 《대통령의 어머니들》 p. 71.

다른 하나는 구제이다.[392] 이것은 평소에 그의 어머니가 가르친 교훈이다. 레이건 가정의 가훈은 "도움이 필요한 사람은 도와주라"는 것이다. 그의 가훈에 의하면, 가난은 노력으로 극복할 수 있으며 일정한 소득이 생기면 그중에 최소한의 금액은 보다 약한 사람들을 위하여 반드시 사용해야 된다는 것이다. 이러한 가훈의 영향을 받은 레이건은 젊을 때부터 적은 월급이지만 조금씩 떼어 길거리에 굶주림을 당하고 있는 거지들에게 커피 값이라도 할 수 있도록 10센트씩 나누어 주었다.

어느 날, 여름방학을 맞이하여 레이건은 집으로 돌아왔다. 그는 어머니의 재봉실에서 한 남자가 피곤하게 잠을 자고 있는 것을 보았다. 분명히 처음 보는 사람이었다. 그 사람은 가출한 죄수로서 세상에서 적응하지 못하고 방황하고 있는 중이었다. 그의 어머니가 그 죄수를 집안으로 데려와 보살피고 구제자선 활동을 하고 있는 중이었다. 어머니는 고통과 아픔을 당하는 사람에게 사랑과 자비를 베풀었다. 성경말씀을 가르치고 기도로 용기와 힘을 주었다. 그때 아들 레이건은 어머니의 자선 활동에 큰 감명을 받고 많은 것을 깨닫게 되었다.[393]

유머

---

392) *Ibid.*
393) Angelo, *op. cit.*, p. 317.

로널드 레이건 대통령의 네 번째 영성은 '유머'(humor)이다. 레이건의 아버지 존(John)은 버럭버럭 성을 잘 내며 상스러운 욕지거리들을 잘했다. 그러나 어머니는 신앙적인 감화를 많이 받아 잘 다듬어졌다. 연극 무대에서도 여주인공을 맡아서 세련되게 연기를 잘하였다. 그녀는 말도 잘하고 매우 유머스러웠다.

아들 레이건은 어머니의 유전자를 많이 물려받았다. 레이건의 갸름한 얼굴과 우뚝 솟은 콧날은 어머니를 많이 닮았다. 그가 나서기를 좋아하고 유머스럽게 말을 잘하는 것 역시 어머니를 닮았다. 그리고 아들 레이건은 아무런 생각 없이 주절거리며 말하는 아버지의 성격도 닮았다. 그래서 레이건은 가끔 말을 남발하여 실수하는 경우도 있었다.

레이건의 임실사건과 아내 낸시[394] – 1981년 3월 30일, 레이건 대통령이 취임식을 마친 70일째 되는 날이었다. 그는 워싱턴 힐튼 호텔(Hilton Hotel)에서 노동계 지도자들과 오찬을 하면서 담소를 나누었다. 모임이 다 끝난 후 밖에 대기하고 있는 대통령 리무진으로 걸어가는 순간 정신병자이며 유랑자인 존 힝클리 2세(John Hinckley Jr.)가 레이건 대통령을 향하여 22구경 자동권총을 발사하였다. 그 순간 총알은 대통령 언론담당 비서 제임스 브래디(James Brady)와 비밀요원 한 사람, 경찰 한 사람 그리고 레이건 대통령을 명중시켰다.

---

394) Ridings, op. cit., p. 260.

그 당시 대통령의 경호원들은 급히 레이건 대통령을 리무진에 밀쳐 넣고 조지 워싱턴 병원으로 달려갔다. 담당 의사들은 총탄이 레이건 대통령의 허파를 관통하였지만 다행스럽게도 심장에서 1인치 떨어진 곳에 박혀 있는 것을 발견하였다. 레이건 대통령의 생명에는 지장이 없었다.

레이건 대통령은 죽음의 위기 속에서 수술용 침대에 실린 채로 수술실 안으로 들어갈 때에도 외과 의사들에게 싱긋 웃으면서 "당신들 모두가 훌륭한 공화당원이라는 것을 나에게 확신시켜 주시오"라고 말하였다. 그리고 수술을 마치고 의식을 찾은 후에 그의 아내 낸시(Nancy)에게 처음으로 한 말은 바로 유머였다. "여보, 나 고개 숙이는 것을 잊어버렸소!"[395]

레이건과 먼데일의 토론[396] – 1984년 레이건 대통령이 재선에 출마할 당시였다. 그의 나이 73세였을 때 레이건 후보는 월터 먼데일(Walter Mondale) 후보와 함께 대통령 후보 TV 토론회를 가졌다. 당시 먼데일 대통령 후보 측에서는 "레이건이 너무 늙었다!"라고 비웃었다. 그때 한 기자가 "연령 때문에 선거운동에 불리하게 작용하지 않겠느냐?"라고 질문하자 레이건 후보는 "나는 상대의 연소함과 무경험을 정치적으로 이용하지 않겠다"라고 대답하였다. 그때 먼데일 후보와 모든 사람들이 그의 유머에 한바탕 웃었다. 결과적으로 그는 유머 한마디로 73세 노인이지만 대통령 재선에 성공하였다.

---

395) Ridings, *op. cit.*, p. 260.
396) 염성철, *op. cit.*, p. 303.

레이건의 정치관[397] - 시민 정치인 입장에서 레이건은 단언하였다. "직업으로서 정치는 나쁘지 않습니다. 성공하면 보상이 많습니다. 인기를 잃더라도 언제든지 책을 쓸 수 있습니다."

레이건과 보청기[398] - 1987년 4월 어느 날, 레이건은 백악관 출입기자의 만찬회에서 이렇게 말하였다. "제가 보청기를 착용한다는 것은 비밀이 아닙니다. 그런데 바로 며칠 전에 갑자기 작동이 잘 안 됐습니다. 그런데 알고 보니 KGB(Komitet Gosudarstvennoi Bezopasnosti=Committee for State Security, '소련국가안보위원회')가 제 보청기에 도청장치를 했더라고요."

레이건과 축복의 말[399] - 레이건은 양날의 칼과 같은 아일랜드식 축복의 말을 종종 했다. 그는 말하였다. "우리를 사랑하는 사람들이시여, 우리를 사랑하소서. 그리고 우리를 사랑하시 않는 사람들은, 신이여, 그들의 마음이 돌아서게 해주소서. 그리고 신께서 그들의 마음을 돌아서게 하지 않으신다면, 신이시여, 발목을 돌려 주소서. 그러면 우리는 절룩거리는 모양으로 그들을 식별할 수 있을 것입니다."

레이건 대통령은 비록 영화 스타로서는 실패했지만 최고령으로 대통령이 되어 미국을 세계 최강대국으로 만들었고, 신자유주의 정책으로

---

397) Dole, op. cit., p. 42.
398) Ibid., p. 44.
399) Ibid., p. 46.

경제대국으로 만들었다. 2011년 갤럽(Gallup) 여론조사에 의하면 '가장 위대한 미국 대통령으로서 1위는 레이건, 2위는 링컨'이었다. 그는 퇴임 후 알츠하이머병[400](Alzheimer's disease)으로 투병하다가 93세에 세상을 떠났다.

---

[400] 알츠하이머병(Alzheimer's disease)은 퇴행성 뇌질환으로 노화의 과정 속에서 뇌조직의 기능을 점차적으로 잃으면서 정신기능이 쇠퇴하는 병이다. 이 병의 특징은 기억력과 정서면에서 심각한 장애를 일으킨다. 현대 의학에서는 이 병에 대한 치료법이 없어서 '불치의 병'이라고 부른다. 치매는 알츠하이머병에 의해서도 생긴다. 그리고 치매의 원인으로는 고혈압을 비롯한 당뇨병, 심장질환과 성인병 등을 들 수 있다. 현재 알츠하이머병은 미국에서는 65-74세 사이의 인구 중 약 3%이며, 한국에서는 60세 이상의 인구 중 약 21%가 치매환자이며, 63%가 알츠하이머병 형 치매환자로 보고되었다.

■ 제41대 미국 대통령

조지 허버트 워커 부시의 영성
George Herbert Walker Bush 1924.6.12-생존

대통령 재임기간 1989.1.20-1993.1.20

조지 허버트 워커 부시[401](George Herbert Walker Bush)는 매사추세츠 주 밀턴(Milton, Massachusetts)에서 부유한 정치 명문 가정에서 태어났다. 그의 아버지 프레스콧 부시(Prescott S. Bush)는 월 스트리트(Wall Street)의 부유한 투자 은행가이며 코네티컷 주(Connecticut State)에서 연방 상원의원을 역임하였다.

부시는 18세에 2등 항해사로 미 해군에 입대하여 최연소 비행사로서

---

401) 조지 허버트 워커 부시(George Herbert Walker Bush)는 1924년 6월 12일 투자 은행가이며 연방 상원의원 출신인 아버지 프레스콧 셸던 부시(Prescott Sheldon Bush)와 어머니 도로시(Dorothy)의 4명의 아들들 가운데 첫째로 태어났다. 그리고 그는 바바라 피어스(Barbara Pierce)와 결혼한 후에 4남 1녀를 낳았다. 아들의 이름은 조지 워커(George Walker), 잽(John Ellis, 'Jeb'), 닐(Neil), 마빈(Marvin)이며, 딸은 도로시(Dorothy)이다.

제2차 세계대전에 참전하여 수차례씩이나 작전을 수행하였다. 한번은 작전을 수행하던 중 총격을 받았고 비행기가 추락을 당하였다. 이 일로 인하여 그는 태평양전쟁에서 공군 무공십자 훈장을 받았다. 전쟁이 끝난 후, 그는 예일 대학교(Yale University)에 입학하여 경제학을 전공하여 우등으로 졸업하였다.

20세에 조지 부시는 해군 복무 기간 중 19세의 바바라 피어스(Barbara Pierce)를 만나 뉴욕의 어느 교회에서 결혼식을 올리고 4남 1녀를 낳았다. 그런데 유일한 딸은 네 살 때 백혈병으로 세상을 떠났다. 네 명의 아들들 가운데 장남은 제43대 대통령인 조지 워커 부시(George Walker Bush)이며, 그리고 차남은 플로리다(Florida)에서 주지사를 역임한 젭 부시(Jeb Bush)이다.

그 후 부시는 텍사스로 이주하여 석유사업을 하였고, 텍사스 연방 및 상원의원을 거쳐 CIA 국장, 부통령을 거쳐 대통령에 취임하였다. 미국 대통령 역사상 제2대 아버지 존 애덤스(John Adams) 대통령과 6대 아들 존 퀸시 애덤스(John Quincy Adams) 대통령에 이어 두 번째로 제41대와 제43대 부시 대통령은 부자(父子) 대통령이다. 이렇게 하여 부시 가문도 케네디 가문과 같이 '정치 왕조'(political dynasty)라고 불리게 되었다.

제41대 미국 대통령 조지 H. 부시는 마태복음 5장 1-3절과 48절 위에

손을 얹고 대통령 선서를 하였다.[402]

"예수께서 무리를 보시고 산에 올라가 앉으시니 제자들이 나아온지라 입을 열어 가르쳐 이르시되 심령이 가난한 자는 복이 있나니 천국이 그들의 것임이요……그러므로 하늘에 계신 너희 아버지의 온전하심과 같이 너희도 온전하라"(마 5:1-3, 48).

믿음

조지 부시 대통령은 감독교회('개신교 감독교회', '성공회', Protestant Episcopal Church)의 교인이다. 그의 가족은 정기적인 가정예배와 기도 모임을 가졌다. 그는 공석으로 예수 그리스도를 구세주로 영접하였다고 신앙고백하였다.

부시는 코네티컷에서 살 때에는 그린위치 그리스도 교회(Christ Church in Greenwich, Connecticut)에 출석하였고, 텍사스 휴스턴에서는 성 마틴 감독교회(St. Martin's Episcopal Church, Houston)에 참석하였다. 부시와 바바라 부부는 텍사스 미드랜드에 살 때에는 제일장로교회(First Presbyterian Church, Midland, Texas)에서 주일학교 교사와 집사로 일하였다. 그리고 남

---

402) *Inaugural Addresses of the Presidents of the United States* Volume Two, pp. 161-164.

편 부시는 장로로 섬겼다.

1990년, 조지 부시 대통령은 전능하신 하나님에 대한 절대적인 믿음과 신뢰를 가져야 된다고 강조하였다. 그는 전직 드와이트 아이젠하워(Dwight Eisenhower) 대통령의 믿음을 본받아서 계속적으로 미국은 하나님에 대한 믿음을 가져야 한다고 역설하였다.

"저는 진심으로 하나님에 대한 믿음이 없이는, 그 믿음이 그에게 줄 힘이 없이는 미국의 대통령이 될 수 없다는 사실을 믿습니다. 또 다른 대통령, 드와이트 아이젠하워는 한때 이렇게 말했습니다. '자유정부는 절실한 종교적 신앙의 정치적 표현입니다.' 이제 우리 모두 아이젠하워의 믿음을 본받아 미국의 가장 숭고한 가치를 표현합시다. 그래서 함께 결코 양도할 수 없는 인간의 권리를 섬길 수 있도록 말입니다."[403]

1991년, 부시 대통령은 국가조찬기도회(National Prayer Breakfast)에서 미국은 '하나님 아래'(under God) 하나가 된 국가라는 개념과 믿음을 가져야 할 것을 이렇게 연설하였다.

"여러분은 미국이 하나님 아래서 세워진 나라라는 사실을 알 것입니다. 그리고 처음부터 우리나라가 전시 때나 평화스러운 때 모두 하나님의 능력과 인도하심에 의존해 왔습니다. 그리고 이것은 우리가 결코

---
403) Mount, *op. cit.*, pp. 17-18.

잊지 말아야 할 무언가를 말하는 것입니다. 저는 모든 대통령들이 배웠을 것이라 생각하는 것을 배웠습니다. 하나님에 대한 믿음 없이, 하나님 아래 우리가 하나 된 나라라는 확신에 찬 깨달음 없이 대통령이 될 수 없다는 사실입니다."[404]

또한 1992년 조지 부시 대통령이 공화당 소속으로서 부시와 퀘일(Bush-Quayle) 재선 캠페인을 한창 벌이고 있을 때였다. 그때 공화당에서는 정당 강령에 '하나님 아래'라는 이름을 빼자고 하였다. 그러나 부시는 공화당 전당대회의 위원들에게 정당 강령에 그 문구를 꼭 집어넣을 것을 설득하여 넣게 되었다.

정의

조지 부시 대통령의 두 번째 영성은 '정의'(righteousness)이다. 이것은 나라와 민족을 위하여 바르고 의롭게 행하는 적극적인 삶이다.

조지 부시의 가정은 일찍이 스코틀랜드(Scotland)를 떠나 미국으로 이민 온 청교도 가문이며, 영국 엘리자베스 2세 여왕과 먼 친척이다. 아버지 프레스콧 부시(Prescott Bush)는 키가 190센티미터이며 예일 대학에서

---
404) *Ibid.*

스타 선수였고, 노래도 잘 부르고 피아노도 잘 쳤다. 그래서 여자들의 이상형 남자였다.

그리고 어머니 도로시(Dorothy)는 독실한 신앙인이었다. 그녀는 분명하게 교육하며, 잘된 것과 잘못된 것을 바로 지적하였다. 또한 사랑으로 감싸 주는 따뜻한 마음도 가졌다. 동시에 그녀는 모든 일에 적극적이며 굽힐 줄 모르는 리더십도 가지고 있었다. 그리고 만능 운동선수였다.

또한 어머니 도로시는 청교도 조상들로부터 내려온 전통을 유지하며 말씀과 기도로 갖추어진 '신앙심'을 비롯한 '자부심', '겸손', '팀 플레이' (team play)와 '사회봉사'를 강조하였다. 그래서 아버지와 어머니는 어렸을 때부터 항상 자녀들에게 "부유하고 특권이 있는 사람들은 사회를 위하여 무엇을 해야 할 의무가 있다"[405]라고 계속 교육하였다.

아들 조지 부시는 대통령이 되어 어머니 도로시의 자녀교육에 대하여 다음과 같이 설명하였다.

"어머니는 항상 사람들에게서 좋은 점을 보려 했다. 독실한 기독교인이었던 어머니는 예수 그리스도의 가르침을 따라 살았다. 부시 집안의 세련되고 풍요로운 환경 속에서 살았던 어머니는 외딴 캘리포니아 레몬 농장에서 살았던 닉슨처럼 아무런 가식이 없이 자신의 믿음을 실천

---

405) Ridings, *op. cit.*, p. 269.

하였다. 어머니는 식사시간이면 어김없이 아이들에게 어떻게 살 것인가에 대하여 이야기하였다. 아침 식사시간에도 성경을 읽고 가르쳤다. 물론 아이들의 일상생활에 대하여 조목조목 훈계하였다. 예컨대 선한 사마리아인의 이야기를 하면서 누군가 도움이 필요할 때 나서서 도와주어야 한다는 것을 이야기하는 스타일이었다."[406]

1989년 1월 20일, 제41대 미국 대통령 조지 부시의 취임식은 정말 화려한 축제의 분위기였다. 왜냐하면 바로 국부 조지 워싱턴 대통령의 취임 200주년 기념이었기 때문이다. 이날은 50만 명의 축하객들이 주위에 모여 17만 명이 취임식에 참석하였다. 이날 취임식의 행사비로 한화 200억 정도라는 엄청난 돈을 사용하였다.

이날 조지 부시 대통령은 지도자의 정치권력의 중요성을 강조하면서 주어진 권력과 힘을 남용하지 말고 바르고 정의롭게 힘을 사용해야 한다고 다음과 같이 연설하였다.

"하늘에 계신 아버지여, 우리의 머리를 숙여 당신의 사랑에 감사를 드립니다. 오늘을 가능하게 한 평화와 그 평화를 가능하게 한 믿음으로 인하여 하나님께 드리는 우리의 감사를 받아 주옵소서. 우리가 아버지의 일을 할 수 있도록 힘을 주시고, 아버지의 뜻을 마음에 새기며 주의 음성에 귀를 기울일 수 있는 마음을 주시고, 우리 마음에 '다른 사람들

---

406) Angelo, *op. cit.*, pp. 340-341.

을 돕기 위하여 힘을 사용하라는 주의 말씀을 새기게 하옵소서. 우리에게 힘이 주어진 것은 우리 자신의 원하는 것을 하기 위함이 아니라, 세상에 뽐내거나 이름을 내기 위함이 아니라, 세상에서 힘을 사용하는 단 하나의 정당한 방법, 즉 사람을 섬기는 것임을 깨닫게 하옵소서. 주여, 우리가 이것을 꼭 기억하도록 도와주옵소서. 아멘."[407]

1990년 8월 2일, 이라크의 사담 후세인(Saddam Hussein)은 석유수출국가인 쿠웨이트(Kuwait)를 침공하였다. 그때 부시 대통령은 UN을 비롯한 전 세계의 국가들로부터 즉각적으로 이라크 군대가 쿠웨이트로부터 퇴각해야 한다는 당위성을 확보하였다. 그때 전 미국 국민들은 정의를 위하여 싸우는 부시 대통령의 정책에 압도적인 지지를 보냈다.

부시 대통령은 사담 후세인에게 세계 평화와 질서를 위하여 대화를 먼저 요청하였다. 그러나 사담 후세인은 대화를 단호히 거절하고 자신들이 승리할 것이라고 장담하며 외쳤다. 이에 부시 대통령은 선과 악, 불의와 정의를 위하여 싸우기로 결심하였다.

1991년 1월 16일, 부시 대통령은 미국을 중심으로 한 UN 다국적 군대에게 이번 '걸프 전쟁'[408](Gulf War)에서의 가장 중요한 작전 '사막의 폭풍'

---

407) Keefauver, op. cit., p. 161.
408) 걸프 전쟁(Gulf War, 혹은 페르샤만 전쟁)은 1990년 8월 2일부터 1991년 2월 28일까지 벌어졌다. 사담후세인(Saddam Hussdein)이 쿠웨이트(Kuwait)는 과거 이라크의 영토였다면서 쿠웨이트를 침략하자 유엔이 결의하여 미국을 비롯한 영국, 프랑스, 사우디아라비아, 소련

(Operation Dessert Storm)을 명령하였다.

걸프 전쟁은 쿠웨이트를 해방시키기 위한 세계 최고 최대의 과학기술을 입증하는 현장이었다. 하늘에서는 스텔스 전투기가 레이더망을 피하여 이라크의 방어망을 뚫고 전선을 초토화시켰다. 땅에서는 800대의 최신 탱크들을 앞세워 이라크의 수도인 바그다드(Baghdad)와 대통령 궁에 순식간에 입성하여 후세인의 동상을 무너뜨렸다. 결과적으로 걸프 전쟁은 100시간 만에 종료되어 버렸다. 이것은 공의로운 하나님께서 함께 하신다는 '평화의 기적'이었다.

"여호와께서 기다리시나니 이는 너희에게 은혜를 베풀려 하심이요 일어나시리니 이는 너희를 긍휼히 여기려 하심이라 대저 여호와는 정의의 하니님이심이라 그를 기다리는 자마다 복이 있도나"(사 30:18).

드디어 1991년 2월 28일 수요일 8시 30분 부시 대통령은 TV 방송을 통하여 전 국민에게 "쿠웨이트는 해방되었다. 우리 군대의 목적은 성취되었다"라고 승리를 선언하였다.

등 30개 나라가 다국적군을 결성하여 쿠웨이트를 지원함으로써 벌어진 전쟁이다. 이 전쟁에는 미군 43만 명을 비롯한 68만 명의 다국적군이 참전했고, 이라크에서는 정규군과 예비군을 포함한 100만 명이 참전했다. 1991년 1월 16일, 이 전쟁에서 다국적군은 '사막의 폭풍'(Operation Desert Storm)이라는 작전을 전개하여 42일 만에 전쟁을 승리로 끝냈다.

조언 듣기

부시 대통령의 세 번째 영성은 '조언 듣기'(accepting advised)이다. 그는 어린 시절부터 항상 어머니로부터 들었던 성경 이야기와 영적 조언들을 듣기를 좋아하였다. 이러한 영적인 가르침이나 조언들은 훗날 그에게 지혜와 용기가 되었다.

부시 대통령의 어머니 도로시의 충고와 조언은 설교적인 스타일이 아니라 이야기식이었다. 이론적인 것이 아니라 실제적인 삶의 방식을 잘 이끌어 주었다. 그리고 도로시는 목사님들을 모시고 자녀들에게 성경 이야기나 신앙적인 조언과 상담을 나누도록 하였다.

조시 부시는 부통령 시절에는 그의 절친한 친구로 불리는 빌리 그레이엄(Billy Graham) 목사를 자주 초청하여 가족들에게 성경 이야기나 다른 상담과 영적인 조언을 많이 들려주었다. 1985년 어느 날 밤에 빌리 그레이엄 목사님을 초청하여 성경 이야기를 한참 하고 있었다. 그때 맏아들 조지 부시도 함께 있었다. 당시 맏아들은 삶의 중심을 잡지 못하고 방황하면서 술을 마시는 알코올 중독자였다. 그러나 빌리 그레이엄의 설교 말씀을 듣고 많은 영적인 감동과 감화를 받았다.[409]

---

409) Angelo, op. cit., p. 342.

그 이후, 맏아들 조지 부시는 자신의 삶을 되돌아보며 새로운 길을 찾았다. 그리하여 텍사스 주지사를 성공적으로 연임하였다. 그리고 곧 백악관으로 입성하게 되었다.

조지 부시는 대통령이 되어서도 어려운 정치적인 고비와 문제를 만날 때마다 영적인 멘토인 목사님을 통하여 영적 지혜와 조언을 들었다.

1991년 1월 16일, 걸프 전쟁이 터지는 날이었다. UN 다국적군은 막강한 군사력을 가지고 있었다. 그러나 부시 대통령의 마음은 어딘가 불안하고 두렵고 떨렸다. 그는 자신의 영적 조언자이며 멘토인 빌리 그레이엄 목사를 백악관으로 초청하였다. 그들은 나란히 앉아서 첫 번째 전투 보고를 받았다.

부시 대통령의 주위에는 가장 똑똑한 군사 전문가와 외교가들이 포진되어 있었다. 그리고 참모와 비서관들이 수시로 점검하고 있었다. 그러나 부시 대통령은 이번 전쟁의 두려움과 긴장 속에서 지켜 주실 자는 하나님밖에 없다는 사실을 믿고 하나님의 종 빌리 그레이엄 목사님에게 자신의 바로 옆자리를 지키도록 하였다. 그는 이번 전쟁에서 승리할 수 있도록 하나님께 기도를 드렸다. 그리고 빌리 그레이엄 목사님을 통하여 영적인 지혜와 조언을 들었다. 마침내 부시가 지닌 정의와 평화, 지혜와 조언은 걸프 전쟁을 승리로 이끌었다.

추수감사절 선언문

1990년 11월 14일, 미합중국의 조지 부시 대통령은 추수감사절 선언문을 다음과 같이 선언하였다.

"이 추수감사절에 가족과 친구들이 함께하는 즐거움 가운데서 모든 생명과 자유의 원천이신 하나님께 우리의 마음을 돌려 감사를 드립시다. 우리의 잘못과 범죄함을 하나님께서 용서해 주시기를 구하고, 우리가 하나님의 지속적인 은총과 보호하심을 받는 국민으로 남아 있을 수 있도록 우리 마음을 새롭게 하는 다짐을 합시다. 전능하신 하나님을 의지하고, 그의 명령들에 순종하며, 아직 이 나라의 축복을 충분히 함께 나누고 있지 못한 사람들을 돕기 위해 우리의 손으로 펼치는 것은 시편 기자의 영원한 호소에 우리가 줄 수 있는 가장 감동적이고 의미 있는 응답일 것입니다. '여호와께 감사하라. 그는 선하시며 그의 인자하심이 영원하심이로다.'"[410]

제41대 조지 부시 대통령은 걸프 전쟁으로 영웅이 되었으나 경제문제로 재선 대통령이 되지 못했다. 그의 대통령 마지막 임기년에 다음과 같은 업적이 기록되었다.

"공산주의는 바로 올해 죽었다. 하나님의 축복으로 미국은 냉전에서

---
410) Keefauver, *op. cit.*, p. 161.

승리하였다."⁴¹¹

이후 아들 조지 부시가 제43대 미국 대통령이 되어 부시 정치 왕조의 영광을 누렸다. 현재 그는 대통령 퇴임 후 회고록을 집필하며 여생을 보내고 있다.

---

411) Ridings, *op. cit.*, p. 273

제42대 미국 대통령

빌 클린턴의 영성
Bill Clinton 1946.8.19-생존

대통령 재임기간 1993.1.20-2001.1.20

빌 클린턴[412](Bill Clinton)은 아칸소 주 호프(Hope, Arkansas)에서 태어났다. 그는 어렸을 때에 생부의 이름을 따라 윌리엄 제퍼슨 블라이드 3세(William Jefferson Blythe III)라고 불렸다. 그러나 어머니 버지니아(Virginia)가 로저 클린턴(Roger Clinton)과 재혼하였다. 1962년부터 그는 알코올 중독자였던 의붓아버지의 이름을 따라서 빌 클린턴(Bill Clinton)이라는 이름으로 바꾸었다.

---

412) 빌 클린턴(Bill Clinton)은 아버지 윌리엄 제퍼슨 블라이드(William Jefferson Blythe)와 어머니 버지니아(Virginia) 사이에 태어났다. 그의 이름은 어렸을 때에 윌리엄 제퍼슨 블라이드 3세(William Jefferson Blythe III)라고 불렸다. 그러나 어머니 버지니아가 로저 클린턴(Roger Clinton)과 재혼하여 이후부터 빌 클린턴(Bill Clinton)으로 바꾸었다. 그리고 그는 힐러리 로드햄(Hillary Rodham)과 결혼하여 외동딸 첼시(Clelsea)를 낳았다.

빌 클린턴은 청소년 시절부터 학교 성적이 우수하여 정치에 뜻을 두었다. 그는 워싱턴에 있는 조지타운 대학교(Georgetown University, Washington D.C.)와 예일 대학교 법학대학원(Yale University Law School)을 졸업하였다. 그는 예일 대학교에서 공부하는 법대생 힐러리 로드햄(Hillary Rodham)을 만나 결혼하여 외동딸을 두고 있다.

빌 클린턴은 1978년 최연소 나이 32세로 아칸소(Arkansas) 주의 검찰총장을 거쳐 아칸소 주지사로 당선되었다. 이후 1991년 민주당 대통령 후보로 출마하여 현직 대통령인 조지 부시를 물리치고 제42대 미국 대통령에 취임하였다.

빌 클린턴은 베이비 부머(Baby Boomer) 시대의 첫 번째 대통령이 되었다. 가장 젊은 나이에 미국 대통령이 된 사람은 제1위가 루스벨트이며, 2위는 케네디, 그다음은 클린턴 대통령이다.

제42대 미국 대통령 빌 클린턴은 갈라디아서 6장 8절 위에 손을 얹고 대통령 선서를 하였다.[413]

"자기의 육체를 위하여 심는 자는 육체로부터 썩어질 것을 거두고 성령을 위하여 심는 자는 성령으로부터 영생을 거두리라"(갈 6:8)

---

413) *Inaugural Addresses of the Presidents of the United States* Volume Two, pp. 167-170.

비전

빌 클린턴 대통령은 침례교회(Baptist Church)의 교인이다. 그의 첫 번째 영성은 '비전'(vision)이다.

클린턴은 어린 시절에 아칸소 핫 스피링(Hot Spring, Arkansas)에 있는 파크 플레이스 침례교회(Park Place Baptist Church)에 다녔다. 그가 9세 때에 회심하고 세례(침례)를 받았다는 사실에 대해 다음과 같이 기록되어 있다.

> "당시 나는 매주 주일학교와 예배 참석하는 가운데 예수님이 나를 구원하시기 원한다는 교회의 가르침에 열중했습니다. 그래서 나는 주일학교가 끝날 무렵, 강단 앞으로 나가 그리스도에 대한 나의 믿음을 고백하고, 세례 받기를 요청했습니다."[414]

클린턴은 아칸소에 있는 파크 플레이스 침례교회를 다녔다. 그러나 아칸소 주지사가 되기 전까지는 교회를 정기적으로 다니지 않았다. 16년 동안, 그는 교회에 출석하지 않다가 아칸소 주지사가 된 이후 1978년부터 임마누엘 침례교회(Immanuel Baptist Church)에 등록하여 정기적으로 교회에 출석하였다. 그는 어린 시절에 회심하였으나, 그의 회심과 삶

---

414) Mount, *op. cit.*, p. 8.

은 외향적으로 교회 출석하는 일과 헌신하는 것이었다. 그는 기독교의 정통적인 교리를 믿는 것 같았지만 창세기의 천지창조와 인간 생명의 존엄성에 대한 성경의 가르침에는 부정적이었다.

빌 클린턴의 가정은 매우 불행하였다. 1946년 8월 19일 빌이 세상에 태어나기 3개월 전에 그의 아버지는 교통사고로 세상을 떠났다. 빌이 태어났을 때 그의 이름은 윌리엄 제퍼슨 블라이드 3세(William Jefferson Blythe III)였다. 그러나 그는 어머니 버지니아(Virginia)가 로저 클린턴(Roger Clinton)과 재혼한 이후로는 생부의 이름을 버리고 계부의 이름을 이어받아 빌 클린턴이라고 바꾸어 불렀다.

어머니와 의붓아버지의 결혼은 파란만장한 불행의 시작이었다. 의붓이버지는 말도 거칠있고 마구잡이로 폭력을 휘둘렀다. 빌이 14세 때였다. 의붓아버지가 어머니 버지니아를 향하여 무자비하게 폭력을 가했다. 그때 빌은 처음으로 어머니를 보호하기 위하여 침실에 뛰어들어가 맞고함을 치며 의붓아버지를 눌렀다.

의붓아버지는 도박에 미쳐 있었고 알코올 중독자였다. 그는 어머니와 초등학교 1학년인 어린 빌을 향하여 총으로 무자비하게 위협하고 쏘기도 하였다. 그때 빌은 경찰을 부른 적도 있었다. 그들의 삶은 날마다 폭력과 싸움, 위협과 공포, 불안과 두려움 속에 사는 지옥과 같은 생활이었다. 결국 그들 부부는 이혼하고 말았다. 그때 빌의 나이는 16세였다.

이때부터 빌 클린턴은 자신의 불우한 가정환경을 극복하기 위해서는 모든 면에서 뛰어나고 탁월해서 인정을 받아야 한다고 생각하여 야망을 가지기 시작하였다. 그래서 그는 공부를 열심히 하여 우등생 반열에 들어갔다. 또 웅변대회도 나가서 우승도 하였고 색소폰도 불기 시작하였다.

빌은 학교에 있는 선생님이나 다른 모든 친구들에게 보다 더 진지하며 성숙한 면을 보였다. 빌은 다른 친구들보다 모든 면에 자신감과 리더십이 넘쳤고, 세상 돌아가는 물정을 잘 파악하였다. 당시 빌에게서 감명을 받은 밴드 지휘자 버질 스펄린(Virgil Spurline) 선생님은 "빌은 애늙은이였다!"[415]라고 말하였다.

이렇게 학교생활을 하는 가운데 빌 클린턴이 미국의 대통령이 되겠다고 결심하게 된 시기는 고등학교 시절이었다. 당시 케네디(John F. Kennedy) 대통령은 미국 전국에 있는 우수한 고등학생 40명을 백악관에 초청하였다. 클린턴이 그중 한 사람이었다. 그날 케네디 대통령은 참여한 고등학교 학생들을 향하여 "야망을 가져라!"(Be Ambitious!)는 주제로 강의를 하였다. 이후 케네디 대통령이 학생들과 한 명씩 악수할 때에 빌도 악수를 하였다. 그 순간 빌의 마음은 뜨거워졌고 감격스러워졌다.

---

415) Angelo, *op. cit.*, p. 379.

백악관에서 돌아온 클린턴은 그의 마음속에 꿈과 비전을 깊이 간직하였다. 그는 어려운 환경과 여건 속에서도 차근차근 자신의 꿈과 비전을 향하여 한 걸음씩 나아갔다. 그는 명석한 두뇌와 강한 신념을 가지고 목적을 향하여 달려가면서 조지타운 대학과 영국 옥스퍼드 대학교(Oxford University)에서 로즈(Rose) 장학금을 받으면서 공부하였다. 그리고 예일 대학교 법학대학원을 졸업하였다. 드디어 그는 28년이 지난 47세에 미국 대통령의 꿈과 비전을 이루었다.

빌 클린턴 대통령은 취임식 때, 잠언 29장 18절의 말씀 "묵시(vision)가 없으면 백성이 방자히 행하거니와"라는 말씀을 인용하면서 "오늘 내가 미국 대통령이 될 수 있었던 것은 케네디 대통령의 비전 때문이었으며, 앞으로 미국이 나아갈 길은 비전을 갖는 것이며, 비전이 있는 한 미국은 망하지 않는다"[416]라고 역설하였다.

뉘우침

빌 클린턴 대통령의 두 번째 영성은 '뉘우침'(realizing)이다. 그는 능력 있는 대통령으로 인정을 받았다. 그러나 그의 인격은 문제가 되었다. 인격의 투명성은 더욱 심각한 문제에 도달하게 되었다.

---

416) 염성철, *op. cit.*, p. 317.

빌 클린턴은 '섹스 스캔들'(sex scandal)을 통하여 미국 대통령의 권위와 도덕성을 추락시켰다. 한마디로 그의 인격은 엉망진창이었다. 그는 백악관에서 모니카 르윈스키(Monica Lewinsky)를 비롯한 수많은 여성과의 스캔들에 연루되면서도 이런 저런 핑계를 대고 부인하면서 교묘하게 피해 나갔다. 결국 미국 연방수사국(FBI)의 수사를 받았고, 특별검사 케네스 스타(Kenneth Starr)의 집요한 추적으로 대통령 탄핵 직전까지 몰렸다. 그런데 놀라운 사실은 당시 주위의 사람들은 탄핵 재판 중에 있는 클린턴을 향하여, 그의 잘못을 뉘우쳐야 한다는 것보다는 오히려 그를 옹호하고 지지한 것이다. 그들의 모습은 선지자적인 모습이라기보다는 변호사적인 자세였다. 결과적으로 클린턴은 운좋게 탄핵 재판에서 힘겹게 판정승을 거두었다. 드디어 대통령으로서 최대 위기를 모면하였다.

왜 클린턴 대통령이 도덕적으로 부패한 영적인 환자가 되었는가? 이러한 원인을 심리학적인 측면에서 분석해 본다면, 이것은 그의 가정 환경에서부터 온 결과였다. 즉 죄는 죄를 낳고 불행은 불행을 낳는 것처럼 중독은 중독을 낳는다.

클린턴의 삶은 중독으로 얼룩져 있다. 그의 의붓아버지는 알코올 중독자이면서 '격노 중독자'(a rageaholic)이다. 잠깐 동안 그를 키웠던 외할머니는 모르핀(morphine) 중독자였고, 그의 친아버지는 섹스 중독자였다. 그리고 그의 친어머니는 상습 도박꾼이었다. 이러한 극한 상황에서 많은 유전학자들을 비롯한 정신과 의사, 심리학자와 사회학자들은 어떻게 클린턴이 최고의 높은 자리까지 올라가서 그 자리를 유지할 수 있었는지 경탄하고 있다.

알코올 중독자 가정의 문제에 대한 전문가이며 임상 심리학자인 폴 피크(Paul M. Fick)는 그의 저서 《기능 장애를 일으킨 대통령》(The Dysfunctional President)이라는 책에서 클린턴 대통령의 가정과 삶에 대하여 이렇게 분석하며 설명하였다.

"클린턴은 결손가정에서 자랐기 때문에 그는 거짓말하고 중요한 문제에 대해서는 애매모호한 말로 얼버무리고 자신이 만든 혼돈에 의해 힘을 얻는 성향이 생겨났다. 기억을 지우고 부정하고 힘든 상황에서 거짓말하거나 사실을 꾸미는 것이 알코올 중독자 부모를 둔 자녀들에게 공통적으로 나타나는 증상이다. 그의 어머니 버시니아가 힘든 결혼생활에 대처했던 방법도 '부정의 정수'였다."[417]

2000년 8월 10일, 미국에서 널리 알려진 유명한 목회자들 가운데 한 명으로 불리는 빌 하이벨스 목사가 시무하는 시카고 윌로우 크릭 커뮤니티 교회(Rev. Bill Hybels, Willow Creek Community Church, Chicago)의 리더십 컨퍼런스(leadership conference)에 클린턴 대통령은 특별강사로 초청을 받았다. 이 모임은 클린턴 대통령의 모니카 르윈스키 스캔들을 비롯한

---

417) Angelo, op. cit., pp. 381-382.

낙태법, 동성연애 문제 등으로 개신교 교회들 간에 발생한 갈등의 해소와 문제 해결을 위한 모임이었다.

이 모임에는 미국 전역에서 영적 지도자인 목사와 종교 지도자들이 약 4천여 명이 모였다. 클린턴 대통령은 지도자들의 박수를 받으면서 입장하였다. 그는 임기 초의 자신만만한 모습은 사라지고 매우 초췌해진 모습이었다. 그때 하이벨스 목사는 영적 지도자들을 향하여 이렇게 호소하였다.

"우리는 하나님의 용서를 필요로 하는 한 인간일 뿐입니다. 그 어떤 인간도 완전하지 않으며, 교회만은 진리와 함께 사랑과 용서의 덕을 실천해야 하지 않습니까? 그와 견해가 다르고 그가 저지른 과오에 대해 분노하고 있다 할지라도, 하나님이 허락하신 권위자인 그에게 최소한의 존경을 표하면서 늘 실수하기 쉬운 한 인간의 정직한 이야기를 한번 들어 보도록 합시다."[418]

이후, 클린턴은 대통령 임기 중에 빌 하이벨스 목사에게 자신의 영적 조언자가 되어 달라고 부탁하였다. 하이벨스 목사는 클린턴 대통령에게 하나님의 말씀으로 용기와 소망을 주었다. 그는 클린턴 대통령의 어깨 위에 손을 얹고 격려와 위로의 간절한 기도를 드렸다.

---

418) 염성철, *op. cit.*, p. 321.

그때 클린턴 대통령은 하이벨스 목사를 향하여 말하기를 "정치가에게는 정말 목사가 곁에서 있어 주어야 합니다. 저만 보아도 그것을 잘 알 수 있지 않습니까? 병자에게 의사가 필요한 것처럼, 저 같은 사람한테는 교회가 더욱 필요하다고 생각합니다"[419]라고 고백하였다.

빌 클린턴 대통령은 퇴임 후에 백악관 시절에 인턴으로 일하였던 모니카 르윈스키와 섹스 관계를 맺었던 것을 뉘우치면서 말하기를 "나는 당시 화가 났고 스트레스를 받고 있던 때였다. 그때 나를 괴롭히던 마귀들이 나타나 그녀와 부적절한 관계를 맺게 되었다"[420]라고 고백하였다.

클린턴이 고백한 것들이 눈앞에 보이는 순간적인 뉘우침과 깨달음이 아니라, 종교개혁자 마틴 루터(Martin Luther)처럼 자신의 죄를 깊이 깨닫고 졸도하기까지 통회하는 진정한 회개가 되기를 기도한다.

> "하나님께서 구하시는 제사는 상한 심령이라 하나님이여 상하고 통회하는 마음을 주께서 멸시하지 아니하시리이다"(시 51:17).

빌리 그레이엄은 자신의 잘못을 뉘우친 클린턴 대통령을 향하여 잠언 14장 34절의 "공의는 나라를 영화롭게 하고 죄는 백성을 욕되게 하느니라"는 말씀으로 가르친 다음에 "클린턴과 그의 가정을 위하여 계속

---

419) *Ibid.*, p. 362.
420) *Ibid.*

기도하겠다"⁴²¹라고 용기와 위로를 주었다.

　빌 클린턴 대통령은 은퇴 후에도 국내외 정치에 참여하고 있다. 그리고 지난 2009년에는 북한에 억류되어 있는 미국 여기자 2명을 위하여 북한에 방문하여 두 기자들을 석방시켰다. 그는 현재 생존하고 있고 계속적으로 정치활동을 하고 있다.

---

421)　안재도, 《이민 광야와 코리안 아메리칸》, p. 122.

■ 제43대 미국 대통령

조지 워커 부시의 영성
George Walker Bush 1946.7.6.-생존

대통령 재임기간 2001.1.20-2009.1.20

조지 워커 부시[422](George Walker Bush)는 코네티컷 주에 위치한 뉴헤븐(New Haven, Connecticut)에서 태어났고, 제41대 부시 대통령의 아들이다. 그는 예일 대학교(Yale University)를 졸업한 후에 하버드 대학교(Harvard University)에서 경영학(MBA)을 전공하였다. 그는 31세에 도서관 사서인 로라 웰치(Laura Welch)를 만나 5주 만에 약혼하고 두 달 만에 결혼식을 올리고 쌍둥이 두 딸을 낳았다.

---

422) 조지 워커 부시(George Walker Bush)는 1946년 7월 6일, 아버지 조지 허버트 워커 부시(George Herbert Walker Bush)와 어머니 바바라 피어스(Barbara Pierce)의 4남 1녀 중 첫째로 태어났다. 그는 아버지 제41대 부시 대통령에 이어 다시 아들 대통령이 되어 부시 정치 왕조를 이룩하였다. 그는 로라 웰치(Laura Welch)와 결혼하여 쌍둥이 바바라(Barbara)와 제나(Jenna)를 낳았다.

1988년 조지 부시는 아버지의 대통령 출마를 도우면서 정치를 경험하였다. 그런데 아버지 부시가 대통령에 낙선하였다. 그 후 그는 정치계에 뛰어들어 텍사스 주지사에 출마하여 당선되어 6년간 재임하였다. 그는 공정하고 온정적이며 보수주의 주지사로 명성을 높였다. 2000년 공화당 대통령 후보로 출마하여 현직 부통령인 앨 고어(Al Gore)와 맞대결하여 전국 득표에서 50만 표로 뒤졌으나 선거인단 수에서는 271대 266으로 5표를 더 얻어 아슬아슬하게 제43대 대통령에 당선되었다. 부자가 미국 대통령이 됨으로써 부시 가문의 정치 왕조를 이룩하였다.

다혈질

조지 워커 부시 대통령의 첫 번째 영성은 '다혈질'(plethora)이다. 원래 부시는 어렸을 때에 부모가 다니던 장로교와 감독교회에 다녔다. 그러나 그는 결혼을 한 후 아내 로라 웰치가 다니던 연합 감리교회(United Methodist Church)의 교인이 되었다.

조지 부시의 부모는 전통적인 감독교회의 교인이었다. 그의 부모는 감독교회의 전통에 따라 아들 부시에게 유아세례를 받도록 하였다. 그가 텍사스에 있는 미드랜드 지역에 살 때에는 미드랜드 제일감리교회(First Methodist Church, Texas)에 출석하였고, 워싱턴에서 거주할 때는 하이랜드 파크 연합감리교회(Highland Park United Methodist Church, Washington D.C.)

에 출석하였다.

조지 부시는 빌 클린턴 대통령과 동갑내기로서 제2차 세계대전이 끝난 첫해인 베이비 부머(Baby Boomer) 시대의 사람이다. 부시는 카우보이 모자를 즐겨 쓰는 텍사스의 사나이다. 그리고 그는 다혈질적인 성격을 가지고 있어서 쉽게 흥분하고, 쉽게 감격하고, 쉽게 화를 낸다. 쾌활하면서 친절하고, 재미있으면서 잘 웃기고, 급하면서 참지 못한다.

아버지 부시는 네 명의 아들들이 있었다. 장남 조지 부시를 비롯하여 둘째 아들 잽('Jeb', John Ellis)과 닐(Neil), 마빈(Marvin)이다. 아버지 부시는 네 명의 아들 중에 누군가 아버지의 뒤를 이어 백악관에 입성하기를 원하였다. 그중에 가장 가능성이 있는 유망한 아들은 바로 둘째 아들 잽이다. 왜냐하면 잽은 아주 진지하고 바르고 세련되었다. 또한 대통령의 야심을 가졌고, 온 가족들에게 대통령에 출마할 계획이라고 알리기도 하였다.

그러나 실제로는 정반대로 기대하지 않았던 장남 조지 부시가 대통령 선거에 뛰어들어 대통령에 당선되었다. 장남 부시의 성격은 어떠한가? 조지 부시는 미 동북부 코네티컷(Connecticut)의 뉴잉글랜드에서 태어났다. 그는 어린 시절에는 아주 내성적이었고 보수적이며 귀족적인 분위기의 환경에서 잠시 성장하였다. 그러나 그는 아버지의 석유사업 때문에 텍사스로 이주하게 되었다.

텍사스로 이주한 어린 시절 조지 부시는 아버지가 걸어온 경쟁적이고 부유한 월 스트리트(Wall Street) 생활을 멀리하였다. 그는 "젊은이들이여, 서부로 가라!"(Go West, young man!)는 옛 미국의 개척 도전정신을 따랐다. 그의 귀족적인 뉴잉글랜드의 양키(Yankee) 모습은 사라지고 외향적이고 다혈질적인 텍사스인(Texan)으로 변하였다.[423]

텍사스의 중부 미드랜드(Midland)에서 지낸 청소년 시절 부시의 모습은 어떠하였는가? 그는 마음대로 자유롭게 살았다. 자전거를 타고 이리저리로 다녔다. 이웃집 담장을 넘어 지름길로도 다녔다. 그는 가끔 병원 응급실에 실려 가서 몇 바늘씩 상처를 꿰맨 경우도 있었다.

또한 이뿐인가? 조지 부시는 텍사스에서 생활하면 할수록 더욱더 거칠고 다혈질적이 되었다. 항상 놀기를 좋아하던 그는 담배 껌을 씹고 여기저기 활주하며 굉장한 수다꾼이 되었다. 술주정뱅이가 되어 술에 깊이 빠져 알코올 중독 증세를 보였다. 1976년도에는 음주운전을 하다가 벌금 150달러를 내고 운전면허 정지를 당하였다.

그런데 부시에게 있어서 텍사스 시절은 먹고 놀고 즐기는 부정적인 면만 보여주는 것이 아니었다. 텍사스는 그에게 독립심과 개척 정신을 강하게 심어 주었다. 그 후 그가 텍사스 주지사와 미국 대통령이 될 수 있

---

423) Angelo, *op. cit.*, p. 411.

도록 강한 용기와 개척 정신을 불어넣어 주었다.

텍사스 미드랜드에서 같이 보이스카우트(a typical little boy)를 하였던 한 친구의 어머니는 조지에 대하여 이렇게 평가하였다.

"그애는 전형적인 남자애였어요. 자신감이 넘쳤고 무릎이 튀어나온 청바지를 입고 다니는 거칠고 강인한 남자아이였어요. 건방지긴 했지만 무례한 정도는 아니었죠. 형제들이 많고 매우 강한 성격을 가진 가족들 속에서 자기 주장이 강해질 수밖에 없었을 거예요. 게다가 그애가 장남이잖아요."[424]

그 후 조지 부시는 텍사스 주지사가 되어, 미드랜드에서 청소년 시절을 보내면서 개척 정신을 얻었다고 다음과 같이 회상하였다.

"미드랜드에는 개척자 정신이 있었어요. 날씨는 덥고 건조하고 먼지 투성이였어요. 엄청난 모래 폭풍우가 밀려왔던 일이 지금도 기억나요. 창 밖을 내다봐도 모래 바람이 너무 진하고 심하게 불어서 울타리가 안 보일 지경이었어요. 바람막이 덧창문이 있어서 모래를 막아 주었지요. 매일 아침마다 학생들은 책상 위에 쌓여 있는 가는 모래 먼지를 털어 내야 했지요. 중서부 사막 지역의 잡초인 회전초가 바람에 휩쓸려 마당으로 들어온 적도 있었어요. 한번은 비가 오자 여기저기에서 개구리

---

424) *Ibid*., p. 412.

들이 튀어나와 들판과 현관을 뒤덮어 버리기도 했어요. 그러나 남자아이들은 그것을 신나는 일로 여겼습니다."⁴²⁵

예수님 영접

조지 부시 대통령의 두 번째 영성은 '예수님 영접'(acceptance of Jesus, Savior)이다. 조지 부시 대통령은 거듭난 크리스천이다. 그는 공적으로 신앙고백을 하였고, 그의 삶은 기독교 정통 교리와의 일치점을 보이고 있다.

원래 조지 부시는 기독교의 전통적인 가정에서 태어나서 유아세례를 받았고 교회생활도 잘하였다. 그러나 그는 청년 시절에 한때나마 방황하였다. 부시는 지난날의 자신의 삶에 대해서 그의 자서전 《맡아야 할 본분》(*A Charge to Keep*)에서 이렇게 회고하였다.

"나는 주일학교에서 교사로 가르쳤을 뿐만 아니라 교회를 섬기며 봉사했었다. 그러나 나는 아버지를 떠난 탕자와 같이 하나님으로부터 멀리 멀어졌다. 물론 탕자가 아버지 품으로 돌아온 것처럼 다시 하나님 품으로 돌아왔다."⁴²⁶

---

425) *Ibid.*, pp. 412-413.
426) Mount, *op. cit.*, p. 1.

지미 카터 대통령과 조지 부시 대통령은 똑같이 모태 신앙이었는데 두 사람은 좀 다른 점이 있다. 지미 카터 대통령은 어렸을 때부터 착실하게 주일학교를 다니면서 대통령 재임과 이후에도 신앙생활을 잘하고 있다. 그러나 조지 부시 대통령은 어렸을 때는 착실하게 주일학교를 잘 다녔지만, 청소년 시절부터 탕자와 같이 세상에서 방황하다가 장년이 되어 돌아와서 예수님을 영접하고, 대통령 재임과 이후에 신앙생활을 잘하고 있다.

조지 부시 대통령의 회심 사건은 빌리 그레이엄을 만나기 1년 전부터 시작되었다. 1984년 4월 3일, 부시는 38세의 나이였다. 부시는 복음 부흥사 아서 블레시트(Arthur Blessitt)와의 중요한 만남이 있었다. 이 만남은 그에게 영적 전환점(turning point)이 되었다.

부시는 "어떻게 예수 그리스도를 알고 어떻게 그분을 따르는지에 대해 당신과 이야기하고 싶습니다"라고 했다. 그러자 블레시트는 "예수님과 당신의 관계는 어떠합니까?"라고 물었다. 부시는 "잘 모르겠다"라고 대답하였다. 블레시트는 부시가 죽으면 천국에 갈 수 있다고 확신하는지 물었다. 부시는 "아니오"라고 대답하였다. 이에 블레시트는 하나님의 구원의 계획에 대하여 설명해 주었다. 블레시트는 부시에게 "예수님을 나의 구주로 받아들인다는 것은 나의 죄를 회개하며 예수님을 나의 구원자로 믿는 것이다"라고 설명하였다. 그리고 부시에게 "당신은 이제부터 당신의 삶을 예수님과 함께 살겠습니까? 아니면 예수님 없이 살겠습

니까?" 하고 물었다. 그때 부시는 "나는 예수님과 함께 살겠습니다"라고 고백하였다.[427]

그리고 블레시트는 부시에게 이 기도문은 당신을 하나님께로 헌신하도록 인도하고 구원의 확신을 줄 것이라고 조언하였고, 부시에게 자신을 따라 다음과 같이 기도하도록 했다.

"사랑하는 하나님, 저는 당신을 믿습니다. 그리고 제 삶에 당신이 필요합니다. 이 죄인을 불쌍히 여기소서. 주인 되신 예수님, 제가 아는 최선의 방법으로 당신을 따르기를 원합니다. 저의 죄를 사하시고, 제 삶 가운데 구세주요 주인으로 함께해 주시기 원합니다. 저는 주님이 죄 없이 사셨으며 나의 죄로 인해 십자가에 달려 죽으시고, 삼 일 만에 다시 일어나셨으며, 하나님 아버지께로 승천하신 것을 믿습니다. 사랑합니다. 주님, 제 삶을 이끌어 주시기 바랍니다. 당신께서 제 기도를 들으시는 줄 믿습니다. 성령께서 제 삶을 당신의 길로 이끌어 주실 것을 믿습니다. 모든 이들을 용서합니다. 그리고 당신의 성령으로 나를 채우사 모든 이들을 사랑하게 하시기 원합니다. 다른 사람들의 필요를 돌볼 수 있도록 인도하소서. 저의 처소를 하늘에 만드시고, 제 이름을 당신의 책에 기록하여 주시기 바랍니다. 저는 예수 그리스를 주로 영접하며, 주님을 따르는 진실된 신앙인이 되기를 원합니다. 하나님, 제 기

---

427) Stephen Mansfield, *The Faith of George W. Bush* (New York: Penguin Group USA Inc., 2003), p. 64.

도를 들어주셔서 감사합니다. 예수의 이름으로 기도합니다. 아멘."[428]

다음 해 1985년, 조지 부시는 39세 때에 빌리 그레이엄을 만났다. 여름철 어느 날 밤, 아버지 조지 부시는 빌리 그레이엄 목사를 자기 가정에 초청하여 식구들에게 전하는 성경 이야기와 신앙적인 상담과 조언을 들었다. 그때 맏아들 부시도 성경 이야기를 듣고 있었다.

그레이엄 목사는 사도행전 9장에 나오는 사울(Saul)의 이야기를 전하였다. 박해자 사울이 예루살렘 교회에 있는 성도들을 핍박하러 가던 중에 다메섹(Damascus) 도상에서 "사울아 사울아 네가 어찌하여 나를 박해하느냐?"(행 9:4)라는 부활의 주님의 음성을 듣고 회개하고 주님께 돌아오는 이야기였다. 그때 맏아들 부시는 "내 마음속에 믿음의 씨앗을 심어 주었다"[429]라고 하였다. 그리고 "예수 그리스도 앞에 내 마음을 재헌신할 수 있었다. 내 인생의 변화의 출발점이었다"[430]라고 고백하였다.

그 후 조지 부시는 미국 대통령 후보로 출마하여 경쟁자인 앨 고어(Al Gore)와 TV 토론회를 가졌다. 앨 고어가 부시에게 "당신이 가장 존경하는 스승은 누구인가?"라고 질문할 때 조지 부시는 "예수 그리스도이다. 그분은 내 마음을 변화시켰기 때문이다"라고 주저하지 않고 당당하게

---

428) *Ibid.*, pp. 64-65.
429) Angelo, *op. cit.*, p. 342.
430) Mount, *op. cit.*, p. 2.

대답하였다.

조지 부시는 미국 대통령에 당선되었다. 제43대 대통령 취임식은 '취임식'(inauguration)이 아니라 '취임예배'(inaugural worship)였다. 2001년 1월 20일, 미국 국회의사당 앞에서 1시간 10분 동안 가진 미국 대통령 취임식은 경건한 기도로 시작하여 말씀과 찬양과 축도로 은혜 가운데 끝났다. 이것은 마치 어느 교회의 주일 대예배와 같았다.[431]

이날 세상에서 방황하는 조지 부시 대통령을 '거듭난 크리스천'으로 변화시킨 빌리 그레이엄 목사는 노환으로 참석하지 못하고, 대신 아들 프랭클린 그레이엄 목사(Rev. Franklin Graham)가 역대상 19장 11-12절의 말씀을 가지고 다음과 같이 간절히 기도를 드렸다.

"하나님 여호와여, 주는 영원히 송축을 받으시옵소서. 링컨 대통령이 구한 것처럼 하늘의 은총을 최선의 것으로 삼게 하옵소서. 우리는 주님의 보호 가운데 수년간 평화와 번영을 누렸고, 일찍이 다른 나라들이 누리지 못했던 부귀와 영화와 힘을 누렸나이다. 그러나 우리는 하나님을 잃어버렸습니다. 그러므로 우리는 우리를 저항하는 세력에서 겸손케 하옵소서. 우리의 국가적인 죄들을 고백하게 하옵소서. 그리고 인자와 용서를 위하여 기도하게 하옵소서. 오 주님! 정, 부통령이 취임하는 역사적인 장엄한 시간에 우리를 새롭게 하옵소서. 힘과 지혜와

---

431) *Inaugural Addresses of the Presidents of the United Sates* Volume Two, pp. 177-180.

구원이 오직 당신의 손에서 나온다는 것을 우리로 다시 한 번 상기하게 하옵소서. 그리하여 정치적 파당 이상의 것을 주사 나라를 위해 당신의 더 큰 뜻을 찾게 하옵소서. 하나님 아래서 한 조국이 되도록 저들의 치열한 경쟁이 화합을 이루게 하시고, 전쟁의 상처들을 치유하여 주옵소서. 새 대통령에게 지혜를 주사 무엇이 옳고 그른지를 판단하게 하옵시고, 당신의 거룩한 뜻에 어긋나는 일에 대해서는 아니라고 말할 수 있는 용기를 주옵소서. 주님! 저들의 가족을 위해 기도하오며 퇴임하는 클린턴과 고어를 축복하옵소서. 오늘의 이 모든 행사를 주관하옵소서. 새로이 시작하는 미국이 당신 한 분만 우리의 구원자이며 구속자이심을 겸손히 깨닫게 하옵소서. 이 모든 것을 깨닫게 하옵소서. 성자, 성령 그리고 주 예수 그리스도의 이름으로 기도드립니다. 아멘."[432]

주일 예배

부시 대통령의 세 번째 영성은 '주일 예배'(Lord's Day worship)이다. 부시 대통령은 예수 그리스도를 구주로 영접한 사람이다. 그는 정치적인 현안과 문제들의 해결책을 찾기 위하여 하나님의 말씀을 의지하고 예배를 드리는 데 항상 힘썼다.

---

432) 안재도, 《이민 광야와 코리안 아메리칸》, pp. 129-130.

부시 대통령의 백악관 생활은 예배와 말씀, 기도와 찬송의 시간이었다. 백악관 곳곳에서는 성경공부 모임과 기도회 모임이 자발적으로 생겨났다. 찬송의 소리도 울려 퍼졌다. 부시 대통령이 좋아하는 찬송은 오늘날 감리교인들이 좋아하는 새찬송가 595장이었다.

1. 나 맡은 본분은 구주를 높이고
   뭇 영혼 구원 얻도록 잘 인도함이라
2. 부르심 받들어 내 형제 섬기며
   구주의 뜻을 따라서 내 정성 다하리
3. 주 앞에 모든 일 잘 행케 하시고
   이후에 주님 뵈올 때 상 받게 하소서
4. 나 항상 깨어서 늘 기도드리며
   내 믿음 변치 않도록 날 도와주소서. 아멘.

부시 대통령의 백악관 생활은 어떠하였는가? 모든 각료 모임의 시작은 기도로 시작하였다. 부시 대통령은 아무리 바빠도 주일 예배에 꼭 참석하였고 개인적으로 성경 공부하는 시간에 열심히 참여하여 공부하였다. 왜냐하면 그는 하나님과의 친밀한 영적 교제를 통하여 풍성한 지혜와 영감을 얻는다는 사실을 확실하게 믿었기 때문이었다.

부시 대통령은 각료들을 임명할 때에 신앙이 돈독한 사람을 선택하여 각 부서에 배치하였다. 그는 장로교회의 목사 딸이며 외국 정치에 능숙한 콘돌리자 라이스(Condoleezza Rice)에게 국무장관과 보좌관의 중요한 임무를 맡겼다. 신실한 하나님의 성회의 교인인 존 에시크로프트(John Aschcroft)를 법무 장관으로 임명하였다. 감리교회의 여자 목사와 결혼한 앤드루 카드(Andrew Card)를 비서실장에, 텍사스 미드랜드에서 성경공부를 함께한 돈 에반스(Don Evans)를 상무 장관에, 주위 사람들이 예언자라고 부르는 장로교회의 장로인 캐런 휴스(Karen Hughes)를 중요한 공보 비서관에 포진시켰다. 그래서 주위에서는 부시 내각은 독실한 크리스천을 비롯한 백인과 스페니쉬, 흑인들을 포함한 다양한 민족과 사람들로 이루어져서 마치 유엔 총회와 같다고 이야기하였다.[433]

2002년 3월 종려주일(Palm Sunday)에 부시 대통령과 그의 참모들은 대통령 전용기로 엘살바도르(El Salvador)를 방문하고 돌아오고 있었다. 부시 참모들은 그가 주일 예배에 빠지는 것을 매우 싫어하는 것을 알기에 비행기 안에서 주일 예배를 드리도록 하였다. 부시는 찬성하였다. 40명의 참모들이 있었다. 피아노를 전공하고 목사의 딸이었던 라이스 국무장관이 예배를 인도하였다. 캐런 휴스 공보 비서관이 성경을 읽고 설교를 하였다. 그리고 나머지 사람들은 "나 같은 죄인 살리신"(amazing grace)이라는 찬송을 다 함께 찬양하였다. 이후 그들은 서로 악수하고 포옹하면서 성도의 교제를 마쳤다. 이것은 미국 역사상 최초로 미국 대통령 전용기 안에서 드린 주일예배였다.[434]

---

433) Mansfield, *op. cit.*, p. 117.
434) *Ibid.*, p. 119

세계 최강대국인 미국의 대통령 전용기 안에서 주일 예배를 마친 후 부시 대통령은 이렇게 말하였다.

"그때 나는 비행기 안 예배에서 하나님의 임재를 느꼈다. 거기에는 많은 사람이 모였는데, 나는 우리 모두가 하나님 안에서 하나가 되어 예배드림을 체험하였다."[435]

미국 대통령 전용기 안에서 드려진 주일 예배는 감격스럽고 의미가 있었던 주일 예배였다. 미합중국은 정치와 교회를 분리하는 나라이다. 그러나 살아 계신 하나님의 말씀과 예배가 미국 정치의 심장부인 백악관에 자리 잡고 있다는 사실을 증명해 주고 있는 장면이다. 일부 사람들은 말하기를, 조지 부시를 미국 대통령으로 선출한 것인지 목사로 뽑은 것인지 혼동이 된다면서 비평하고 있다. 그러나 살아 계신 하나님께서 영광을 받으시고 앞으로도 계속적으로 미국을 축복하실 것이다. God bless America!

유머

조지 부시 대통령의 네 번째 영성은 '유머'(humor)이다. 부시의 어머니

---

435) *Ibid.*,

바바라의 성격은 아버지보다 매우 솔직하고 적극적이며 활동적이다. 자기 자신의 주장을 내세우며 개성이 강하다. 왜냐하면 할머니 도로시(Dorothy)를 닮았기 때문이다. 그녀의 성격은 쾌활하고 적극적이고 개성이 강했으며 권투선수였다.

조지 부시의 가문을 살펴보면 그는 할머니와 어머니의 성품을 많이 닮았다. 아들 부시는 어머니 바바라처럼 얘기하기를 좋아하고 농담과 유머를 잘하였다. 바바라의 어머니 폴인(Pauline)은 매우 아름다운 여성이었고 돈도 잘 쓰고 풍요롭게 살았다. 그러나 말도 잘하지 않고 유머 감각이 전혀 없었다. 이와 반대로 바바라의 아버지 마빈 피어스(Marvin Pierce)는 말도 잘하고 유머가 많았다. 그래서 아버지는 자기를 닮은 딸 바바라를 매우 좋아하였다. 이로 인하여 두 사람의 관계는 매우 좋았다.

아들 조지 부시는 말하기를 "나는 아버지의 눈과 어머니의 입을 물려받았다"[436]라고 자랑스럽게 즐겨 말하곤 하였다. 부시 가족들이 모이면 아들 부시는 어머니 바바라와 재미있게 농담하기를 즐겼다. 아들 부시는 어머니를 매우 사랑하지만 농담으로 설전을 주고받으며 상대방에게 약을 올리기도 하였다.

---

436) Angelo, *op. cit.*, p. 408.

어머니 바바라는 장난기가 많고 짓궂은 아들 조지의 성격에 대하여 말하기를 "우리는 항상 싸웁니다. 우리는 그 점이 너무 비슷해요. 그애는 항상 날 자극하는 짓만 골라서 하거든요"라고 말하였다. 부시 가문의 오랜 친구이자 조지 부시 대통령의 전기 작가인 빌 미누탈리오(Bill Minutaglio)도 말하기를 "조지는 바바라를 복제해 놓은 것이라고 생각하면 돼요"[437]라고 말할 정도로 그들은 너무 많이 닮았다. 이 점에 대하여 퍼스트레이디 로라(Laura)도 동의한다. 이 두 사람은 거의 정기적으로 말싸움을 벌이고 있다.

조지 부시 대통령은 가끔씩 기자들과 인터뷰할 때에 농담과 유머를 하면서 말장난하다가 곤경에 빠지는 경우도 있었다. 이점에 대해서는 어머니 바바라도 마찬가지이다. 아들 부시가 대통령 후보로 지명되기 며칠 전의 일이었다. 아버지 부시 대통령 부부가 〈뉴욕타임스〉(*New York Times*)와 인터뷰 중이었다. 그때 바바라는 불쑥불쑥 끼어들어 클린턴 부부를 신랄하게 비난하였다. 그때 아버지 부시 대통령은 "당신이 그런 식으로 이야기를 하면 이 인터뷰에서 빼어 버리겠소. 아들 조지가 알면 화낼 거요"라고 아내를 훈계하였다.[438]

비록 아들과 어머니 그리고 부시 가족들은 서로 거친 말을 주고받기도 하고 혹은 지나친 농담과 유머를 하여 그들의 마음에 기쁨도 주고

---

437) *Ibid.*
438) *Ibid.*, p. 409.

화를 내기도 한다. 하지만 결과적으로 그들 가족은 피와 사랑으로 연결되어 서로 감싸 주고 위로하며 최상의 아름다운 가족 관계를 유지하고 있다.

조지 부시가 텍사스 주지사로 일할 때에 어머니 바바라의 사랑과 은혜를 기억하면서 텍사스 주 상원의회에 결의안을 제출하였다. 그때 결의안은 만장일치로 채택되었다. 결의안의 내용은 이렇게 기록되었다.

"텍사스 주에서 가장 유명할 뿐만 아니라 전국적으로 사랑을 받고 존경받는 바바라 부시는 텍사스 시민들에게 소중한 보물입니다. 그러므로 어머니날을 정해 그녀가 우리 텍사스 주에 끼친 많은 공헌에 대해 감사를 드리는 것이 좋을 것 같습니다."[439]

조지 부시 대통령은 어느 곳에서나 누구를 만나든지 어떤 상황에서도 그의 특유한 '재치와 유머'로 상대방의 마음을 즐겁게 하고 사로잡았다. 그리고 이것은 그의 정치 활동에도 보탬이 되었다.

사관생도를 사랑하는 부시[440] – 조지 부시 대통령은 미 공군사관학

---

439) Ibid., p. 419.
440) Ref. Jacob Weisberg, George W. Bushism: *The Slate Book of Accidental Wit and Wisdom of Our 43rd President* (New York: FIRESIDE Rockefeller Center, 2001; George W. Bush, *The Wit and Anti Wisdom of George W. Bush* (Naperville, Illinois: Sourcebooks, Inc., 2006, Wikipedia Free Encyclopedia.

교(U. S. Air Force Academy, Colorado Springs) 졸업식에 참석하였다. 부시 대통령이 졸업생 생도들과 함께 똑같은 모습으로 기념사진을 찍는 순간이었다. 부시 대통령이 생도들과 배를 부딪치는 순간이었다. 그때 부시는 대통령의 권위를 도저히 찾아볼 수 없이 생도를 향하여 "어이, 멋쟁이 생도! 우리 배 한번 부딪쳐 볼까? 아이구, 뱃심이 좋은데!" 하면서 익살스럽게 웃었다.

재벌 빌 게이츠(Bill Gates)와 부시[441] – 2008년 조지 부시는 제29회 중국 베이징 하계올림픽의 수영 경기장에서 수영 경기를 관람하고 있는 중이었다. 이곳에서 부시 대통령과 세계적인 최고의 부자 빌 게이츠가 만났다. 두 사람들은 서로 마주보면서 얘기를 하던 중에 부시 대통령이 "어이, 빌 게이츠 양반이 아닌가? 그런데 돈 안 벌고 여기까지 웬일인가?" 하고 물었다. 그때 빌 게이츠는 "대통령 각하! 인사가 늦어서 죄송합니다. 돈 벌어서 뭘 하겠습니까? 금메달을 따면 왕창 풀겠습니다"라고 대답하였다. 다시 부시 대통령은 말하기를 "좋았어! 금메달을 향해서 화이팅! 빌 게이츠의 돈 보따리를 한번 풀어 보자고! 전 종목에 금메달을 왕창 싹쓸이해서 갑부 빌 게이츠를 거지로 한번 만들어 보자!"라고 익살을 부렸다.

대학 졸업식과 부시[442] – 부시 대통령은 출신 학교인 예일 대학교

---

441) *Ibid.*
442) *Ibid.*

(Yale University) 졸업식의 연사로 초청받아 참석하였다. 선배 부시 대통령은 만감이 교차하는 후배 졸업생들을 향하여 입을 열었다. "여러분, 졸업을 축하합니다. 특별히 C학점으로 졸업하는 분들에게 아낌없는 축하를 보내드립니다. 마침내 여러분도 대통령이 될 수 있는 자격을 갖췄습니다." 부시 대통령은 예일 대학 시절에 좋지 않았던 자신의 성적을 재치 있고 유머스럽게 공개함으로 수많은 축하객들과 졸업생들의 환심을 샀고, 그의 지지율이 껑충 뛰어올랐다.

부시와 세금[443] – 2004년, 부시 대통령은 세금인하에 대하여 다음과 같이 말했다. "여러분, 나는 여러분의 세금을 내렸습니다. 그런데 세금은 내가 내린 것이 아닙니다. 내가 의회에 세금을 내려 달라고 요청하였습니다."

부시와 미국의 위대한 점[444] – 2001년, 부시 대통령은 말하기를 "나는 여러분의 국가 지도자로서 연설할 수 있게 되어 영광으로 생각합니다. 미국의 위대한 점 중에 하나는 여러분이 원하지 않으시면 내 말을 안 들어도 좋다는 것입니다."

부시와 대통령 후보지명전[445] – 2000년도, 미국 대통령 선거를 위한

---

443) *Ibid.*
444) *Ibid.*
445) Dole, *op. cit.*, p. 233.

공화당 대통령 후보 지명전에서 부시는 이렇게 말하였다. "워싱턴에서 돼지고기를 없애고 싶으면 돼지에게 먹이를 안 주면 됩니다."

아버지 부시와 아들[446] – 미국 대통령 선거 중에 주위에서는 아버지 부시가 아들 부시의 당선을 위하여 선거전에 개입한다는 추측이 난무하였다. 그때 아들 부시는 이렇게 말하며 일축시켜 버렸다. "그분은 정치 컨설턴트('정치 고문', political consultant)가 아닙니다. 그분은 제 아버지입니다."

부시와 기자[447] – 2000년 7월, 부시가 대통령 선거 전용기에서 기자단들과 대화를 나누었다. 부시가 이렇게 인정했다. "저는 여러분들이 쓰는 기사의 반은 읽지 못합니다." 기자 한 명이 응수했다. "우리는 후보께서 말씀하시는 것의 절반을 듣지 못합니다." 부시는 재빨리 대답하였다. "제가 읽는 그 절반을 보면 확실합니다"(부시가 읽는 기사는 기자들이 듣지 않고 쓴, 즉 사실에 입각한 기사가 아니라고 놀린 유머).

부시와 대통령 후보 수락연설[448] – 조지 부시는 미국 공화당 전당대회에서 미국 대통령 후보로 결정되자, 수락 연설을 매우 경쾌하고 재미있게 다음과 같이 이끌어 갔다. "우리는 함께 미국이 해야 할 일을 새로

---

446) *Ibid.*, p. 234.
447) *Ibid.*, p. 236.
448) *Ibid.*

이 정할 것입니다. 건국 시조들이 여기 필라델피아에서 그 목적을 처음으로 정의하였습니다. 벤자민 프랭클린(Benjamin Franklin)이 여기 있습니다. 토마스 제퍼슨(Thomas Jefferson), 조지 워싱턴(George Washington)이 여기 있습니다. 조지 워싱턴 친구들이 '조지 W'라고 부르죠"(부시도 조지 워싱턴처럼 '조지 W'라고 부른다는 유머).

부시와 술[449] – 한때 부시는 텍사스의 술주정뱅이였다. 어떻게 술을 끊었느냐고 물으면, 그는 말하기를 "술값이 너무 비싸서 술을 끊었다"라고 하였다.

조지 부시 대통령의 정치적인 업적은 무엇인가? 지난 2001년 9월 11일에 9·11테러[450](September 11 Attacks)가 일어났다.

이 사건은 이슬람 테러 단체들이 4대의 미국 민간 항공기를 납치하여

---

449) Stephen Mansfield, *The Faith of Gerge W. Bush* (New York: Penguin Group USA Inc. 2003), p. 71.
450) '9·11테러사태'(September 11 Attacks)는 2001년 9월 11일 오전 8시 46분에 극단주의 이슬람 알카에다(Al-Qaeda)의 지도자 오사마 빈 라덴(Osama Bin Laden)의 추종자들이 미국 민간 항공기 4대를 납치하여 뉴욕의 110층 세계무역센터(WTC) 쌍둥이 빌딩을 파괴하고, 워싱턴 D.C에 있는 국방성 펜타곤(Pentagon)을 공격한 동시다발 자살 테러 사건이다. 미 연방수사국(FBI)의 수사에 의하면 민간 항공기를 납치한 테러범은 이집트와 사우디아라비아 출신의 조종사이며, 알카에다 지도자 오사마 빈 라덴과 연계된 사람들로 보고 있다. 이 테러 사건으로 4대의 항공기에 탑승한 승객 266명이 전원 사망하고 국방부 청사에서 125명이 실종되고 사망하였다. 정확한 숫자는 아니지만 2,880-3,500명의 인명 피해를 입었다. 경제적인 피해는 세계무역센터의 건물 가치 11억 달러와 테러 응징 긴급지출안 400억 달러, 재난극복 연방원조액 222억 달러를 포함한 약 633억 달러이다. 이외에 각종 재산피해와 경제적 손실은 화폐가치로 환산하기 어려울 정도의 천문학적인 액수이다. 그리고 이 사건을 계기로 이라크 전쟁이 일어나게 되었다.

동시다발적으로 일으킨 자살 테러 사건이다. 이 자살 테러의 공격으로 뉴욕에 있는 110층 세계무역센터(WTC) 쌍둥이 빌딩이 무너지고, 워싱턴 D.C.의 미 국방성 펜타곤(Pentagon)이 공격을 받았다. 이로 인하여 3,000여 명이 사망한 9·11사태를 부시는 잘 극복하고 치유하였다. 그 후 살상무기로 세계 평화를 파괴하는 사담 후세인(Sadam Hussein)을 제거하고 이라크 전쟁을 승리로 이끌었다. 그는 그의 대통령 임기 기간 중에는 아프가니스탄에 본거지를 둔 극단 테러 단체 알카에다(Al-Qaeda)의 지도자 오사마 빈 라덴(Osama Bin Laden)을 제거하는 데 실패하였다. 그러나 2011년 5월 1일, 미 해군 특수부대인 네이비실(Navy SEAL)의 넵튠 스피어 작전(Operation Neptune Spear)에 의하여 빈 라덴은 사살되었다.

조지 부시 대통령은 이라크 전쟁의 승리를 통하여 대량 살상무기를 소유하고 세계 평화를 파괴하려는 사담 후세인 대통령을 제거하는 데 성공하였다. 그러나 일면에서는 패권주의자라는 평가도 받고 있다. 현재 조지 부시 대통령은 퇴임 후에도 세계 평화와 자유민주주의 가치 구현을 위하는 일에 관련해서 활동하고 있다.

제44대 미국 대통령

버락 후세인 오바마의 영성
Barack Hussein Obama Jr. 1961.1.20-생존

대통령 재임기간 2009.1.20-현재

버락 후세인 오바마 2세[451](Barack Hussein Obama, Jr.)는 하와이 주 호놀룰루(Honolulu, Hawaii)에서 아프리카 케냐(Kenya, Africa)의 루오(Luo)족 출신인 아버지 버락 후세인 오바마(Barack Hussein Obama)와 그의 두 번째 아내인 어머니 스탠리 앤 던햄(Stanley Ann Dunham) 사이에 혼혈아로

---

451) 버락 후세인 오바마 2세(Barack Hussein Obama Jr.)는 아버지 버락 후세인 오마바(Barack Hussein Obama)와 어머니 스탠리 앤 던햄(Stanley Ann Dunham) 사이에 태어난 흑백 혼혈이다. 그의 아버지는 아프리카 케냐(Kenya, Africa)의 벽촌에 있는 루오(Luo)족 출신이다. 그는 4명의 아내들을 거느렸는데 3명은 케냐 사람인 케지아, 루스, 자앨이며, 한 명은 백인인 오바마의 어머니이다. 오바마의 아버지는 케냐 정부가 미국으로 보낸 제1호 유학생이다. 그리고 어머니 스탠리 앤은 캔사스 주(Kansas State) 출신의 18세 처녀였다. 두 사람은 하와이 대학(Hawaii University)에서 만나서 결혼하였다. 오바마는 아버지의 4명의 아내들이 낳은 17명의 자녀들과 어머니가 인도네시아 사람인 롤로 소에토로(Lolo Soetoro)와 재혼하여 낳은 1명의 여동생 마야를 포함한 18명의 이복 형제들을 가지고 있다. 그리고 버락 오바마는 미셸 로빈슨(Michelle Robinson)과 결혼하여 두 딸인 말리아(Malia)와 사샤(Sasha)을 낳았다.

태어났다.

버락 오바마는 어려운 환경 가운데서도 컬럼비아 대학교(Columbia University)와 하버드 대학교 법과 대학원(Harvard University Law School)을 졸업하였고 미셸 로빈슨(Michelle Robinson)과 결혼하여 두 딸을 두었다.

버락 오바마는 시카고 지역에서 인권 변호사로 활동하다가 1997년 일리노이 상원의원에 3선하였다. 이후 그는 2008년에 민주당 대통령 후보로 출마하였지만 당선되기엔 도저히 역부족이며 불가능한 상태였다. 왜냐하면 미국의 총인구 중 흑인의 인구는 13%밖에 되지 않았기 때문이다.

그러나 47세의 오바마는 대통령의 꿈과 강한 집념을 가지고 '희망과 변화'(Hope and Change)라는 구호를 외치며 미국 역사상 최초로 아프리카계 흑인 대통령으로 당선되어 재선까지 되었다. 그는 또 하나의 새로운 신화를 창조하였다.

제44대 미국 대통령 버락 오바마는 역대하 7장 14절 위에 손을 얹고 대통령 선서를 하였다.

"내 이름으로 일컫는 내 백성이 그들의 악한 길에서 떠나 스스로 낮추고 기도하여 내 얼굴을 찾으면 내가 하늘에서 듣고 그들의 죄를 사하고 그들의 땅을 고칠지라"(대하 7:14).

신념

버락 오바마 대통령은 공식적으로 개신교 종파로 동성애 결혼을 인정하는 교단 가운데 소속된 미국 연합 그리스도 교회[452](United Church of Christ, UCC)의 신자이다. 그의 종교관은 부모의 배경으로 말미암아 이슬람교 신앙의 뿌리를 가지고 있다는 것은 이미 잘 알려져 있는 사실이다.

그래서 버락 오바마 대통령의 영성을 성경적인 차원보다는 종교적인 차원에서 생각해 본다면 그의 첫 번째 영성은 '신념'(belief)이다. 2012년 당시, 미국인들 가운데 많은 사람들이 오바마 대통령은 크리스천이라기보다는 이슬람교를 믿는 자라고 간주하였다.

오바마 대통령은 인터뷰할 때에는 자신은 크리스천이라고 말하였다. "나는 예수 그리스도의 대속적인 복음과 부활을 믿는다. 믿음이 죄를 씻고 영생으로 가는 길임을 믿는다"[453]라고 말하였다. 또 다른 한 편으

---

452) 미국 연합 그리스도 교회(United Church of Christ, UCC)는 평신도가 주축이 되어 민주적으로 운영하는 회중교의 전통과 개혁적인 진보를 지향하는 개혁교단이 결합되어 이루어진 미국에서 가장 진보적인 개신교 교단이다. UCC는 약 5천여 개의 교회들이 소속되어 있으며, 교단 총회에서 압도적인 지지로 동성애 결혼을 통과시켜 결의하였다. 미국 연합 그리스도 교단은 한국의 기독교 장로회와 자매 교단이기도 하다.
453) Stephen Mansfield, *The Faith of Barack Obama* (Nashville, Tennessee: Thomas Nelson, 2008), p. 50; Ref. 오바마는 예수 그리스도에 대하여 말하기를 "나는 예수님을 향한 신앙이 바른지 혹은 진짜인지 물어오는 이들을 설득시키기 위해서가 아닌 대통령으로서 내가 해야 할 일을 할 뿐이다. 나는 내 신앙을 따라 살기 위해 최선을 다하고 말씀 안에서 머물려고 노력하며 그분과 같이 내 삶이 변화되도록 노력하고 있다. 나는 완벽하지 않다. 내가 할 수 있는 것으로 그분을 따르는 것을 계속하면서 다른 이들을 섬기는 것이다"라고 하였다.

로 그는 이집트 외무부 장관 아흐메드 아불 게이트(Ahmed Abul Gate)와 인터뷰할 때에는 "나는 무슬림입니다"⁴⁵⁴(I am a Muslim)라고 말하였다. 그의 신앙고백은 이중적이다.

버락 오바마의 이중적인 신앙고백은 시카고 트리니티 유나이티드 교회(Trinity United Church, Chicago)의 영향을 받았기 때문이다. 이 교회는 정치적으로 자유주의 신학에 뿌리를 두고 있다. 개인의 신앙을 복음적이라기보다는 세계 변화의 의무와 연관시켰다. 담임 제레미아 라이트 목사(Rev. Jeremiah Wright)는 자유주의 신앙을 가진 자로서 오바마 대통령의 영적 멘토이다.

라이트 목사는 낙태법을 찬성하고 여성의 권리를 옹호한다. 낙태 합법화가 하나님의 뜻이라고 서슴없이 외치고 있다. 그는 백인종교가 그들의 종교를 장악하기 때문에 막아야 한다고 주장한다. 그는 범죄자와 이민자, 동성연애자, 가난한 자들을 보살펴야 한다고 말한다. 그리고 해방자 예수는 '백인의 예수'(white Jesus)를 없애러 온 '흑인 예수'(black Jesus)의 길을 따라야 한다고 말한다.⁴⁵⁵

라이트 목사는 이슬람교를 긍정적으로 생각한다. 이슬람교를 위협의

Ref. "Faith and Election Cathedral Age" Midsummer, Cathedral Age, 2012 and "Faith and Science" Autumn, Cathedral Age, 2012, Washington National Cathedral.
454) *Christian Today* (Los Angeles, California), July 14, 2010.
455) Mansfield, *op. cit.*, p. 62.

근원이 아니라 억압을 받는 자들의 신앙으로 보았다. 라이트의 신학적인 배경을 보면 그는 이슬람교 연구로 석사 학위를 받았다. 그는 논란이 많았던 무슬림 흑인 지도자 루이스 파라칸(Louis Farraklhan)을 오랫동안 지지하고 협력하였다. 그와 함께 아프리카도 여행하고 중동에 있는 수많은 이슬람교 지도자와 사귀었다.

여기에서 신앙적인 영향을 받은 오바마는 전통적이고 구속사적인 회심자가 아니라 '포스트 모던 시대'[456](postmodern)의 보편적 종교관을 가진 신앙인이다.

오바마 대통령은 "나는 무엇이 된 것인가?"에 대하여 《오바마의 신앙》(The Faith of Barack Obama)의 저자인 스티븐 맨스필드(Stephen Mansfield)는 다음과 같이 기록하였다.

"그는 기독교인이 되었다. 그는 예수 그리스도가 하나님의 아들로서

---

456) 포스트모던(postmodern)의 시대를 '탈 현대 시대'라고도 부른다. 1950년대부터 시작한 포스트모던 시대는 현대의 인간 만능의 합리주의와 기능주의에 반대하는 운동이다. 약 200년간의 서구의 지배적인 사상이었던 모더니즘(Modernism), 즉 계몽주의와 합리주의, 실증주의, 기능주의의 허구성을 비판하는 사상운동이다. 포스트모던의 핵심은 진리와 비진리, 현실과 비현실, 정상과 비정상, 유용과 무용을 구분하는 원칙을 부정하고 세계와 인간의 다양하고 혼란스러운 모습을 그대로 긍정하고자 한다. 포스트모던의 성격은 ① 절대적인 진리가 없다. ② 탈인간중심주의다. ③ 전통적인 계급 질서의 붕괴이다. 하나님의 계시에 의해서 주어진 기독교의 진리와 전통을 하나의 터무니없는 것으로 무시한다. 포스트모던은 뉴에이지와 사탄주의적인 유사종교, 힙합음악과 컬트 영화, 대중문화, 종교다원주의 형태로 전통적인 기독교에 도전한다.

우리의 죄 때문에 죽었다가 다시 살아났음을 믿는다고 고백하였다. 하지만 그는 기독교 신앙이 하나님에게로 가는 유일한 길이라는 사실을 부정하며, 여러 가지 기독교 교리에 대해서도 의심하고 있다."[457]

오바마 대통령의 신앙은 어디에도 속하지 않은, 어디에도 속하지 못하는, 그리고 무슬림도 아니고 크리스천도 아닌 이중적인 종교관이다.

다시 말해서, 오바마 대통령은 원래 무슬림이고, 무슬림 아버지의 아들인 동시에 무슬림 계부의 의붓자식이다. 당분간은 크리스천으로 있다가 다시 무슬림으로 돌아간다는 것인지 분명치 않다. 이것은 그의 종교관의 이중적인 제스처를 보여주는 장면이다.

어느 날, 뉴멕시코 주 앨버커키(Albuquerque City, New Mexico)에서 오바마 대통령은 주민들과 함께 신앙 토론회를 가졌다. 그는 말하기를 "예수 그리스도께서는 내 죄를 위하여 돌아가셨다고 믿는다. 우리는 죄스럽고 흠이 많고 잘못을 저질러서 하나님의 은총으로 구원을 이룬다"[458]라고 하였다. 이 말은 복음적인 내용이다. 그러면서 그는 계속해서 말하기를 "하지만 흠이 많은 우리로서 할 수 있는 것들은 남들의 속에 있는 하나님을 바라보는 것이며, 그들 자신의 은총을 발견하도록 돕는 데 최

---

457) Stephen Mansfield, *The Faith of Barack Obama* (Nashville, Tennessee: Thomas Nelson, 2008), p. 58.
458) *Christian Today* (Los Angeles, California), October 13, 2010.

선을 다하는 것이다"[459]라고 말하였다.

그러므로 오바마 대통령의 신앙과 구원관은 예수 그리스도의 십자가 사건을 통하여 믿음으로 의롭게 된다는 구속사적인 구원관보다는 보편론적인 구원관이라고 하겠다.

> "사람이 의롭게 되는 것은 율법의 행위로 말미암음이 아니요 오직 예수 그리스도를 믿음으로 말미암는 줄 알므로 우리도 그리스도 예수를 믿나니 이는 우리가 율법의 행위로써가 아니고 그리스도를 믿음으로써 의롭다 함을 얻으려 함이라 율법의 행위로써는 의롭다 함을 얻을 육체가 없느니라"(갈 2:16).

비록 오바마 대통령은 이러한 종교적인 배경을 가졌지만, 그는 미래를 향한 강한 신념을 가지고 있었다. 오바마는 어렸을 때부터 혼혈아로서 주위로부터 많은 눈총과 인종차별을 받았다.

오바마가 열 살 소년이었을 때, 어린 오바마는 고향 땅 아프리카를 그리워하며 어머니를 버리고 간 아버지 오바마에 대한 그리움과 분노가 교차하면서 방황하기 시작하였다. 한때 그는 마약을 하고 술도 마셨다. 그리고 종종 그의 어머니 앤은 겨우 열 살밖에 되지 않은 어린아이 오

---

459) *Ibid.*

바마를 끌어안고 한없이 울기도 하였다.

그러나 어머니 앤은 마음을 강하게 먹었다. 앤은 흑인 남자와의 사이에 낳은 혼혈아를 가진 여자라는 주변의 차가운 시선에도 불구하고 두려워하지 않았고 비겁하지 않았다. 강한 신념을 가지고 살기로 작정하였다. 그래서 어머니 앤은 아들 오바마에게 신념을 가지고 굳세게 살도록 가르쳤다. 주위 사람들을 만나면 피하지 말고 당당하게 대하고 인사하라고 했다. 상대방을 향하여 성내지 말고 찡그리지 말고 항상 다정한 표정으로 웃는 모습을 보여주라고 가르쳤다.

오바마가 대통령이 될 수 있었던 장점 가운데 하나는 바로 웃음이다. 그의 웃음은 TV와 매스컴을 통하여 잘 보여주고 있다. 그는 항상 웃고 있다. 그의 웃음은 억지로 웃는 것이 아니라 천성적으로 몸에 밴 순진무구한 웃음이다. 이것은 그냥 얻어진 것이 아니라 평소에 어머니가 가르치고 물려준 유산이다. 신념의 표시이다.

어머니 앤으로부터 미래에 대한 꿈과 신념을 배운 오바마는 초등학교 3학년 때 글짓기를 하였다. 그는 "앞으로 나는 대통령이 되는 것이 꿈이다"라고 적었다. 담임 선생님은 이를 기특하게 여겨 오바마에게 "그러면 어느 나라 대통령이 될 것이냐?"라고 물었다. 그때 어린 오바마는 한참

생각한 후에 "그건 아직 정해지지 않았다"라고 대답하였다.[460]

그리고 오바마의 외할아버지 스탠리 던햄(Stanley Dunham)은 제2차 세계대전에 참전한 군인 출신이다. 그는 외손자 오바마를 사랑으로 잘 양육하였다. 그에게 희망과 신념을 불어넣어 주었다. 그래서 외할아버지와 외할머니는 항상 청소년 오바마에게 든든한 버팀목이 되었다.

2004년, 미국 민주당 전당대회의 기조연설에서 오바마는 아버지와 어머니의 만남을 이렇게 술회하였다.

"아버지와 어머니가 함께한 것은 이루어지기 힘든 사랑이 아니었습니다. 두 분은 이날의 가능성에 대한 굳건한 신념도 함께했습니다. 저에게 '신의 축복을 받은'이라는 뜻의 '버락'(Barack)이라는 이름을 지어준 것만 봐도 알 수 있습니다. 지금 두 분은 이 세상에 안 계시지만 하늘에서 저를 내려다보시며 흐뭇해하실 것입니다."[461]

2007년, 오바마 대통령은 그의 두 번째 자서전 《담대한 희망》(*Audacity of Hope*)이라는 책에서 어머니 스탠리 앤(Stanley Ann)을 그리워하면서 이렇게 기록하였다.

---

460) 박윤돈 역, 《대통령의 어머니들》, p. 22.
461) *Ibid.*, p. 16.

"돌이켜보면 어머니의 이러한 정신들이 나에게 얼마나 깊은 영향을 주었는지 알 수 있다. 아버지가 없는 가운데서도 나를 지탱해 주었고, 순탄치 못했던 내 청소년기에 희망과 꿈을 심어 주었으며, 언제나 옳고 바른 길로 인도해 주었다."[462]

화합

오바마 대통령의 두 번째 영성은 '화합'(united)이다. 오바마는 인도네시아의 자카르타(Jakarta, Indonesia)에서 5년 동안 유년기 시절을 보냈다. 그는 그곳에서 일찍이 이슬람 종교가 지배하는 것을 종교적으로 경험하였다. 그리고 그는 동서양의 교차점이라 할 수 있는 하와이에 살면서 다민족 혈통과 다양한 문화 속에서 화합 정신이 싹트기 시작하였다. 그의 아버지는 주변 사람들과 전혀 다르게 생겼다. 아버지는 피치처럼 시꺼멓고 어머니는 우유처럼 하얗게 생겼다. 그러나 그는 개의치 않았다.

특별히 오바마는 하와이에서 문화적인 이해와 관용 그리고 서로 인정하는 태도를 매우 중시하는 '알로하'(Aloha, '사랑') 정신에 영향을 받았다. 하와이에서 그의 삶은 모든 인종과 계층, 성별을 가리지 않고 각계각층에서 폭넓은 지지를 얻을 수 있는 밑거름이 되었다. 그리고 그가 시카고

---

462) *Ibid.*, p. 17.

지역에서 명성 있는 인권 변호사가 되는 데 큰 영향을 주었다.

미국 대통령이 된 오바마는 미국의 우파 정치인들과 좌파 정치인들을 향하여 "서로가 서로를 거부하지 말고 인정해야 한다. 그리고 미합중국이라는 지붕 아래 나라와 민족, 인종과 문화가 하나 되고 화합되어야 한다"라고 다음과 같이 주장하였다.

"미국이 한때 무엇이었든 이제 미국은 더 이상 단순한 기독교 국가가 아닙니다. 미국은 유대교 국가이기도 하고, 이슬람 국가이기도 하며, 불교국가, 힌두교 국가 그리고 무신론자들의 국가이기도 합니다."[463]

오바마는 그의 재선 취임식 때에 평소에 존경하는 인권의 큰 별인 에이브러햄 링컨(Abraham Lincoln)과 마틴 루터 킹(Rev. Martin Luther King) 목사가 사용하였던 두 권의 성경책을 포개어 그 위에 손을 얹고 "나, 버락 후세인 오바마는 미국 대통령의 직무를 성실히 수행하고 모든 능력을 다하여 헌법을 수호할 것을 엄숙히 맹세합니다"라고 취임 선서를 하였다.

그리고 오바마 대통령은 링컨 대통령이 사용한 역대하 7장 14절의 "내 이름으로 일컫는 내 백성이 그들의 악한 길에서 떠나 스스로 낮추

---

463) Mansfield, *The Faith of Barack Obama*, p. 88.

고 기도하여 내 얼굴을 찾으면 내가 하늘에서 듣고 그들의 죄를 사하고 그들의 땅을 고칠지라"는 성경말씀을 인용하면서 '하나의 국가, 하나의 국민'(one nation, one people)이라는 주제로 재임 취임연설을 하였다.

제44대 미국 대통령 버락 오바마가 지구촌에서 발생하는 싸움과 분열, 갈등과 증오 속에서 하나가 되며, 미합중국의 국민들을 위한 산적한 정치적인 현안과 문제들과 저소득층과 부유층의 권익 증진, 이민자와 이민 드림 법안, 비성경적인 동성연애와 진화론과 창조론, 인종적 화합 그리고 세계 평화를 위하여 '하나의 국가, 하나의 국민'이라는 그의 연설처럼 전 미국을 하나로 화합시키는 성공적인 흑인 대통령이 되기를 기도한다. 그리고 2009년도에 수상한 노벨 평화상이 더욱 빛나기를 바란다.

제46대 미국 대통령

조세프 로비네트 바이든의 영성
Joseph Robertnette Biden Jr. 1942.11.20-생존

대통령 재임기간 2021.1.20-2025.1.20

조세프 바이든[464](Joseph R. Biden)은 미국 동부 펜실베이니아주 스크랜턴(Scranton, Pennsylvania Stats)에서 출생하였다. 그는 델라웨어 대학교(University of Delaware)에서 정치학과 역사학을 전공한 후 뉴욕주 시라큐스 대학교(Syracuse University, NY)에서 법학을 전공하였다. 바이든은 24세 때 대학원 진학할 당시에 네일리아(Neilia)를 만나서 결혼하여 '보'(Beau)라는 별명을 가진 장남 조셉 로비네트 바이든 3세(Joseph Robnette Diden III)와 차남 로버트 헌터 바이든(Robert Hunter

---

[464] 조 바이든(Joe Biden)의 가족 배경은 오래 전에 아일랜드(Irend) 출신의 증조부가 미국으로 이민 와서 정착한 곳이 바로 펜실베이니아 스크랜턴 지역이다. 그리고 증조부는 펜실베이니아주(Pennsylvania State)에서 미국 상원의원으로 일하였다. 그래서 이곳에서 바이든은 출생하게 되었다. 바이든의 첫째 부인 네일리아(Nelia)를 통하여 두 아들 보(Beau)와 헌터(Hunter)와 딸 나오미(Naomi)를 낳았다. 그리고 둘째 부인 질(Jill)을 통하여 애슐리(Ashley)를 낳았다. 바이든의 반려견은 "상원의원"(sentor)라고 불렸다.

Biden), 장녀 나오미(Naomi)를 낳았다. 이후 바이든은 첫 번째 부인과 사별한 지 5년 뒤에 뉴저지 출신으로서 델라웨어 대학교(University of Delaware)에서 영문학과 교육학을 전공하여 박사학위를 취득하고 교사로 봉직하던 질 제이콥스(Jill Jacobs)와 재혼하여 딸 애슐리(Ashley)를 낳았다.

조 바이든은 미국 역사상 여섯 번째로 최연소 30세 나이에 공화당의 거물 케일럽 보그스(Gale Gogg)를 물리치고 델라웨어 주 상원의원에 당선되어 36년간 의정 활동을 하던 중 오바마 대통령의 러닝 메이트(running mate)로 부통령이 되었고, 2012년도에 공화당 대통령 후보인 도날드 트럼프(Donald Drump)를 물리치고 마침내 제46대 미국 대통령에 당선되었다. 그리고 그는 제35대 케네디 대통령(John F. Kennedy)에 이어 두 번째로 카톨릭 교회 신자 출신의 대통령이 되었다.

조 바이든 대통령의 종교관은 어떠한가? 바이든의 신앙 뿌리는 카톨릭 교회에서부터 시작되었고 그의 성장 과장은 카톨릭의 교리보다는 수녀들에게 큰 영향을 받았다. 바이든은 청소년 시절부터 카톨릭 계통의 사립학교인 성 헬레나스 초등학교(St. Helena's Elementary School, Claymont, DE)와 홀리 로사리 학교(Holy Rosary School, Wilmington, DE)를 다니며 공부하였다. 그때 바이든은 장차 신부가 되려는 생각도 하였다.

바이든은 미국의 두 번째 카톨릭 신자 출신 대통령으로서 매 주일 카톨릭 교회에는 참석하지 못하였지만 평소에 델라웨어 윌밍턴 성 요셉 브렌디와인 카톨릭 교회(St. Joseph on the Brandywine Roman Catholic Church, Wilmington, DE)[465]를 출석하였고, 대통령 재임 기간에는 워싱턴 디씨에 있는 홀리 트리니티 카톨릭 교회(Holy Trinity Catholic Church, Washington DC)[466]에 출석하고 미사를 드렸다.

조 바이든은 어린 시절부터 로마 카톨릭 교회의 교리와 신앙에 뿌리를 두고 성장하였다. 천주교회에서 가르치는 성모 마리아는 어떤 분인가? 성모 마리아는 특별한 공경의 대상으로서 모든 성인들의 어머니가 될 뿐만 아니라 성인들로 말미암아 은혜를 받을 수 있고, 고해성사를 통하여 용서를 받는다. 그래서 천주교회에서의 인간 구원은 하나님의 은혜가 구원의 근원이지만 인간의 협력도 필요하다고 가르치고 있다. 즉, 구원의 교리는 인간의 자유 의지를 강조하면서 신앙과 선행이 조화를 이루어야 한다[467]고 주장하고 있다.

다른 한편 기독교 정통교회의 입장에서 본다면, 인간의 구원은 타락하고 부패한 죄인 된 인간이 하나님의 불가항력적인 은혜와 예수 그리스도의 속죄 사역과 성령의 역사로 말미암아 죄 씻음을 받고 새

---

465) St. Joseph on the Brandywine Roman Catholic Church, 10 Old Church Road, Wilmington, Delaware 19807.
466) Holy Trinity Catholic Church, 3513 North Street, Washington DC 20007.
467) Louis Berkhof, *Manual of Christian Doctrine*, (Grand Rapids: W.B. Eerdmans Company, 1965), pp. 252-253.

롭게 거듭나는 신앙이다. 이것은 인간의 자유의지와 선행으로 구원이 이루어지는 것은 결코 아니라는 사실을 잘 말해주고 있다. 이 점에 대하여 칼빈주의(Calvinism) 5대 교리[468]는 자세하게 설명해주고 있다.

이러한 배경 속에서 본다면 바이든 대통령의 종교관은 카톨릭 교회에서는 성실한 신자로서 혹은 한 종교인으로서 신앙심을 가진 사람이라고 말할 수 있으나 기독교 정통교회의 입장에서 본다면 바이든 대통령은 예수 그리스도를 통하여 믿음으로 거듭나고(Born again) 중생된 진정한 그리스도인이라고 부르기는 매우 어려울 것이다.

성경은 타락하고 부패한 죄인 된 인간들이 의롭게 되고 구원받아 하나님의 자녀가 되고 새롭게 거듭난 참된 그리스도인이 되는 것은 율법의 행위로 되는 것이 아니며, 또는 하늘과 땅위에 있는 어떤 형상을 만들어서 섬기며 절을 하는 것이 아니며, 그리고 인간을 숭배의 대상으로 삼아서 믿는 것이 결코 아니다. 이것은 오직 예수 그리스도의 구속 은총으로 말미암아 이루어지는 것이다. 이 점에 대하여 신구약성경은 다음과 같이 잘 교훈하고 있다.

"나는 여호와라 나 외에는 구원자가 없느니라"(사 43:11).

---

[468] 기독교 개혁주의 정통교회의 교리와 뿌리는 칼빈주의 5대 교리에서 찾을 수 있다. 즉, (1) 인간의 전적 부패(Total depravity) 롬 3:10-12 (2) 무조건 선택(Unconditional election) 엡 1:3-5 (3) 제한적 속죄(Limited atonement) 롬 8:33 (4) 불가항력적 은혜(Irresistible grace) 엡 2:1-10 (5) 성도의 궁극적 구원과 보호(Perseverance and preservation of the saints) 벧전 1:5 칼빈주의 5개 교리를 튜립(Tulip)이라고도 부른다; Ref. H. Henry Meeter, *The Basic Ideas of Calvinism*, (Grand Rapids: Guard Press, 1975), pp. 63-78.

"주 예수를 믿으라 그리하면 너와 네 집이 구원을 받으리라"(행 16:31).

"사람이 의롭게 되는 것은 율법의 행위로 말미암음이 아니요 오직 예수 그리스도를 믿음으로 말미암는 줄 알므로 우리도 그리스도 예수를 믿나니 이는 우리가 율법의 행위로써가 아니고 그리스도를 믿음으로써 의롭다 함을 얻으려 함이라 율법의 행위로써는 의롭다 함을 얻을 육체가 없느니라"(갈 2:16).

"복음에는 하나님의 의가 나타나서 믿음으로 믿음에 이르게 하나니 기록된 바 오직 의인은 믿음으로 말미암아 살리라 함과 같으니라"(롬 1:17).

그러므로 죄인 된 인간이 의롭게 되고 구원받는 것은 율법이나 우상숭배와 인간의 행위로 되는 것이 아니라 카톨릭 교회와 로마 교황을 향하여 종교 개혁자 마틴 루터(Martin Luther)가 외쳤던 '오직 믿음, Sola Fide!'로만 되기 때문이다.

끈기와 인내

조 바이든 대통령의 첫 번째 영성은 "끈기와 인내"(stickiness and

patience)이다. 주위에서는 바이든 대통령을 "3수 대통령"이라고도 부른다. 왜냐하면 그는 역경과 고통 속에서도 결코 넘어지지 않고 오뚝이처럼 일어나서 마침내 미국 대권 도전 3수 만에 제46대 대통령의 자리에 올라 앉았기 때문이다. 그리고 바이든의 영성인 끈기와 인내심은 그의 자서전 《조 바이든, 지켜야 할 약속》(*Jo Biden, Promises to Keep*)[469]에서 잘 설명해주고 있다.

청소년 바이든은 일찍이 유복한 카톨릭 가정에서 태어났다. 그런데 불행하게도 소년 바이든은 "말을 더듬는"(stutter) 나쁜 버릇이 있어서 고생하였다. 그래서 학교 수업 시간에 발표하는 것은 면제되었고, 주위에 있는 친구들은 그를 흉내 내면서 "바~바~ 바이든!"이라고 부르면서 조롱하였다. 그때 아버지 바이든은 아들에게 말하기를, "결코 불평하지 말아라! 설명하려고 들지도 말아라!"고 하면서 위로하며 용기를 주었다.

이후 바이든은 자신의 말더듬 핸디캡을 극복하기 위하여 피나는 노력을 하였다. 끈질긴 인내와 노력으로 책의 문장을 통째로 암송하기도 하였고, 자갈이나 돌을 입에 물고 정확한 발음의 연습을 위하여 계속적으로 반복하면서 피나는 훈련을 통하여 고침을 받았다. 그리고 각종 운동과 다양한 단체 활동을 통하여 자신감과 리더십을 키웠다.

---

469) Joe Biden, *Promises to Keep: On Life and Politics*, (New York Random House Trade Paperbacks Edition, 2007).

조 바이든의 친구 데이브 월시(Dave Walsh)[470]에 의하면, 바이든은 초등학교 시절에 쓴 작문에서 "나는 자라서 대통령이 되고 싶다"고 말하였고, 고등학교 시절에는 "대통령이 된 것처럼 말하였다"고 하였다. 그리고 당시 총각 바이든은 앞으로 결혼할 네일리아(Neilia)와 장모를 처음 만났을 때에 "자신의 목표는 장차 미국 대통령이 되는 것이라"고 당당하게 밝혔다.

30세 나이에 바이든은 델라웨어주 상원의원에 최연소 나이로 공화당의 거물 정치인 데이브 월시(Dave Walsh)를 물리치고 당당히 당선되어 미국 정치계에 화려하게 뛰어들었다. 그런데 불행하게도 바이든은 상원의원에 당선되자마자 갑작스러운 끔찍한 교통사고로 인하여 사랑하는 아내 네일리아와 딸 나오미를 잃게 되었다. 이뿐인가? 2015년 바이든의 장남 보 바이든(Beau Biden)은 일찍이 이라크 전쟁에 참전하여 국가에서 수여하는 무공훈장을 받고 델라웨어주(Delaware State) 법무장관으로 일하여 장차 정치 후계자가 될 텐데, 46세로 뇌종양 투병 중에 세상을 떠나는 비극을 당하였다.

흔히들 바이든 대통령을 향하여 "3수 대통령"이라고 부르는데 어려운 때마다 끈기와 인내로 극복하고 달려와서 마침내 미국 대통령의 왕좌에 앉게 되었기 때문이다. 1988년 제1차 민주당 대통령 경선에

---

470) *Ibid*, pp. 137-138.

출마하여 처음으로 도전하였으나 영국 수상의 연설 표절 시비에 휘말려 출마를 포기하였다. 이로 말미암아 뇌동맥류로 쓰려져 목숨이 위태로운 상황까지 가게 되었다. 2008년 제2차 민주당 대통령 경선에서는 버락 오바마(Barack Obama)와 힐러리 클린턴(Hillary Clinton) 후보에게 밀려서 관심도 받지 못하고 결국 오바마의 러닝 메이트(running mate)로 부통령이 되었다.

2019년 제3차 민주당 대통령 후보로 출마하여 중도적 정치적 입장에서 선회하여 선명성을 강조하여 대통령 후보에 선출되었고, 그리고 당시 공화당 도날드 트럼프(Donald Trump) 대통령 후보를 물리치고 제46대 미국 대통령으로 당선되었다. 이것은 바이든의 끈기와 인내심의 결과라고 말하고 싶다.

조 바이든 대통령은 청소년과 대학 시절에는 마틴 루터 킹(Rev. Martin Luther King) 목사와 존 에프 케네디(John F. Kennedy) 대통령과 그의 동생 로버트 프랜시스 케네디(Robert Francis Kennedy) 상원의원으로부터 영감을 많이 받았다. 그리고 1980년대 미국으로 망명 온 김대중 대통령과 친분을 쌓았을 뿐만 아니라 한때는 사형선고까지 받았고 죽을 고비를 수차례 당하면서도 좌절하지 않고 끈기와 인내로 대통령에 당선된 김대중 대통령의 이야기에 크게 영감을 받았다고 한다.

치매: 인지능력, 기억상실[471]

조 바이든 대통령의 두 번째 영성은 "치매"(dementia) 즉, 인지능력 상실(loss of cognitive ability)과 기억상실(amnesia)이다. 치매는 뇌 기능의 손상으로 기억력과 사고력, 판단력 등 인지 기능이 점차 저하되는 신경 퇴행성 질환이며 노인들에게 많이 일어난다. 치매의 징후는 기억력을 상실하든가, 언어 문제와 단어 찾기에 어려움을 가지든가, 방향감각을 상실하여 길을 잃어버리든가, 성격과 기분이 갑작스럽게 변한다. 그리고 치매 예방은 규칙적인 운동과 뇌 기능을 활성화하고 사회적 활동에 적극 참여하며 스트레스를 잘 관리해야 한다.

조 바이든 대통령은 재임 기간과 대통령 선거 중에 종종 인지능력 상실과 언어 문제에 혼란을 많이 일으켰다. 여러나라의 대통령과 세계 정상들의 이름을 혼동하면서 실언하였다. 프랑스 대통령 임마누엘 마크롱(Emmanuel Macron)을 이미 25년 전에 세상을 떠난 미테랑(Francios Mittrerrand) 대통령으로 착각하여 말하였고, 독일의 앙겔라 메르켈(Angela Merkel) 총리와 헬무트 콜(Helmut Kohl) 총리를 혼동하였고, 중국의 시진핑(Xi Jinping) 주석을 27년 전에 사망한 덩샤오핑(Deng Xiaoping)과 혼동하여 불렀다. 대통령 기자회견 때에는 이집트 대통령

---

471) June Andrews, *When someone you know has dementia*, (Berkely/ Vancouver, 2010) pp. 1-37, 133-168 and *The Harper Collins: Illustrated Medical Dictionary*, (New York: Harper Collins Publishers Inc. 2001), p. 160.

압델 파타 엘 시시(Abdael Fattah El Sisi)를 멕시코 대통령이라고 우겼다. 이뿐인가? 정상회담에서 일본 기시다 후미오 총리를 대통령이라는 호칭으로 사용하였다. 그리고 한미정상회담에서는 윤석열 대통령을 문재인 대통령으로 착각하여 실언하는 일도 있었다.

코로나 감염증 Covid-19을 Covid-9으로 잘못 부르면서 말하였다. 우크라이나 지원행사 때에 젤렌스키(Volodymyr Zelenskyy) 대통령을 러시아 푸틴(V. Putin) 대통령이라고 소개하였다. 트럼프 대통령을 매사추세츠 주지사와 공화당 대통령 후보를 역임한 미트 롬니(Mitt Romney, Governor, Massachusetts State)와 미국 대통령을 역임한 조지 부시(Geroge W. Bush)라고 불렀다. 그리고 바이든은 미국 대통령 후보 토론 때에는 미국인 코로나 사망자가 2억 명이나 된다고 실언하였고, 여러 차례나 기침과 목을 가다듬으면서 쉰 목소리로 말을 이어갔다. 토론회를 마친 후 바이든 선거 캠프에서는 말하기를 바이든 대통령은 코로나 검사와 감기 때문이라고 변명하였다. 더 나아가서 바이든은 자신이 언제 부통령이 되었는지 알지 못하였고 큰아들 보 바이든이 언제 세상을 떠났는지 잘 기억하지 못하였다. 바이든의 치매 현상으로 계속적으로 반복되는 그의 실언과 말실수, 기억상실은 상대방 트럼프 대통령의 조롱거리가 되었다.

트럼프는 바이든의 약점을 향하여 말하기를, 힘이 없고 졸린다고 하여 '졸림 조, sleepy Joe'라고 부르고 그리고 종종 말을 실수하며 치매 증세가 있다고 하여 "바이든은 나를 조지라고 부른다, Biden calls me Geroge"라고 빈정거리면서 네거티브 선거 전략에 사용하였다.

결과적으로 80세가 지난 조 바이든 대통령은 자신의 고령과 치매 증상에 대하여 말하기를 "이것은 나이가 아니라 생각의 문제"라고 반박하였다. 그러나 미국 국민 86%가 "바이든은 대통령 재선하기에는 너무 늙었다"는 여론 조사가 나왔다.

마침내 81세의 고령 바이든 대통령은 백악관 연설에서 국가와 민주당원들의 통합을 위하여 "새로운 시대에 횃불을 넘겨줄 때"라고 말하면서 대통령 후보를 사퇴하고 카말라 해리스(Kamala Harris) 부통령을 민주당 대통령 후보로 지지한다면서 뒤로 물러났다.

오늘날, 주위에서는 흔히들 조 바이는 대동령은 언약하고 나약한 대통령이라고 부르고, 도날드 트럼프 대통령은 카리스마가 넘치는 대통령으로 부른다. 그러나 조 바이든 대통령을 가족사를 통하여 온 고통과 시련 속에서도 꿈과 용기를 주는 "공감의 지도자"(Leader of empathy) 혹은 "친근한 대통령"(Friendly President)이라고 부른다면, 도날드 트럼프 대통령은 "강인한 지도자"(Strong Leader) 혹은 "고집불통의 대통령"(Stubborn President)이라고 부를 수 있을 것이다.

제45대, 제47대 미국 대통령

도날드 존 트럼프의 영성
Donald John Trump 1946.6.14-생존

제1기 대통령 재임기간 2017.1.20-2021.1.20
제2기 대통령 재임기간 2025.1.20-현재

도날드 존 트럼프(Donald John Trump)는 뉴욕시 퀸즈(Queens, New York City, NY State)에서 출생하였다. 트럼프 집안은 독일 칼슈트(Kallstadt, Germany) 출신인 할아버지 프레드릭 트럼프(Frederick Trump)가 미국으로 이민을 와서 트럼프 일가를 이루었다. 아버지 프레드 트럼프(Fred Trump)와 스코틀랜드(Scotland)에서 이주한 어머니 메리 앤 매클라우드(Mary Anne Macleod)와 결혼하여 3남 2녀를 낳았으며 트럼프는 둘째 아들로 태어났다.

도날드 트럼프는 이바나(Ivana)와 결혼하였고 말라 메이플스(Marla Maples)와 재혼하여 다시 이혼을 한 후 현재는 멜라니아(Melania)와 함께 살고 있다. 그는 3명의 아내[472]를 통하여 3명 아들 도날드 트럼프

---

472) 도날드 트럼프는 세 번씩이나 결혼을 한 미국 대통령이다. 첫 번째 아내 이바나 트럼프(Ivana Zelnickova)와 결혼하여 14년 살았다(1977-1991). 그리고 아들 트럼프 주니어(Trump Jr.)와 에릭(Eric)과

주니어(Donald Trump Jr.)와 에릭 트럼프(Eric Trump), 베른(Barron)과 2명 딸 이방카(Ivanca)와 티파니(Tiffany)를 낳았다.

트럼프는 뉴욕 군사학교(New York Military Academy)에서 공부하고 졸업하였다. 그리고 뉴욕 포담 대학교(Fordham University)에서 2년 공부한 뒤 펜실베이니아 대학교 와튼 스쿨(Wharton School, University of Pennsylvania)로 편입하여 경제학 학사 학위를 받았다.

2016년 7월, 도날드 트럼프는 원래 정치인 출신이 아니었지만 그럼에도 불구하고 부동산 개발업자로서 역대 가장 많은 득표로 미국 공화당 대통령 후보로 선출되었고 그해 11월에 실시된 대통령선거에서도 예상과는 달리 민주당 힐러리 클린턴(Hillary Clinton)을 압도적인 표차로 물리치고 제45대 미국 대통령으로 당선되었다. 이후 제46대 대통령 선거에서는 조 바이든(Joe Biden) 대통령에게 석패하여 대통령 재선에 실패하였다. 그러나 제47대 미국 대통령 선거에서는 트럼프 후보가 암살 시도와 여러가지 악조건과 초박빙의 승부 속에서 주요 TV와 여론조사는 카말라 해리스(Kamala Harris) 후보가 승리할 것이라고 예측하였지만 결과적으로는 민주당 대통령 후보 해리스를 물리치고 압승하여 당당하게 미국 대통령으로서 백악관에 입성하였다.

딸 이방카(Ivanka)를 낳았다. 두 번째 아내 말라 메이플스(Marla Maples)와 결혼하고 6년을 살았으며 딸 티파니(Tiffany)를 낳았다(1993-1999). 그리고 2005년도에 세 번째 아내 멜라니아(Melania)와 결혼하고 현재까지 살고 있다. 그리고 아들 베른(Barron)을 낳았다.

역대 미국 대통령들 가운데 대통령 재선에 실패하고 다음 선거에서 성공한 대통령은 첫 번째로는 제22대 1885-1889년과 제24대 1893-1897년에 그로버 클리블랜드(Grove Cleveland) 대통령이다. 그리고 두 번째는 132년 만에 제45대와 제47대 도날드 트럼프(Donald Trump) 대통령이다.

하나님을 신뢰하는 믿음

도날드 트럼프 대통령의 첫 번째 영성은 "하나님을 신뢰하는 믿음"(trustful faith to God)이다. 도날드 트럼프는 미국 개신교 개혁장로 교회의 교인으로 처음에는 뉴욕 퀸즈에 있는 제일장로교회(First Presbyterian Church, Queens, NY)[473]에 출석하였다. 그리고 현재는 뉴욕 맨해튼 5가에 있는 마블 칼리지에이트 교회(Marble Collegiate Church, Manhattan, NY)[474]에 출석하며 매 주일 정규적으로 교회에 참석하지 않지만 교단의 다양한 행사에는 적극적으로 참석하여 활동하는 "적극적인 기독교인"이다. 트럼프는 이 교회의 담임 목사인 놀만 빈센트 필(Norman Vincent Peals) 목사의 메시지를 통하여 영적으로 그리스도를 믿는 것이나 심리적으로 자신이 성공할 수 있는 데 도움을 받았다고

---

473) First Presbyterian Church of Queens' address is 70-30 112th Street, Queens, NY 11375. 이 교회는 1662년 설립된 역사적인 교회로서 현재 미국장로교회(Presbyterian Church in America) 소속이다.
474) Marbale Collgeliate Church's address is 1 West 29th Street, Manhattan, New York, NY 1001. 이 교회는 400년 전에 세워진 역사적인 장로교 계통 교회이며 현재 미국 개혁교회(Reformed Church) 소속이다.

하면서 필 목사를 높이 존경하였다.

트럼프 대통령의 하나님을 신뢰하는 믿음의 뿌리를 성경에서 찾아볼 수 있다. 그는 제15대 대통령 취임 선서 때에 에이브러햄 링컨(Abraham Lincoln) 대통령이 사용하였던 성경책과 그의 어머니가 주신 성경책 위에 손을 얹고 취임선서를 하였다. 그리고 트럼프는 항상 자신이 가장 좋아하는 책은 "성경"(Bible)이라고 말하면서 성경과 함께 살아가려는 믿음을 가졌고, 청소년 시절에는 소년 성가대원으로 활동하였다.[475]

도날드 트럼프는 대통령 선거 당시에 매우 불리한 여건 속에 있었다. 그는 바이든 대통령과 같은 78세의 고령인 데다가 막말과 성추문, 여러 개의 사법 리스크와 두 번씩이나 탄핵 소추를 당한 전직 대통령이라는 불명예스러운 꼬리를 붙이고 선거운동을 하였다.

2024년 7월 13일, 트럼프는 대통령 선거 유세 중 펜실베이니아 서부 버틀러(Butler, Pennsylvania)에서 암살 피격을 당하였다. 암살 가해자인 토마스 매튜 크룩스(Thomas Matthew Crooks)는 AR-15형 소총으로 트럼프를 향하여 여러 번 총알을 난사하였다. 그때 저격수의 총알이 트럼프의 귀를 스쳐 지나가며 기적적으로 생명을 구하였다. 그때

---

475) Stephen E. Strang, *God and Donald Trump*, (USA Front Line, 2017), pp. 13-14, 111.

그는 "싸우자! 싸우자! 싸우자!"(Fight! Fight! Fight!)라고 소리를 지르면서 두 주먹을 쥐고 올리면서 크게 외쳤다. 이후 그는 말하기를, "하나님이 나를 지켜주셨다"(God protected me), "하나님이 내 목숨을 살려주신 데에는 이유가 있다"(God spared my life for a reason)고 신앙고백을 하였다. 그리고 전기차 테슬라(Electric car, Tesla) 회장인 일론 머스크(Ilon Musk)에게 "나는 신자이다. 죽음과 가까이 접촉한 뒤로 이전보다 더욱더 신앙인이 되었다"라고 말하였다.[476]

또한 미국 대통령 선거 집회 중에 트럼프 진영에서 어느 누군가 "예수님은 우리의 왕이시다"(Jesus is King)라는 구호가 터져 나왔다. 그리고 또 다른 한편 해리스 진영에서도 누군가 "예수님은 왕이다"(Jesus is King)이라고 외칠 때에 해리스 후보는, "당신은 여기에 잘못 왔다. 나가라!"(You came to the wrong place, Get out!)고 많은 군중 앞에서 언성을 높이며 소리쳤다. 이것은 너무나 극단적인 모습의 한 장면이었다.

2024년도 도날드 트럼프 후보가 대통령 선거에서 압승할 수 있는 요인들 가운데 하나는 백인 중심의 기독교 복음주의 교회와 교인들이 일방적으로 지지한 결과이다. 여기에서 '정말 트럼프는 성경 말씀과 기독교의 가치관과 삶에 부합되는 인물인가?'라고 생각을 해본다면 그는 성경 말씀의 가르침에서 어긋난 인물이다. 그의 언행과 가정

---

476) Pray in Jesus' Name Ministries, Pamphlet : *IN GOD WE TRUST,* Washington DC, 20077-7238, December 2024, p. 1.

생활과 여성편력, 인간 생명과 정책들, 그리고 성경책을 높이 든 채 최루탄을 쏘며 시위대를 해산시키는 일들이 진정한 신앙인의 참모습인가를 반문해 볼 수 있다.

그러나 미국 기독교 개신교 복음주의 교회와 지도자들은 "어떠한 정치적인 정책들보다는 미국 우선주의(America First)"를 외치며 성경과 청교도 신앙에 뿌리를 둔 기독교적 가치관에 손을 들어 주어서 마침내 트럼프 대통령을 당선하게 하였다.

여기서 냉정하게 도날드 트럼프의 신앙 하나를 살펴보면 기독교의 기본 교리 가운데 하나이며 죄에 대하여 깨닫고 뉘우쳐서 하나님께로부터 죄사함과 용서를 받는 회개에 대하여는 실천하지 못하는 신앙인 것 같다. 회개란 무엇인가? "회개는 죄에 대한 대기 지불이나 사죄의 원인이 되는 것은 아니다. 사죄는 어디까지나 그리스도 안에 있는 하나님의 값없는 은혜의 역사이다. 그러나 회개는 모든 죄인들이 반드시 하여야 하며 아무도 회개 없이는 사죄를 기대할 수 없다."[477]

"존귀하나 깨닫지 못하는 사람은 멸망하는 짐승 같도다"(시 49:20).

"그러므로 너희가 회개하고 돌이켜 너희 죄 없이 함을 받으라 이

---

477) G.I Williamson, Translated by Yong Wha Na, The Westminster Confession of Faith, (Philadelphia : Presbyterian and Formed Publishing Company, 1992), pp. 162-163.

같이 하면 새롭게 되는 날이 주 앞으로부터 이를 것이요"(행 3:19).

"어느 때 농사꾼이 이 초가집 작은 창을 들여다본 일이 있었다 그때 마침 한 윤락녀가 간절히 기도를 올리고 있는 것을 보았다. 그 피나는 회개와 눈물과 거룩한 기도는 나를 움직였다"(William Shakespeare).

강직함

도날드 트럼프 대통령의 두 번째 영성은 "강직함"(stiffness)이다. 이 말은 "마음이 강하다", "성격이 곧다"란 뜻이다. 트럼프는 어린 시절부터 자기 주장이 매우 강하고 자신감과 자존감이 높았고, 그리고 스스로 "나는 매우 반항적인 사람이라"고 말하였다. 그는 다른 사람에게 지는 것을 무척 싫어하였고, 자신의 사업에 자신의 이름을 사용하여 자신의 존재감을 높이기 좋아하였다. 뉴욕 맨해튼 중심가에 있는 68층 트럼프 타워(Trump Tower)를 비롯하여 미국 곳곳에 있는 건물에 자신의 이름을 붙였고, 그리고 튀르키예 이스탄불(Istanbul, Turkey)과 필리핀(Philippine), 대한민국 서울과 부산에 트럼프 월드(Trump world)가 있다.

트럼프는 13세 어린 시절에 학교에서 음악 교사가 음악에 대하여 잘 모른다고 하여 음악 교사를 폭행하는 일도 있었다. 그래서 트럼프 부모는 청소년 트럼프를 법과 규칙이 엄격한 뉴욕 군사 중고등학교(New York Military Academy)로 보내어 이곳에서 5년 동안 군대에서 할 수 있는 것보다 더 많은 규율과 군사훈련을 받도록 했다.

트럼프는 자신의 존재를 스스로 높이는 자존감이 매우 강하여서 자신이 항상 최고가 되어야 한다는 관념 속에서 'Great! 큰, 위대함'이라는 단어를 즐겨 사용하였다. 2016년도와 2024년도 미국 대통령 선거 때에 그의 슬로건은 '마가(MAGA : 미국을 다시 위대하게! Make America Great Again!'였다.

이러한 트럼프의 자기 자신을 높이고 최고가 되어야 한다는 생각과 밀어붙이는 불도저식 강직함에 대하여 주위에 많은 사람들은 그를 향하여 말하기를 "독선적인 강직한 사람", "독불장군" 혹은 "고집불통 대통령"이라고 부르면서 비평한다.

절대금연/ 절대금주

도날드 트럼프 대통령의 세 번째 영성은 "절대 금연! 절대 금주!"(never smoke! never drink!)이다. 담배와 술은 인체에서 서로 다르게 반응한다. 담배는 몸에 좋은 점이 하나도 없으며 담배 연기는 60여 종의 발암 물질이 포함되어 있다. 흡연자는 비흡연자보다 암 발생률이 10배

이상 높으며, 계속 담배를 많이 피우면 니코틴으로 인하여 맥박이 빨라지고 인체의 혈관을 이완시키며 방광암과 대장암을 일으킨다. 그리고 술은 알코올을 통하여 혈관을 이완시키고 흥분을 가라앉혀서 불쾌한 기분을 제거한다. 그러나 술은 뇌세포와 뇌신경을 손상시키며, 지속적으로 음주를 할 때 간의 손상과 알코올성 치매가 발생된다.

트럼프 대통령은 술을 절대로 하지 않기로 유명하다. 그 이유는 그의 형 프레드 트럼프(Fred Trump)가 46세의 젊은 나이에 알코올 중독으로 사망하였기 때문이다. 그 광경을 본 동생 도날드 트럼프는 앞으로 절대로 술을 마시지 않겠다고 굳게 다짐하였다. 이후부터 트럼프는 어느 곳에서든 술 대신 오렌지 주스를 즐겨 마셨다. 그래서 대통령 정상회담 자리에서 술을 마시지 않아서 대통령 의전 맞추는 참모들이 어려움을 겪었다.

트럼프 대통령은 역시 담배를 절대 피우지 않는 금연가로 정평이 나 있다. 백악관 시절에 장관이나 참모들이 담배를 피우다가 적발되면 바로 해임했다. 특별히 아버지로서 트럼프는 자신을 제일 닮았으며 "리틀"(little Donald)이라고 불리는 막내 아들 배른(Barron Trump, 6feet 9inch, 206cm)에게는 신앙심을 심어 주면서 4가지는 절대 하지 말라고 가르치고 있다. 즉, 술(wine), 담배(smoke), 마약(drug)과 문신(tatto)이다.[478]

---

478) Strang, op. cit., pp. 99-100.

또한 트럼프 대통령은 육식주의자로서 보통 사람들보다 스테이크를 즐겨 많이 먹으며, 패스트푸드 브랜드 중에서 맥도날드(Mcdonald)에서 쿼터 파운드 햄버거(Quater pound hamburger)를 좋아하며, 항상 코카콜라를 마시는데 하루에 12캔을 마신다고 한다. 한때는 맥도날드 TV 광고에 출연하기도 하였다.

2024년 10월 24일 트럼프 대통령 후보는 대통령 선거 직전에 필자가 살고 있는 지역 맥도날드(McDonald)[479]에 와서 1일 무료 봉사하였다는 뉴스를 보았다. 그 다음날 그곳에 방문하여 햄버거를 먹으면서 기도하기를, "하나님이여 이번 미국 대통령은 하나님을 두려워하고 신뢰하는 지도자를 선택해 달라"고 기도드렸다.

미국 교회와 대통령 당선[480]

트럼프 대통령의 마지막 영성은 미국 교회와 대통령 선거에서 찾아볼 수 있다. 즉 "하나님이 트럼프를 지도자로 선택하였다"(God chose Trump as leader)는 믿음이다. 일부 기독교 교인들 중 "트럼프는 절대 안 된다는 크리스천들"(christian never-Trumps)도 있다. 그러나 트

---

479) 이곳 Mcdonald는 다음 위치에 있다. in Street Road, Festervill-Trevose, Bucks County, Pennsylvania 19053 USA
480) Strang, op. cit., pp. 25-66.

럼프의 "영적 조언자"(spiritual adviser)라고 불리는 파울라 화이트 케인(Paula White Cain)[481]과 대다수의 기독교 복음주의자들은 하나님의 손길로 대통령 당선이 되었다고 믿고 있다. 도날드 트럼프 대통령을 구약시대에 나오는 고레스 왕으로 비유하고 있다. 구약시대에 하나님은 장차 바사왕 고레스(Cyrus of King, Persia)를 세워서 바벨론(Babylon)으로부터 자기 백성을 구원하실 것을 예언하고 있다(사 41:1-5, 45:1-3).

트럼프 대통령에게는 두 차례 암살 미수사건이 있었다. 첫 번째는 2024년 7월 13일 펜실베이니아 버틀러(Butler, Pennsylvania State)에서 선거 유세 중에 그리고 두 번째는 플로리다 웨스트 팜 비치(West Palm Beach, Florida State)에서 골프를 치던 중에 발생하였다. 그는 두 번씩이나 암살 피격사건에서 기적적으로 살아난 것은 "하나님이 나를 지켜주셨기 때문이다"라고 신앙고백을 하였다.

미국 대통령 선거 이전, 미국 조지아주에서 개최된 국가자문회의에서 미국 기독교 복음주의 대표 지도자이며 빌리그레이엄 전도협회(Billy Graham Evangelistic Association) 회장인 프랭클린 그레이엄(Franklin Graham) 목사는 트럼프와 벤스(JD Vance) 상원의원을 공개적으로 지지하면서 말하기를, "예수님, 우리는 당신을 사랑합니다. 그리고 미국도 사랑합니다. 당신이 도날드 트럼프를 일으켜 하나님

---

481) Paula White Cain, senior pastor of New Destiny Christian Center in Apopka, Florida, 32703.

의 말씀과 하나님으로부터 오는 전사가 되게 하소서"라고 기도하였다. 그리고 그는 대통령 선거에 반대하는 기독교 지도자들과 동료 지도자들을 향하여, "만약 여러분이 목사와 지도자로서 가장 중요한 선거에 투표하지 말라고 조언한다"면 교회와 세상 앞에 모든 신뢰를 잃을 것이라고 하면서 다음과 같은 성경 말씀을 인용하면서 비난하였다.

> "너희는 세상의 빛이라 산 위에 있는 동네가 숨겨지지 못할 것이요 사람이 등불을 켜서 말 아래에 두지 아니하고 등경 위에 두나니 이러므로 집 안 모든 사람에게 비치느니라 이같이 너희 빛이 사람 앞에 비치게 하여 그들로 너희 착한 행실을 보고 하늘에 계신 너희 아버지께 영광을 돌리게 하라"(마 5:14-16).

계속하여 프랭클린 그레이엄은 말하기를, "도날드 트럼프 전 대통령이 제47대 미국 대통령으로 선출된 것을 축하드리며 매일 하나님의 인도하심과 지혜를 얻기 위하여 하나님을 바라보기를 기도해야 한다"고 강조하였다.

또한, 미국에서 탁월한 강해설교자이며 그레이스 커뮤니티교회(Grace Community Church, California)를 담임하는 존 맥아더(John MacArtur) 목사는, "낙태를 지지하는 해리스 편에 서서 지지할 수 없고 낙태를 반대하는 트럼프 편에 서서 지지하였다"고 말하였다. 그리고 복음주의 지도자 중의 한 사람인 자유교회(Free Chapel, Georgia)[482] 담임 젠센 프랭클린(Zentezen Franklin) 목사와 여러 교계 지도자들과 함께 트럼프 전 대통령을 찾아가 그의 어깨에 손을 얹고 안수 기도를 드렸다.

결과적으로 제47대 미국 대통령 선거에서 미국 교회의 목회자와 지도자들은 카말라 해리스(Kamala Harris) 부통령보다 도널드 트럼프 전 대통령을 절반 이상 지지하였고, 미국 기독교 복음주의 교회의 교인들 70% 이상이 해리스보다 트럼프를 전폭적으로 지지하며 투표하였다.

그리고 미국 기독교 보수 단체인 '신앙과 자유'(Faith and Freedom)에서는 도널드 트럼프를 적극적으로 지지하였다. 대통령 선거 트럼프 진영에 6,200만 달러(813억 원)를 지원하였고, 유권자 등록과 투표권 행사 운동, 문자 보내기, 전화 걸기, 가정 방문 등으로 적극적인 선거운동을 도왔고, 그리고 7개 경합주(Pennsylvania, Michigan, Wisconsin, North Carolina, Georgia, Arizona, Nevada)를 중심으로 한 미국 교회들에 3천만 개의 홍보물을 보냈다.[483] 이러한 모든 일들은 바로 "하나님이 트럼프를 지도자로 선택했다"는 하나님의 계획과 비전이 아닐까?

2025년 1월 20일 미국 국회의사당에서 성대하게 제47대 미국 도날

---

482) Free Chapel, 645 Mullinax Road, Alpharetta, Georgia 30517 USA
483) Reference in *Christian Today*, November 2024.

드 대통령의 2기 취임식(The Second Inauguration of Donald J. Trump)을 가졌다. 트럼프 대통령의 연설 일부분을 다음과 같이 소개하겠다.

"존경하는 국민 여러분! 미국의 황금기가 시작되고 있습니다. 미국은 국익을 최우선으로 하는 나라가 될 것입니다. 미국은 전 세계로부터 존경받는 나라, 자랑스러운 국가, 번영하는 국가, 그리고 막강한 나라가 될 것입니다. 지난해 펜실베이니아에서 총알의 하나가 내 귀를 스쳐갔지만 목숨을 잃지 않고 구하였습니다. 그 이유는 하나님께 다시금 미국을 위대한 국가로 만들겠다는 사명을 부여 받았기 때문입니다.

2025년 1월 20일은 미국 국민들에게 해방의 날이 될 것입니다. 남녀노소를 가리지 않고 히스패닉계, 아프리카 흑인계, 아시아계 미국인들에게 희망과 번영, 평화를 다시 되돌려 주도록 하겠습니다. 오늘은 마틴 루터 킹 목사님의 서거일입니다. 마틴 루터 킹 목사님의 꿈이 실현되어야 하며, 그 꿈이 우리의 현실이 되어야 할 것입니다.

미국은 두 차례 세계대전에서 공산주의와 파시즘을 퇴치하고 모든 역경과 고난을 극복해 왔습니다. 이제 미국을 진정으로 자랑스러운 국가가 될 수 있도록 할 것입니다. 선의에 따라서 또한 종교에 대한 믿음을 통하여 풍요롭고 자랑스러운 부강한 국가가 될 것입니다. 그리고 우주인을 보내어 미합중국의 성조기를 화성에 펄럭이도록 하겠습니다.

하나님의 축복과 가호가 미국에 있기를 소원합니다. 감사합니다."[484]

도날드 트럼프 대통령은 미국 역사상 최고령 대통령으로 취임하였고, 그리고 두 번째로 재선에 실패한 대통령이었으나 132년 만에 다시 제45대와 제47대 미국 대통령에 당선되어 취임하였다. 그리고 역대 미국 대통령들 가운데 최고의 재산을 소유한 '부자 대통령'(rich president)으로 시작하고 앞으로 승화되어 대통령 재임 기간을 통하여 전 세계와 미국 국민이 하나로 화합하고 평화롭게 건강한 '평화의 대통령'(peaceful president)으로 거듭나기를 간절히 바라며, 더 나아가서 진정한 '미국을 다시 위대하게!'(Make America Great Again!) 만드는 '위대한 대통령'(great president)이 되기를 간절히 기도드린다.

---

484) Ref. Newspaper : *The Philadelphia Inquirer,* January 21, 22, 2025, 100 South Independence Mall W. Suite 600. Philadelphia, PA 19106 ; *New York Times,* January 21, 22, 2025, 629 Eighth Avenue, New York, NY 10018.

참고문헌(Bibliography)

*Adler, Bill. *The Wit and Wisdom of Jimmy Carter*, Cecaucus, New Jersey: Citadel Press, 1977.

*Ambrose, Stephen, editor. *Witness to America*. New York: Harper Collins Publishers, 1999.

*Applewood Books. *Inaugural Addresses of the Presidents of the United States*. Volume One, Two, Bedford, Massachusetts, 2001.

*Baxter, Richard. *Gildas Salvianus: The Reformed Pastor, Baxter's Practical Works*. Volume 4. 1990.

*Biden, Joe. *Promises To Keep: On life and Politics*, New York: Random House Trade Paperback Edition, 2007.

*Bush, George W. *The Wit and Anti Wisdom of George W. Bush*. Naperville, Illinois: Sourcebooks, Inc., 2006.

*Carter, Jimmy. *Through The Year With Jimmy Carter*. Grand Rapids: Zondervan, 2011.

*Clark Clifford. *Counsel to the Presidents*. New York: Clark Cifford, 1991.

*Crater, Timothy & Ranelda Hunsicker. *In God We Trust: Stories of Faith in American History*. Colorado: Charito Victor Publishing, 1997.

*Dole, Bob. *Great Presidential. Wits*. New York: Scribner, 2001.

*Faber, Doris. *The Mothers of American Presidents*. New York: The New American Library, 1968.

*Finkelman, Paul, editor. *Milestone Documents in American History Volume One: Exploring the Primary Sources That Shaped America*. Dallas: Schlager, 2008.

*Foster, Richard J. *Celebration of Discipline: the Path to Spiritual Growth*. San Francisco: Harper San Francisco, 1998.

*Hamilton, Neil A. *Presidents: A Biographical Dictionary*. Third edition, New York: Facts On File, 2010.

*Hendriksen, William. *New Testament Commentary on the Epistle to the Philippians*. Grand Rapids: Baker Book House, 1989.

_____. *New Testament Commentary: The Gospel of John*. Grand Rapids: Baker Book House, 1988.

*Kane, Joseph Nathan. *Facts About the Presidents: A Compilation of Biographical and Historical Information*. eighth edition, New York: The H. W. Wilson Company, 2009.

*Keefauver, Larry. *From the Oval Office Prayers of the Presidents*. Gainesville, Florida: Bridge-Logos, 2017.

*Latourette, Kenneth Scott. *A History of Christianity*. Volume 3, New York: Harper & Row Publishing, Inc., 1953.

*Levy, Peter B. editor. *100 key Documents in American Democracy*. West Port: Greenwood, 1994.

*Lewis, C. S. *Mere Christianity*. San Francisco: Harper San Francisco, 1944.

Lexicon Universal Encyclopedia. Volume 12, New York: Lexicon Publication, Inc., 1988.

*Liem Channing. *Philip Jaisohn*. Philadelphia: The Philip Jaisohn Memorial Foundation, Inc., 2001.

*Mansfield, Stephen. *The Faith of Geroge W. Bush*. New York: Penguin Group USA Inc., 2003.

_____. *The Faith of Barack Obama*. Nashville, Tennessee: Thomas Nelson, 2008.

*Mead, Frank S. *Handbook of Denomination in the United States*. Abingdon Press, 1975.

*Mount, Daniel J. *The Faith of America's President*. Chattanooga, Tennessee: AMG Publishers, 2007.

*Nelson, Michael. *The Presidency A to Z*. Washington D.C.: A Division of Congressional Quarterly, Inc., 2003.

*Neufeldt, Victoria, editor. *Wester's New World Dictionary of American English Third College Edition*. New York: Simon & Schuster, Inc., 1988.

*Reid, Daniel G. *Dictionary of Christianity in America*. Dowers Grove, Illinois: Inter Varsity Press, 1990.

*Rice, Howard L. *Reformed Spirituality: An Introduction for Believers*. Louisville, Kentucky: Westminster John Knox Press, 1991.

*Ridings, William J. Jr. and Stuart B. McIver. *Ratings The Presidents*. New York: Kensington Publishing Corp., 2000.

*Strang, Stephen E. *God and Donald Trump*, Florida: Charisma House Book Group, 2017.

*Weintraub, Stanley and Rodelle Weintruab. *Dear Young Friend: The Letters of American Presidents to Children*. Mechanicsbugh, Pennsylvania: Stackpole Books, 2000.

*Weisberg, Jacob. *George W. Bushism*. New York: FIRESIDE Rockefeller Center, 2001.

*Williams, G. I. *The Westminster of Faith for Study Classes*. Philadelphia, 1964.

*Zworykin, Victoria. *Encyclopedia of World Biography 16*. Second Edition, Detroit: Gale Research, 1998.

*강병훈, 《쉐마 주제별 성경종합 자료사전》 제12권, 제13권, 서울: 성서연구사, 1990.

*강영우, 《도전과 기회 3C 혁명》, 서울: 생명의 말씀사, 2009.

*민경배, 《한국 기독교회사》, 서울: 대한기독교출판사, 1989.

*박용규, 《한국 기독교회사》 상권, 서울: 생명의 말씀사, 2012.

*이구한, 《이야기 미국사》, 서울: 청아출판사, 1994.

*이완재, 《청교도신앙의 뿌리: 영성신학탐구》, 서울: 성광문화사, 2001.

*이용권 역,《칼빈의 삶의 신학》, 서울: 한국장로출판사, 2002.

*이정식,《구한말의 개혁, 독립투사 서재필》, 서울: 서울대학교출판부, 2003.

*이희승,《국어대사전》, 서울: 민중서림, 1990.

*이현모 역,《달을 밟은 명성보다 더》, 서울: 요단출판사, 1985.

*염성철,《미국 대통령의 신앙과 리더십》, 서울: 생명의 말씀사, 2007.

*안재도,《이민 광야와 코리안 아메리칸》, 서울: 쿰란출판사, 2001.

_____ ,《팔복강해 : 그리스도 안에서의 참 행복》, 서울: 쿰란출판사, 2007.

_____ ,《말라기 강해》, 서울: 쿰란출판사, 2010.

*옥한흠 역,《주일의 참뜻》, 서울: 개혁주의 신행협회, 1984.

*유해석,《이슬람이 다가오고 있다》, 서울: 쿰란출판사, 2005.

*전가화 역,《빌리 그래함》, 서울: 고려원, 1993.

*전광,《백악관을 기도실로 만든 대통령 링컨》, 서울: 생명의 말씀사, 2010.

*정성구,《칼빈주의 사상대계》, 서울: 총신대학교 출판부, 1959.

*조정아 역,《풍요로운 미국을 만든 대통령의 기도》, 서울: 도서출판사 토기장이, 2004.

*한영제,《예화 대백과사전: 서양의 지혜》 12-13권, 서울: 기독교문사, 1993.

*홍일권,《5만 번 응답받은 뮬러의 기도 비밀》, 서울: 생명의 말씀사, 2003.

미국 대통령의 영성

1판 1쇄 발행 _ 2014년 4월 1일
증보판 1쇄 발행 _ 2025년 6월 10일

지은이 _ 안재도
펴낸이 _ 이형규
펴낸곳 _ 쿰란출판사

주소 _ 서울특별시 종로구 이화장길 6
편집부 _ 745-1007, 745-1301~2, 743-1300
영업부 _ 747-1004, FAX 745-8490
본사평생전화번호 _ 0502-756-1004
홈페이지 _ http://www.qumran.co.kr
E-mail _ qrbooks@daum.net / qrbooks@gmail.com
한글인터넷주소 _ 쿰란, 쿰란출판사
페이스북 _ www.facebook.com/qumranpeople
인스타그램 _ www.instagram.com/qrbooks
등록 _ 제1-670호(1988.2.27)
책임교열 _ 이화정·최진희

© 안재도 2025   ISBN 979 11 94464 30 3 93230

책값은 뒤표지에 있습니다.
이 출판물은 저작권법에 의해 보호를 받는 저작물이므로 무단 복제할 수 없습니다.
파본(破本)은 구입처에서 교환해 드립니다.